广告心理学

（第二版）

主　编　冯江平

副主编　叶存春　周　泓

编　委　（按姓氏笔画为序）

杨洪猛　谷传华

张宏宇　陈　虹

华东师范大学出版社

上海

图书在版编目(CIP)数据

广告心理学/冯江平主编. —上海:华东师范大学出版
社,2003.1
全国应用心理学专业系列教材
ISBN 978 - 7 - 5617 - 3239 - 7

Ⅰ.广... Ⅱ.冯... Ⅲ.广告心理学—高等学校—教
材 Ⅳ.F713.80

中国版本图书馆 CIP 数据核字(2003)第 006987 号

广告心理学(第二版)

主　　编　冯江平
策划组稿　朱建宝
项目编辑　蒋　将
审读编辑　李小蒙
责任校对　时东明
封面设计　卢晓红

出版发行　华东师范大学出版社
社　　址　上海市中山北路 3663 号　邮编 200062
网　　址　www.ecnupress.com.cn
电　　话　021 - 60821666　行政传真 021 - 62572105
客服电话　021 - 62865537　门市(邮购)电话 021 - 62869887
地　　址　上海市中山北路 3663 号华东师范大学校内先锋路口
网　　店　http://hdsdcbs.tmall.com

印 刷 者　上海新华印刷有限公司
开　　本　787mm x 1092mm　1/16
印　　张　19.75
字　　数　438 千字
版　　次　2015 年 4 月第二版
印　　次　2024 年 12 月第 11 次
书　　号　ISBN 978 - 7 - 5617 - 3239 - 7/B·173
定　　价　39.00 元

出版人　王　焰

(如发现本版图书有印订质量问题,请寄回本社客服中心调换或电话 021 - 62865537 联系)

目录

第四编　广告表现与说服心理

第二版前言

本书第一版自发行以来，承蒙广大读者，特别是一些高等院校师生的错爱，多次重印，受到了大家的欢迎。

但是，近年来，我国的社会、经济形势和广告心理学的发展，又有了许多新的变化。广告的形式日益多样化，广告的传播途径越来越广，消费者对广告的感知和理解在新的条件下有了新的变化，广告心理的策略和方法不断发展，企业和商家的广告也需要更加吸引消费者的眼球。面对这些新的变化，有必要对本书加以修订和完善，以便更好地满足广大读者以及高等院校教学的需要。

在华东师范大学出版社多位编辑的多次邀约和热情帮助下，本书的修订稿在克服了许多困难之后，于2014年终于得以完成。由于第一版已发行十年，修订时首先遇到的一个困难，就是原先的作者，由于各种原因，比如出国、工作变动等等，已无法全部联系上，或是没有时间参加本书的修订工作。因此，第二版的作者团队也发生了较大变化，有多位新人加入进来。他们带来了新的思路和新的研究成果，在原作者辛勤工作的基础上，修订后确实让本书有了新的风貌！在感谢他们的同时，首先要对原作者表示深深的感谢！

本书这次修订，从体系框架到章节内容，都发生了较大的变化。新增了"广告策划心理"一章，并将第二、三、四编的名称分别改为"广告认知与传播心理""广告策划与创意心理""广告表现与说服心理"，并以此重新调整、编排和撰写各章内容。同时，将第五编"广告心理效果测定"由两章合并为一章。这样，就使得整个广告心理学的知识体系更加紧凑、合理，更加符合心理学和广告宣传的理论逻辑。

另外，本次修订还有以下几个特点：

1. 时隔十年后的修订，特别重视体现广告心理学这些年来在理论和实证研究方面的进展。具体是，介绍了一些新的研究成果，新近发生的源于实际的例子和发展趋势，体现学科发展前沿，突出应用特色，力图使读者了解广告心理学当今的面貌。比如，增加了对互联网广告的介绍力度，并对一些新的广告形式进行了心理学的探讨。案例的选择也注意反映当今广告界的新动向，数据的选择也尽量是较近时间的研究和统计。

2. 考虑到一些读者不具有心理学专业背景，因而增加了一些心理学基本知识的介绍，并且图文并茂，使读者在此基础上对广告心理能有更好的理解。理论部分简明扼要、联系实际、强调应用。

3. 为了使学生学习和教师的教学生动有趣，在每章的后面一般都有案例剖析，并在文中穿插了相关的小故事、案例、经典研究、对错误常识的更正、对问题的思考、心理学领域的名人名言等，生动、活泼、有趣，以引发学生对相应内容的阅读和学习兴趣，增长他们研究和解决广告心理学问题的能力。

广告要达到好的效果，一定要了解广告对消费者产生影响的过程中消费者心理的变化及其规律，只有遵循了这些规律和特点，广告才能对消费者产生较大的影响。从这个意义上讲，研究广告心理学是非常重要的。

本书修订仍由冯江平教授主持，在拟定书稿修订大纲后，组织作者进行了多次讨论，然后定稿。周泓副教授对本书的修订贡献了许多有价值的思想，并负责全书的统稿工作。主要编写人员为：冯江平（云南师范大学），第1、14章；叶存春（云南师范大学），第6、11章；周泓（云南师范大学），第7、8章；张宏宇（北京工商大学），第3、4章；陈虹（云南师范大学），第2、5章；谷传华（华中师范大学），第9、10章；杨洪猛（南京晓庄学院），第12、13章。

本书在编写中参阅了大量的国内外相关文献，并引用了互联网上的一些资料，以增强教材的适时性和趣味性。在此向被引用资料的作者表示衷心的感谢。

党的二十大报告指出，要加强教材建设和管理。教材是我国教育中的重要阵地，应紧扣时代的脉搏，将党的二十大精神落实到教材中，为加强教材建设和管理作出贡献。本教材应该更多的听取意见与建议，不断探索与改进，使其更规范、更丰富、更实用，更好的发挥铸魂育人的功能。

由于作者水平有限，在编写中难免有疏漏和错误，敬请同行和读者不吝批评指正。

冯江平

2023年7月·昆明

第一版前言

本书是全国应用心理学专业系列教材之一。应中国心理学会副理事长兼心理学教学工作委员会主任、教育部高等学校心理学教学指导委员会副主任黄希庭教授之邀，我们承担了《广告心理学》的编写任务。在黄教授的全力支持和悉心指导下，经过各位作者近一年的艰苦努力，本书终于得以付梓了。此时此刻，就我们的心情而言，未有轻松之感，更生惶惶之心。

大家知道，广告心理学在我国大陆地区，还是一门十分年轻、稚嫩的学科。尽管改革开放的春风赋予了它勃勃生机，尽管市场经济的大潮带给了它茁壮成长的良好时机，但是，它出现的时间毕竟短暂——从20世纪80年代中期人们开始重视并重新推出它算起，仅有十几年的历史。因此，这方面的研究自然就不够深入，不够全面。我们在查阅资料的过程中，对国内这方面的研究资料之少，尤其与国外资料相比，有价值的实证研究之少，还是感到吃惊。或许是学科初创时期的艰难，或许是市场经济初期人们急功近利和浮躁不安的心态，都愈加使得广告心理学的发展显得漫长而曲折。

正是由于这门学科在我国发展历史的短暂，研究资料缺乏，研究经验不足，理论研究与市场实践结合的不够，就使我们在编写此书的过程中深感不易，即使在成书之后，也总有一种惶恐之心。因此，我们诚恳希望各位读者对书中存在的问题不吝赐教，提出你们的宝贵意见和建议，以便我们将来进一步修订时能使之更加完善。

本书主要由五个方面的内容组成：第一编，总论，概述广告心理学的涵义、作用、心理学在广告中的作用、广告心理学的研究对象、发展简史、广告心理学的研究方法等；第二编，广告传播的心理学理论与应用，主要阐述广告在传播过程中涉及的吸引与注意理论、广告的知觉与理解理论、广告的需要和动机理论、广告的记忆、想象、暗示的理论及其应用问题；第三编，广告说服心理，主要讨论广告说服的理论与技巧，以及态度和情感理论在广告说服中的应用；第四编，广告表现与策划心理，讨论与广告作品表现有关的广告要素及其心理效应、商品购买心理与广告宣传、互联网广告问题、广告媒体的运用及其心理效应、品牌选择与商标设计心理等问题；第五编，广告心理效果的测定，主要讨论广告心理效果测定的理论问题，介绍广告心理效果测定的一些具体的方法与技术。

本书由主编冯江平教授拟订编写提纲，并经总主编黄希庭教授审定。全书各章的编写分工如下：冯江平，第1章、第13章、第14章；史清敏，第2章、第4章、第6章；毕鸿雁，第3章、第5章；叶存春，第7章、第8章；谷传华，第9章、第10章；刘在花，第11章、第12章。最后由主编进行全书的修改和统稿工作，副主编协助主编做了许多具体工作。

　　本书在编写过程中参考了国内外许多有关的文献和资料，在此向各位作者表示深深的谢意！

冯江平
2002年10月于昆明

第一编

总　论

广告是一种信息传播的方式和推销商品的手段,它伴随着商品经济的产生和发展而出现和兴起,更伴随着传播媒介的日益发达而繁荣昌盛。

广告心理学是心理学的一个分支,它研究人在广告活动中的各种心理现象及其产生、发展、变化的规律。

广告心理学的研究范畴很广,包括广告主、广告人、广告受众在广告活动中心理现象发生、发展的规律;广告活动中信息传递、说服购买的原理及其过程;广告对消费者态度的影响;各类广告传播媒体的心理影响效果;广告诉求方法及其影响特点;广告心理效果的评估等等。

广告心理学的研究,是要发现和寻找人在广告活动中的心理特点与规律,并应用于广告实践之中,使广告活动符合人的心理要求与规律,从而增强广告的效果及其影响力。

第一章　广告心理学概述

在现代社会中,广告已经渗透到了我们生活的每一个角落:早晨,当你用早餐时,如果打开收音机或电视机,收听或收看新闻、天气预报或其他信息时,各种各样的商业广告必然相随而至;当你随手拿起一份报纸或杂志,惹眼之处,往往是广告;当你上班或上学时,交通车上、街道两旁,到处可见大大小小、五颜六色的广告牌;你一下车或是走入商店,马上就有人递过来化妆品、小家电或别的什么商品的广告宣传材料……

在今天的生活中,广告可以说是无处不在、无孔不入。

那么,从我们学习或研究的角度来看,广告究竟是怎么一回事? 广告到底能起什么作用? 它有何规律与特点? 对于广告的发展和传播,心理学又能起什么样的作用? 怎样才能使这些作用发挥得更好?

这些问题正是本章乃至本书所要研究、探讨的。在本章中,将首先讨论以下问题:

- 广告的概念及其功能与类型;
- 心理学在广告发展与传播中的作用及意义;
- 广告心理学的研究对象;
- 广告心理学的历史发展与研究意义;
- 广告心理学的研究方法。

第一节　广告与广告心理学

广告到底是什么? 有人说广告就是为了赚钱;有人说广告是为了推销卖不出去的东西;有人对广告抱有好感,认为广告是销售任何商品都必须使用的战术,没有做广告的商品就是落后原始的;有人对广告持有成见,认为广告是吹牛、骗人的玩意儿。

本节对于上面涉及的问题,诸如什么是广告,广告有哪些特点、功能及种类,心理学对于广告有何作用与意义等,将进行深入的探讨。

一、广告的涵义

(一) 广告的概念

“广告”一词,在英语中为“advertise”,它来源于拉丁文“adverture”,意为“吸引人注意”。中古英语时代(约公元1300—1475年),演变为“advertise”,其含义衍化为“使某人注意到某件事”或“通知别人某件事,以引起其注意”。17世纪末,英国开始进行大规模的商业活动。这时，广告一词便广泛流行。此时的"广告"，已不单指一则广告，而指一系列的活动。静止的物的概念名词"advertise"，被赋予现代意义，转化成为"advertising"。

广告的定义现在一般有广义和狭义两种。广义的广告是指所有向社会公众发布与传达信息的行为。它既包括以盈利为目的的各种商业广告，也包括各种不以盈利为目的的政府公告、政党、文化教育、宗教等团体及个人的启事、声明以及各种社会公益性的传播活动。

狭义的广告特指商业广告，是指特定的广告主有计划地以付费的方式，运用各种传播手段和表达方式，向其潜在的受众传递商品或服务等方面的信息，以促进销售的宣传活动。本书中所指的广告，主要即是商业广告。

商业广告是一种信息传播方式和推销商品的手段，它伴随着商品经济的产生和发展而出现和兴起，更是伴随着传播媒介的日益发达而繁荣昌盛起来的。

现代商业广告一般由五个要素组成，即：广告主、广告代理部门、传播媒介、受众和市场。

广告主是指需要做广告并支付广告费用的组织或个人，这是广告系统得以存在和发展的原动力。广告主数量的多寡和行为活跃与否，与商品经济的发达程度有密切关系。

广告代理部门也称广告人，是以经营广告为盈利手段的专业广告组织和人员。它可以满足广告主和媒介各自的需要，在广告系统中处于核心地位，具有关键意义。它不仅决定广告的性质、特点和形式，而且决定广告的最终效果。

传播媒介是指传播广告信息的媒介物，其功能是传出信息，刺激受众，并以一定的方式测定信息接收效果。广告的生命在于传播和流动，制作出来的广告若不向受众传达，便毫无意义。科学技术的进步以及信息传播方式的变革，更使现代广告得以蓬勃发展。

受众就是广告诉求的对象，也即商业广告潜在的用户（消费者）。在广告系统中，消费者既是广告行为的起点，又是它的终点；同时，也是广告效果好坏的最终评判者。

市场是指一定时间和空间范围内商品占有者之间交换关系的总和。在广告系统中，市场是连接各个要素的纽带。一方面，广告系统中各要素的功能，通过市场发生有机的联系，促成商品或服务的交易；另一方面，广告系统中各要素的行为方式和行为后果，都要在市场上得到反映，市场调节着各要素的收益水平和决策行为。

（二）商业广告的特征

商业广告一般具有以下几方面的特征：

1. 商业广告以盈利为目的

不管商业广告所传播的信息内容是什么，其最终目的都是为了使作为广告主的企业或个人盈利。

2. 商业广告有明确的广告主并支付费用

广告主（企业或个人）通常通过付酬来宣传其商品。广告主的内涵是随社会经济发展而变化的。在早期，广告代理业未出现时，常常是商家或个人（即广告主）自己制作出广告，并找媒体发布。随着经济发展和社会分工的细化，广告代理业应运而生，因而现代广告活动中，广告主是指那些为发布广告信息付钱的机构或个人；广告人则指在广告公司工作从事广告专业活动的人员。

3. 商业广告是说服的艺术

商业广告把信息传播给消费者的目的在于影响消费者的行动。所以，商业广告要利用特殊的表现艺术和技巧吸引对方，潜移默化地影响对方，在不知不觉中使对方悦服，进而改变其心理，影响其行动。

4. 商业广告是有目的的、有计划和连续性的

要使广告发挥其作用，必须经过一定的时间，甚至是较长的时间。这就要按部就班，有目标、有计划，连续不断地进行传播和说服活动。

5. 商业广告通过一定的传播媒介进行

商业广告主要利用大众传播媒介，如报纸、杂志、广播、电视以及路牌广告、交通广告等进行，也可以通过人际传播的形式，如消费者之间相互口头转告商品信息、推销员上门推销等进行。

6. 广告对象是有选择的

商业广告作为商品销售的一个环节，有自己的目标市场和目标对象，一般并不以所有消费者为对象。因此，商业广告通常是有选择的，往往以选定的目标市场和对象为传播的重点方向。

（三）商业广告应遵循的原则

商业广告的性质和目的，决定了它的基本原则。在商业广告中，只有遵循这些原则，才能取得良好的经济效益和社会效益。

1. 真实性

真实性是广告的生命，是商业广告的最基本原则。传播失真的信息不仅违背广告传播的真正目的，也必将使企业失去信誉。

2. 思想性

广告不仅是一种经济现象，也是一种社会宣传活动。注重广告的思想性，倡导良好的社会风尚，是坚持物质文明和精神文明共同发展的必然要求。因此，广告的内容与形式要健康，而不能以不健康的内容来吸引人们的注意力。

3. 规范性

开展商业广告活动，必须遵守国家的法律规范，不论广告主还是广告人，都不可以任意妄为。例如，我国《广告法》中规定不允许宣传烟和烈性酒，因而制作和传播这类广告是违法的，要受到惩处。

4. 目的性

商业广告要有明确的目标受众，找准产品的目标市场，明确已有的顾客和潜在的顾客，必须知道是在对谁说话，并直接和他们说话。因而应有计划、有目的地安排相应的广告活动，不要试图吸引所有的消费者。

5. 科学性

广告是一门科学，从制作到使用和管理都应与现代化科学技术手段相结合，并从宏观、微观上进行定性、定量的科学研究。

6. 艺术性

广告也是一门艺术。艺术性越强，越有吸引力、表现力和感染力。广告的真实性和思想性应寓于艺术性之中，通过独特的形式和艺术手法表现出来，在其艺术性中得到集中体现。

二、商业广告的功能与作用

广告有哪些功能和作用呢？我们可以先看一下二战时期英国首相邱吉尔曾说过的一段话："广告充实了人类的消费能力，也创造了追求良好生活水平的欲望。它为我们及我们的家人建立了一个改善衣食住行的目标，也促进了个人向上奋发的意志和更努力地生产。广告使这些极丰硕的成果同时实现。没有哪一种活动能有这样的神奇力量。"[①]

商业广告的功能和作用可以概括如下：

（一）传播信息，促进商品的生产和销售

商业广告的首要功能是传播信息，它能使企业和商贾将商品或服务信息传递给潜在的顾客，也能使消费者了解商品生产和市场情况，认识商品的质量、特点、用途和价格，了解购买的手续、服务项目等，成为购买商品的最佳指南。所以，商业广告不断地促进和实现着生产与流通、生产与消费以及流通与消费之间的联系。广告可以引发人们新的欲望，促成更多的销售；而更多的销售，又可以增加更多的生产。

（二）创造需求，引导消费和形成时尚

广告不仅向消费者传播商品信息，同时也起到刺激需求的作用。广告的连续出现，就是对消费者的消费兴趣和欲求的不断刺激。精心制作的、具有创意的广告能使消费者对其介绍的产品产生美好和实用的心理暗示，激发其潜在的购买意识，从而引起消费者的购买行为。一些市场专家估计，在发达国家中，有将近三分之一的商品属于"随意消费"的范畴，即消费者对这类消费品采取观望的态度，可以购买也可以不买，但如果广告运用得法，则可使消费者转变观望立场，采取购买行为。

广告还可以起到制造流行、引导消费、传递时尚的作用。许多流行商品的出现，都与广告宣传分不开。消费者的消费习惯、消费观念、生活方式等，都会受到广告的影响而发生改变。例如，日本巧克力商人借助广告的倡导，使日本人接受西方"情人节"的风俗，改变原来的生活方式，打开了巨大的巧克力市场；我国改革开放后也出现了类似的情况，海飞丝、飘柔等洗发水广告，使越来越多的人改变了对头皮屑的忽视态度，促成了对这类商品的新的消费观念和极大的需求。

（三）提高企业的知名度和市场占有率

广告对于提高企业的知名度，增加消费者对本企业新产品的了解和对本企业商标的认识，创立企业形象，提高企业信誉，维持现有市场占有率，发掘潜在购买力，都有重要的作用。商业广告大量出现后，一种有趣的现象值得关注，那就是许多消费者往往不敢购买在广告上没有见过的商品。这充分说明，商业广告已成为现代企业商品销售和成功运作的一个不可缺

---

① 汪洋、苗杰.《现代商业广告学》[M].北京：中国人民大学出版社，1988：26.

少的环节。

（四）促进传媒、文学艺术及经济的发展

商业广告对传播媒介的发展也具有重大影响。一方面，广告促进了人们对大众媒介的发现和利用，促进了大众传播媒介表现形式的发展，使语言文字、表演艺术、演说形式以及文艺节目更吸引人；另一方面，商业广告也促成了大众传播媒介的商业化发展，甚至成为大众传播媒介存在的条件之一。许多国家的大众传播媒介，如电台、电视台、报纸、杂志等，绝大多数靠广告才得以生存与发展。广告因而成为促进传播事业发展、繁荣艺术形式和丰富人民文化生活的一个重要因素。

在商品社会中，特别是在商品经济发达的地区和国家，工商界通过广告的作用，可以保持较高水平的经济活动，促进经济的发展。这在 20 世纪 50 年代就被美国等国家的学者发现。从今天看来，广告活动及广告水准，已成为一个地区经济稳定与发展的重要指标。

（五）美化环境和生活

在商品经济高度发展的今天，广告已成为我们日常生活中不可缺少的一个组成部分，成为一种新的文化。高楼大厦和街道两旁的广告牌，美丽多彩的霓虹灯，商场陈列商品的橱窗，汽车以及行人身上的广告图案等等，这些都构成了城市的重要景致。很难想象，一座城市如果没有了这一切，将会是什么情形。

广告是一种传播信息的手段，同时作为一种实用艺术，给人们带来各种美的享受。广告画、广告片、广告语、广告摄影、广告歌曲等等，都有很强的艺术感染力。所以，广告美化了人们的生活和环境，甚至成了时代的象征，成了国家安定、人民康乐、经济繁荣的象征。

三、商业广告的分类

广告有不同的种类。了解商业广告的分类，对于学习和研究广告心理学是很重要的。商业广告可以按不同的标准来进行分类，一般有以下一些分类方法：

（一）按照传播的信息内容划分

1. 商品广告

商品广告以推销为目的，通过广告媒介宣传广告主生产经营的商品。商品广告能直接产生促销的效果，企业所做的广告大多属此类。商品广告又可以分为消费品广告和生产资料广告两种。由于消费品和生产资料的目标市场、购买目的、购买者心理等方面有很大不同，所以广告的内容及形式等均应有所区别。

2. 企业广告

企业广告是以提高企业知名度及信誉，树立企业良好形象为目的的广告。实践证明，企业广告不仅有利于商品（或劳务）的销售，而且可以建立良好的公共关系，对提高企业自身的社会地位，为企业在社会事务中发挥其影响力以及吸引人才，加快企业发展等都很有益处。

3. 劳务广告

劳务广告是指提供旅游、饭店、修理、影视剧节目、银行、保险等信息的广告。这类广告以介绍劳务的性质、内容、服务方式为主。

4. 商品(或劳务)与企业相结合的广告

这类广告在宣传商品(或劳务)的同时宣传企业,把树立商品形象与树立企业形象结合起来,如"活力28,沙市日化"。

5. 观念广告

观念广告是说服人们接受某种观念,进而达到推销商品或劳务目的的广告。例如,有的公司的观念广告以表现"健康、向上、进取、开拓、以人为中心"的企业精神为目的。

(二) 按照广告的媒介物划分

1. 印刷广告

即以报纸、杂志、传单等印刷品为媒体的广告,也包括商品目录等印刷物通过邮寄发送的广告。

2. 电子广告

主要指以广播、电视等为媒体的广告。

3. 交通广告

主要指在公共汽车、火车、轮船、飞机等公共交通工具上所做的广告。

4. 户外广告

主要指路牌广告、招贴广告、霓虹灯广告、橱窗广告等。

各类媒体的传播范围、特点各不相同,广告可以选择某一种媒体,也可以多种媒体并用。

(三) 按照广告覆盖的范围划分

1. 国际性广告

又称全球性广告,是指选择具有国际性影响的传播媒介发布的广告。这类广告的产品多是通用性强、销售量大、选择性小并具有国际影响力的产品。

2. 全国性广告

是指选择和利用全国性媒介,在全国范围内发布的广告。如我国的中央电视台、中央人民广播电台、全国性报纸、全国性杂志等播发的广告。这些广告传播范围广、影响大、效果好、费用也高,多用来发布通用性强、销售量大、选择性小或专业性强、使用地区较分散的商品。

3. 区域性广告

是指限定在某个区域,如东北地区、华南地区或某个省的范围内,选择区域性媒介,如省级报刊、电台、电视台发布的广告,传播面限定在一定的区域范围内。此类广告多是一些地方性产品,或是消费区域性强、销售量有限、广告费用适中的商品。许多中小型企业较多采用这类广告。

4. 地方性广告

此类广告比区域性广告传播范围更窄,市场范围更小,选用的媒介多是地方性的传播媒介,如地方报刊、路牌、霓虹灯等,这类广告一般是商品零售企业或地方企业所发布。

商品广告的发布到底选用哪类媒体,这要根据企业目标市场的要求来确定,并不是任何企业或任何时候都需要做国际性或全国性广告。

（四）按照广告的诉求对象划分

1. 消费者广告

此类广告的对象是一般消费者，广告主包括生产日用消费品和耐用消费品的企业及零售业。这类广告占广告的绝大部分。

2. 工业用户广告

此类广告是由生产与经营工业原材料、机器、零配件等的生产部门和批发部门发布，广告对象是使用这些产品的企业。

3. 商业批发广告

此类广告主要是由生产企业向商业批发和零售企业发布，或是批发商之间、批发商向零售商业发布的广告。

消费者广告可以采用各种表现方式和媒介；但工业用户广告和商业批发广告，在广告形式与媒介选择上则要受到种种限制，而要与其他活动如公共关系活动等相配合。

（五）按照广告的诉求方式划分

1. 报道式广告

这类广告是运用陈述原理，向消费者介绍商品（或劳务）的名称、特点、款式、质量、价格等的广告。这类广告以事实为依据，以告诉顾客为直接目的。

2. 劝导式广告

劝导式广告又称诉求性广告，以劝导为中心，以说服为目标，具体又分为理性诉求广告和情绪诉求广告两种。

（1）理性诉求广告。根据消费者的心理，以理性说服的方式，充分说明商品的特征及其优越性，让消费者自己思考判断后购买。这类广告重视证据，逻辑性强，以理服人，是药品、保健品等商品经常使用的方式。

（2）情绪诉求广告。又称暗示广告或兴趣广告，主要以情感诉求的方式打动消费者，使其产生良好的情感与态度，进而购买。这种广告的特点是态度诚恳，以情动人。如："人头马一开，好事自然来"、"孔府家酒，让人想家"等等。

3. 提醒式广告

这类广告一般是产品已经在市场上树立一定形象后，为使消费者不遗忘这种产品，或持续重复购买行为而做的广告。如"中华"牌牙膏的广告："四十年风尘岁月，中华在我心中。"

（六）按照广告刊播的时间与频率划分

1. 均衡广告

均衡广告就是有计划、有步骤地针对目标市场进行反复宣传，以加深消费者的印象，在刊播的时间上均衡分布。

2. 时机广告

时机广告就是抓住某个销售时机，突击进行的广告宣传活动。这类广告的刊播发布不均衡，如季节性、节假日广告与促新广告。季节性及节假日广告，是在商品销售旺季或节假日到来之前以及在此期间大量宣传，进行直接促销活动，而进入淡季或节假日过后则减少或停止广告;促新广告是在新产品上市、新商店开张、新促销手段及服务措施出台前后,短时间内对目标市场集中进行突击性广告攻势,以便制造声势,迅速提高知名度。

3. 长期广告与短期广告

较长时间内一直进行宣传、展示、刊播的广告即为长期广告;而宣传、展示、刊播时间较短的广告就是短期广告。一般来说,长期广告产生的影响较大。

(七) 按照广告的目的划分

1. 销售广告

以销售商品为目的的广告,比如各种商品广告、企业广告、观念广告等均属销售广告。

2. 需求广告

需求广告是指广告主为了购买某种商品而做的广告。如工厂企业的原材料求购广告,零售商业或批发商业的商品求购广告,以及银行鼓励存款的广告、保险公司招揽保险业务的广告等均属这一类。这里所说的需求广告是指商业需求,即这种需求最终还是为了销售或最终仍要达到盈利的目的。若消费者为了消费而不是为了盈利所做的广告,就不是商业广告,不在本书的研究范围内。需求广告是销售广告的一种特殊形式。

(八) 按照商品的生命周期划分

1. 开拓性广告

即新产品刚进入市场期间(即导入期)的广告。开拓性广告主要是介绍新产品功能、特点、使用方法等,造成一定的广告攻势,诱导需求,加强品牌印象,促进消费者对商品的了解、认识和购买。

2. 竞争性广告

主要指商品在成长期和成熟期所做的广告。这类广告着重介绍商品优于同类竞争商品的优点特色,以提高企业信誉,加强竞争性,扩大市场份额。

3. 维持性广告

这是商品进入或即将进入衰退期所做的广告。主要是宣传商品本身的商标,促使消费者继续购买使用,从而延缓商品销售量的下降,维持住已有的市场份额。但这类广告应注意区别对象,那些销量锐减、难免会被淘汰的商品,广告亦不会有多好的效果。

四、心理学在广告中的作用

广告是现代企业推销其商品或服务的一个重要组成部分,广告活动的最终目的是把商品推销出去。然而,广告是否能达到这一目的,如何使人们采取购买行为? 这就需要运用心理学的原理和方法,使广告符合消费者的心理和行为特点,从而对消费者产生深刻而有力的影响。

心理学是研究人的心理现象及其规律的科学。心理学对于广告制作和传播者了解掌握消费者在接受广告宣传过程中的心理活动特点和规律,指导广告作品的制作和宣传,使广告设计符合消费者的愿望和要求,提高广告宣传的效果,激发消费者的购买欲望和购买行动等,有着十分重要的作用。其作用表现如下:

1. 研究广告视听者心理过程的产生和发展

任何心理活动都有它发生、发展和完成的过程；心理过程又会激发人们采取一定的行动（包括积极的和消极的）。广告视听者的心理过程也会影响其购买行为，产生不同的效果。研究广告视听者的心理过程，可以帮助我们了解广告视听者心理活动的一般规律，掌握其心理变化的特点，从而增进广告的宣传效果。

2. 研究广告活动中各种物质技术手段对人心理活动的作用

广告活动需要各种物质技术手段，如不同的广告媒体、不同的表现形式、不同的技术手段等。各种不同的物质技术手段，对消费者的心理影响是不同的。由于广告宣传的商品品种繁多，特点不同，消费需求与消费心理不同，广告活动的各种物质技术手段就必须与之相适应。心理学就要研究广告所运用的各种物质技术手段对消费者购买心理有什么影响，怎样才能符合消费者购买心理的需求。在进行广告策划时，就要根据不同广告媒体具有的不同心理特性，选择最适合于心理诉求的媒体。例如，交通广告与其他媒体广告的心理特性就有所不同。它流动性强，给消费者的心理作用是变化快、不稳定，因而多起提示性作用，适用于宣传消费者熟悉的商品、生活日用品、结构简单的流行性商品；而对那些复杂、高级、豪华、全新的产品，则不大适合。

3. 研究消费者个性心理特征的发展和变化

人的个性心理特征对人的行为有重要影响。广告受众不同的个性特征（如阶层、年龄、性别、职业、需要等）对广告内容的接受和影响程度也就不同。所以，广告设计必须站在消费者的立场去构思和制定广告规划，制作广告文案，再巧妙地以图画、文字或语言表达出来。切忌站在自我的立场上，以我想什么、我希望做什么而进行设计。消费者的购买动机、兴趣习惯和要求又是不断变化的，这就更应加强对消费者心理特点及其发展、变化的研究，以使广告能够适应消费大众的心理要求。

4. 研究广告宣传与消费者无意识的关系

无意识是指个体内部不被察觉而进行的心理活动。无意识过程可以影响人的行为，虽然个体无法报告这些过程。依照弗洛伊德的精神分析理论，无意识即本能冲动，暗中支配个体的意识。无意识是心理活动的基本动力，是人们动机、意图的源泉。

在现实生活中，并非所有的广告刺激都能使消费者产生明确的意识，也就是说，很难立刻成为消费者注意的中心。但是广告传递一定会在消费者的无意识中留下印象，这种印象的深浅依赖于广告刺激的频率。无意识中一点一滴积累的刺激，有朝一日必然会在人的意识中浮现出来。例如，某消费者在电视上经常见到"格兰仕"微波炉的广告，但并没有引起他的注意。而当他需要一台微波炉时，他马上想到要了解一下"格兰仕"微波炉的性能和特点，看看是否符合自己的需要。这正是无意识对人的意识和欲求的支配作用。无意识是过去的经验、想法和欲望的储存库，其中储存着过去见过、观察过、注意过的事情或其他信息资料。广告对消费者心理的影响，有些通过消费者的意识行为反映出来，有些则通过消费者无意识的行为反映出来，广告对消费者的影响通常是多层次、多方面的。

5. 研究如何根据消费者心理特点制定广告心理策略

广告是为商品销售服务的。研究消费者的心理现象，是为了制定正确的广告规划和广告心理策略。各类消费品市场都有各自不同的消费者,而不同的商品或劳务,又有着各自不同的性能和特点。因此,广告活动必须根据不同的广告对象和不同的内容,制定相应的广告计划和心理策略。

第二节 广告心理学的研究对象

广告心理学的涵义与研究对象,以及广告心理学与相关学科的关系,是本节讨论和介绍的主要内容。

一、广告心理学及其研究对象

广告心理学(psychology of advertising)是心理学的一个重要分支学科,是心理学原理和方法在广告领域中的具体应用。广告心理学是一门应用心理学,它更多地强调与广告实践的结合,为广告活动服务。

广告心理学的研究对象是广告活动中的人(特别是广告受众)的各种心理现象及其产生、发展、变化的规律。

广告心理学的研究范畴很广,包括广告主、广告人、广告受众在广告活动中心理现象发生、发展的规律,如从广告受众接收广告时的感知觉、记忆、兴趣、动机、情感及无意识行为等方面研究广告的效果;广告人在广告工作中特有的心理活动及其应具备的心理素质等;广告活动中信息传递、说服购买的原理及其过程;广告对消费者态度的影响;各类广告传播媒体的心理影响效果;广告诉求方法及其影响特点;广告心理效果的评估等等。

广告心理学的研究,就是要发现和寻找人在广告活动中的心理特点与规律,并应用于广告实践之中,使广告活动符合人的心理要求与规律,从而增进广告的效果及其影响力。

二、广告心理学与相关学科的关系

广告心理学是一门交叉学科,与心理学、广告学、消费心理学等学科都有着密切关系。它在引用、吸收其他学科理论和方法的基础上,逐步发展成为一门独立的学科。

(一) 广告心理学与心理学的关系

心理学(psychology)是研究人的一般心理现象和心理规律的科学,是各个心理学分支学科的理论基础;广告心理学则是心理学原理和方法在广告活动领域中的具体应用。心理学和广告心理学的研究对象都是人,但心理学研究的是一般情况下的人,而广告心理学研究的是处在广告活动中的人。所以,广告心理学是心理学的一个分支,而广告心理学的研究,进一步丰富和完善了心理学科的内容。

(二) 广告心理学与广告学的关系

广告学(advertism)是探讨广告活动现象及其一般规律的科学。广告学描绘出广告活动的基本框架,广告心理学则是在这一框架之下,探讨人在广告活动中产生的心理现象和心理规律,为广告活动提供理论基础。相对而言,广告学研究的广告活动过程是宏观的,而广告心理学研究的广告活动中的人的心理现象是微观的。在广告学中，人们既强调广告的艺术性，又强调其科学性。而在广告心理学中，人们更重视从科学性角度来探讨广告和广告活动。可以说，广告心理学是适应广告科学性的要求逐步发展起来的。

（三）广告心理学与消费心理学的关系

广告心理学与消费心理学（consumer psychology）有着非常密切的关系。现在在一些西方国家，广告心理学常常被看作是消费心理学的组成部分，因为无论是广告心理学还是消费心理学，都将消费者作为重要的研究对象。但是，广告心理学与消费心理学还是有区别的。广告心理学研究的一些问题，消费心理学并不关心，如广告的认知过程、广告说服、广告人的心理素质、媒体心理等；也有一些问题消费心理学比较重视，而广告心理学却不太关注，如消费情境对消费者的影响等。消费心理学侧重研究人与商品的关系，而广告心理学侧重研究人与广告活动的关系；消费心理学服务于市场营销，而广告心理学主要服务于市场营销中的广告活动。所以说，这两个学科有共同关心的问题，但也有各自要解决的问题，它们是相互交叉的学科，又各有其独立性。

第三节　广告心理学发展简史

本节主要围绕广告心理学产生和发展的历史，分别对国内外广告心理学的发展过程及其经历的一些重要事件加以介绍。

一、国外广告心理学的发展

广告伴随着人类社会商品生产和交换的出现而诞生，至今已有数千年的历史了。然而，它发展成为科学研究的对象，还只是近百年的事情。原始的广告是以叫卖吆喝、悬挂旗帜、敲锣打鼓等形式招徕顾客的；15世纪后，由于印刷术的发明和推广，广告的表现领域获得了新的发展，传单及招贴广告、报纸广告成为重要的广告媒介；19世纪后，世界经济空前活跃，科学技术的新发明、新创造不断涌现，特别是进入20世纪后，随着广播、电影、电视、录像、卫星通讯、电子计算机等电讯设备的发明创造，使广告进入了现代化的电子技术时代，大大提高了广告的传播效益。

广告传播媒介和方法的革新、演变，实质上都意味着叫卖者（广告者）经验的总结和对顾客接受心理的新认识，反映了广告者对广告心理现象及规律的探索。尽管如此，真正将广告和心理学联系起来，则是在19世纪末科学心理学诞生以后。

1895年，美国明尼苏达大学心理实验室的盖尔（H. Gale）采用问卷法开展了关于消费者对广告及广告商品的态度和看法的调查，这是最早把心理学的研究用于广告实践的工作。1900年盖尔出版了《广告心理学》一书，开始讨论广告活动中消费者的注意、兴趣等心理现象。但盖尔的研究工作没有产生很大影响。1901年美国西北大学心理学家斯科特（W. D. Scott）在芝加哥的心理学年会上，提出把广告的工作实践发展成为一门学科，并提出了心理学对此可以大有作为的独特见解，得到与会者的热烈支持。在随后的两年内，斯科特连续发表了12

篇有关广告心理的文章,并汇集成一本书,名叫《广告原理》,于1903年出版。现在通常把此书的问世作为广告心理学诞生的标志。1908年,斯科特进一步将广告心理学的知识系统化,出版了《广告心理学》,此书为该学科与应用领域间的联系奠定了基础。1921年,斯科特又出版了《广告心理学的理论和实际》一书,对广告做了较为全面的研究。他系统列举了能在印刷物(广告)中应用的心理学原理,如知觉、想象、联想、记忆、情绪、暗示和错觉等,并强调情绪感染力在广告上的价值。因此,斯科特被称为"广告心理学之父"。

这一时期,哈佛大学心理实验室的闵斯特伯格(H. Munsterberg)也开展了关于报刊广告的面积、色彩、文字运用、广告编排等因素与广告效果关系的实验研究,研究结果汇集在他所撰写的《心理学与经济生活》一书中。到了20年代,由于无线电广播事业的发展,广播广告也有了很大发展,广告心理学在有关消费者对广告的记忆上有了较深入的研究,对如何使广告更加引人注意也有了更深的认识。

这些早期关于广告心理的研究都是在以生产者为中心的经济条件下进行的,因而研究目的自然是服务于卖方市场的,其特点是单向的,即指向于推销商品的心理活动,同时还局限于对表层心理活动的研究。

20世纪30年代,由于西方经济大萧条,为了刺激消费,营销观念有所转变,从以生产者为中心转变为以消费者为中心,广告心理由此得到了更多的关注与发展。在买方市场中,对消费者自身心理活动的研究越来越受到重视,尤其是第二次世界大战后,随着商品经济的快速发展,市场竞争的日益激烈,许多商业机构都开始着手研究消费者行为特别是消费者购买动机这一涉及广告主题的问题。美国学者迪德(E. Dichter)和瓦尔瑞(J. Wacary)等人成功地运用投射测验技术代替了直接询问法,取得了很多有价值的成果。其中的经典研究是1950年加里福尼亚大学的海尔(M. Haire)关于速溶咖啡销售障碍的深层动机的研究。该研究获得了消费者不愿购买此产品的深层动机,修正了原来的广告定位,由宣传速溶咖啡的方便省时改为宣传速溶咖啡的美味可口,从而使广告大获成功。在这一时期,对消费者的潜意识也作了一定的探讨,如布朗(G. Brown)关于消费者对商标忠诚度的研究和鲍恩(F. S. Bourne)关于参照团体对消费者行为影响的研究等,这些实用性研究大大地丰富了广告心理学的知识。

与此同时,心理学和社会心理学的研究也有了很大发展。行为主义心理学家围绕刺激与反应问题进行了大量的研究,以霍兰德(C. I. Hovland)为代表的一批社会心理学家在战后继续了战时关于说服等方面的研究,取得了丰硕成果。这些研究成果被大量应用在广告实践中,进一步丰富了广告心理学的内容,促进了广告心理学的发展。

20世纪60年代以后,西方发达国家科学技术飞速发展,经济高速增长,广告业也取得了前所未有的发展。在这种背景下,广告活动科学化的呼声日益高涨,作为广告活动的基础学科,广告心理学越来越受到人们的关注和重视。此时,心理学本身也发生了重大的历史性变化,诞生了一种新的心理学思想和学科——认知心理学。认知心理学以其旺盛的生命力在很短时间里就取代了传统的行为主义心理学,并渗透到心理学的各个研究领域,也推动着广告心理学的发展。

国外近些年来广告心理学的发展,主要体现在以下两个方面:

（1）实证性研究越来越多，研究领域越来越广泛。研究的领域包括广告的认知过程、广告表现与民族心理的关系、各种广告表现与诉求手段的心理效果分析、广告传播的心理机制、广告的说服技巧、潜意识与广告、广告的情感作用、广告对不同年龄阶段消费者的影响、消费者对广告的反应等。

（2）研究方法、手段越来越多，越来越先进。传统研究以调查法、实验法等为主要研究手段。现代广告心理学研究不仅继承了传统的研究方法，还积极引进其他学科新的研究方法，如内容分析法等；在技术上也对传统研究方法作了改进和更新，采用了许多现代电子技术设备，如录音、录像设备、速示器、多媒体技术、脑电波分析仪、眼动记录仪等。此外，研究数据结果的分析水平，也随着计算机技术和统计学的发展而有了明显提高。

二、我国广告心理学的发展

我国关于广告心理学的介绍和研究，起始于 20 世纪 20 年代。这一时期，孙科以"广告心理学概论"为题撰文介绍了该学科；吴应国翻译了斯科特的《广告心理学》；潘菽在其《心理学概论》中介绍了"心理学与工商业"。30 年代，潘菽还结合我国情况在大学课堂上介绍《工商心理学》。1949 年建国以后，由于我国实行计划经济体制，广告失去了赖以存在的基础，因而广告心理学在大陆地区的发展几乎是一片空白，只在台湾、香港地区进行着相应的研究。

20 世纪 80 年代以后，随着我国改革开放和市场经济的发展，广告活动欣欣向荣，广告心理学的研究也枯木逢春，重现生机。1988 年，我国出版了建国以来最早的广告心理学专著（傅汉章、邝铁军：《广告心理学》，华中师范大学出版社，1988 年 11 月）。至 2001 年底为止，国内学者已出版同类著作十余部，并翻译出版了一些国外的广告心理学著作；广告心理学的科学研究工作正在逐步开展，公开发表的研究论文和报告也在逐渐增多。目前，广告心理学已经初步发展成为一门具有相对完善的研究内容和体系的独立学科，它不仅探索有关心理学原理在广告实践中的运用，也研究广告活动本身所引起的特有的心理现象和心理规律。

但总的来看，当前我国对广告心理学的研究还十分薄弱，专业的研究机构、研究人员和研究成果还都很少。广告心理学还是一个亟待开发与发展的研究领域。

第四节　广告心理学的研究方法

本节主要介绍广告心理学研究中常用的一些重要方法，即：观察法、实验法、访谈法、投射法、问卷法等。

一、观察法

观察法（observational method）是在被观察者未觉察的自然状态下，有规律地观察并记录其外部行为表现（表情、动作、谈话等），进而分析其心理活动的方法。

观察法是心理学研究的一种基本方法。在广告心理学的研究中，这种方法由于其自身的局限性（如环境中的一些影响因素难以控制，观察到的一些现象难以查明原因等）而受到一定的限制,但仍然是一种重要的方法,有时也有其独特的用处。

(一) 观察的方式

1. 直接观察

直接观察法就是研究人员到现场观察发生的情形,以搜集信息。例如,在一定时间和地点观察人们对路牌或橱窗广告注意的频率,以确定广告的注意率。研究人员并不访问任何人,而只观察基本情况,然后记录备案。

2. 仪器观察

仪器观察法即借助一些现代化的仪器和装置进行观察,如望远镜、显微镜、照相机、摄像机、录音机、眼动仪等进行广告心理的研究,以克服人体感官的某些局限。例如,经过被调查者的同意,可以在家用电视上安装一个监视装置,记录下这台电视机的开关时间、收看哪些频道、收看时间如何等。再如,在测定广告效果时,可借助眼动仪,摄下人们的眼部活动,观察瞳孔的变化,分析广告设计对人们注意力的影响。

3. 痕迹测量

该方法不是直接观察消费者的行为,而是通过一定的途径来了解他们的行为或留下的痕迹。例如,某公司为了评价各种广告媒介的效果,在广告中附有回条,顾客凭回条可到公司购买折让的商品。根据回条的统计数,公司就可以找出最佳的广告媒介。

4. 自我观察

观察也可用于自我,形成自我观察法。这种方法是将自己摆在消费者的位置上,根据自身的日常消费生活体验,去揣摩消费者的心理,从中体会消费者对商品的认识和感受。应用自我观察法研究消费心理有独到之处,对价格心理、偏好转变以及情感变换等较复杂的心理现象的研究,通常能收到较好的效果。

(二) 观察的步骤

在广告活动中,可对消费者的某种消费活动进行连续完整的观察与记录,也可依据一定的标准选取被观察对象的某些个别心理活动和行为表现进行观察记录,或选择在特定的时间内进行观察记录来搜集资料。观察法的操作步骤如下:

1. 设计方案

即确定观察目的和具体观察内容,选择观察方法和制定观察记录表。例如观察街上行人对橱窗广告的注意率,在设计时可分为观察行人侧目观看、驻足观看及不予理睬三类,并设计记录表,以方便实际观察时迅速准确地记录这三类人的人数、动作、言语。这便于确定总人数以及各类人的比率,从而确定注意比率和注意程度。选择观察方法时,若是直接观察,则应对观察员进行一定的培训,否则难以按要求完成观察。

2. 实施观察

按照观察方案的要求进行观察,并对观察记录进行整理、分析,得出一定的结果。在观察中观察者的态度立场应是中立、客观的,记录表的设计要便于观察者记录,可选取一定的简易符号作为记录代码。

(三) 观察法的优缺点

观察法的优点是不受被观察者文化、理解能力的限制,能得到现场真实、直接的材料。这是由于被观察者是在没有受到干扰、没被施加任何影响的情况下活动的,心理、行为的表露是自然的。观察所得结果还可用来检验假设,例如,"小学生的日常消费在多数情况下是通过家长实现的"这样一个观点是否正确,可通过有计划地观察小学生的实际行为来获得。而这种假设正确与否,涉及广告对象的确定及广告定位等广告活动的核心问题。

观察法的缺点是,它具有一定的被动性、片面性和局限性;观察的质量受到观察者本身经验和能力的影响;观察过程有许多不可预知的影响因素,无法控制;观察得到的结果在信度、效度上难以保证;观察所得到的材料本身还不能区分哪些是偶然现象,哪些是规律性的反映。

二、实验法

实验法(experimental method)也是心理学研究中常用的一种方法。它是有目的地严格控制或创设一定条件,引起某种心理现象,从而找出其发生的原因和变化的规律。实验法可分为实验室实验法和现场实验法两种形式。

(一) 实验室实验法

实验室实验法(laboratory experiment)是在严格控制外界条件的情况下,用心理学仪器在实验室中测定广告对消费者影响的客观指标的方法。例如,用速示器测定消费者一瞬间所看到的广告的内容;用脑电图研究消费者对广告是否有兴趣,当他们受不同广告刺激、产生不同的情绪反应时,仪器可以敏锐地抓住他们大脑兴奋时不同的脑电波;用眼动仪根据消费者注视广告时瞳孔扩张的程度来判定广告的吸引力(当人看到有兴趣的东西时,瞳孔会放大),还可以反映眼球的移动时间和顺序,得到测试对象感兴趣的部分及视觉流程轨迹;依据消费者皮肤电阻和瞳孔大小的变化,可测出他们看广告时的情绪变化;还可以用录像、图片、文字等广告媒介,选取不同时间测试消费者的广告记忆效果等。

实验室实验的优点是控制条件比较容易实现,但实验情境有很强的人为性,容易干扰实验结果的客观性。

(二) 现场实验法

现场实验法(field experiment)是在实际生活情境中或模拟自然的情况下,适当控制外界条件,有目的地研究某些心理活动及其规律的方法。这种方法的应用范围较广。例如,在研究广告效果时,选择两个在各方面基本类似的区域(如某个地区或小城市),在其中一个区域进行某产品的广告宣传,该区作为实验区;在另一区域则无广告宣传,作为控制区;尽量控制一切影响销售的因素,只让广告宣传成为唯一的外界影响因素。在两地同时投入某产品,经过一段时间,比较这两个区域内产品的销售量。如果实验区销售量增加,且两个区域销售量的差异显著(可经统计检验得知),则表明是广告的作用。这种方法虽然有较高的可信性,但它费时、费力、费用高。

在测验广告效果时,也可运用模拟实验。例如,要测量报刊广告大小对广告效果的影响,可把大小不同而其他因素相同的各种广告刊登在样品杂志上,让消费者一页一页地翻阅,速度不限。实验者可结合观察法从各方面研究被试的反应。如:记录被试在每一页或某一页的某一部分花费的时间,并测量消费者对不同大小广告的回忆量等。

实验法的方式有多种,可根据实验的需要设计控制变量,达到研究目的。

实验法中实验者是主动的,通过对自变量的一系列控制和对因变量的观察,可从复杂的因素关系中,确认有关变量之间的因果关系,因而有较高的效度。然而实验法中对变量的操纵,难以避免人为化的影响;在现场实验中,对一些突发事件的影响则较难控制。

在对实验数据统计处理时,因素分析法可找出其中某因素作用的大小。单因素分析只改变一个因素,其他保持不变,如颜色对广告效果的影响;双因素分析即分析两个因素对结果的影响,如大小、颜色对广告效果的影响;多因素分析是分析两个以上因素对结果的影响,如电视广告中颜色、音乐、情节、人物等多种因素对其效果的影响;多因素交互作用是两个以上的因素共同作用对结果的影响,如消费者对某个商品的态度的形成,可从广告、文化背景、经济条件、商品本身等方面去考察它们的交互影响。

三、访谈法

访谈法(interview method)是通过与研究对象直接交谈,在口头信息沟通的过程中了解和收集其心理与行为资料的方法。这种方法常常和观察法结合在一起使用,互为补充,要求研究者做到口问、耳听、眼看。这种方法最大的特点是,在整个访谈过程中,研究者与被研究者是相互影响、相互作用的过程,而不是由研究者单方面进行的活动。

访谈法在一定程度上能获得更多、更有价值、更深层的心理活动资料,是广告心理研究中常用的一种基本方法。

(一)访谈的形式

1. 面谈法

面谈法(one-to-one interview)又可分为结构式访谈和无结构式访谈两种。结构式访谈(structure interview)又称控制式访谈,是研究者根据预定目标,事先撰写好谈话提纲,提问的内容、顺序、方式、记录都有统一的要求,访谈时依次向受访者提出问题,让其逐一回答。这种访谈组织比较严密,条理清楚,研究者对整个谈话过程易于掌握,所得资料比较系统。但是,由于受访者处于被动地位,容易拘束,双方感情在短时间内不易沟通。

无结构式访谈(non-structure interview),也称自由式访谈。研究者与受访者之间可以比较自然地交谈,它虽然有一定的目标,但谈话没有固定的程序,结构松散,所提问题涉及的范围不受限制,受访者可以较自由地回答。在这种方式下,受访者比较主动,因而气氛较活跃,容易沟通感情,并可达到一定的深度。

面谈可以是一次访谈一人的形式,也可以由几个人组成一个小组,由一个访谈员组织在一起进行访谈和讨论的形式。访谈时访谈员要善于创造一种轻松愉快的气氛,设法使受访者讲真话。

面谈法的优点是:(1)可直接获得问题的答案,并通过观察受访者的面部表情和反应动作,发现和提出更多的问题,从而获得许多有价值的信息或对某项问题作深入讨论;(2)富有伸缩性,如发现受访者不符合样本条件,可立即终止调查,能够精确控制样本;(3)面谈调查也是一种感情投资,易使消费者与企业建立感情联系,同时可以起到广告宣传的作用。

面谈法的主要缺点在于：(1)访谈人员的主观偏见会影响资料的准确性；(2)对访谈者的访谈技巧要求较高，访问工作较难监督，谈话进程不易掌握；(3)有些受访者会产生被质问的压迫感；(4)当地区分布较广时，费时费力，成本甚高。

2. 电话访谈法

电话访谈法(telephone interview)是借助电话这一通讯工具与受访者进行谈话的方法。它一般在研究者与受访者之间受空间距离限制，或者受访者难以或不便直接面对研究者时采用。电话访谈一般采用结构式访谈，访谈内容要事先设计和安排好，由调查员根据抽样要求，通过电话向调查对象询问，如：是否正在看电视，在欣赏什么节目、有几个人一起看，年龄、性别如何；看过某个广告片吗，认为怎样，有无兴趣等。电话访谈一般以10分钟为限，提问要特别简单明确，以免让人生厌。

电话访谈法的优点是：(1)经济、迅速，可以在广告出现的同时进行，及时捕捉受访者的心理反应及变化；(2)渗透性强，可以对难以接触的受访者和家庭进行调查；(3)可涉及一些面谈时不便谈的问题。

电话调查的主要缺点是：(1)受电话设备的限制；(2)时间短促，仅能回答简单的问题，无法利用图表、设备等；(3)一般限于本地区，否则费用过大。

（二）访谈的技巧

结构式访谈可按统一的设计要求进行，而无结构式访谈一般只设计一个粗略的提纲，所以对访谈人员就有更高的要求。这种访谈中的很多信息，需要采用追问的技巧获得。

追问的主要功能是引导受访者更全面、精确、深入地回答问题。追问按目的可分为两大类，一类是为了获得更详尽的客观材料而追问，如："您还有什么补充的吗？""您听谁说的？"等。另一类是为了获得对原因的更深入的解释，即探讨受访者的内在动机。在问到一些容易引起自我防卫的问题时，为了避免受访者进行掩饰，此时的追问可结合投射法来进行，如采用间接提问的方式或假设一种情境让其想象："您推测您的女友为什么使用这种产品？""假如您是司机，您会选择哪一种？""为什么要选择这种？"等等。由于是分析他人或他事，因而不易引发自我防卫，使反应更真实，并可透过他对某物或某事的看法来推测其本身的特征和内在动机。

提问时不应采用暗示性的问题。例如调查人们对某种胶卷的印象和此品牌的知名度时，如果先问"您知道哪些牌子的胶卷？"再问"您用过××牌吗？"这样第二个问题不会影响第一个问题的回答。假如把顺序颠倒过来，就可能提醒受访者有××牌胶卷。

访谈时可以进行笔录或使用录音机记录。这通常要在事前征得受访者的同意，如遭拒绝可在事后追记。

四、投射法

投射法(projective method)不是直接对被试明确提出问题以求回答，而是给被试一些意义不确定的模糊刺激，引出被试的反应，借以考察其所投射出的人格特征的心理测验方法。投射法可以通过被试的反应、解释，使其内心的动机、愿望、情绪、态度等在不知不觉中投射出来，从而探究其内心世界和潜意识，得到有价值的心理活动资料。

投射法的技术性很强,实际操作的难度较大。在广告心理研究中常用的投射方法有自由联想法、购物表法、绘画测验法、主题统觉法等。

(一) 自由联想法

自由联想法(free association),是向被试呈现字、词、语句或图画等刺激,要求其马上报告由此刺激想到了什么;或要求被试填写画中人物的对话;或依据所给画面编一则故事。对结果进行整理分析,可以推知被试由潜意识投射出来的对广告及广告产品的感觉与认识。

(二) 购物表法

购物表法(shopping list test)是一则无缘运用投射法来调研消费者购买动机和心理活动的经典案例。这是美国 20 世纪 40 年代对速溶咖啡的广告宣传时运用的一种方法。此咖啡初上市时,广告的主题是省时方便,但并未被消费者所接受,销售无起色。于是心理学家设计了两张家庭主妇的食品购物表,见表 1-1:

表 1-1　食品购物单比较

购物单甲	购物单乙
1 听发酵粉	1 听发酵粉
2 块面包,一串胡萝卜	2 块面包,一串胡萝卜
1 磅 Neseafe 速溶咖啡	1 磅新鲜咖啡
1 磅碎牛肉	1 磅碎牛肉
2 听桃子	2 听桃子

(资料来源　马谋超.广告心理学基础.北京师范大学出版社,1992:147.)

在购买单甲与乙中除了甲是速溶咖啡,乙是新鲜咖啡这一项不同外,其余全部相同。让被调查的家庭主妇看这两张购物表,并推测按这两份表购物的两位家庭主妇即甲和乙有什么特点。结果发现,被试对甲、乙两位家庭主妇的评价截然不同:对购买速溶咖啡的主妇甲的评价是喜欢凑合、图省事的妻子,而购买新鲜咖啡的主妇乙被描绘成勤劳能干、喜欢烹调、热爱家庭的妻子。由此找到了速溶咖啡销售不畅的深层原因,即家庭主妇们不愿意被认为是懒惰的,所以不愿意购买速溶咖啡。于是,广告主题从宣传速溶咖啡的省时方便改为宣传速溶咖啡的美味可口,突出宣传其"百分之百的纯咖啡",芳香新鲜。由此诱发消费者的购买动机,打消其心理压力,从而使速溶咖啡迅速畅销。

五、问卷法

问卷法(questionnaire method)是通过事先设计的调查问卷,向被调查者提出问题并由其回答,从中了解其心理特点的方法。在广告心理学的研究中,它对于了解消费者的态度、评估广告效果等,具有良好效果,是一种常用的方法。

(一) 问卷法的操作方式

根据操作方式,问卷法可以分为邮寄问卷、入户问卷、拦截问卷和集体问卷等,近年来随着网络的发展,又出现了网上问卷调查。邮寄或网上问卷调查,不受地理条件的限制,问卷应用范围十分广泛,受访者填答问卷的时间也比较灵活。

入户问卷是访问员依据抽取的样本挨家挨户上门访问。可以是受访者对每一个问题做出回答,访问员当场做好记录;也可以由访问员挨家挨户发完问卷就离去,由受访者自行填写,过后再收回问卷。

拦截问卷是由访问员于适当地点,如商场出入口处等,拦住适当的受访者进行访问;集体问卷是由研究者对一群人同时进行访问。

(二)问卷量表的类型

1. 瑟斯顿等距量表(Thurstone Equal-appearing Interval Scale)

此量表是瑟斯顿(L. L. Thurstone)1928年制定的一种等距量表。这种量表建立的步骤为:

(1)拟定若干条关于态度对象的调查语句,通常在50条左右,如"××牌彩电的色彩逼真"、"××牌彩电的外观漂亮"、"××牌彩电的价格合理"等。

(2)选取一个代表性样本进行预试,请他们按11点量表(即对每一题目从最反对到最赞同之间划出11个等级,得分从1到11分),客观独立地评价每一题目,确定每题的得分。

(3)删除评定者认为意义模糊和评定者评分高度分散的题目,最后保留25题左右,构成瑟斯顿量表。

(4)用最后确定的量表广泛测查所要调查的群体。

瑟斯顿量表的优点是每一题上都有明确的态度强度分值,它符合统计学的原理,易于被试回答和计分。然而此量表的11点计分较难使评定人区分,因而现在许多关于态度的量表已改为5点计分(即5个等级)。

2. 利克特量表(Likert-type Attitude Scale)

此量表由利克特(R. Likert)1932年提出。此量表避免了瑟斯顿量表编制过程的复杂,其具体步骤是先通过广泛调查,拟定一系列题目再抽取调查对象中的代表性样本试测,按5点量表评分。然后,按照题目与总得分的相关度来筛选题目,相关高的题目保留下来构成量表。正式量表的题目一般在20个左右。

3. 语义分析量表(Semantic Differeential Scaling)

这是由心理学家奥斯古德(C. E. Osgood)等人在1957年发展起来的。它是了解消费者对产品包装、广告宣传的看法以及对产品的实际感受等的主要方法。语义分析法是依据人的联觉和联想建立起来的。例如,红总是与温暖、光明结合在一起。此量表设计为7点等级语义区分量表,用于研究消费者对某一事物或概念的态度,或前后两次测试同一组被试在态度上的变化。

语义分析量表的操作步骤是选用成对的两极性的形容词来评价研究对象。通常确定三个评价维度,即性质(如好与坏、重要与不重要等)、力量(如强与弱、硬与软、浓与淡等)以及活动(如快与慢等)。每个维度的项目数量可视所评价的对象而定,一般在3对以上。

此量表为7级量表,即每题从肯定到否定的两极,评分依次为7—1,共7个等级。依据被测试对象在每题上的平均分,可画出剖面图,从中找出被试对该事物的一般感受与看法。

语义分析法适用于有一定文化和经验的人群,实施与记分均方便,可较客观地反映被试的主观态度。但此法要求每一题的两端形容词在意义上相互对立,因而在选词时有一定难度。

案例

运用小组访谈法调查，制定纸尿布的广告策略

××牌婴儿纸尿布在美国开始销售时，广告宣传突出其便利的功能，但效果不佳，销售量未见增长。

于是，广告公司开始调查其原因。研究人员找到一些使用过此种纸尿布和未使用过此物的妇女，每8—10人组成一组，每组由一个访谈员带领，在一起讨论关于纸尿布的问题。访谈主要提出一些无结构的开放式问题。

访谈员问："您们觉得纸尿布怎么样？"

使用过它的妇女便答："它方便。"

访谈员追问："觉得怎么方便？"

有人回答："用它很合适，不用再洗尿布了，也不会尿湿衣服、被褥。"

访谈员又追问："什么情况下感到方便呢？"

有人回答："外出旅游时最方便。"这一答案得到在场众多妇女的认可，此时访谈员继续追问："还有什么情况下会使用纸尿布？"

在场的妇女中有人想了一会儿说："婆婆不在时会用它。"

这是一个非常值得重视的问题点，由于它的新颖性，访谈员继续追问下去："为什么要等婆婆不在时用呢？"答："因为婆婆看不惯。"再问："她看不惯什么呢？"或问："你推想她是怎么想的？"回答："她可能觉得这样做，是只图自己省事。……"

在这样持续的追问过程中，研究人员透过对被调查者的仔细观察，发现说话的年轻妇女在说婆婆的看法时，神情有一种不安，其他人也有同感。她们虽然在推测婆婆的看法，但其中也投射了她们自己的认识。即，她们同样认为使用纸尿布，更多的是方便了妈妈，减轻了妈妈的负担。而是否对孩子有利却并不清楚。由此她们感到一种对孩子的内疚，同时也害怕被婆婆看成是偷懒、不负责任的母亲。

通过这次访谈，研究人员初步得出这样的结论：纸尿布不畅销的原因是因为许多妈妈只有外出旅行时才使用，而不是天天使用。其原因是她们认为这种尿布只是方便了妈妈，对妈妈有利，而对她们的宝贝有什么好处却不知道。同时，她们害怕被他人认为是个不尽职的妈妈。

由此，广告公司在进行新的广告策划时，找到了新的诉求点，即突出宣传产品对宝宝的好处，如其柔软速渗的优点，可使宝宝免受尿布尿湿之苦，一次性使用可使宝宝干净卫生等。这样的宣传使许多妇女开始认识到，使用纸尿布是为了让宝宝更健康，而不仅仅是为了使自己省事。由此消除了她们内心的不安，纸尿布成为妈妈们天天为婴儿使用的物品，销量大增。

本章提要

广告有广义和狭义之分。广义的广告是指所有向社会公众发布与传达信息的行为。它既

包括以盈利为目的的各种商业广告,也包括各种不以盈利为目的的政府公告,政党、文化教育、宗教等团体及个人的启事、声明以及各种社会公益性的传播活动。狭义的广告特指商业广告,是指特定的广告主有计划地以付费的方式,运用各种传播手段和表达方式,向其潜在的受众传递商品或服务等方面的信息,以促进销售的宣传活动。

广告一般由 5 个要素组成,即:广告主、广告代理部门、传播媒介、受众和市场。

商业广告的特征是:以盈利为目的;有明确的广告主并支付费用;商业广告是说服的艺术;是有目的、有计划的和连续进行的;商业广告要通过一定的传播媒介进行;其对象是有选择的。

商业广告应遵循的原则是:真实性、思想性、规范性、目的性、科学性、艺术性。

商业广告的功能和作用是:传播信息,促进商品的生产和销售;创造需求、引导消费和形成时尚;提高企业的知名度和市场占有率;促进传媒、文学艺术和经济的发展;美化环境和生活。

商业广告有不同的分类方法。按照传播的信息内容划分,可分为商品广告、企业广告、劳务广告、商品(或劳务)与企业相结合的广告、观念广告;按照广告的媒介物划分,可分为印刷广告、电子广告、交通广告、户外广告;按照广告覆盖的范围可分为国际性广告、全国性广告、区域性广告、地方性广告;按照广告的诉求对象分为消费者广告、工业用户广告、商业批发广告;按照广告的诉求方式分为报道式广告、劝导式广告、提醒式广告;按照广告刊播的时间与频率分为均衡广告、时机广告、长期广告与短期广告;按照广告的目的分为销售广告、需求广告;按照商品的生命周期划分为开拓性广告、竞争性广告、维持性广告。

心理学对于广告的制作和传播,具有能够了解消费者接受广告宣传过程中的心理活动特点和规律,指导广告作品的制作和宣传,使广告设计符合消费者的愿望和要求,提高广告宣传的效果,激发消费者的购买欲望和购买行动等重要作用。

广告心理学的研究对象是广告活动中的人(特别是广告受众)的各种心理现象及其产生、发展、变化的规律。广告心理学是一门交叉学科,与心理学、广告学、消费心理学等学科都有着密切关系。

1903 年美国心理学家斯科特(W. D. Scott)出版著作《广告原理》,标志着广告心理学的诞生。我国关于广告心理学的介绍和研究,起始于 20 世纪 20 年代;80 年代以后,随着我国改革开放和市场经济的发展,广告心理学的研究枯木逢春,重现生机。

广告心理学研究中常用的重要方法有:观察法、实验法、访谈法、投射法、问卷法等。

关键术语

广告、广告心理学、广告要素、广告类型、观察法、实验法、访谈法、投射法、问卷法

复习思考

1. 什么是广告?其含义是什么?

2. 广告要素包含哪几个成分?各有什么作用?

3. 广告的特征有哪些?它应遵循什么样的原则?

4. 广告有哪些分类方法？

5. 学习和研究广告心理学的意义是什么？

6. 简述广告心理学的发展历史。

7. 研究广告心理学的方法主要有哪些？各有何特点？

8. 请结合实际，谈一谈广告心理学诸种研究方法的适用性。

推荐阅读

1. 刘志明,倪宁.广告传播学[M].北京:中国人民大学出版社,1991.

2. 余小梅.广告心理导论[M].北京:北京广播学院出版社,1997.

3. 薛振田.广告心理学:原理与方略[M].北京:化学工业出版社,2012.

第二编
广告认知与传播心理

广告传播是以不同的表现形式展示商品的特性、形象、功能,以间接激发消费者购买欲望和消费动机为目的的活动。广告的传播要想收到良好的效果,就应该符合广告受众的心理特点和规律,促进受众对广告信息的认知,发挥广告的最大价值。1960 年,美国传播学家克拉帕在《大众传播的效果》中把受众的信息接触行为概括为三个选择的过程,即选择性注意或接触、选择性理解、选择性记忆。认识和把握受众在广告信息认知加工过程中的心理活动特点、规律及其对广告效果的影响,具有十分重要的意义。

广告从传播到被受众接触和认知,包括一系列的过程,具体为知觉、注意、记忆、想象、思维和理解等广告认知过程。本编对广告认知过程中所涉及的心理学理论及应用问题进行阐述,如广告的注意理论有哪些? 引起受众注意的广告策略有哪些? 什么样的广告才能被受众更好地认知? 记忆理论及其在广告传播中的应用策略有哪些?

第二章 广告的注意理论与传播应用

美国的一份调查报告显示，一个成年人一天接触到的广告高达 500 多例，但被消费者注意的仅有五六十例，即十分之一左右。受众的注意力是有限的，注意具有排他性。广告界大师大卫·奥格威曾说过："设计一定要引起受众的注意，只要受众注意到了这个设计，这个设计就成功了一半。"这说明了一个简单的道理：注意是受众接受广告信息的起点，是广告成功的开始。一则好的广告，首先要吸引消费者的注意，因为只有在消费者注意到了广告的前提下，才有可能进一步去了解广告，进而被广告影响其消费行为。所以，对注意规律的认识和把握，是做好广告的首要因素。

第一节 注意概述

广告以引人入胜的形象、声音、语言或文字信息，借助各种媒体传递给消费者。消费者通过听觉、视觉等感觉接受来自广告的信息，并在大脑中产生不同程度的反映，从而形成各种复杂的心理活动。

广告作用于消费者的心理过程，一般可划分为五个阶段：注意（attention）——兴趣（interest）——欲望（desire）——记忆（memory）——行动（action），缩写为 AIDMA。其具体的过程是：诉诸感觉、引起注意（A）；赋予特色、激发兴趣（I）；创造印象、诱导欲望（D）；加强记忆、确定信念（M）；坚定信心、导致购物冲动（A）。引起注意，是广告产生效果的第一步，也是最关键的一步。引起人们的注意，才能发挥其传播信息的作用。因为在同一时间内，人只能注意少数对象而不能注意所有对象，所以注意是人们接触广告的开端。广告中某些吸引人的文句和物象会给人们留下美好的印象，同时会使人们产生良好的情绪和兴趣，从而促使广告受众采取进一步搜索信息及购买的行动，这个过程的产生是所有商业广告成功的前提。

一、注意的概念和基本特征

注意（attention）是心理活动对一定事物或活动的指向和集中。注意反映人的意识对客观事物的警觉性与选择性。

注意的两个基本特征是指向性和集中性。指向性是指每一瞬间，把心理活动有选择地指向一定对象，而同时离开其他对象。指向性表明受众的心理活动具有选择性。集中性是指心理活动相当长久地坚持指向某一对象，离开一切无关的对象，抑制其他活动，即专注于某个事物，对其他事物视而不见，听而不闻。指向性和集中性是密不可分的。没有指向性，也就没有集中性,而指向性又只有通过集中性,才能明显地表现出来。但指向性和集中性又是有区别的,当受众的心理活动从一个对象转移到另一个对象时,指向性表现得特别明显;当受众的心理活动深入到某一对象时,集中性则表现得特别明显;当受众的心理活动指向和集中于某一事物时,人们对周围的其他事物就会越来越少地觉察到,甚至根本觉察不到。

二、注意的功能

注意使心理活动处于积极状态并获得必要的驱动力,其主要功能有以下三种。

(一)选择功能

注意的基本功能是对信息进行选择,使心理活动选择有意义的、符合自己需要的、与当前活动任务相一致的各种刺激,避开或抑制无关的、干扰当前活动的各种刺激。即注意的选择功能将有关信息区分出来,使心理活动具有一定的指向性。

(二)保持功能

注意可以将选取的刺激信息在意识中加以保持,以便心理活动对其进行加工,完成相应的任务。注意能使心理活动稳定在选择的对象上,直到活动达到目的为止。如外科大夫为了抢救病人,可连续数小时站在手术台前,集中注意做手术。没有注意的保持功能,人的各种心理活动就不可能连续地顺利进行,也就谈不上活动效率的提高。

(三)调节和监督功能

注意可以提高活动的效率,这体现在它的调节和监督功能上。有意注意可以控制心理活动向着一定的方向和目标进行,使注意适当分配和适时转移。工作和学习中的错误和事故一般都是在注意分散或注意没有及时转移的情况下发生的。

三、注意的外部特征

广告受众对广告产生注意时,常常伴有特定的生理变化和外部表现,包括表情、姿势与动作,这是注意的一些外部标志。例如当一个消费者注意到一件衣服时,他的表情会是愉悦的,姿势和动作会趋向衣服。我们可以根据一个人集中注意时的外部表现,来推断他是在注意广告,还是在注意其他内容,这种判断可能不那么准确,但至少可以作为一种线索。

产生注意时最显著的外部表现,有下列几种:

(一)适应性活动

当我们选择有意义的刺激物时,有关的感觉器官就会朝向它,以便更好地觉察它。人在注意听一个声音时,耳朵转向声音的方向,即所谓"侧耳倾听";人在注意看一个物体时,把视线集中在该物体上,即所谓"举目凝视";当沉浸于思考或想象时,眼睛常常是"呆视着",周围的对象就变得模糊起来。

(二)无关运动的停止

当人集中注意选择有意义的刺激物时,常常会抑制对无关刺激的反应,抑制自己的无关动作,表现为一种静止状态,如:当教师能抓住学生的注意时,教室里一片寂静。

（三）呼吸运动的变化

人在注意时,呼吸变得轻微而缓慢,呼与吸的时间比例也会改变,一般吸得更短促,呼得愈加延长。在紧张注意时,甚至会出现呼吸暂时停止的情况,即所谓"屏息"现象。当演员能够抓住观众的注意时,观众就会停止身体的运动,剧院里一片寂静。此外,在紧张注意时,还会出现心脏跳动加速,牙关紧闭,握紧拳头等现象。

根据注意的外部表现,很容易判断广告受众的专注程度。但有时候注意的外部表现和注意的内部状态不相一致,貌似注意一件事而实际上心理活动却指向和集中于另一件事上。如教师可以从观察学生的外部表现来考察学生是否集中注意,但要真正了解学生注意的实情,还需审慎、全面地根据学生的一贯表现进行综合分析。

四、注意的分类及引起注意的原因

根据人们产生和保持注意时有无目的和意志努力的程度,可以把注意分为无意注意和有意注意。两种注意形式都有各自的特点,深入了解受众注意的形式以及引起受众注意的原因,对于广告信息的传播有着重要的价值。

（一）无意注意

1. 无意注意的概念

无意注意是指事先没有目的,也不需要意志努力的注意。如:学生正在听课,忽然有人推门进来,大家都不由自主地转头看他,这种注意就叫无意注意。这种注意的产生和维持,不是依靠意志努力,而是人们自然而然地对那些强烈的、新颖的和感兴趣的事物所表现的心理活动的指向和集中。所以无意注意又叫消极注意或情绪注意。

2. 引起无意注意的原因

引起无意注意的原因有主观和客观之分。客观原因主要是刺激物的特点,如刺激物的强度、刺激物的对比度、刺激物的活动特点、刺激物的新异性等。主观原因是广告受众的个体倾向性和内部心理状态,如受众对事物的需要、兴趣和态度,环境改变时受众的情绪状态,受众的各种机能状态,以及受众过去的知识经验等。

（1）客观刺激物的特点如下:

① 刺激物的强度。刺激物的强度是引起无意注意的重要原因。强烈的刺激物,如:巨响、强光、艳色和浓烈的气味等,都容易引起人的无意注意。在无意注意中,起决定作用的往往不是刺激的绝对强度,而是刺激的相对强度,即刺激强度与周围物体强度的对比。如:喧嚣的闹市中,大声叫卖未必能引起别人的注意,但在安静的阅览室中小声交谈就可能引起别人的注意。在广告的设计中,广告的强度表现为:大标题、明亮色彩的印刷广告、响亮的广播声、大屏幕显示等。

② 刺激物的对比度。刺激物的强度、形状、大小、颜色和持续时间等方面与周围环境和其他刺激物对比强烈、差异显著时,很容易引起无意注意,例如,"绿叶中的红花"、"鹤立鸡群"等。广告进行视听宣传时,快节奏播完之后,突然放慢声音,或放慢重复某些内容,都容易引起人们的注意。

图 2-1　果汁广告——更多果汁,更多能量

（资料来源　http://i.mtime.com/1522013/blog/1914263/.）

图 2-2　健身房的广告

（资料来源　http://i.mtime.com/1522013/blog/1914263/.）

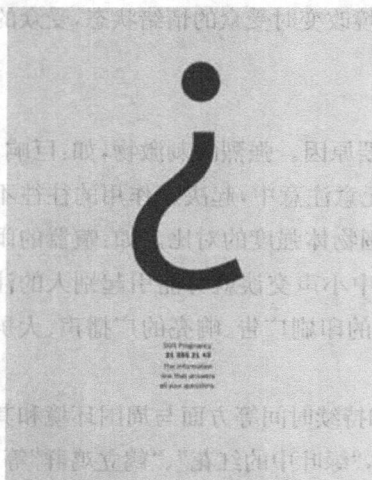

图 2-3　孕妇咨询中心广告

（资料来源　http://i.mtime.com/
1522013/blog/1914263/.）

③ 刺激物的新异性。外形新奇、功能独特的事物容易成为人们注意的对象,而千篇一律、刻板的、习惯性的事物,很难吸引人的注意,所谓刺激物的新异性是指刺激物异乎寻常的特点。新奇的广告不仅能吸引受众的注意力,让他们从其他对象转移到广告上来,而且还能维持注意力并对广告信息做进一步加工。

④ 刺激物的活动与变化。活动、变化的刺激物比不活动、无变化的刺激物更容易引起人们的注意。如,都市夜晚闪烁的霓虹灯、大道上疾驰而过的车辆都容易引起人们的无意注意。

（2）广告受众的主观状态。广告能否引起受众的注意,除了和刺激物的特点有关之外,在很大程度上还取决于广告受众的主观状态。同样的广告内容,由于感知它的人的主观状态不同，引起的效果也不同。如一个消费者去商店购物时，肚子饿了，尽管他无意去买吃的东西，但周围有关食品的广告，出售食品的商店、饭店，食品散发的香味等都会引起他的注意。反之，一个并无饥饿感的消费者对这些刺激的反应就相对要少。

引起广告无意注意的主观原因主要有以下几个方面：

① 受众对事物的兴趣、需要和态度。凡能满足人的需要和引起人的兴趣的事物，都会使人产生期待的心理和积极的态度，从而引起无意注意。首先，凡能满足受众物质需要、精神需要和文化需要的事物，容易成为无意注意的对象。如夏天出门的人经常口渴，此时对大街上卖矿泉水、饮料的冷饮摊点的遮阳伞肯定特别敏感，再远也能一眼瞧见。其次，直接兴趣是引起无意注意的主要原因。人们常常会被感兴趣的事物所吸引，不自觉地加以注意。直接兴趣通常分为两种：一是专业兴趣。热爱自己工作的人，对有关工作的一切事物都有兴趣，能引起他的注意。如从事文教工作的人，会注意到书刊和教育类的广告。二是一般兴趣。是指与一个人已有知识有联系又能增进新知识的事物容易引起兴趣和注意。如中国古代小说中"欲知后事如何，且听下回分解"引起读者的兴趣，希望继续看下去。最后，对事物抱有积极的态度，容易产生无意注意；而对事物漠不关心，则不容易产生无意注意。

② 受众的情绪和精神状态。广告受众接受广告时的情绪状态，在很大程度上影响着无意注意。一方面，如果一个人心情愉快，平时不容易引起注意的事物，这时也很容易引起他的注意。如果一个人心情抑郁，平时容易引起注意的事物，这时也不会引起他的注意。所谓的"视而不见"、"听而不闻"，有时候就产生在这种情绪状态下。另一方面，凡是一个人对某人（或某物）有特殊的感情，则与之有关的人和物容易引起他的注意。人们常常把自己的心境、情绪带到购买商品的行动中，感情不同可能会对相同的商品赋予不同的意义。

广告受众接受广告时的精神状态也对无意注意有影响。一个人身体健康、精神饱满，就容易对新事物产生注意，而且注意也容易集中和持久；相反，情绪低落，精神萎靡，或身体处于疾病、疲劳状态，就很容易对许多事物视而不见。

③ 受众的知识经验。个人已有的知识经验对保持注意有着巨大的意义。新异刺激容易引起无意注意，但要保持这种注意则与一个人的知识经验密切相关。同样看一部影片，音乐工作者会注意其中的配乐，美术工作者会注意影片的用光以及色调。如果人们对新异刺激有一些了解，但又不完全理解，为了求得进一步的了解，就能产生长时间的注意。

（二）有意注意

1. 有意注意的概念

有意注意是指事先有某些预定的目的，需要一定意志努力的注意。有意注意是一种主动服从于一定活动任务的注意，它受人的意识的自觉调节和支配，是注意的一种积极、主动的形式。如一个要买电脑的人，会有意留心各种媒介上的电脑广告。集中有意注意需要个人积极性和意志的努力，所以有意注意又叫积极注意或意志注意。国外有研究表明，一个消费者每天通过电视、网络、路牌、报纸等各种媒介接触的广告中，有意注意到的广告只占其中的5%。

2. 引起有意注意的原因

（1）注意的目的与当前的任务。有意注意的重要特征是有明确的预定目的。注意的目的越明确、越具体，完成任务的愿望越强烈，越易引起和维持有意注意。心理学实验表明，当被试对活动要求不明确、目的不清楚时，常容易分神，不能长时间维持有意注意。

(2) 个人的兴趣。有趣的事物容易引起有意注意。无意注意的产生主要是由于刺激物的特点和活动过程本身激发起的直接兴趣引起的，而对活动结果产生的间接兴趣则是维持有意注意的重要条件。间接兴趣越稳定，活动过程中的有意注意也越容易产生和维持。

(3) 活动组织。形式单一、内容枯燥的活动容易使人疲劳厌倦，造成分心。因此，组织形式多样、内容活泼的活动是防止分心、维持有意注意的有效方法。这包括增加操作活动，手脑并用，把智力活动与某些外部活动结合起来等方式。

(4) 过去的经验。知识经验对有意注意也有重要影响。一方面，人们对自己异常熟悉的事物或活动，可以自动地进行加工和操作，不需要特别集中注意。另一方面，人们要在活动中维持自己的注意，又和他们的知识经验有一定的关系。如果广告的内容与他们过去的知识经验有联系，就容易理解和接受，维持有意注意也较为容易。

(5) 人格。一个意志坚强的人，易于使自己的注意服从当前的目的与任务，较少受无关声音和视觉刺激的干扰。相反，意志薄弱的人，很难有良好的有意注意。

第二节　广告信息的内容特性对注意的影响

受众的注意与广告信息的内容有很大的关系。具有某些特征的广告信息更容易引起人们的注意。本节将探讨广告信息的实用性、支持性、刺激性和趣味性对注意的影响。

一、实用性信息

有关信息加工的动机理论指出，信息加工的行为倾向取决于三个因素：需要、期望和信息的价值(Burnkrant，1976)。就广告信息而言，一切能帮助消费者做出满意购买决策的信息都会有一定的实用价值。例如，一则专治某疾病的特效药的广告，对于健康者来说，也许被当作无关信息过滤掉，可是对于该疾病患者来说，则是福音，他们会如获至宝。当信息具有很大的实用价值时，较长的或较详细的广告信息可能正是消费者所期待的，更能引起消费者的有意注意。

二、支持性信息

受众会对支持自己观点的信息产生注意偏好。例如，对于吸烟者，印在香烟盒上的"吸烟有害健康"的忠告，往往被过滤掉，可是却为戒烟者所注意。这种注意的选择性可以用一致性理论来解释。该理论由奥斯古德和坦南包娜(C. E. Osgood & P. H. Tennenbaum，1955)提出，他们认为人有一种驱动力使自己对客体产生一致的认知和行为。当认知失调时，如"某人嗜好饮酒"与"饮酒有害健康"两者发生冲突时，人们会有不适应感，进而试图去减少它。减少失调的一种机制就是，有选择地寻找支持信息或避免不一致的信息。

三、刺激性信息

传媒所传播的内容或形式作为一种刺激物,都会对受众个体产生一定的影响,这种影响就是刺激。个人对信息的反应,既倾向于一致性,又倾向于变化性,两者的统一视个体和情境而定。好奇心是与生俱来的,人们热衷于探寻环境中出现的新元素和新变化,变化的本质是追求新颖性、意外性。如果个体处于适当的兴奋水平上,他就会产生舒适感。当兴奋水平低于适当水平时,个体追求变化,去提高它;而高于适当水平时,个体又会力求减少刺激以寻求和谐。至于何种状态为适当水平则要因人而异。

四、趣味性信息

受众倾向于注意有趣的、自身感兴趣的信息。兴趣与注意的关系明显地表现在人们阅读各类产品广告的差异中。斯塔奇(Starch)调查了美国一份刊物上的广告读者,结果显示,男性阅读汽车广告比阅读女性服装的广告高出四倍,大约是阅读化妆品广告、保险广告、建筑广告的两倍。而对于女性来说,阅读的广告类别最多的是电影和服装,比阅读旅游广告和男装广告多一倍,比阅读酒类广告、机械广告多三倍。

受众对商业信息感兴趣是因为它能使人感受到该商品可能给自己带来利益或好处。合利(Haley)对商业广播所提供的好处进行分级,进而考察它们与注意的联系,结果显示两者有着密切的关系,广告信息可能给人带来的好处越大,人们的兴趣越浓,越易于产生注意。

第三节 引起受众注意的广告策略

广告界有一句行话:能使受众注意到你的广告,就等于你的广告推销出去了一半。由此可见,在广告信息传播过程中,引起注意显得特别重要。根据注意产生的原因及特点,引起受众注意的广告策略有:明确注意主体,考虑广告受众的需求和兴趣,运用增大刺激物的大小、强度和对比,提高刺激物的新奇性、艺术性、趣味性和重复性,利用刺激物的活动与变化等。

一、明确注意主体的需求和兴趣

注意主体即广告受众,明确注意主体,通俗地说也就是解决广告要引起谁的注意的问题。广告受众会根据个人需要和兴趣去处理媒介信息,会有所选择地接受信息,并按自己的需要去理解信息。

1960年,美国传播学者克拉伯(Joseph T. Klapper)将受众的这种选择性心理归结为选择性接收理论,包括选择性注意、选择性理解和选择性记忆。其中选择性注意是指受众倾向于支持与其信念和价值观念相一致的信息,同时会尽量避开相抵触的信息。这种选择性注意包括对某类信息的注意,也包括对其他信息的不注意。著名传播学者施拉姆(Wilbur Lang Schramm)提出的"传播获选的或然率公式",即一条信息被人们注意和选择的可能性(即或然率)与它能够提供给人们的报偿(价值)程度成正比,与人们获得它的代价(所谓"费力")程度成反比。要吸引受众注意,首先必须提供一种更能贴近受众实际需要、质量更好、风格更佳的传播产品,其次是使受众以一种较之一般水平更低廉的代价和更便捷的方式获得这种传播服务。

在竞争激烈、需求多样化的今天,不同的消费群体有不同的需求。广告必须有特定的受众,了解特定对象的需求和兴趣,才能把握广告内容。如宝洁公司旗下有飘柔、潘婷、海飞丝、沙宣四种品牌的洗发水,针对有头屑困扰的人群,海飞丝的广告语是"头屑去无踪,秀发更出众";针对渴望头发黑亮的人群,潘婷的广告语是"拥有健康,当然亮泽";针对希望头发柔软顺滑的人群,飘柔的广告语是"洗护二合一,让头发飘逸柔顺";针对需要专业美发和专业护发的人群,沙宣的广告语是"我的光彩来自你的风采"。四种品牌,四类不同的市场细分,四类不同的目标受众,四种不同的诉求点,宝洁公司将市场进行细分,选择广告受众(注意的主体),进而做到有的放矢,达到精准营销的目的。

注意的主体可以是产品的购买者人群或使用者人群,也可以两者兼顾,这要根据具体情况而定。不同的注意主体,在年龄、性别、职业、地域、文化程度、收入状况等方面的不同,将导致他们在人生观、价值观、审美情趣、消费习惯方面的差异,而这种差异直接影响着他们对广告信息的关注与选择。因此根据注意主体的不同,在广告中选择他们感兴趣的,迫切需求的,普遍关注的热点、焦点问题,或是能够对其心理定势有强烈刺激性、震撼力的信息以引起他们的注意是广告人努力的方向。

以电影《金刚》为例,其注意主体主要有两类:一类是儿童,一类是50岁以下的中青年。儿童喜欢卡通形象、动物;成年人喜欢情感、两性话题。如何利用海报吸引这两种不同年龄段的人群呢?一份张贴在儿童游乐场的海报在画面处理的时候特写了一只硕大无比的黑猩猩,它的身后是崇山峻岭(如图2-4所示);而一份张贴在城市电影院门口的海报,人们看到的是黑猩猩的手里有一个美丽的女人,猩猩与女人四目相对(如图2-5所示)。这两份海报都运用了广告创意的3B原则,即BABY(婴儿)、BEAST(动物)、BEAUTY(美人)以达到提高票房的目的,但是它们各有侧重,前者的切入点是动物,充分考虑了孩子的需要,后者的切入点是动物与

图2-4 《金刚》电影海报(儿童版)

(资料来源 http://www.photolive.com.cn/a/yingxiang/shangye/2010/1210/3460_2.html.)

图 2-5 《金刚》电影海报(成人版)

(资料来源　http://www.photolive.com.cn/a/yingxiang/shangye/2010/1210/3460_2.html.)

美人,主要为了捕捉都市男女的视线并兼顾孩子。海报的两种信息处理方法都是在充分考虑和尊重注意主体需求差异的前提下完成的(邹红梅,2010)。

二、增大刺激物的大小和强度

研究表明,刺激物在一定限度内的强度越大,人们的注意也越强烈。视觉、听觉、触觉是人类感性认识的基本特征。在广告中采用大标题、明亮的色彩、引人注目的字体和图案、响亮的声音、大屏幕显示都会有效刺激广告受众的视觉和听觉,使其处于一种积极的、兴奋的状态,从而引起受众的注意。因此,在广告设计中,可以有意识地增大刺激物的大小和强度,使受众在无意中产生强烈的注意。

广告的大小是影响广告效果的因素之一。为了增强广告效果,一般的策略就是采用大尺寸的广告。广告版面所占大小,直接关系到广告的传播效果。实验证明,广告版面越大,受众的注意率越高,广告的效果也越好,表 2-1 给出了广告版面大小与注意率的一组实验数据。

表 2-1　广告版面大小与注意率

版面大小(cm^2)	大小比率	注意率(%)
19.25	1	9.7
38.75	2	16.5
57.75	3	23.3
77.00	4	30.0
96.22	5	36.7
115.50	6	43.4
134.75	7	50.2

版面大小(cm²)	大小比率	注意率(%)
154.00	8	56.9
173.25	9	63.9
192.50	10	70.4

(资料来源 ［日］川久胜著,汪志龙等译.广告心理学［M］.福建科学技术出版社,1985:35.)

小资料

刺激物强度的表现手段主要包括:重点字体尺寸加大并加粗;重点字体颜色醒目;强化重点内容。

(1)重点字体尺寸加大并加粗:强调数字"50"与"80"

修改前:

修改后:

(2)重点字体颜色醒目:"全城热恋"夺人眼球

修改前:

修改后:

(3)强化重点内容:春节作为主要内容要一目了然

修改前:

修改后:

(资料来源 奇妙的广告认知之旅——先发制人,http://ueo.baidu.com/? p=584,2012 年 01 月 20 日/shangshang 用户研究.)

广告心理学(第二版)

三、增大刺激物元素的对比关系

刺激物中各元素对比显著，往往也容易引起人的注意。在一定限度内，这种对比度越大，人对这种刺激物所形成的条件反射也越显著。因此，在广告中有意识地增大广告中各元素的对比关系和差别，可以增强消费者对广告的注意。对象与背景的差异，两个相对或相反的事物，或者是一个事物的两个不同方面并置，都是广告中常用的对比手法。

从形式上而言，主要有形状对比（大小、长短、肥瘦、高低、宽窄等）、方向对比（上下、左右、前后、远近、向背等）、色彩对比（深浅、冷暖、明暗等）、分量对比（多少、轻重）、线条对比（粗细、曲直、刚柔等）、质量对比（软硬、光滑与粗糙）等。例如，2008 年在戛纳广告节上的获奖作品梅赛德斯奔驰广告"远看是个美女"就把形状对比与方向对比结合在了一起。文字用了大小的处理，大的文字是"远看是个美女"，小的文字是"近看却充满智慧"。图形用了远近处理，远看是玛丽莲·梦露般的美女，近看美女却长着胡子和爱因斯坦似的卷发。对比手法制造的视觉误差把梅赛德斯奔驰的特性展露无疑。

小资料

刺激物之间对比关系的主要表现手段有：调整背景饱和度和亮度与背景简单化处理。

（1）调整背景饱和度和亮度

为了突出广告中的重点，在重要位置选择饱和度较高的颜色，产生明确的视觉中心，而为了不干扰用户的阅读，背景颜色则推荐使用饱和度和亮度偏低的颜色，突出重点，避免视觉疲劳。

修改前：　　　　　　　　　　　　　　　　修改后：

（2）背景简单化处理

简单的背景能烘托出所要表达内容，使整个主题主次分明。

修改前：　　　　　　　　　　　　　　修改后：

（资料来源　奇妙的广告认知之旅——先发制人,http://ueo.baidu.com/？p＝584,2012年01月20日/shangshang用户研究.）

四、合理运用广告色彩

颜色实质是视觉系统对一定波长的电磁波的反应结果。色彩在广告作品中具有三个方面的特殊作用：一是彩色图片比单色图片更能吸引人的注意力,鲜明的色彩对于瞬间出现的即刻注意起着显著的刺激作用；二是彩色广告画面较之黑白画面更能逼真地再现商品的真实性,更好地反映商品的颜色、质感、量感,展示出商品的真实面貌,通过色彩感受能引发公众的统觉心理,刺激消费需求；三是广告色彩对企业或其产品发挥了传达、识别和象征作用,通过商品各自独特倾向的色彩语言,使消费者更易辨识和产生亲切感。国内外一些大公司、大企业都精心选定某种颜色作为形象色,使公众或消费者一看广告的颜色基调,就能估计出是哪个企业、哪种商品。

色彩在广告中的运用,就如同色彩对于图画,标题对于正文,对增加广告的注意价值有十分重要的作用。明亮度、色相和纯度是色彩的三要素,是光感过程的第一类要素；而面积、形态、位置、肌理等形象的四要素是获得色彩表现的条件,被称为色彩的第二类要素；此外,任何色彩都影响人的感觉、知觉、记忆、联想和情绪等心理过程,产生特定的心理作用,如冷暖、轻重、厚薄、远近、动静、朴实、华丽等,这些被称为色彩的第三类要素。广告作品中的有些色彩会给人以甜、酸、苦、辣的味觉感,如蛋糕上的奶油黄色,给人以酥软的感觉,引起人的食欲,所以食品类的包装与广告普遍采用暖色。在我国,广告用红色可以引起消费者喜悦的情绪体验,因为红色意味着喜庆和吉利,在人们的心目中已经形成了稳定的联想。

广告中的色彩选择、策划是视觉识别中的一项重要工作,国外色彩研究的权威人士法伯·比兰曾精辟地指出："一则成功的广告往往不在于使用了多少色彩,而关键在于色彩运用得是否恰当。"在一则广告里如果色彩运用过多,反而会弱化它的宣传效果。

五、提高刺激物的新奇性

任何新异事物都容易引起人们的注意。人类感觉器官都有适应性,经常听到、见到的事物会因这种适应性而听而不闻、视而不见。这就意味着广告需要不断地创新,才能防止人们的适应感和厌倦感。新奇性与人的好奇心有密切关系,利用好奇心所制作的广告极易引起注意。例如,泰国首都曼谷有家餐厅,门前斜摆着一只巨型酒桶,上面写着四个醒目大字:"不可偷看。"许多行人出于好奇向桶里看,酒桶里写的是"本店美酒与众不同,请享用!"这样的广告利用了消费者的好奇心,加上新奇的构思,所以引起了人们的注意。

在广告设计中,新奇的构思、传播媒介的创新、诱人的题材都能增强广告的吸引力。新奇的构思,可以引起受众的注意,激发其兴趣。例如,戏剧性故事情节、网络 Flash 动画,饶有趣味、别具一格的广告标题,亲切生动、富有幽默感与人格化的广告言辞等。广告信息传播媒介的创新也是提高新奇性的一种手段。例如,柯达胶卷为了打入南美市场,把标志刻在鸡蛋上。广告刺激元素的新奇还可以表现为反常、荒诞、夸张、悬念、旧元素新组合等。例如,让骆驼长出四个驼峰,说明农用车载客功能强;奔驰车把玛丽莲·梦露脸上的痣做成了自己的车标。虽然新异性能引起刺激,但并不是越新奇越好,新奇性引起人们的注意,是建立在人们理解的基础上的。广告标新立异脱离了广告受众的文化背景与观念,则会因不被理解而遭排斥。因此,如果广告的新异性过于"离奇"、"哗众取宠",就会适得其反,事与愿违。

图 2-6 增强免疫力的药品广告

(资料来源 郑州设计公司,http://www.hemeisheji.com/html/
N167.html,2012-5-12.)

六、增强广告的艺术性

对美的追求是人类的一种本性,美的东西会首先被人们所注意。艺术可以给人们带来美的享受,可以满足人们追求美的需要,因而增强广告的艺术性,使消费者产生美感,满足了消费者对美的追求,自然可以吸引他们的注意。为了更好地传达广告信息和思想内容,应该将思想、信息、情趣寓于富有美感的美术、摄影、歌曲、诗歌、戏剧、舞蹈、文艺等丰富多彩的艺术表现形式中。

广告的艺术加工,包括创造完美的色调、字体、造型、构图、言辞和意境。经过艺术加工的广告,鲜明地突出了广告的主题,使广告富有美感和个性化的艺术效果,更好地吸引消费者的注意,引发消费者的联想,刺激他们的需求和欲望。广告实践证明,通过概括、提炼、修饰和适度的夸张,把自然的形象加工成艺术形象,赋予其较强的生命力和诱惑力,才能在较长时间里维持受众对广告的注意。

七、增加广告的趣味性

充满轻松活泼、幽默诙谐氛围的趣味性广告,能引起受众的兴趣,提高注意率,引发思考,给人留下鲜明深刻的印象。一则富有趣味性的广告,能迅速抓住人们的感官视线,使人开怀大笑,继而引发受众的思考、理解和认同,产生购买的欲望,犹如文学精品一样,任凭时间的洗礼,依然是传诵不衰、历久弥新。广告趣味性的表达手法是丰富多样的,有时表现为生活中某些富于喜剧性的情节场面;有时表现为一种荒诞而新奇的视觉感受;有时又采用超乎常态的夸张和蒙太奇手法,利用人们的想象使本来很平凡的事物变得妙趣横生、不同凡响。

幽默是一种增加广告趣味性十分有效的方法。近年来幽默型广告日益增多,它常以漫画、卡通、拟人、夸张、变形、一语双关等手法传递广告信息。如某打字机的广告语:"不打不相识";某电扇广告:"××牌电扇是'吹'出来的";法国一印刷公司的广告语:"除了钞票,承印一切"。这种语言上的风趣幽默,可使单调的文字变得生动有趣。

八、利用刺激物的变化

活动的、变化着的物体容易引起人们的注意。因此动态广告由于生动形象,比静态广告更容易引起受众注意。在内容相同的前提下,静态的灯箱广告和动态的、闪烁的霓虹灯广告对比实验显示,静态的灯箱广告的注目率是 13.2%,而动态的霓虹灯广告的注目率却达到了 64.5%,说明动态的广告比静态的广告更能吸引受众的注意。在另一项实验研究中,一则电视广告中的汽车由远而近或由近而远匀速运行,而另一则电视广告中的汽车则由远疾驰而来,戛然而止。结果显示,受众对前者的注意率是 5.3%,对后者的注意率则是 14.6%,说明速度急剧变化的动态广告比匀速运动的动态广告更能吸引受众注意。所以,广告设计中利用广告刺激物的动态或变化,动静结合,可以有效牵动消费者的眼睛。

广告传播的目的是让受众看了第一眼,再看第二眼、第三眼,牵着受众的眼睛,把整个广告看完。根据这种动态原理,广告画面动作移动类型可分为"C""S""Z""V"形,其移动的方向即这个字母书写时的移动方向。例如:"C"动作就是自右上方移至左中方,再移至右下方。

另外,巧妙借助特殊媒介的运动,也可以形成变化刺激。例如,某可乐广告做在百货大楼的可视电梯上,整个电梯的门是一个大大的可乐杯子。一个巨大的可乐瓶被放置在电梯所能抵达的制高点,随着电梯每天无数次的升降,大楼内购物的人群可以清晰地看到可乐好像在不停地被倒进杯子里。

九、合理安排广告的位置与版面

广告处于不同的位置时,引起消费者注意力的大小程度是不同的。选择广告的位置有两

广告心理学(第二版)

种:空间位置与时间位置。

广告的空间位置,以报刊杂志为例,指广告所占整个报刊版面的比例,又指广告本身面积的大小,大幅广告比小幅广告在同样条件下更容易受人注意。例如,同样在杂志刊登广告,如果广告处于封面、封底或封二、封三的位置,则比登在杂志中间的某页上更能引起读者的注意。如果必须登在杂志中间,则应该登在杂志中内容最精彩的文章旁边,这样会更好地引起读者对该广告的兴趣。

广告的时间位置,以电视、广播广告为例,通常在收视率、收听率较高的黄金时间中播出的广告,更容易被消费者注意。比如,中央电视台黄金段位的收视率在全国电视台中是最高的,尤其是 19 点报时,新闻联播后天气预报前 5 秒标板和焦点访谈 5 秒标板最为商家看好。其原因就在于这些节目有众多的电视观众,有很高的收视率和影响力。

广告画面的位置安排要恰当,画面既不能空空荡荡,又不能拥挤不堪;既不能无限追求其大,也不能无限追求精小。所谓位置安排恰当,就是把所要陈列的商品、图画、照片、文字等,放在视觉中心的位置。

拓展阅读

平面广告的“黄金分配线”和良好的版面设计

1. 平面广告的“黄金分配线”

平面广告视觉中心是上半部为1,下半部为1.62,这个1和1.62的中心线就是视觉中心,由于其作用巨大,被国外广告界尊崇为“黄金分配线”。在安排广告时,以1:1.62视觉中心线为水平中心线,保持上下平衡,并以略偏右侧为垂直中心线,保持左右平衡,形成支持重心和安全感。美国广告专家斯塔奇认为,要引起注意,广告配置图片或口号最恰当的地方有5处:(1)视觉中心;(2)视觉分配线上部;(3)视觉分配线下部;(4)近上端部分;(5)近下端部分。

2. 良好的版面设计

良好的版面设计必须遵循或符合均衡、相称和统一等条件。

首先,均衡是指广告的各种成分能有妥善安排、赏心悦目的感觉,其决定因素主要有大小、颜色、形状和密度等。一般而言,越大的画面,所造成的视觉印象越深;深蓝色正方形比浅黄色正方形所给予的印象更深刻;相同面积的正方形比长方形所形成的印象更深刻。凡是依据视觉中心平均分配安排的广告版面,就是形式上的均衡;而用重点分配均匀的方法求取均衡,则是非形式上的均衡。形式上的均衡给人安全、稳定、高尚、可信赖的感觉;非形式上的均衡给人比较刺激、新颖、合理的感觉。

其次,相称是指某一事物和它的背景有合适的比例,或指刺激物之间有合适的比例。一般而言,人们对合乎比例的东西,感觉顺眼;对不合乎比例的东西,感觉刺眼。古希腊人发现,两件物体放在一起,如果两件物体的比例是一比二或二比三,或介于之间,则看起来相称。所以,理想的比例是二比三、三比五、四比六、八比十,或依此类推。

最后，统一就是协调思想和画面，排列合乎逻辑推演。大多数广告学家认为，达到统一的最佳方式，是版面设计尽量求其简单。广告组成部分越多，注意力越分散，所以很多广告只有一个标题、一张图片和一块说明文字。在同一个广告中，尽量避免两种或两种以上的字体，以免相互冲突，破坏了广告的统一性。

十、适度重复广告

广告刺激的不断重复也是影响与提高消费者注意知觉的因素。广告出现频率的增加，会增加消费者对广告注意的机会。以电视广告为例，电视广告"决定性的注意瞬间"是最初的3—7秒，如果在这一瞬间不能有效地抓住消费者的注意，则很难在后面的时间再引起消费者的无意注意。国外研究者认为，应在0.3秒下功夫，因为人眼扫瞄一下电视画面的时间约为0.3—0.4秒，户外广告的阅读率约在3—4个字/秒和4—6个字/秒。如此短暂和重要的瞬间，广告设计者要在广告的内容、形式上下功夫，适度增加人们对这一瞬间的注意机会。

常见的电视性重复广告有两种表现形式，一是广告语的重复，如连续三次重播的"恒源祥，羊羊羊"的广告；二是广告画面或广告镜头、广告内容的重复，如"脑白金"广告等。在同一广告中适时地重复强调主题，有效把握最初的注意瞬间，使消费者保持对广告注意的稳定性，从而对广告内容产生深刻印象，让消费者在记住的同时，理解和赞同该商品的品质，也就增加了购买该产品的机会。但是，重复不是长年累月、千篇一律地重复播放一模一样、枯燥无味的广告，而要有适时的变化，如脑白金，虽然走的是重复性广告的道路，但其画面与广告语每隔一段时间就会变化。如在画面上，就有草裙舞、芭蕾舞等若干个版本；在文字上，广告语从"脑白金，年轻态，健康品"到"今年过节不收礼，收礼还收脑白金"，再到"今年爸妈不收礼，收礼只收脑白金"等。在实践中的不断总结与完善，既满足受众的心理需求和价值需求，又满足广告商和媒介的利益需求。

本章提要

注意是心理活动对一定事物或活动的指向和集中。注意对心理活动具有选择、保持及调节和监控功能。产生注意时最显著的外部表现，有适应性活动、无关运动的停止及呼吸运动的变化。

注意有两种主要形式：无意注意和有意注意。无意注意是指事先没有目的，也不需要意志努力的注意。引起无意注意的因素主要有客观刺激物的特点、受众对事物的兴趣、需要和态度、受众的情绪和精神状态及知识经验等。有意注意是指事先有预定的目的，需要一定意志努力的注意。引起有意注意的主要因素有注意的目的与当前的任务、个人的兴趣、活动组织、过去的经验及人格等。

具有有用性、支持性、刺激性和趣味性的广告信息更易引起受众的注意。

引起受众注意的策略有：明确注意主体的需求和兴趣，增大刺激物的大小和强度，改变刺激物元素的对比关系,合理运用广告色彩,提高刺激物的新奇性、艺术性和趣味性,利用刺激物的变化,合理安排广告的位置与版面,适度重复广告等。

关键术语

注意、有意注意、无意注意、广告策略

复习思考

1. 什么是注意?注意的功能是什么?
2. 影响有意注意和无意注意的主要因素有哪些?
3. 如何利用注意的规律增强广告的效果?
4. 结合实际谈谈引起注意的广告策略,列举三个实例。

推荐阅读

1. [日]川胜久著,汪直龙等译. 广告心理学[M]. 福州:福建科学技术出版社,1985.
2. 黄合水. 广告心理学[M]. 厦门:厦门大学出版社,2003.

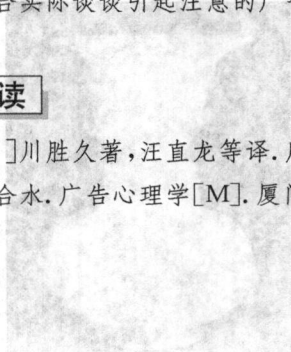
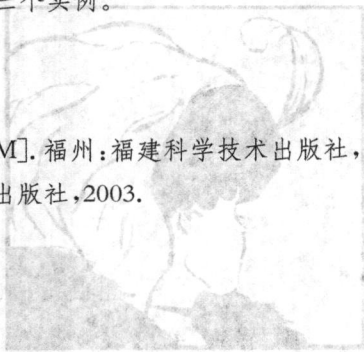

第三章　广告知觉理论与传播应用

　　广告是一种信息传播方式,传出的信息是否有效取决于是否被受众感知,那么,什么样的广告才能被人很好地知觉和理解就是本章论述的主要内容。

　　请欣赏下面的图片,你能看到什么? 这其中隐含着人们在广告知觉过程中的原理。

图 3-1　少女还是老妇?

图 3-2　花瓶还是人脸侧影?

第一节　广　告　知　觉

一、知觉与广告知觉

　　从心理过程来看,人们是从感知觉开始认识世界的。其中,知觉是人脑对作用于感觉器官的事物的各个部分和属性的整体反映,是人们认识世界的一种基本形式。从认知发生过程来说,人们认识世界是从对事物个别属性的反映开始的,如一个水果的形状是圆的,颜色是绿的,敲一敲时有"嘭嘭"的声音,品尝到的味道是甜甜的,等等。这些单一的属性在人们头脑里形成的反映,心理学上称为感觉,而把这些个别感觉信息综合起来,得到对事物整体的印象就是知觉,如综合上述信息,知道这种水果是西瓜。实际上,知觉是人们把零散的感觉信息整理为一个有意义的认识的过程,即人们的知觉过程是人们运用已有的经验对感觉信息进行组织和解释的过程。

　　广告知觉是指当广告作用于人们的感觉器官时,人们对于广告整体的认识。每种广告都以其各自的颜色、声音等特性作用于人们的眼睛、耳朵等感觉器官,使人们产生各种感觉。但实际上，广告与受众接触时，广告中单一的、局部的和个别的感觉作用并不能对消费者起到决定性的影响作用，而消费者对广告的知觉则决定着他们对产品的理解和记忆，以及随后的购买行为倾向。

从心理活动过程来分析，广告知觉包含广告的觉察、广告的分辨和广告的确认三种互相联系的作用过程。广告的觉察是指发现有某种事物的存在，而并不知道它是什么。例如，我们在散步时，能觉察到街边的建筑围墙上有某些有色彩的东西，但不知道它具体是什么内容。广告的分辨是把一个事物或其属性与另一个事物或其属性区别开来，例如，我们把注意力转向让我们觉察到的事物，去关注围墙上的彩色图案，看到的是一些五颜六色的张贴画，而不是涂鸦或者手绘画。而广告的确认是指人们利用已有的知识经验和当前获得的信息，确定知觉的对象是什么，给它命名，并把它归纳到自己所了解的某种范畴内。例如，当我们仔细观看张贴画，发现它是一个长方形的画面，有风景、汽车、人物，还有一行文字……我们能断定它是一则汽车销售的广告，并不是美术作品、公益宣传或者是招聘广告。在广告知觉过程中，人们比较容易觉察到一个广告是否存在，但广告能真正影响到广告受众的过程应该是在分辨和确认这个阶段。因此，广告制作和传播时要达到良好的效果，不仅仅靠吸引广告受众的觉察，还应了解何种因素会促进广告知觉过程中的分辨和确认的产生，这样才能提高广告受众对广告的知觉水平，使广告传播真正起作用。

广告知觉过程中会受到诸多因素的影响，包括人们知觉本身的特性与规律以及广告受众的一些个体差异性特征。广告的制作和传播过程中需要充分考虑这些基本规律。

二、广告受众的知觉特性

人们在现实生活中随时发生着感觉和知觉活动，而且这些活动都是自动地发生的，但实际上在这个发生过程中很多的规律在影响着人们的认识结果，尤其在知觉过程存在着很多特性，它们会影响广告的知觉效果。

（一）知觉的选择性

人在知觉客观世界时，总是有选择地把少数事物当成知觉的对象（object），而把其他事物当成知觉的背景（background），以便更清晰地感知一定的事物与对象。这就是知觉的选择性特征，被清楚地知觉到的客体叫对象，未被清楚地知觉到的客体叫背景。

总是有许多事物同时作用于人们，但人们不可能对所有的事物都同时做出反应，因而总是有选择地把少数事物当作知觉的对象，其他的事物则成为知觉的背景，从而保证对知觉对象更清晰地做出反应。从这种意义上来讲，知觉过程也就是从背景中分出对象的过程。

如我们在乘地铁时，车厢内有很多交通指示说明和信息广告，但我们注意到了一个团购网的画面，那么在周围的信息场中，我们就是把这个团购网的广告作为知觉对象，而其他的事物都成为了知觉背景。当然，背景和对象是可以相互转换的，如你发现车厢内有某个人很像你的同学而再三确认时，周围的环境都成了背景，而让你注意到的那个人就成为了知觉对象。

在前面的图 3-1 和图 3-2 中,如果你的选择点不同,那么你看到的结果就可能不同。因此,在图 3-1 中你会看到一个年轻的女子,也会看到一个年老的女士;在图 3-2 中,你如果把深色作为背景,你会看到一个精致的花瓶,如果你把浅色作为背景,那么你会看到两个人的侧面剪影。这就是知觉选择性的作用,即不同的关注点或者视角看到了不同的结果。因此,在广告的制作和传播时,要考虑到广告与背景的关系,尽量加大广告与环境背景的差异性,使得目标广告从周围大量的背景中"凸显"出来,成为人们知觉的对象,产生"万绿丛中一点红"的效果。如,广告的宣传目标是汽车,那么就要把汽车作为主体对象,加大人们对这一主体的知觉。广告设计中就需要在广告的颜色、图案、音响、布局等多个方面突出宣传产品对象与周围环境差异较大的特征,宣传产品对象和背景之间的对比要十分鲜明,以利于人们从中选择出关键信息,吸引人们把目标宣传体作为知觉对象来注意和认知。如果设计中过多凸显广告背景的新颖,可能使人们被背景中的新鲜刺激所吸引,不能从中抽出广告目标的信息,就会产生对象被背景喧宾夺主的结果,让人们产生"某些广告很漂亮,但不知道是在做什么广告"的印象。

(二)知觉的整体性

人在知觉的过程中不是把对象感知为个别的孤立部分或者属性,总是倾向于把零散的对象知觉为一个统一的整体,这种特性称为知觉的整体性。在图 3-3 中,我们会将其知觉为一个立方体,而实际上这个图形是由八个不连续的部分组成的,但是我们的知觉会自动将其组织为一个立方体。因此,在实际生活中,当人们感知一个熟悉的对象时,只要感觉到了它的个别属性或主要特征,就可以依据以前的经验而知道它的其他属性和特征,从而整体地去知觉它。在广告设计中可以运用知觉的这种特征来简明地传达产品的信息,从而使广告具有独特的吸引力。如图 3-4 中,这则自行车的广告只呈现了自行车的轮胎和一名自行车运动员,但丝毫不会妨碍人们对于自行车的认知。在文字的认知中也会有这种整体性的体现。

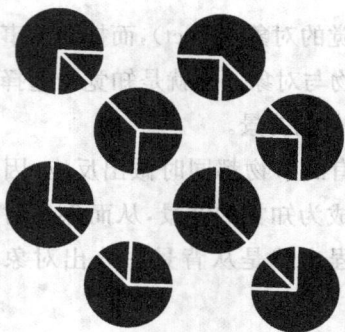

图 3-3 整体还是部分?

图 3-4 知觉的整体性在广告中的应用

知觉的这种整体性体现了知觉过程中的组织性,具体而言,知觉整体性的组织具有以下四种规律。

1. 接近性原则

在空间上和时间上彼此接近或靠近的刺激物容易被人们归成同一组。如图3-5中,我们会把"圆点"和"叉号"分组,圆点为一个菱形的组。

把这一原则应用到广告设计上,不仅要使图画的对象在空间、时间上接近,而且要力图使所宣传的产品与某些含义结合起来。例如,优乐美奶茶的广告中,画面中有一对青年手持优乐美并肩而坐喝奶茶聊天,这一广告画面中通过对优乐美与青年男女的联系、组合,营造一种甜蜜、温暖的恋爱氛围,使得优乐美这个奶茶广告传递了目标受众为15—25岁的年轻消费群体的信息,也契合了"爱恋的滋味"这个广告语的含义,获得目标群体的喜爱。

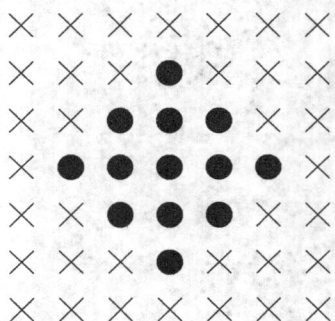

图3-5 知觉的组织性—接近性原则

图3-6 接近性原则在广告中的应用

2. 相似性原则

即不同的事物,如果在形状、颜色、强度、大小、方位等物理属性上有类似之处,人们就倾向于把它们归为一类或者组织在一起。如图3-7中,我们依靠物体的相似性进行组织,知觉出六组物品;图3-8中我们会看到三组符号,是因为相似的图案被认为是一组。相似性原则也称为共同命运原则。

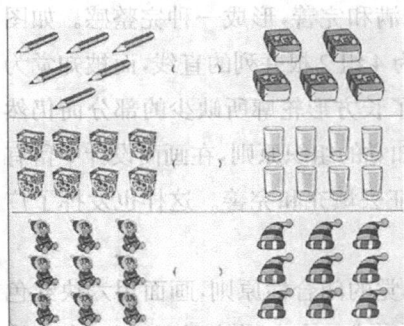

图3-7 知觉的组织性—相似性原则(1)

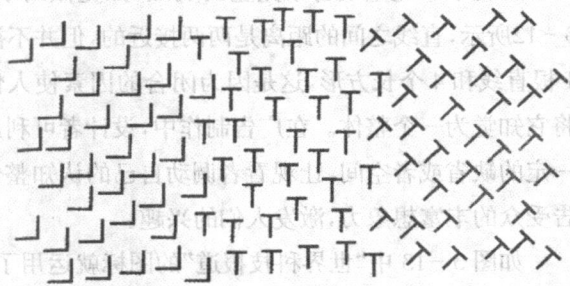

图3-8 知觉的组织性—相似性原则(2)

3. 连续性原则

即有倾向于连续的或共同运动方向的物体易被组织在一起,产生完整感。如图3-9中圆点之间有很多的断裂,但人们的视线倾向于把圆点连成平滑的曲线,知觉为一个图形,如锚和两个圆环。在广告设计中不乏运用知觉连续性的经典之作,如图3-10是美国著名的平面设计大师保罗·兰德(Paul Rand)为 IBM 公司设计的作品,每个字母都用不同长短的小横线组成,横线之间有间隔和缝隙,但是人们仍然会一下就认出 IBM 三个字母,简明突出,堪称经典之作。而图3-11为一本艺术家的传记设计的封面插图更是巧妙地运用了知觉的连续性原则,一些大小不等断开的圆点勾画出了人物的面部肖像。

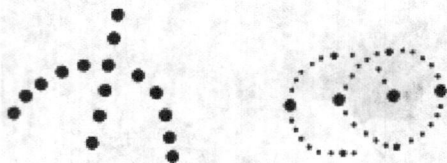

图3-9 连续性原则

图3-10 保罗·兰德的设计作品中体现了
知觉的连续性原则

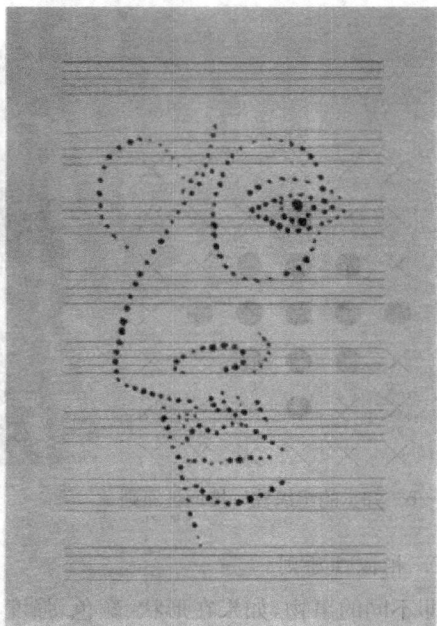

图3-11 保罗·兰德为一本传记书设计的封皮

4. 闭合性原则

即对于不完全或者不完整的刺激,知觉倾向于将它充满和完善,形成一种完整感。如图3-12所示,直线之间的距离是两两接近的,但并不被知觉为4组2根并列的直线,而被知觉为1根直线和4个长方形,这是因为闭合的因素使人们忽视了长方形轮廓所缺少的部分而仍然将它知觉为一个整体。在广告制作中,设计者可利用这些知觉的组织原则,在画面设计中留有一定的缺省或者空间,让观看者调动自己的认知整体性特征去填充和完善。这样也发挥了广告受众的丰富想象力,激发人们的兴趣。

如图3-13中"世界科技报道"的图标就运用了人们知觉的闭合性原则,画面用六块红色色块围绕,人们会把心形轮廓中缺失的部分在头脑中补齐,形成一个心形的画面,而一个箭头和箭尾也会让人们自然就知觉为一支穿过心形图案的丘比特之箭。

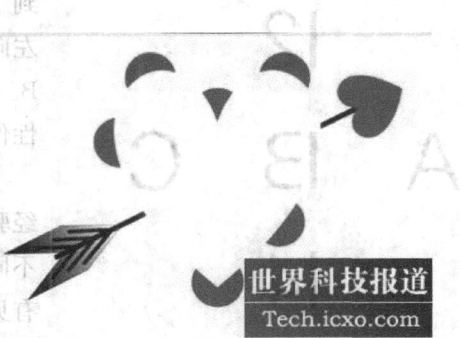

图3-12 闭合性原则　　　　　　　　　　　　图3-13 闭合性原则的应用

（三）知觉的理解性

　　人们在知觉过程中会根据以前获得的知识经验，对知觉对象进行加工处理并以语词加以概括，赋予它确定的含义，这种知觉的特征称为知觉的理解性。知觉的理解性与知觉的选择性、整体性都有密切关系。理解有助于知觉者把对象从知觉背景中分离出来，也帮助知觉者把知觉对象整合成一个整体，还可以使我们的知觉更清晰、准确、迅速。

　　如在图3-14中，人们在看这张由黑白斑点组成的图片时，一般不会简单知觉为黑白斑点，而是力求理解这些斑点的关系，依据已有的经验，对它做出合理的解释，从而知觉出这是一条狗。图3-15被称为不可能图形，人们可以看到图形的形状，但在看这些图形时，人们会自动地调集原有的生活经验和图形记忆来试图把图形赋予意义和解释，把它标识为一种现实生活中有实际意义的物体，但这种图形使得人们眼睛所接受的信息与原有的知识经验产生矛盾，人无法用过去的知识经验去理解、解释，因此称之为不可能图形。

图3-14 知觉的理解性　　　　　　　　　　图3-15 不可能图形

　　知觉的理解性以人们的过去知识经验为基础，在知觉图形时，已有的知觉经验也会对知觉对象的理解产生影响。如图3-16中，中间的符号是什么呢？如果知觉个体从上向下看，看

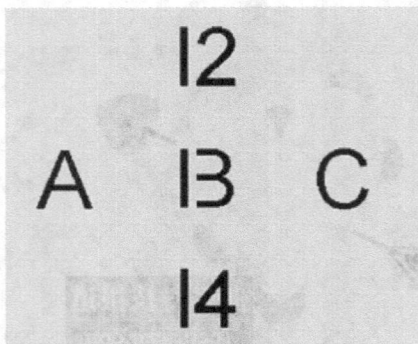

图3-16 经验对知觉的理解性的影响

到 12 和 14,那么人们会认为中间的符号为 13;如果从左向右看,看到字母 A 和 C,则会把中间的符号看为 B。这也是在知觉过程中人们的经验对于知觉的理解性作用的体现。

总之,广告知觉也是人们以已有的知识和过去的经验为依据来领会广告信息的。对于同一个广告,因不同人的理解不同,会产生不同的效果。如一个从没有见过狗的儿童一般不会把黑白斑点知觉为狗。另外,知识经验也会影响理解的深度。例如,对于一件文物,考古专家或者文物收藏专家等就能分辨出文物的出土年代和人文价值,专家的知识经验使他们对文物有着更为深刻的理解。这一规律也从另一个角度提醒广告设计者,需要分析广告目标受众的文化层次、风俗对广告的理解。

(四)知觉的恒常性

当知觉的条件在一定范围内改变时,知觉的映象仍然保持相对不变,这就是知觉的恒常性。我们周围的世界在不停地变化着,如昼夜交替、四季更迭、气候变化、万物生长消亡等,因此知觉系统所接受到的外部信息也在不停地变化,但我们仍然能够每天从容有规律地生活工作,我们并不是把周围事物全都知觉为千变万化、不可知的东西,这其中有知觉的恒常性的作用。例如,从客观世界来看,物体表面的颜色在不同光源的照射下,反射出来的光线会有变化,因此中午阳光下煤块反射的光亮强于在黄昏时或阴影下粉笔反射的光亮,但人们仍然能把煤块知觉为黑色,把粉笔知觉为白色。人对大小的知觉是依靠视网膜成像的大小来掌握的,在视网膜上较小的东西我们会知觉为小物体;反之,则知觉为较大的物体。按照这一规律,远处的人在视网膜上成像与近处的昆虫大小相近,但我们仍然会认为远处的人比昆虫大很多倍,这就是知觉恒常性的作用。知觉恒常性包括形状恒常性、大小恒常性、明度恒常性、颜色恒常性等。如图3-17 中,离我们距离较近的书架在画面上显得比较高大,而距离我们较远的书架显得很小,由于我们知觉的恒常性,我们仍然会判断这些书架高矮是一样的。知觉的恒常性使人们能够获得对物体本身特点的精确的、稳定的知觉,而不受外界变化了的条件的影响,这是人们知觉客观事物的一个重要特性,也是人类在长期的实践中形成的一种适应外界变化的重要本领。知觉的这一特性对于维持人的正常生存是必不可少的。

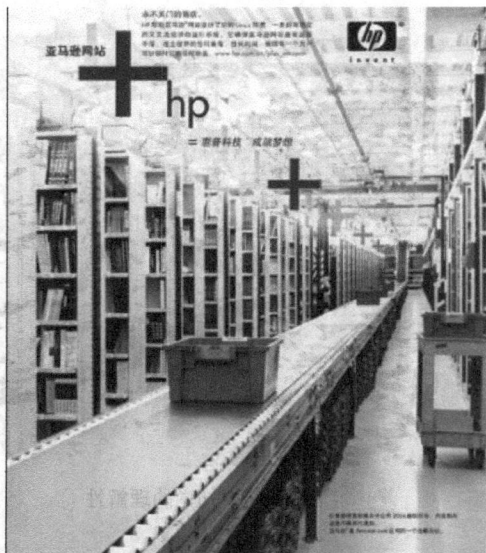

图3-17 知觉的恒常性

小活动

感受知觉恒常性

请利用手中的课本完成一个小活动,感受一下知觉的恒常性。

首先,请把你的课本垂直立在桌子上。把你的头移到书本正前方10厘米处,注视你的书本。保持注视课本,沿水平方向向后慢慢移动你的头部,直到离书本约一臂的距离。请注意体会视野中课本图像的变化。

休息片刻后,请把头部移到离课本正常距离处。保持注视课本,按顺时针方向慢慢转动你的头部,直到头部与桌面接近水平。请注意体会视野中课本图像的变化。

(资料来源 [美]理查德·格里格、菲利普·津巴多著,王垒、王甦译. 心理学与生活. 人民邮电出版社,2003.)

在广告设计中,了解和运用知觉的恒常性特点具有积极的意义。遵循人们恒常性的规律可以使广告知觉更符合广告受众的心理需求,如从大小恒常性出发,可以更好地把握对象与周围背景的关系,通过它们之间适当的比例(而不是遵循严格的几何透视规律),可使整个布景让人感到更加协调,从而收到更好的广告效果。明度恒常性的知识为处理对象与背景照明提供了恰当的依据。另一方面,适度地打破恒常性的习惯来设计广告的构图,可以使广告更灵活、生动,产生新异性的效果。如图3-18中,使用香蕉作为运动鞋的广告,打破了人们对于食物含义的守恒。

图3-18 打破守恒的广告

总之,广告知觉的特性影响着广告知觉的结果。此外,广告受众的认知加工方式、个体的知识经验、兴趣与价值观以及需求与动机等个体差异特征也会影响广告知觉的结果。例如,人们在感知外部事物时,一般有两种加工方式,一种是自下而上的加工(bottom-up processing)或数据驱动加工(data-driven processing),另一种是自上而下的加工(top-down processing)或概念驱动加工(concept-driven processing),对广告的认知加工方式也体现了这种特征。如果依赖于直接作用于感官的刺激物的特性来形成对广告的知觉,例如,广告颜色和明度、广告音调和音响、广告中的形状、运动轨迹等等,就叫自下而上的加工。如果知觉者依据对事物的需要、兴趣和爱好,以及个体的一般知识,对广告进行感知、评价和判断,这种加工叫自上而下的加工。在实际的广告知觉中,两种加工方式人们都会用到,但会因人们采取的加工方式不同而得到不同的知觉结果,也会因不同的知觉条件使某种加工方式占有优势。例如,在看一则广告语时,由于个人的知识经验不同,从广告语中提取的信息也就不完全一样。如一个广告的宣传词为"××的酒,冠军的酒",有些人会认为这个牌子的酒是为冠军酿造或供冠军引用的,有些人会理解为这种酒是酒业中的冠军，品质是首屈一指的。一般说来，在人们对广告的知觉活动中，非感觉信息越多，他们所需要的感觉信息就越少，因而自上而下的加工占优势；相反，非感觉信息越少，就需要越多的感觉信息，因而自下而上的加工占优势。

三、错觉

知觉的恒常性只是当知觉的条件在一定范围内改变时，知觉映象保持相对不变，它倾向于人们对于事物的真实状态和属性的反应。但是，并不是在任何时候、任何条件下，人们的知觉都能准确地反映客观事物，有时候人们会产生各种各样的错觉(illusion)，即对客观事物不正确的知觉。例如，太阳在天边和天顶时，距离观察者的距离不一样，在天边时远，而在天顶时近，所以，天边的太阳看去应该小，天顶的太阳看去应该大。而人们的知觉经验却与此相反，天边的太阳看去比天顶的太阳大得多。错觉的种类很多，最常见的是视错觉。例如墙壁上装有镜子的房间会让人觉得宽敞得多；一个身穿横条衣服的人会显得胖些，而穿竖条衣服的人则显得瘦高些。

图3-19中是人们知觉中较为典型的错觉现象。图1中是否竖线显得更长些？图2中的两条竖线是否右面的看起来比较长呢？实际上这两幅图中的两条线的长度是一样的。同样，第3个图形中，两条横线长度相等。图4中的几条斜线是平行的，图5中中间的圆形是一样大的，而图6中的圆形是一个正圆形。

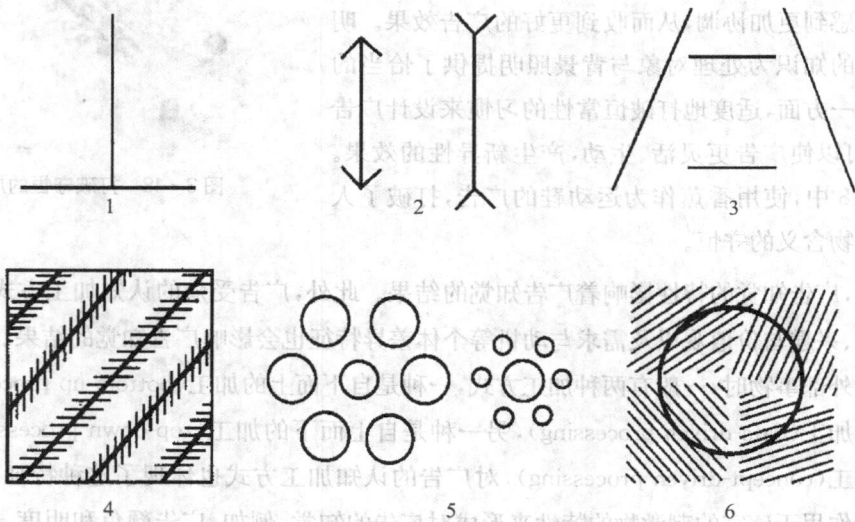

图3-19 错觉图形

尽管这种正常的错觉在很多感觉通道中都有体现，但在广告中最常用到的就是视错觉。例如透视错觉在广告传播中有一个著名的实例，1956年霍尔茨舒赫尔牌汽车的两张推销广告照片，标题与文案完全一样，整个画面的布局也雷同，只是两张广告中，一张是人物模特站在汽车的后侧拍摄的，另一张是模特站在汽车的前方拍摄的。车子本身的大小没变，但由于照片透视造成了错觉，即模特站在汽车前面的照片，人物突出，而汽车显得较小，模特站在汽车后侧面

广告心理学（第二版）

的广告照片则汽车显得较大，人物较小。颜色错觉也是视错觉的一种，明度高的颜色使人有舒张感，明度低的颜色给人一种收缩感。例如，法国的国旗是蓝、白、红三色组成的色带。法国国旗中的三条色彩条纹的宽度不是严格相等的，蓝、白、红三色的宽度比是 30∶33∶37，和早期法国革命时的巴黎市市旗的比例一致。最早设计时，这三种颜色的宽度尺寸是一样的，但总使人感到三种色带不一样宽，蓝的比红的宽些。后来为了克服这种错觉，修改了三种宽度的比例，在三者实际宽度不等的情况下，保持了感知觉上的宽度一致，从而成为目前这样的比例。

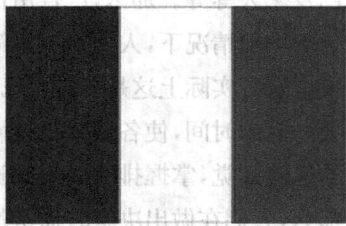

图3-20 法国国旗的三个颜色带的宽度相等吗？

在广告中可以通过拍摄角度等技术手段来制造视错觉，也可以利用物体制造错觉，在商品包装及广告画设计中巧妙地利用错觉会收到极佳的效果。如商店面积不大时，在墙上装上大面积的镜子，可以产生深远扩大的感觉。在包装设计上也常常运用错觉，同样容积的两种瓶子，瘦高状比矮胖状显得容积更大些。

四、阈下知觉

一般而言，人们在知觉过程中能够意识到自己知觉到的事物，而阈下知觉是指在听觉、视觉或其他感觉阈限值之下产生的知觉。阈下知觉也叫潜在知觉，是指在阈限水平下无意地或由潜在意识引起的知觉，是一种无意识知觉。无意识并不等于无认识，所谓"潜移默化"就是无意识的作用。类似春雨"润物细无声"的作用，人们的许多知识经验都是在无意识反映中积累的。例如，广告对广告受众有一定的呈现，但人们并不能完整明确地意识到自己获得的信息，但此后可能对同样的信息有种熟悉感，这就是阈下知觉的作用。

所谓阈限（threshold）是人们能产生感知的最小刺激水平，高于这个水平的刺激才能被我们的感知系统捕获。近年来，阈下知觉的研究受到很多研究者的关注，最受瞩目的是阈下知觉广告的作用。阈下知觉广告（subliminal advertising）是在消费者没有意识到的情况下将产品图片、品牌名称或其他营销刺激物呈现给他们的一种广告宣传方式。通过这种呈现，营销者希望消费者会在阈下水平对信息进行加工并做出购买反应。

20世纪50年代，某些广告商尝试用阈下知觉广告来了解人们的购买行为。可口可乐公司曾做过这样的广告，在电影放映时，加入了"请喝可口可乐"、"请吃爆米花"的广告语，但这两条广告信息播放的时间是 3/1000 秒，这种呈现时长是人们根本就无法觉察到的，但是比较实验前后电影院周围的可乐和爆米花销量，人们惊奇地发现：爆米花的销售量上升了 58%，可口可乐的销售量上升了 18%。广告商希望通过在电影银幕上快速地闪现广告，使观看者无法在意识中对广告产生觉察，避免了人们对广告说服作用的反感，但却由于产生了阈下知觉，从而影响到后面的购买行为。当然，阈下知觉是否能真正有效地改变人们的行为仍需要强有力的研究证据。

五、广告与风险知觉

人们在购买某种产品时往往要经过决策，这些决策一般含有风险因素。比如，购买大件家电产品时,会担心质量不过关;购买热水器、微波炉一类产品时,会担心使用时不安全,伤害自己及家人等等。那么,广告用什么手段来降低或消除人们的这种风险知觉呢?

一般情况下,人们在做决策的时候往往试图通过各种途径,努力排除风险知觉,获取一种安全感。实际上这是一种自己寻求心理平衡的过程,这一过程可能在瞬间就完成了,也可能需要一定的时间,使各种疑团慢慢消失。所以,广告必须考虑到人们的这种心理过程,了解人们的风险知觉,掌握排除风险知觉的手段和线索,为人们提供排解种种疑团的途径、信息和可能。那么,人们在做出决策时通常都采用哪些手段来消除自己的风险知觉呢?

第一,人们为了排除风险知觉,大都积极寻找信息。人们往往要通过正式的(如广告宣传、产品说明书等)和非正式的渠道(周围人们的介绍等)来获取有关产品的信息,消除疑团。因此,广告应对产品的质量、安全性能等提供充分详实的信息,以排除人们的风险知觉。特别是对风险知觉高的产品,如煤气灶、热水器、电暖气、电动按摩椅等。

第二,人们为了获取安全感,往往信奉商标或者品牌。比如,有些人通过购买名牌产品来排除风险知觉就是这种心理。对于有品牌优势的企业而言,广告可以很好地满足人们的这一心理需要。没有品牌优势的产品广告则应当采取措施冲淡人们的风险知觉,如延长保修期,增加服务项目等,当然,更积极的办法是尽快创建品牌优势,树立自己的企业和产品形象。

第三,有些人排除风险知觉的办法是看有无保险手续,从取得的付款凭证(发票)、保修单、使用期、维修点的方便情况等信息中获得一种保险和安全感。为此,广告可以根据厂家在这些方面的优势进行宣传,排除人们的风险知觉。例如,如果人们普遍认为海尔集团的售后服务比较好,那么,一些人宁愿多花些钱也会买海尔的产品。

总之,以光波、声波等刺激作用于人们感觉器官的广告信息,首先必须让人们看到、听到,这是广告效果的基础。但是,并不是被人们知觉到的广告就能产生应有的广告效果,这还仅仅是个开始,还必须符合和遵循人们的知觉规律。

第二节 广告的理解

一、广告理解

广告的传播实际上就是一种信息的发送过程,广告传播者希望以这种形式使人们了解产品、接受产品,继而激发消费者的购买行为。但是要实现这种信息传递的功能和目标,广告受众必须首先理解广告信息,才可能接受信息并影响继后的行为。所谓"理解"就是人们运用自己已有的知识、经验等去认识事物的一种思维活动。无论是对事物外部现象的知觉,还是对事物内在联系的把握,都需要理解的过程,都是借助于已有知识经验而实现的。其中不同之处在于,知觉中的理解是直接实现的,而对事物本质的理解则需要借助思维,是间接实现的。对于广告的传播来说,广告受众对广告的理解是决定广告对消费者产生影响的决定因素。美国著名的电视与儿童研究专家安德森(Anderson)在研究儿童对电视节目的理解和注意时发现,儿童对电视节目的注意受儿童对节目理解的影响,当儿童对节目内容无法理解时,他们就会走开。成人也是如此,对于无法理解的传播内容,人们不会继续保持对该内容的注意和加工,继而就不会接受这个信息的影响。

广告信息的传播常常使用语言文字和图像图案为载体,研究表明,文案、图案最初引起人们注意的百分比分别为 22％和 78％,可见,图案更能引起人们的注意并产生知觉;然而,让广告受众产生记忆的两种载体的比例分别是:文案占 65％,图案占 35％。可以看出,人们更多的是依赖语言文字来加工、理解广告信息,并能在头脑中保持一定的时间。也就是说,广告信息的传播效果更大程度上依赖于人们对语言文字的理解程度。所以,了解在广告信息传送过程中语言的理解过程及其规律,是广告制作和传播者应当关注的问题。

所谓语言理解(language comprehension)是指人们借助于听觉或视觉的语言材料,在头脑中建构意义的一种主动、积极的过程。语言的理解以正确感知语言为基础,但理解语言并不是通过语言或字形把语义简单地移植到自己的头脑中。语言理解是一种主动、积极的建造意义的过程。语言接受者在头脑中想象语言所描述的情境,通过期待、推理的活动去解释语言的意义。语言理解依赖于人们已有的知识和经验,人们的知识经验不同,对同一语言材料的理解也会存在很大的差别。

现代社会是一个信息化的社会,人们被与日俱增的信息所包围,人们更注重时间与效率,工作生活的节奏日趋加快,因此人们一般只会主动选择那些符合自己兴趣和能满足工作需要的信息和知识去获取和加工,很少有较长的时间来专门关注和思考其他的无关信息。因此广告信息的传播是一个试图主动影响接受者的态度和行为的过程,然而,广告接受者对于信息的理解经常是在一种无确定目的、不自觉的状态下进行的,除非是消费者有消费的需求而有目的地、主动地选择某种产品。广告传播中的这种特点使得现代广告心理必须更加注意人们对广告的理解过程的研究,尤其是人们对语言文字的加工过程。即使目前视觉图像的广告形式占主导地位,但仍离不开依托语言文字对图像的诠释与强调来传递重要的广告信息。

对广告语言的理解可以分为三级水平:(1)词汇是语言材料最小的意义单位,各种复杂的语义都依靠词汇来表达。因此,对广告词汇的理解或识别是广告语言理解的第一级水平;(2)理解个别词汇的意义并不意味着理解由这些词汇构成的句子。因为,对广告句子的理解是一种更为复杂的认知活动,它需要借助于句法和语义的知识;需要有语境的帮助。因此,句子的理解是广告语言理解的第二级水平;(3)语言理解的第三级水平是对整段、整篇文字或话语的理解。这种理解既要以词汇和句子的理解为基础,还要进行推理、综合、提取意义等更复杂的认知操作,因此它是广告语言理解的最高级水平。

二、广告词汇的理解

(一)字词结构特征对广告词汇理解的影响

广告词汇的理解是指人们通过听觉或视觉,接受输入的词形或语音信息,并在头脑中揭示词义的过程。广告词汇的理解也称为广告词汇识别或广告词汇通达。

心理学家特雷斯曼(Treisman)用心理词典来说明人们对于词汇的认知。他认为心理词典是由许多词条组成的,人们对这些词条的认知具有不同的阈限,当一个词条被激活超过其阈限时,人们就能认知到这个词。理解一个词,就是在心理词典中找出与这个词相对应的词条,并使它的激活达到一定的水平。在一个心理词典中，每个词条均包括了与这个词条相对应的词的语音、写法方面的表征以及词的意义表征，其中占中心地位的是词的意义表征。对词的理解就是人们获得了心理词典中一个词的特征或意义成分。

汉字是表义文字，它是由基本笔画构成的轮廓图形。处在不同部位的笔画和偏旁在汉字辨识中有不同的作用。周先庚(1929)发现，被试由半字写出整字的平均正确率为60%，保留汉字的上半部有利于汉字的识别。曾性初等(1965)的研究表明，笔画省略时，保留字的"完形"有利于汉字识别，前面的笔画提供了较多的信息，若省略前面的笔画，将对汉字辨认造成较大的影响。彭瑞祥等人(1983)的研究表明，在汉字识别中，左边的特征比右边的特征重要；上边的特征比下边的特征重要。这些字词结构方面的特征都提示广告设计者在广告设计中应保证人们对广告词汇的准确理解。

(二) 词频效应对广告理解的影响

在生活中，人们总是对熟悉的事物和人产生亲和感，并首先认同它。语言理解的研究中也发现对字词的理解同样存在这种倾向。高频词是指人们较为熟悉的或常用的词汇，低频词是不熟悉的、很少使用的词。近年来，我国心理学工作者对汉字进行的大量实验表明，在速示条件下，汉字识别的正确率随汉字的使用频率的上升而上升，识别的时间随频率上升而缩短，即所谓的"词频效应"。最近的一些研究还发现，在汉语双字词的识别中，不仅整词的频率，而且个别成分字的频率对词的识别也有影响。在生活中常有这样的体会，对熟悉的、常用的词很容易理解，而对于低频词理解起来就比较困难。因此，在广告设计中，广告中的用词要充分考虑到人们的这种理解特点，尽量使用人们熟悉的词，避免生僻的词，以便于人们的理解，保证理解的准确性。

词的使用频率为什么会影响识别的效果？人们对这个问题有不同的解释。福斯特(Forster, 1976)认为，在心理词典中词的基本组织原则是单词频率，使用频率高的单词在心理词典中处于"前面"的位置，因而容易被搜索到。而莫顿(Morton, 1979)认为，在心理词典中，每一个单词都有一个对应的单词产生器(logogens)。当单词出现的时候，它的特征激活了其相应的单词产生器，当产生器的激活水平达到阈限时，这个词就被识别了。莫顿认为，高频词容易被识别，是由于高频词产生器的激活阈限较低造成的。还有一些人认为，使用频率影响到人的反应偏向。在快速呈现的条件下，当被试不能清晰地感知单词时，他们倾向于用熟悉的，即频率高的单词去填补当前的知觉。

不管"词频效应"的内部机制怎样，这种效应在实际生活中确实存在，因此在广告制作中就应注重高频词对人们理解的作用，并加以灵活运用。

(三) 高频词在广告中的作用

大多数人接触广告信息时通常都是被动的、不自觉的，甚至是带有抵触情绪的。他们并不会像学习知识那样用积极的心态和集中的精力去研究广告，而且也没有兴趣去分析和思考它的含义。况且媒体中传播的广告词是转瞬即逝的，人们更少有闲情逸致去再次寻找和仔细琢磨它。所以，如果一则广告不能在很短的时间里让人们在自己原有的心理词典中找到相应的落脚点，并立即进行编码，那么，这则广告很快就会被逐出人们的感觉记忆而被遗忘。所以，在广告传播中应尽量用人们熟悉的字词,即高频词。这种人们对字词理解性的规律就要求广告设计者在选词造句方面精心设计,巧妙构思。例如,以传递一款饮料的口感好为宣传主旨的广告词,虽然很多词都可以表达这个意义,但显然使用"好极了"来描述味道更容易被理解和接受,亲切自然,耳熟能详,很容易被人们广而传之。

高频词不仅影响着人们对于广告内容的理解程度和理解速度,而且高频词的另一个特点还可以运用到广告设计制作中,即由于人们对高频字词的熟悉度高,人们对高频字的各种特征如字形、语音等已十分了解,因而,即使这个字在呈现时信息部分缺乏或者信息不完整,人们也可以用自己对它的了解和经验来填补,并快速地识别出完整的字词原貌。广告设计中可以根据这一特征有所创新,使用缺少的信息来吸引人们的注意,而且使人们能快速而准确地做出反应,广告的形式也更具有新异性。因此广告语尽量使用高频字可达到两个目的:其一是促进快速理解,其二是高频字可以在形式上创出新意与变异。

例如,图3-21的广告画中"喜讯"两个字的右边被盖住了,但人们会以自己的知识去填补省缺的部分,使之成为完整的"喜讯"两个字。对于高频字词,在人们的心理词典的词条中已有十分丰富的表象经验,因而在字形缺损的情况下也可以认知它,这也体现出知觉的整体性特点。

图3-21 高频词在广告
设计中的作用

图3-22 高频词在广告
设计中的作用

高频字如果在字形上发生轻微的变化,仍然能激活人们心理词典中相应的词条。比如"高"字可以变异为图3-22中的样子,"高"字字形如直上青天的云梯,风趣形象地表现了"高"字的含义。这样变异的高频字不仅能引起人们的注意,而且能被人们快速准确地理解。如果是低频字发生这种变异则很难让人理解。

"词频效应"实际上是一种人们对字词的熟悉感在起作用。那么,人们对形象的人或事同样有这种熟悉感。所以,广告不仅要注意人们对字词的熟悉性,同时,在选择人或事物上也应注意这一点。例如,许多广告都是选择人们熟悉的人物如电影明星、体育明星等做宣传,这就是利用人们所熟悉的形象使人们产生熟悉感效应,从而在不知不觉中相信他们的宣传,接受他们所推荐的产品。

三、广告语句的理解

广告语句的理解(sentence comprehension)是在广告字词理解的基础上,通过对组成句子的各成分的句法分析和语义分析,获得句子语义的过程。相对广告词汇理解而言,广告语句理解是一个更为复杂的过程。它首先要求对组成广告句子的词语进行加工,以便获得广告词语的确切意义。其次,广告语句的理解还要进行句法分析。句法分析是指从语法上分析词或句子,将句子分成不同的语法成分,如主语、谓语、宾语等。句法分析的方式不同,得到句子的意义也就会不同。语义分析也是广告语句理解中不可缺少的一个环节。人们利用句子中的内容词的意义及它与其他词语的关系来分析句子的意义。

那么,广告中用什么语句,如何安排它们的结构顺序,才能更容易被人们清晰地、迅速地理解呢? 研究发现,人们一般通过两种途径达到对语句的理解:句法分析和语义分析。

(一) 一般语句的理解途径

1. 句法分析

句法分析决定着人们怎样对句子的组成成分进行切分,因此它对句子的理解有着非常重要的作用。例如,句子"下雨天留客天留我不留",它既可以切分为"下雨天,留客天,留我不,留。"也可以切分为"下雨天留客,天留,我不留。"还可以切分为"下雨天,留客天,留我不留?"由于切分方式不同,句子的意义完全不同。

在理解句子的过程中,人们常采用一定的句法分析策略来帮助理解句子。常见的策略有:

(1) 标准句策略。在汉语和英语中,"名词—动词—名词"组成了常见的句子结构,人们在理解时,常常把第一个名词理解为句子的主语、动词理解为谓语、结尾名词理解为宾语,这就是标准句策略。这种策略在理解较长和较复杂的句子时时常用到。

(2) 最小依附策略。这是指人们倾向于采用最简单的句子结构来理解句子,如把动词后面的名词或名词短语看成是直接宾语。例如,"董事长解雇了李经理十分信任的一个工人",根据最小依附策略,人们容易把李经理看成是动词"解雇"的直接宾语,但是这种理解并不正确。

(3) 晚终止策略。这是指分析句子时,不要急于根据前面的材料对句子的结构做出判断的策略。这一策略主要是针对如何从复杂句子中划分出从句而言的。

在运用句法分析理解句子时,人们更喜欢较简单的结构,所以,在写广告语时应尽量使语句简练。如果有修饰的子句,这种句子应紧跟在它所修饰的直接成分之后,否则,会增加句法分析的难度,造成理解困难。

造成句法分析困难的情况常有以下几种:

第一,广告句子中连接紧密的成分被分割,造成理解困难。在有些广告中,一句话太长,致使人们把各部分词语的关系混淆,造成难以理解或理解偏差。所以,广告中应尽可能地用简洁的短句,即使使用复杂句,也不要割裂关联紧密的词语。尽量减少不必要的、过多的修饰语。

第二,由于嵌入子句结构不合理造成分析困难。1977 年心理学家拉金和伯恩斯(Larkin & Burns)研究发现,对一个简单的嵌入子句的句子,产生错误率为 15%;具有两个嵌入子句的句子,解释的错误率为 58%。可见,嵌入的子句越多,修饰的成分越多,越容易造成理解错误。

第三,不符合语言习惯的语句会增加句法分析的困难。例如,"去回家"和"回家去",前者就不符合人们的语言习惯,因而,与后者相比,前者加工就较为困难。所以,在广告语中,应尽量使语句符合人们日常的语言习惯,促进加工。

第四，半文半白、半土半洋及方言土语的广告语句会增加句法分析的难度。有些广告语中爱掺杂一些洋文或土语，这些都给人们的语言加工增加了困难。

2. 语义分析

在语句理解过程中，语义分析也起着很大的作用。例如，在理解"狼吃羊"、"人骑车"这类句子时，人们就利用了语义知识，即人们对"狼"和"羊"、"人"和"车"这些词义的了解。人们知道只能"狼吃羊"，不能"羊吃狼"，只能"人骑车"，而不会"车骑人"。在语义知识的帮助下，即使词序出现颠倒，人们也可以理解。但很多广告希望通过表层的语句达到深层的语义理解，因此广告语句的运用需要更高的语言驾驭能力和艺术创造力，也更需要深入分析广告目标群体的需求、兴趣、文化、风俗习惯等特征，使得广告的主旨能最高效地被消费者接收。如国外一个一次性纸尿裤的广告在最初的策划时主要介绍纸尿裤使用方便，减轻妈妈的负担，但是销路一直不畅，经调查发现这样的宣传使得人们理解为使用纸尿裤的妈妈们都是贪图方便的"懒妈妈"。此后广告侧重在纸尿裤对婴儿肌肤的呵护方面，这样的语词使人们理解为使用纸尿裤的妈妈们都是关爱孩子健康的"好妈妈"，此后销路顺畅。

所以，广告语句应采取一定的原则，增进人们对广告的理解。

（二）广告语句应用的一般原则

广告中所采用的语句往往是广告受众是否正确理解广告主旨的关键部分。1979年，美国普度大学杰可比（Jacob）教授在对25则经典广告片被误解的研究中发现，这些广告片没有一则完全被准确理解，误解程度最高达40％，最低的为19％（黄合水，2003）。如，国内一个关于消费者广告认知的研究发现，对于一则广告"浏阳河酒，冠军的酒"的调查结果显示，有七成的消费者认为是快速消费品广告，有近二成的消费者认为是企业宣传广告，而说不清或认为是其他广告的占一成多一点[①]。对广告信息发生误解，说明广告传播者的信息传递过程发生障碍，没有达到广告的预期目标。概而言之，造成广告信息被误解或失真的原因来自两方面：一方面，外界刺激不明确（如广告词句模糊或不适宜）；另一方面，信息接受者自身因素，如知识经验等，也对信息的传播有着重要的影响。人们在接收到刺激信息后，一般运用句法分析和语义分析来理解广告，广告语句在语义上的异常性和在句法结构上的复杂性都会增加人们加工理解的困难。

图 3-23　广告实例：浏阳河酒，冠军的酒

因此，在广告语句的选择设计上应审慎研究，仔细进行斟酌和推敲，并研究语词表达的真实效果。

一般而言，设计和采用广告语句应注意以下几个方面的问题：

---

① 吴垠. 中国消费者广告认知的研究[J]. 现代营销，2005(5)

1. 多用肯定句和简单句

一般情况下，在理解句子时，肯定句比否定句易于理解，简单句比复杂句易于理解。所以，在广告用句中要多用肯定句，尤其要多用简单肯定句。例如，"今年二十，明年十八"（白丽美容香皂）、"我的眼里只有你"（娃哈哈纯净水），"我的地盘，我做主"（动感地带手机套餐）。句式最好精致、简练、朗朗上口，如"地球人都知道"、"没有最好，只有更好"。广告语的字数一般不超过12个字，简洁凝练、主题突出、浅显易懂，因此更容易被受众所接受和流传。

2. 避免不合语法的语句

在广告语中有些不合语法的语句尽管也许能被人们理解，但它会影响许多按句法分析方式来加工语句的人们的理解，很可能产生误解和歧义，因此，在广告语中应尽量避免不合语法的语句出现。

3. 更多使用实词和积极词汇

人们在进行语义分析时会更多地注意广告语中的实词，着重去获得实词的意义；而且人们往往对句子中的动词给予更多的注意，而且去寻找适合于动词语义要求的名词短语；更多地使用积极和褒义性的形容词。如"一股浓香，一缕温暖"的南方黑芝麻糊广告，让人体会到怀旧、温馨的氛围，而对该产品产生一种信赖感。联通的标志是一个中国结的形象，本身就充满了亲和力。联通把自己的标志和品牌名称自然地融入到"情系中国结，联通四海心"这一广告语中，从外表到精神做到了和谐统一，反映了企业的精神理念。

4. 烘托广告语的表达情境

大多数成功的广告都会发掘和表达出人性深处的真善美，并通过一系列情境的展现来增加人们对简洁广告语的深入理解，如百年润发的一则广告以香港影星周润发为故事主角，其中动人的爱情故事画面、京剧的声韵，结合周润发的名字与产品名称的融合，给人们留下很多回味，从而对产品产生了深刻的认识。再如，"孔府家酒，让人想家"通过《北京人在纽约》女主角的扮演者王姬的代言，更增加了人们对孔府家酒的一种亲情感的体会，尤其突出了"家酒"的深度含义。

5. 注重文化的差异性

广告语句的设计还要注重不同文化对于词汇的深层理解力。如人头马的广告在香港播出时受阻，后针对香港注重"好兆头"的习俗，把广告词调整为"人头马一开，好事自然来"，因而在香港打开市场，获得畅销。耐克的广告词"Just do it"，最初翻译成"想做就做"，但在中国国内传播时受到家长们的反对，后来改为"该做就做"，获得肯定。这是因为在西方文化中，崇尚自我与个性的张扬，而东方的文化则注重内敛。

本章提要

广告知觉是指当广告作用于人们的感觉器官时，人们对于广告整体的认识。广告知觉包含觉察、分辨和确认三种互相联系的作用过程。广告知觉依赖于直接作用于感官的刺激物的特性，还依赖于感知主体的主观特性。

广告要想更好地引起人们的知觉，在制作时应遵循知觉特性的以下规律：知觉的选择性，知觉的整体性(接近性原则、相似性原则、连续性原则、闭合性原则的应用),知觉的理解性,知觉的恒常性。

错觉是对客观事物不正确的知觉。阈下知觉是指在阈限水平下无意的或由潜在意识引起的知觉,是一种无意识知觉。消费者排除风险知觉,一是积极寻找正式的和非正式的信息,二是信奉商标,三是看有无保险手续。

广告语言的理解,主要是对广告词汇的理解、对广告语句的理解(包括句法分析和语义分析)、对整段、整篇文字或话语的理解。

造成广告信息被误解或失真的原因,一是信息刺激本身不明确;二是信息接受者自身因素,如知识经验等的影响。因此在广告设计中的语言使用应慎重考虑。

关键术语

知觉、广告知觉、刺激物、感知主体、知觉的选择性、知觉的整体性、知觉的理解性、知觉的恒常性、接近性原则、相似性原则、连续性原则、闭合性原则、阈下知觉、错觉、广告语言、广告词汇、广告语句

复习思考

1. 举例说明知觉的哪些特性可以在广告中运用。

2. 请说明哪些因素会影响人们对广告的理解。

3. 请以几个广告为例,调查人们对它们的知觉和理解程度,并加以分析说明。

4. 广告语词的选择应注意哪些问题? 请收集二十条你认为优秀的广告语,并分析它们的语言特点。

推荐阅读

1. 马谋超.广告心理学基础[M].北京:北京师范大学出版社,1992.

2. (日)仁科贞文,田中洋,丸冈吉人著.广告心理[M].北京:外语教学与研究出版社,2008.

3. 马继兴.广告心理学[M].北京:清华大学出版社,2011.

第四章　广告记忆理论与传播应用

广告的理想效果就是诱发消费者购买行为的发生,在通常情况下,这一行为的发生是延迟的,这就要求广告的印象必须在消费者心目中保持足够长的时间。因此,广告的可记忆性一直被作为评价广告的重要指标。那么,怎样的广告才能让人们记住呢? 本章将就这一问题展开讨论,内容包括记忆的概念与过程、广告的记忆与联想、增强广告记忆的方法和策略、知名度与品牌在广告记忆中的作用等。

案例:

　　号称"中国最牛营销大师"的史玉柱曾说过一句经典的话:"中央电视台的很多广告,漂亮得让人记不住,我做广告的一个原则就是要让观众记得住。"脑白金的广告曾经被业内外人士一致评为缺乏创意和美感的广告案例,但有趣的是,当年就靠着这个被称为"第一恶俗"的广告,脑白金创下了几十个亿的销售额。

图4-1　脑白金系列广告及其效仿者黄金酒广告

第一节　记　忆　概　述

　　人们知觉到的广告就一定能记住吗? 答案是否定的。当今时代,人们无论是视觉接触到的还是听觉接触到的广告可以说名目繁多,但有多少广告可以真正地进入人们的脑中呢? 在这些广告从人们的视听觉范围内消失以后，人们还能"想起"它们吗？广告内容要对人们产生行为上的影响，就必须进入人们的记忆系统，即人们必须在记忆中储存广告信息，并能够适时有效地提取。这就是记忆要研究的内容，本节主要介绍记忆的概念、过程、类型等基本问题。

一、记忆的概念及基本过程

当客观事物直接作用于我们的感觉器官时，我们就产生了感知觉；当客观事物在我们的感觉器官所及范围内消失时，我们的感知觉也就随之消失了。感知觉虽然消失了，但是，事物的作用会在我们的头脑中留下痕迹，这些痕迹会在一定条件下或一定场合中被提取出来，影响我们对其他事物的感知和理解，这就是记忆。记忆在人的整个心理活动中占有重要的地位，人的一切心理活动都离不开记忆。因而，自 19 世纪末德国著名心理学家艾宾浩斯（H. Ebbinghaus）开创记忆研究以来，记忆问题在心理学发展史上都备受关注，在整个心理学的研究中也占有十分重要的地位。

记忆（memory）是一个非常复杂的心理过程，它指的是通过识记、保持、再现等方式，在人们的头脑中积累和保存个体经验的心理过程。人们感知过的事物、思考过的问题、体验过的情感以及采取过的行动都可以作为经验在人们的头脑中保留下来，并且在适当的条件下恢复和提取。比如，人们在消费实践中，感知过的广告、使用过的商品、光顾过的商店、消费过程中产生的情感体验以及采取过的行动等都可以在大脑皮层上留下一定的痕迹，即作为经验保留下来，对以后的消费行为产生影响。

记忆就像"记忆"一词本身所表明的那样，是一个从"记"到"忆"的过程。按照信息加工心理学的观点，记忆就是人脑对外界输入的信息进行编码、存储和提取的过程。也就是说，要记住某一信息，必须先摄入这些信息，然后进行存储或以某种方式进行表征，在以后的某一时刻，为了某种目的再将信息提取出来。编码、存储和提取三者密切联系，构成了记忆的一个循环过程。

（一）编码

想一想你用电脑写论文的过程，一旦电脑系统开始运行了，你就可以通过在键盘上打字（或者在有语音识别技术的情况下，通过说话）来输入信息。但是，当你打开电脑机箱，在里面却找不到任何文字或者声音，这是因为程序已经将你输入的文字或者声音变成了一种可以储存在电子记忆系统中的形式。同样，如果我们想要把外界信息放进记忆的话，也必须把它们变成能够记忆的形式。记忆的第一个步骤就是改变信息，让我们能够将其输入记忆之中。

编码（encoding）是对信息的最初加工，是人们把外在刺激的物理特征进行形式转化，以形成心理表征的过程。现代心理学家认为，只有经过编码的信息才能被记住。记忆是一种积极、能动的心理活动。人对外界输入的信息能主动地进行编码，使其成为人脑可以接受的形式。

佩维奥（Paivio，1971，1979）提出了信息的双重编码理论，认为存在独立的言语系统与表象编码系统，其中言语系统专门处理语言信息而表象系统专门处理非言语的客体和事件的知觉信息。具体到对广告的编码，则主要集中于图画信息和言语信息之间的关系。通常视觉记忆明显优于言语记忆，以图片形式呈现的信息更有可能在以后被再认出来。克鲁伯—瑞尔

（Krober-Riel，1984）的眼动研究表明，大约90％的观众在看解说词之前会先看广告中的图片。虽然图像广告可以吸引注意，从而增强记忆，但却不一定能改善理解。布罗修斯（Brosius，1991）的研究发现，以图像为背景的电视新闻，能够提高观众对于新闻故事细节的记忆，却不能改善对于故事内容的理解。

广告中若没有图片，则不容易引起受众的注意，从而记忆也将受到极大的影响。但是图片和文字信息之间也存在矛盾，图片容易进入长时记忆系统，文字信息则易被遗忘，而文字往往是我们所要传达的更为重要的商品信息。所以广告中的图片应该和主题有密切的关系，尤其是使用那些本身可以"携带"广告主题信息的图片，可以大大提高效率。

（二）存储

记忆的第二个过程是存储。存储（storage）指的是在头脑中持久地保留信息。为了解释信息的存储方式，不同研究者提出了不同的模型。这些模型都有一定的实证研究支持，且能解释部分广告记忆现象。

1. 层次网络模型

该模型由柯林斯（Collins）和奎利恩（Quillian）于1969年提出，其主要观点为记忆是一个有层次的网络系统（见图4-2），由许多储存单元组成，相关概念以逻辑关系分级存储。存储单元中的结点是按层次进行排列的，低层次的信息被组织到更抽象的范畴下。信息加工的方向是自下而上的，比如对"可口可乐"的加工依赖于层次高的"碳酸型饮料"的加工。如果层次高的信息加工碰到困难，则隶属于之的信息的加工将不能再进行了。层次加工的模型提醒我们，广告在传播信息时，要让消费者把信息列入适当的位置，日后提取才能顺利进行。

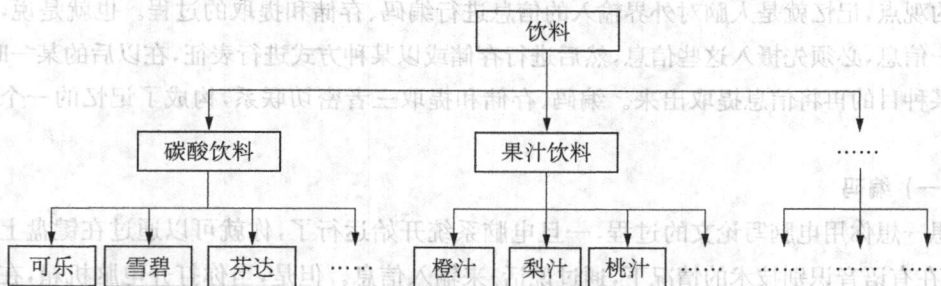

图4-2 层次网络模型

2. 激活扩散模型

该模型由柯林斯（Collins）和洛夫特斯（Loftus）于1975年提出，认为相关概念并不分级储存，而是根据彼此之间语义联系的紧密程度进行组织，一个概念的激活将依赖于各个概念间的连接强度向周围的概念扩散（见图4-3）。比如"可口可乐"可以按照"饮料→碳酸型饮料→可口可乐"这一路径进行存储与提取，也可以由"王老吉"的红色包装联想到"可口可乐"的红色包装，进而扩散到"可口可乐"这一商品。为了让一条广告信息可以从多方面被激活，增加广告信息的维度是有必要的，维度可以是商品的类型、商品的视觉元素、商品品牌的特点，甚至可以是名人的类型等等。

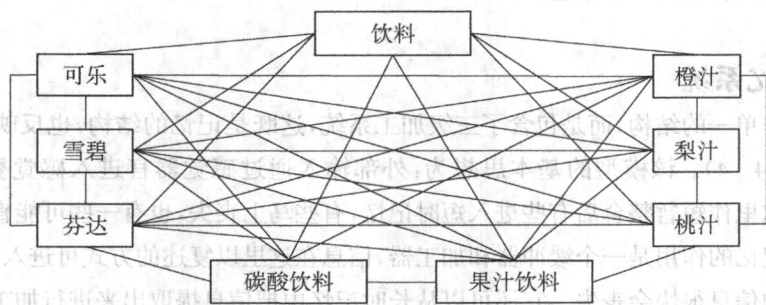

图4-3　激活扩散模型

3. 图式理论

该模型由阿尔芭(Alba)和海瑟(Hasher)于1983年提出,是针对前面两种模型中主要存储小单元提出的。图式理论认为在日常生活中,我们主要记住的信息都是大单元(比如一件完整的事),如购买一件商品、炒一个菜等。图式指的是人头脑中关于普通事件、客体与情景的一般知识结构,这意味着记忆除了受当前呈现信息的影响外,还受个体过去经验和知识的影响。图式分为表征客体的图式与表征事件的图式两类,其中,表征反复出现的有序事件的图式称为脚本。脚本不同于客体图式,它表征的事件有一定的时间顺序。如"看电影"这个经常出现的事件,一般可以分解成如下的阶段:去影院、购票、进场、观看影片、退场。由于这样的步骤多次重复出现,人头脑中就形成有关去影院看电影的定型图式。

具体到广告记忆中,该理论认为消费者主要以事件而不是单个单元的形式来存储广告信息,并且不同的消费者对同一广告信息的存储情况大不相同———因为每个人的过去经验也不尽相同。例如,大量滚动播放的家乐浓汤宝广告,由歌星林依轮扮作好男人形象,演示了"三碗水、两份食材、一份家乐浓汤宝"的吃法,完整的商品消费事件构成了脚本,让观众们记忆深刻;而"农夫果园,喝前摇一摇"也有异曲同工之妙。

(三) 提取

记忆的第三个过程是提取(retrieval),是指定位信息并将其返回到意识层面。对于那些很清楚的信息,比如我们的名字和职业,提取不需要怎么努力,并且是非常快的。但是,当我们试图记忆大量信息的时候,或者是完全不懂的信息的时候,提取会非常困难甚至会失败。从电脑中提取所存储的信息时,利用所需文件的名字是最简单的。同样,从记忆中提取信息,进行提取也需要知道合适的线索。

提取信息的方式有两种:再认和回忆。再认指对曾经感知过的事物再度感知的时候,觉得熟悉,认得它是从前感知过的,如去超市购物时看到某个商品,想起它曾经在广告中出现过。而回忆则指的是人们过去经历过的事物的形象或概念在人们的头脑中重新出现的过程。通常再认比回忆更容易。消费者在不同的场合所使用的信息提取策略是不同的。一般来说,消费者在做低卷入购买决策时,主要以再认的方式来提取广告信息,如在路上口渴时,路边的超市中有多种品牌的饮料,消费者可能觉得有几种曾经在广告中见过,从而决定购买。而回忆通常在做高卷入购买决策时被使用,如购买一些风险性较大的商品,比如汽车,消费者这时会自动地去搜索已经存储的广告信息。

二、记忆系统

记忆并非单一的结构,而是包含了三级加工系统,这既是记忆的结构,也反映了记忆加工的过程(见图4-4)。该模型的基本思想为:外部输入通过感觉器官进入感觉登记(感觉记忆),信息在这里作短暂整合后有些进入短时记忆,有些马上丧失,也有一些可能直接进入长时记忆。短时记忆的作用是一个缓冲器和加工器,信息在这里以复述的方式可进入长时记忆中,得不到加工的信息很快会丧失。它还可以从长时记忆中把信息提取出来进行加工。

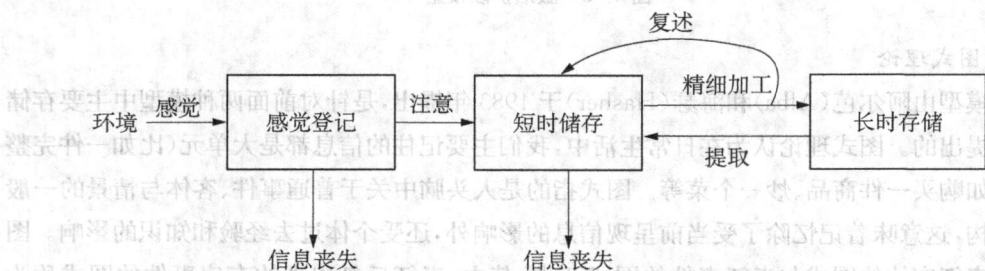

图4-4 记忆的三级加工模型(Shiffrin & Atkinson,1969)

(一)感觉记忆

当进入感觉器官的刺激停止作用后,感觉信息在一个极短的时间内保存下来,这种记忆就叫感觉记忆(sensory memory)或感觉登记(sensory register)。感觉记忆是记忆系统的开始阶段,其编码方式主要依赖于信息的物理特征,因此具有鲜明的形象性。图像记忆(iconic memory)是感觉记忆的一种主要编码形式,它指视觉器官能识别刺激的形象特征,能保持一个生动的视觉图像。当然,除了视觉通道外,听觉通道也存在感觉记忆,被称为声像记忆(echoic memory)。

感觉记忆的储存时间大约为0.25秒—2秒,虽然持续的时间极为短暂,但在外界刺激的直接作用消失之后,它为进一步的信息加工提供了可能性。看电影、电视时,能够将静止的画面看成运动的,正是因为感觉记忆的存在。感觉记忆有较大的容量,但大部分信息因为来不及加工而迅速消退。信息在感觉记忆中的登记是无意识的,如果受到注意,就将转入第二个阶段——短时记忆。

(二)短时记忆

短时记忆(short-term memory)是感觉记忆和长时记忆的中间阶段,指的是刺激停止作用之后,没有经过复述而短暂保留的记忆痕迹,其保持信息的时间一般不超过1分钟。短时记忆以言语听觉形式的编码为主,但在短时记忆的最初阶段存在视觉形式的编码,之后才逐渐向听觉形式过渡。由于短时记忆与长时记忆中已经储存的信息发生了意义上的联系,编码后的信息进入了长时记忆。必要时还能将储存在长时记忆中的信息提取出来解决面临的问题。

复述(rehearsal)是短时记忆信息储存的有效方法。它可以防止短时记忆中的信息受到无关刺激的干扰而发生遗忘。复述有两种：一种是机械复述或保持性复述（maintenance rehearsal），就是将短时记忆中的信息不断地简单重复；另一种是精细复述（elaborative rehearsal），就是将短时记忆中的信息进行分析，使之与已有的经验建立起联系。研究表明，只有机械复述并不能加强记忆。精细复述才是记忆保持的重要条件。如果得不到及时的复述，短时记忆存储的信息就会被迅速遗忘。

1956年，美国心理学家米勒（G. A. Miller）发表了一篇著名的论文《神秘的 7±2》，明确提出了短时记忆容量为 7±2 个组块，不分种族和文化，5—9 是一般成人的短时记忆的平均值。组块指的是若干较小单位联合而成熟悉的、较大的单位。一个数字可以是一个组块，一个字母可以是一个组块，一个单词、一个短语或一个句子也可以是一个组块，可见，组块内部的信息含量是可以变化的。组块的大小可以随个人的经验组织而有所不同。人的知识经验越丰富，组块中所包含的信息越多。因此，可以利用已有的知识经验，通过扩大每个组块的信息容量来达到增加短时记忆容量的目的。比如，2、0、1、9、4、9、1、0、0、1，如果把它作为一个无意义的字符串，记忆就很困难，因为超过了一般人的短时记忆容量。但如果熟悉中国历史的人可能都会把它与新中国的成立联系起来，组成一个组块 2019491001，即 20 世纪 1949 年 10 月 01 日。因此，增加每一个项目的信息含量，减少短时记忆中的项目数量，可以提高信息记忆量。

（三）长时记忆

长时记忆（long-term memory）是指信息经过充分的和有深度的加工后，在头脑中长时间保留下来的记忆。信息在长时记忆中的保存时间，从 1 分钟以上以至终身。长时记忆的容量很大，一般认为，只要有足够的复习，其容量是没有限制的。长时记忆主要按语义类别编码，影响长时记忆编码的主要因素有：

1. 编码时的意识状态

有意编码的效果明显优于自动编码的效果。有意编码可以使人们的全部心理活动趋向于一个目标，从而在头脑中对感知的事物形成深刻的印象。

2. 加工深度

信息加工的深度不同，记忆的效果也就不同。对信息做了深入分析和思考的，对材料的加工就深刻一些，记忆的效果也就要好一些。

长时记忆中信息的存储是一个动态过程。有人认为，人的记忆就像摄像机一样，能准确地记录我们看到和听到的事情，以供我们后来回忆或检查，一旦形成记忆就不会改变。这实际并不正确。就像摄像机会出故障一样，人类也不能产生永久的记忆，后续的事件和看法以及期望都会改变或重构人们的想法，已保持的经验也会随之发生变化。这种变化表现在两个方面：首先，在量的方面，存储信息的数量随时间的迁移而逐渐下降；其次，在质的方面，由于每个人的知识和经验的不同，加工、组织经验的方式不同，人们存储的经验会出现不同形式的变化，即产生虚假记忆（false memory）。虚假记忆主要有两种表现：一种是记忆内容中不太重要的部分趋于消失，而较显著的特征却较好地保存着，识记的内容越来越简略化、概括化、合理化、完整化；另一种是记忆内容的某些方面、某些特征，经过选择变成了适宜于自己识记的事物，在选择过程中增添了某些没有呈现过的特征，识记内容越来越特征化、夸张化、具体化、详细化。

虚 假 记 忆

受试者两次观看相同的幻灯片，但大脑极易受到第一次信息的干扰，形成错误记忆。在电视剧里，我们经常能看到这样的镜头：法庭上，律师经常依靠"目击证人"的言辞来为己方辩护，然而当对方律师反复质疑一些细节事件的矛盾之处时，"目击证人"的临场"表现"却又变得反复无常。

图4-5 虚假记忆

大脑编码过程紊乱导致错误记忆——

来自美国巴尔的摩约翰·霍普金斯大学的克雷格·施塔克(C. E. L. Stark)教授设计了一项极其有趣的实验，他们分别征集了 20 名男女志愿者，在实验中，教授要求他们观看由 50 张图片组成的系列幻灯片。

其中一组图片描绘了一名窃贼偷盗的全过程：当窃贼发现一名妇女口袋中显露着鼓鼓囊囊的钱包后，便立即鬼鬼崇崇地尾随其后，然后伺机在熙熙攘攘的人群中将钱包夹到手，接着再躲到一扇门背后……

看完这组幻灯片后，接受测试的人进行了短暂的休息，然后他们被告知继续观看与上次内容相同的幻灯片。实验者被要求好好观察图片中的细节，但他们并不知道第二次播放的幻灯片实际上已经不同于上次，研究人员替换了其中一些关键的细节，比如第二次播放中的人群出现了变化，男子躲藏在了一棵大树后面而非一扇门后等等。

两天后，接受测试的人将再次接受记忆测试。科学家要求他们回忆那些图片中的细节，介绍第一次和第二次播放的幻灯片中的相同信息。结果，实验参与者的记忆出现了很多错误，例如有人说，途中的男子在第一幅图片中躲藏在树后，或者两幅图中男子都躲在树后，接受测试者对于事发现场旁观群众的回忆也做出了多种解释。

然而，这一切都被施塔克教授用功能性磁共振仪器记录下来。扫描图清晰地揭示了人在错误记忆发生时，大脑做出的反应。海马的某些区域和大脑前额叶皮层记录了精确的记忆（我们所知道的和我们如何知道的信息）。它们将收集到的信息联系、组织起来，并且在大脑中进行编码。如果这个编码过程井井有条，循序排列，不受干扰地进行，这就有可能形成正确而精细的记忆。但如果一旦这些区域受到干扰，不能正常运行，受试者则更易产生错误记忆。

暗示可能诱导错误记忆——

华盛顿大学的心理学家伊丽莎白·洛夫特斯(E. F. Loftus)经过研究也发现，错误的记忆有时还来源于暗示的误导。很多人很容易在他人的诱导下，认为自己看到了并没看到的东西。

在一个经典的实验中,洛夫特斯让受试者看了一个关于车祸的电影场景。当在询问他们看到些什么时,受试者经常会草率地做出错误回答。比如,尽管在影片中并没有红灯出现,但实验人员仍不经意地提到红灯。于是,许多受试者都恭敬地回忆说自己看见过红灯。当谎话被拆穿时,有些人愤怒地提出抗议,强调说他们非常清晰地记得看到过红灯。看电影的时间和给他们错误信息的间隔时间越长,记忆改变的人也就越多。洛夫特斯认为:"记忆中的事件越接近一个被经常修改的故事,距离完整的原始信息也就越远。"

在准备法庭证词时,证人们常常会受到来自律师的指导。他们一遍又一遍地复述那个事件,直到律师说"行了"为止。于是,在证人席位上,他们记住的是在律师办公室里反复讲述的故事,而细微的差异被隐去了,甚至在主要内容上也与发生的事件真相不相一致。

宾夕法尼亚大学的神经学专家丹尼尔·兰莱本博士指出,"也许实际上,我们记住的只是一系列记忆的碎片,然后按我们自己设计的结构组合在一起。如果我们的组合十分巧妙,那么,我们能给自己编织出一个易于回忆的、容易记住的故事。碎片本身没有组合起来的话,检索会难一些。"

(改编自逍遥,《北京科技报》,2005 年 03 月 08 日。)

人们对广告的记忆也同样要经过感觉记忆、短时记忆和长时记忆这样三个阶段。吸引注意是广告信息进入人们短时记忆的必要条件。在短时记忆中,人们对广告信息进行编码,初步加工,留下印象,即痕迹。这种痕迹可能很快就消失了,即人们一转眼就把广告忘了;但如果经过多次重复,这种痕迹会一次次加深,成为牢固的联系,即进入了长时记忆。只有进入长时记忆的广告信息才可能被长时间地保持。例如,有些企业把某条道路的广告位全都买下,用以宣传自己的产品,目的就是让人们通过多次的重复,把广告信息长时间地保存下来。进入长时记忆的信息也可能被遗忘,在信息提取时出现故障。例如,有些人在采取某项购买行为时,似乎觉得某种产品比较中意,但又很难想起那种产品的名称,就是由于信息提取出现了问题。

三、遗忘

人类的记忆也有不完善的地方,我们常常会发现,两个人为了是否发生过某事而争执,或者为这件事是如何发生的而争论不休,每个人都确信自己的记忆毫无差错,对方才是错的。我们每个人也都有过这样恼人的经历:好不容易记住了某个名字或某件事,却一时无法想起来。显然,人脑不会像计算机那样,总是机械地存储和提取所有信息,记忆有其主观性,大脑会歪曲事实、创造出新东西,也可能忘记曾经记住的东西。

遗忘指的就是人们对记忆的内容不能保持或者提取有困难。它分为不同的情况:不完全遗忘,对信息能再认,但不能回忆;完全遗忘,对信息不能再认也不能回忆;临时性遗忘,对信息一时不能再认或重现;永久性遗忘,对信息永远不能再认或回忆。关于遗忘的原因人们有不同的看法,主要的观点有以下几种。

（一）衰退说

这一观点认为遗忘是记忆痕迹得不到强化而逐渐减弱，以至最后消退的结果。德国著名的心理学家艾宾浩斯是发现记忆遗忘规律的第一人，他通过反复的实验发现了人类遗忘的规律，见表4-1。

表4-1 遗忘的时间规律（Ebbinghaus，1885，1913）

时间间隔	记忆保留比率	时间间隔	记忆保留比率
立即回忆	100%	1天后	33.7%
20分钟之后	58.2%	2天后	27.8%
1小时之后	44.2%	6天后	25.4%
8—9个小时以后	35.8%	1个月后	21.1%

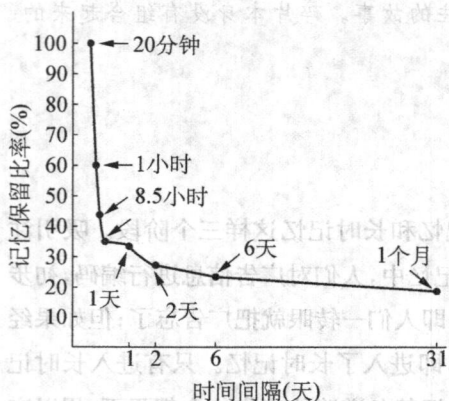

图4-6 艾宾浩斯遗忘曲线（Ebbinghaus，1885，1913）

艾宾浩斯还根据这一结果，绘制了著名的遗忘规律曲线，见图4-6。图中竖轴表示回忆量占学习中记住的知识量的百分比，横轴表示时间（天数），曲线表示记忆量的变化规律。

观察这条遗忘曲线，你会发现，学习后的一个小时之内，知识的回忆量下降曲线很陡峭，习得的知识在一天后如果不进行重复，记忆量就只剩下原来的25%；随后，记忆的消退会变得平缓，随着时间的推移，遗忘的速度减慢，记忆量再次减少一半需要大约1个月的时间。这个规律主要表明人们的记忆痕迹的衰退过程。在其痕迹没有完全消退的时候，如果及时地重复，巩固这个痕迹，加深印象，那么高程度记忆的保持就会更长久。如果间隔时间长了，再次记忆就几乎等于完全重新学习。

（二）干扰说

该理论认为遗忘是因为在学习和回忆之间受到其他刺激的干扰所致。一旦干扰被排除，记忆就能恢复，而记忆痕迹并没发生任何变化。记忆与遗忘的研究都表明，材料的系列位置对记忆有一定的影响，这种影响的基本情况就是首尾易记，中间易忘，中间的遗忘量相当于首、尾的2—3倍。这已被前摄抑制与倒摄抑制的实验所证明。前摄抑制指先识记的材料对后识记材料回忆的干扰，倒摄抑制就是后识记材料对先识记材料回忆的干扰。广告宣传也不例外，最初播放和刚刚播放的广告更容易被回忆出来，尤其发生倒摄抑制的情况较多。

（三）提取失败说

这种观点认为储存在长时记忆中的信息是永远不会丢失的，我们之所以对一些信息想不起来，是因为我们在提取有关信息的时候没有找到适当的提取线索。由于信息在不同情境中的表征不同，所以特定的情境有利于提取与之相适合的、依情境存储的信息，这分为物理情境和心理情境,物理情境指记忆信息和回忆信息时周边的环境状况;心理情境指记忆信息和回忆信息时的情绪状态。按照这一理论,消费者不再只是记住某种品牌的商品,更能令他们记住的可能是"家乐福里的商品"或者"上岛咖啡里的浪漫气氛",也就是说消费者更可能把信息和特定的地点和情绪状态联系起来。如果消费者在购买时的地点与看广告时的地点相同,或者消费者在购买时与看广告时有一样的情绪状态,将有助于广告信息的提取。

除此以外,遗忘的进程还受其他一些因素的影响,例如,识记材料的性质和数量、学习的程度、识记者的情绪或动机、态度等。

第二节 广告的记忆

一个被知觉的广告不一定能够影响人们的行为,只有被人们记住的广告才可能影响人们日后的购买行为。所以,一个成功的广告必须力求给人们留下深刻的印象,使人们记住。通常,人们对广告的记忆是一种无意识记,也就是事先无预定记忆目的、也无需做出意志努力的记忆。根据这一特点,本节将结合前一节中介绍的记忆基本概念和理论,从实际应用的角度出发,讨论怎样才能使人们更好地记住广告。

一、广告内容设计

(一) 激发联想

一个成功的广告,总是善于利用事物之间的各种联系,激发人们各种有益的联想,从而加强人们对广告的记忆。联想是在现实刺激影响下,人脑对以前的形象进行加工改造,形成新形象的心理过程。人们不仅可以从事物的接近点、相似点形成联想,也可以从事物的相反点、对立点产生联想。一些成功的广告都力求诱发人们的联想,以加深刺激的深度。例如,年轻情侣在约会时,男方想给女方买点饮料,由于情景相似,很容易联想到"优乐美"奶茶。

联想在广告设计中非常重要,通过联想,可以把有限的时间和空间在人们的心理上扩大和延伸。能使人们形成丰富联想的广告,有利于人们对广告信息的提取和回忆。广告设计者在商品广告设计中应该有意识地增加激发人们联想的条件,丰富广告内容,扩大刺激的力度,充分发挥联想在商品广告中的作用。那么,应该怎样激发联想呢?

激发联想的方法很多,一般可以利用人们熟知的形象来比喻广告商品的形象或特长。例如,某电暖气广告称其产品是"冬天里的一把火";某空调广告许诺"给你一个冷静的空间"等等。也可以通过言简意赅、寓意深刻的词语创造一种深入浅出、耐人寻味的意境,用来暗示商品给人带来的方便或好处。同时,在广告设计中,可适当地借助人物形象,以增强广告的说服力。例如,许多减肥药物的广告不仅广告语诱人,激发人们对"美"的感受和向往,同时,借助身材窈窕的女明星做形象代言人,以增加商品的说服力与可信性。另外,还可以通过画面把商品的优劣作前后不同效果的对照、比较,或把广告寓于美妙的故事传说中,诱发人们的联想,增强广告效果。

在广告策划中激发人们的联想,能使广告内容从被动、消极的形态转化为具有主动说服力和艺术感染力的完整诉求,极大地增强广告的生命力,并有效地强化和提高人们对广告信息的记忆,更大限度地发挥广告对人们的引导作用。但是,在广告中发挥联想功能的同时,也应充分研究人们的消费习惯、消费水平和消费趋势,掌握人们在选购商品或服务时关心的焦点或重点。对于同一种商品,不同地理、不同文化背景、不同价值观念的人们的关心点有较大的区别。只有把握了不同人群的关心点,充分发挥联想的功能,才能赋予广告更强的感染力、启示力、说服力和刺激力,使广告宣传发挥出高效率地引导消费、促进销售的作用。

(二) 尽量使用有意义的材料

有意义的材料比无意义的材料更容易得到深度的加工,并且能够通过精细复述转入长时记忆中。根据这条原则,在广告宣传中的商品品牌名称以及广告语等应尽量使用通俗易懂、简单明了,而且能够引起人们丰富联想的语句和词。有些广告为了突出其技术的精湛、工艺的完善,使用很多专业术语,甚至是外文单词,这些文字虽然也有意义,但对于大多数外行而言,这无疑于无意义的字符串,很难记忆。所以,广告中"有意义"的材料就是指易于人们理解的材料。

(三) 适当减少识记材料的数量

由于人们一般没有有意记忆广告的动机,所以,虽然人们的长时记忆容量很大,但广告记忆是一种短时记忆,而短时记忆是有容量限制的,即 7 ± 2 个组块。一般来说,在同样的时间内,材料越少,记忆水平就越高。所以,为了提高人们对于广告的记忆率,广告的文稿应简明扼要,广告的标题必须短小精悍。

通常,少于 6 个字的广告标题,读者的记忆率为 34%;而多于 6 个字的,记忆率只有 13%。电视和广播广告的时间有限,转瞬即逝,文字说明更应该简洁扼要、重点突出,切忌文字冗长,语速太快,试图在很短的时间内告诉人们很多的东西。这样做的结果只能适得其反,人们可能什么也记不住。

减少广告识记材料的方法有两种:一种是绝对减少,即减少广告识记材料的绝对量,尽量用较少的字、词、句来表达广告信息。一种是相对减少,即广告材料的绝对量并没有减少,但对广告材料进行组织,增加每个组块内部的信息含量,而使组块的数量减少。

(四) 充分利用形象记忆的优势

视觉信息的容量比听觉信息大,而且视觉性刺激一般比语言性刺激更容易被提取。所以,广告中应尽量增加直观、形象和生动的视觉信息。在广告宣传中,应有意采用实物,进行直观、形象的宣传。这样不仅可以强烈地吸引人们的注意,还可以使人们一目了然,增加知觉的理解性,提高记忆效果。例如,展示商品的模型或实物照片、商品使用时的动态过程等,如果再配以形象化的语言描述,往往会给人们留下深刻的印象。

同时,广告越突出,越新异,越容易引起人们的注意,也就越容易得到进一步的加工,在记忆系统中储存起来,自然提取起来也就越方便。

二、广告的编排与投放

(一) 注意广告编排的位置

根据遗忘的系列位置研究,在广告宣传上要注意两点:首先,由于首位易记,所以应把重要信息放在最易记忆的位置上。例如,广告最初就要给一个醒目的标题,然后就是商品名称、牌号、生产厂家,能在前面易记区间交待的,不要放在后面,特别是中间。目前大多数广告都是这样做的,但有些广告唯恐人家不注意又加上几句警句或其他一些吹牛的话,结果使重要内容受到倒摄抑制的干扰而喧宾夺主了。其次,充分利用意义理解和动机兴趣的优势,一上来就抓住人们的兴趣,或调动人们的理解、联想来防止前摄抑制的发生,这是一个很有效的方法,但它对广告的文稿要求很高。这样的广告文稿绝不是信息的罗列,而应当是一种符合人们心理的高超艺术。如,有的广告文稿行文逻辑有序,利用逻辑的力量来推动人们思考、理解和记忆。目前,广告中问题解答式文稿采用的多是这种心理策略。

同时,广告的编排位置还包括广告安排的时间和空间。如果两则类似的广告,前后播出(或登载)的时间间隔很近,则相互的干扰会很大。所以,内容相似的广告应尽量避免时间与空间位置上的过分接近。另外,广告应避免雷同与模仿,以免使人们产生误解,造成记忆混乱。

(二) 适当重复广告内容,拓宽宣传途径

利用信息的适度重复与变化重复,加强巩固神经联系的痕迹,是加深记忆的一个重要手段。人们对广告的记忆通常不是一次就能完成的,重复的实质就是强化刺激,给人们创造多次接触刺激的机会,从而达到记忆的目的。广告采取的重复形式一般有三种:一是对广告中重要的部分加以重复;二是在同一媒介物上重复做同一广告;三是在不同的媒介物上重复做同一广告。

当然,并不是重复次数越多,广告效果越好。重复也应该注意适度,以免让人们产生厌倦心理。一般而言,电视、广播广告的重复频率可以比报纸广告的高些。重复还应该注意避免单调。为了吸引人们的注意,可以结合商品的特点,经常更换广告宣传方式,以提高人们的注意水平,从而取得好的广告效果。

(三) 合理安排广告重复的时间

消费者对广告信息的记忆及品牌认知随着时间流逝将逐渐衰退,在广告宣传中,可以根据遗忘规律有针对性地安排广告的重播时间,以强化广告的记忆和保持。广告投放停止一个月后,消费者对品牌的记忆度降低到最初的 20%。广告出现三个月以上的空档,则广告记忆几乎为零。而广告在每个月重复,品牌认知则建立在过去的记忆上全年呈现增长趋势。

此外,为了抑制遗忘或减缓遗忘的进程,在首次推出广告的一个相对短的时间内,应加大广告播出(或登载)的频率,即时间间隔要短。还可以用各种媒体相互配合,宣传同一广告主体内容。经过一段时间的紧密宣传之后,可以适当减少播出(或登载)频率,拉大时间间隔。媒体排期中广告空档以不超过一个月为宜。媒体预算较少时,广告空档可延长至两个月,这是最低限度,如果超出这个限度,媒体效果将大打折扣。

小资料

网络广告的记忆效果

随着互联网近年来的飞速发展,网络广告的兴起也成为必然。它以传播范围广泛、不受时空限制、信息量大、表现手段丰富、受众数量可准确统计、灵活的实时性与交互性等特点,日益受到人们的青睐。

不过,尽管网络广告具有上述种种优势,但人们对其效果也存在质疑,大多数上网浏览者倾向于忽略网络广告,对网络广告的点击率现在更低至平均不到1%。

图4-7　新浪网首页的大量网络广告

　　围绕单纯浏览网络广告是否能够产生广告效果,以及浏览和点击各自所能带来的广告效果差异有多大,我国学者王诩等人(2003)开展了实验研究。结果表明,在单纯浏览的情况下,上网者对网络旗帜广告已经留有印象。这说明即使点击率很低,网络广告也将具有形象宣传和品牌推广的效果。不过,在上网者未点击网页广告的情形下,这种记忆效果是相当弱的,而且它并不随着浏览次数的增加而显著改善。实验数据同时表明,点击所能带来的广告记忆效果约为单纯浏览的1.4—1.5倍。

　　而美国学者Danahar(2002)则研究了影响网络广告记忆程度的因素。他考察了可能影响网络广告记忆和认知的各种因素,认为主要的影响因素包括浏览模式、页面曝光时间、网页版式因素。首先,网页曝光时间是影响旗帜广告记忆的一个重要影响因素,也是衡量广告效果的合适指标。网页曝光时间越长,即用户停留在一个特定的页面时间越长,其越有可能留意广告的内容、品牌或促销产品等,对网页上广告的记忆程度越深,广告的曝光质量越好。为了达到一定的记忆深度,网页的曝光时间不能少于30秒,曝光时间超过40秒以后,对广告的认知水平并无显著的增加。另外一个影响因素是用户的网页浏览模式,用户的浏览模式可以分为两种:目的导向型和探索型。当消费者是目的导向型的,则他不太会注意网页四周的广告。如果消费者是探索型的,则倾向于浏览更多的网页(当然也包括网页四周的广告)。这导致目标导向型的用户与探索型的相比,对广告的记忆和认知程度要更低。第三个影响因素是网页的版式。研究表明,页面的复杂程度会对消费者对广告的态度产生负面的影响。复杂的背景使消费者对网络广告的态度比较消极,但不会妨碍人们对广告内容的注意。

第三节　知名度与品牌在广告记忆中的作用

Russell. H. Colley 在他著名的 DAGMAR 理论中提出,消费者对广告的反应是知名(awareness)→理解(comprehension)→确信(conviction)→购买行为(action)的连锁反应。其中广告产生作用的首要因素就是知名(awareness),即广告信息是否能有效传递给目标受众,并且使目标受众记住了广告产品的品牌。在市场中经常会发生这种情况,人们在接触各类广告之后,仍然不能说出厂家的名称和产品的品牌,甚至"张冠李戴"。这是什么原因造成的呢?现在许多企业都在努力创名牌产品,那么,一个企业的知名度、一种商品的品牌在商品流通中起着怎样的作用呢?本节将围绕这些内容,讨论知名度的含义及其在消费行为中的表现形式、品牌的记忆、促进商标再认和回忆的广告策略等问题。

一、知名度的含义及其在消费行为中的表现形式

知名度是人们认识特定商品商标或公司名称的程度。在一般情况下,一个商品的商标反映着商品的质量、声望、用途和价值。知名度的高低,既依赖于商品本身的因素,诸如质量、声誉等,又依赖于广告宣传和其他促销活动。前者是根本,后者是条件。关于知名度和品牌,有一个很形象的比喻:"如果一个女孩,她并不认识男孩,可是她周围所有的朋友都对男孩赞不绝口,这就是品牌。"

人们在消费行为中认牌购买的心理倾向往往是知名度造成的。所以,厂商和广告商们对自己商品的知名度是非常关心的。知名度所导致的认牌购买有两种基本的表现形式:一种是商标再认,即购买时,面对着一个个商标,能从中认出某个或某些曾感知过或使用过的商标;另一种是商标回忆,即在购买前,购买者脑中就有了特定的商标。商标再认是看到某商标后是否引起对它的需要;商标回忆是先有对某种商标的需求,后导致对该特定商品的寻找和购买。

案例分析

法国公鸡遭遇"山寨"、"李鬼",宁波企业维权胜利

四年前,一场围绕"公鸡"的品牌之争拉开序幕,法国公鸡乐卡克遭遇商标侵权,宁波乐卡克服饰有限公司一纸诉状将厦门金鸡体育用品有限公司、上海金鸡体育用品有限公司和福建晋江莫日克鞋服有限公司及其销售商刘某告上法庭,就其侵权行为提起诉讼。随着省高院最终裁定的下达,宁波乐卡克服饰有限公司长达四年的维权之路取得胜利。这起"公鸡"品牌的商标专用权纠纷案也就此尘埃落定。

法国"公鸡"乐卡克是国际体育运动品牌之一,2004 年由宁波乐卡克服饰有限公司将这一品牌引入中国,并将"把体育的竞技与休闲和生活方式相结合"作为品牌使命,产品汇集时尚、休闲元素,紧跟潮流,以其独特的运动休闲风格吸引了一批批时尚的年轻人。也正因其

乐卡克所使用   乐卡克所使用
第 1134480 号注册商标   第 3289013 号注册商标   侵权标识

图 4-8　乐卡克注册商标与侵权标识

图 4-9　阿迪达斯品牌(上)与其"山寨"品牌(下)

广泛的知名度,良好的品牌形象,再加上市场利益的驱动,许多企业采取"傍名牌、搭便车"等不法竞争手段扰乱市场环境,才出现了这些"山寨","李鬼"。

　　其实在服装行业,这种"傍名牌"的现象屡见不鲜。最初的假名牌是赤裸裸地直接抢注,把国外的名牌商标原版抄袭、复制,现在的手段可以说是相对隐蔽一些,是在原商标的基础上稍加改动,但最终目的仍旧是让消费者对原品牌有一定的联想。正是利用消费者信息不对称这一点,某些品牌才得以偷梁换柱。然而随着经济的发展,中国市场正在加速与国际市场接轨,中国在知识产权保护领域司法制度愈趋完善,为企业品牌维权铺平了道路。乐卡克公司正是采取了法律的手段,在公正严明的法庭上,有效地维护了自身的合法商标权益。

二、品牌记忆

(一) 学习理论

　　对品牌的记忆可以用学习理论来加以解释。联结学习理论认为,复杂行为是建立在条件联系上的复合反应,学习就是在刺激与反应之间建立联结的过程。条件反射分为经典条件反射和操作条件反射两种。

　　经典条件反射是由俄国的生理学家、心理学家巴甫洛夫创立和发现的。他在实验室实验中发现,无关刺激(铃声)与无条件刺激(食物)在时间上的多次结合可以使无关刺激转化为条件刺激,即该种刺激单独出现时也会起到无条件刺激的作用,引起动物的某种反应(唾液分泌),即形成了条件反射。在这个过程中,无关刺激与无条件刺激的结合被称为强化。没有强化就根本不会形成条件反射。强化次数越多,条件反射越巩固。条件反射形成以后,如果多次得不到强化,条件反射也会逐渐消退。

这提示我们,一种商品的品牌要想让人们认识,首先,应该通过广告宣传或一些促销活动,使这种商品受到人们的欢迎,受欢迎自然能引起好感,这种好感就相当于一种无条件反射,商标就成为一种条件刺激了。如果人们多次见到商标都能引起良好的反应,比如,体验到商品的高质量,体会到该种商品的价格低等,即经过多次强化,就能使特定商标与该商品结合起来,商标成为了该商品的信号,就会使人们产生认牌购买的倾向性。这时,条件反射就形成了。一旦该商标成为人们消费行为的条件刺激,也就标志着该商品有了知名度。可见,知名度的形成,关键在于起强化作用的品牌或信得过的产品。

另外,条件反射的消退律告诉我们,一种品牌信誉的保持与巩固,必须不断地用优质商品来强化,否则,知名度就将消退甚至走向反面。所以,一个厂家,如果不是立足于使自己的产品符合人们的消费心理,而一味追求广告宣传或其他促销活动,那么,无论施展何种手法、采取何种策略,人们终因得不到积极的强化而对该商标失去兴趣,即所谓的不再会有"回头客"。

经典条件反射能够解释个体的某些学习行为,如个体如何学会对刺激做出特定的反应,以求得与环境的平衡。在经典条件作用中,个体的行为都是由刺激引发的不由自主的反应。这些刺激来自环境,个体不能预测,也不能控制它。但在日常生活中,有时个体为了获得某种结果而主动地做出某种行为。行为是个体主动发出的,而不是由刺激被动引起的。经典条件反射很难解释这种行为。操作条件反射则可以对这种行为做出很好的解释。

操作条件反射不是由刺激情景引发的,而是个体的自发行为。可以说,在日常生活中,人的绝大多数行为都是操作性行为。影响行为巩固或再次出现的关键因素是行为后所得到的结果,即强化。人们在消费过程中往往是权衡各种品牌产品的利与弊,然后做出购买决定。如果这种消费行为给人们带来了益处,使人们产生好感,购买行为就得到了强化,以后人们可能还倾向于选择这种品牌的产品。如果这种购买行为给人们带来一种消极的体验,以后人们可能就不再选择这种品牌了。

(二)品牌暗示性

在品牌的建立过程中,选择一个本身具有意义的品牌名称,即品牌本身传递了产品的相关信息,具有提高品牌名称认知度、区分产品类别和促进品牌记忆的效果。

这类品牌名称有两方面重要的优点。首先,即使不进行相应的销售活动,消费者也能从语意中推断出产品在属性或特色方面的一些信息,如推断"钻石(diamond)牙膏"可以亮白牙齿。其次,品牌名称的暗示性和意义性可以产生营销效应,尤其是当企业希望将品牌与相应的属性或特色联系起来的时候。研究表明,具有意义的品牌名称更容易记忆(Childers and Houston,1984),并且它还可以提高产品广告中与品牌相关信息的记忆。

三、促进商标再认和回忆的广告策略

为了使人们在购买商品时能够确认出特定的商标,广告和促销的资料就应该保证顾客能够认出该商标。这就是说,在广告中应画出商品的包装和使用正确的包装色,尤其对一种新的商标更应如此。在电视广告和杂志广告上,特定包装的特写对于商标的识别来说是非常有利的。

为了促进商标回忆,可以通过电视、电台广播或印刷广告中的标题和文案来重复特定的商标名称。在重复时,应该考虑广告的重点,不可不分主次,否则,可能会适得其反。

本章提要

人们知觉到的广告不一定能够记住。记忆是在头脑中积累和保存个体经验的心理过程。信息加工心理学认为记忆是人脑对外界输入的信息进行编码、存储和提取的过程。识记是识别和记住事物;保持是储存和巩固已获得的经验;回忆是恢复过去的经验。

感觉记忆是指进入感觉器官的刺激停止作用后,感觉信息在一个极短的时间内保存下来的记忆;如果受到注意,它就转入短时记忆。短时记忆是保持信息的时间不超过 1 分钟的记忆;它的容量为 7 ± 2 个组块。长时记忆是指信息经过充分和有一定深度的加工后,在头脑中长时间保留下来;保存时间在 1 分钟以上甚至终身,其容量几乎没有限制。

遗忘的过程先快后慢,关于遗忘有不同的情况和不同的原因,主要有衰退说、干扰说和提取失败说。

增强对广告的记忆应注意:在广告内容上,激发联想、尽量使用有意义的材料、适当减少识记材料的数量、充分利用形象记忆的优势;在广告的编排和播出上,注意广告编排的位置、适当重复广告内容、合理安排广告重复的时间。

知名度是人们认识特定商品商标或公司名称的程度,品牌记忆可以用学习理论加以解释。

关键术语

记忆、识记、保持、回忆、感觉记忆、短时记忆、长时记忆、遗忘、联想、衰退说、干扰说、提取失败说、知名度、品牌记忆

复习思考

1. 记忆分为几种类型?人类的记忆过程分为几个阶段?

2. 如何增强人们对广告的记忆?怎样利用联想增强广告的记忆?

3. 举例说明知名度与品牌在广告记忆中的作用。

4. 如何促进品牌的再认和回忆?

广告心理学(第二版)

推荐阅读

1. 马谋超.广告心理学基础[M].北京:北京师范大学出版社,1992.
2. 凌文轮,王雁飞.广告心理[M].北京:机械工业出版社,2000.
3. 江波.广告心理新论[M].广州:暨南大学出版社,2002.

第三编
广告策划与创意心理

广告策划，就是根据广告主的营销战略和广告目标，在市场调查的基础上，遵循一定的程序，制定出一个与市场情况、产品状况、消费群体相适应的经济有效的广告实施方案，并加以评估、实施和检验。广告策划是一个动态的过程，优秀的广告策划方案必须对这一动态过程进行心理学的分析，并在相应的心理学理论的指导下完善广告策划。广告策划的灵魂是广告创意，好的广告创意能创造出好的广告效果，为此可以运用想象、暗示等心理学方法进行创意拓展。广告创作出来之后必须通过媒介传递给消费者，因此还应该研究广告媒介的选择和运用，以及不同的媒介产生的心理效应，这是广告成功的客观条件。常见的广告媒介主要有电视、互联网、广播、报纸、杂志以及一些新兴的媒体。广告策划和创意还应该体现在如何吸引消费者选择品牌上，商家在商标的设计中也应体现创意，令消费者印象深刻，从而导致消费者选择购买商品。本编将对以上问题进行讨论。

第五章　广告策划心理

精彩的广告策划可以使广告准确、独特、有效地传播，从而刺激需要、诱导消费、促进销售、开拓市场。广告策划首先要通过市场调查了解消费者的需求、喜好、动机和行为，分析广告主、产品、竞争者、环境、媒介等存在的优势与劣势，然后要明确目标市场和产品定位，有针对性地制定广告策略，如广告定位、广告主题、广告表现、广告媒介等；最后，对广告效果进行评估。本章将主要介绍与广告策划相关的心理学理论，包括消费行为理论、移情理论和心理定位理论等，并阐述如何运用广告心理定位、广告主题、广告诉求等策略来优化广告策划。

第一节　广告策划概述

一、广告策划的概念

广告策划的概念来源于西方广告界，1965 年英国 BMB（博厄斯·马西来·波利特）广告公司创始人斯坦斯·波利特在广告领域首先使用了这一概念。他认为广告公司应该设置专门的经过特殊训练的研究人员开展客户策划（Account Planning Process）的工作。随后，美国智威汤逊（JWT）广告公司在 1968 年设立了"业务策划"部门。从此，广告策划思想及工作方法迅速在西方广告界普及，许多国家都建立了以策划为主体、以创意为中心的广告经营管理体系，成为现代广告活动科学化、规范化的标志之一。

所谓广告策划，就是根据广告主的营销战略和广告目标，在市场调查的基础上，遵循一定的程序，制定出一个与市场情况、产品状况、消费群体相适应的经济有效的广告实施方案，并加以评估、实施和检验，从而为广告主的整体经营提供良好服务的活动。

从广告活动角度看，广告策划是一个动态的过程，包括六个方面，即 6M：Market（市场），对广告的目标市场的选择及其特征的把握；Message（信息），找到广告的卖点、诉求点，确定广告中的正确信息；Media（媒体），选择什么媒体将广告中的信息传播给目标受众；Motion（活动），使广告发生效果的相关行销和促销活动；Measurement（评估），对广告的衡量，包括事前、事中和事后的各种评估；Money（费用），广告活动需投入的经费。那么，一个比较完整的广告策划应该包括市场调查的结果、广告目的、广告的定位、广告表现策略、广告媒体策略、广告预算和广告效果评估等内容。

二、广告策划的基本原则

（一）合法性

合法性是指广告策划的内容和形式，都要符合所在国和所在地的法律制度。在我国，广告策划活动不仅要符合我国各项法律制度,更要符合社会主义市场经济和两个文明建设的总体要求。特别需要注意的是,有些国家和民族的风俗习惯和宗教信仰很独特,广告策划活动不能与之相违背,否则不仅起不到好的效果,还会带来不必要的麻烦。

(二) 真实性

真实是广告的生命。真实不仅是对企业的利益负责,更是对消费者的利益负责。不真实的广告不仅会失去社会公众的信任和支持,还会让企业承担法律和道义的责任,损害企业的信誉和形象。

(三) 目的性

广告策划的目的性。在于指明广告策划的方向和内容,使广告活动有的放矢。没有目的的广告策划是没有意义的,目的不明确的广告策划是没有效率的。一般而言,广告要为客户提高产品的知名度、赢得更多的市场份额、获得更多的利润,树立良好的企业形象。

(四) 整体性

整体性也叫统一性,广告策划是在广告活动开始之前,根据企业的目标,为未来的活动和重大资源进行整体规划,包括决定该做什么、如何做、谁来做、花费多少、效果如何等一系列广告活动,从部分与整体,部分与部分之间相互依存,相互制约。既要保持策划与营销整体的一致性,又要保持广告活动自身整体的一致性。所以,需要以系统的观点,将广告活动作为一个有机整体来考虑,保持统一性,以实现广告策划的最优化。

(五) 创造性

广告策划的整个过程中,需要广告人不仅要分析研究企业的优劣势、面临的机会和存在的问题,还要发挥大脑的创造性,提出独特、出奇、前所未有的策略方案。

(六) 效益性

广告活动作为企业经营活动的一部分,必须服从于企业的发展目标,讲求效益。一方面要有经济效益,以最少的广告费用,取得最大的广告效果。一般来说,好的广告策划能够创造需求,树立品牌,减少流通费用。另一方面,要有社会效益,广告既是一种经济现象,又是一种文化现象,好的广告策划能倡导健康的生活理念和生活方式,鼓励良好的社会风尚和人际关系,培养高尚的思想情操和文化修养。

(七) 操作性

广告策划的最终目的是应用于实际,指导广告活动的操作过程。因而广告策划必须遵循可操作性原则,使策划的环节明确、步骤具体、方法可行。

三、广告策划理念的演进

广告策划理念的发展是随着市场营销学发展变化的,不同时期的营销观念决定了不同时期广告策划的价值取向。20世纪20年代"印在纸上的推销术"的推销理论,30年代的市场研究理论,40年代的生活方式展示理论,50年代的"独特销售主张",60年代的创意革命,70年代的品牌形象理论、"定位理论",80年代的4C理论、CI理论,90年代的整合营销传播理论,广告策略观念从对企业本身的关注发展到对企业、消费者和社会三者关系的关注,逐步树立起以

消费者为中心的理念。根据市场营销观念的发展,广告策略理念大致分为五个阶段:

(一) 生产观念下的广告策划

20 世纪初,生产力水平相对较低,市场需求大于市场供给,企业活动以生产为中心,企业关注的重点是提高生产效率,降低生产成本。企业的广告策划以企业(产品)为中心,侧重于对企业生产的宣传,通常展示的是企业大门或公司大楼、生产设备或生产线、简单的产品信息、联系地址和电话等信息,很少考虑消费环境和消费者特征,不重视信息传播技巧和方法。

(二) 产品观念下的广告策划

随着生产能力的提升,部分行业同类型、同质量的产品开始出现竞争,逐步形成以产品差异为中心的营销观念。在这种观念的影响下,企业的广告行为开始转向关注产品本身的特点,重点宣传和塑造产品的个性与特色。

(三) 推销观念下的广告策划

20 世纪 30 年代,随着工业革命和生产力的发展,社会产品的数量和品种明显增加,市场逐步供大于求,市场竞争加剧,企业从注重生产转向注重推销,采用"强攻"战略。企业开始加大广告资本投入,广告制作水平也普遍提高,广告策划侧重表现产品个性差异,出现了以理性诉求为主的对比广告和竞争性广告。

(四) 市场营销观念下的广告策划

20 世纪 60 年代至 70 年代出现了市场营销观念,它以消费者为中心,企业的一切活动以满足消费者的需求为前提和基础。广告策划开始强调消费者的主体地位,对消费者及消费需求进行系统研究,把握消费需求,采用心理渗透和攻心为上的广告战略,从"强攻"到"智取",由此广告策划出现了目标定位、市场细分、情理诉求等策略。

(五) 社会营销观念下的广告策划

20 世纪末,随着现代高新技术和社会文明的进步和发展,生态环境、能源和人口等问题也日益突出。企业为了长远发展,必须综合考虑企业、消费者和社会三者的利益整合。企业营销行为不能仅仅满足部分消费者的一时需求,应该符合消费者的长远利益和社会整体利益。广告策划的内容和形式发生了巨大变化,一是出现了品牌概念和企业形象广告;二是出现了越来越多的公益、慈善和服务性广告;三是注重结合本土文化,提出所谓"全球品牌本土化"、"跨国品牌区域化"的广告策略。

第二节 广告策划中的心理学理论和策略

广告策划遵循一定的流程,一般依次为广告调查与分析、广告战略与目标、广告定位、广告表现、广告媒介选择与组合、广告预算、广告策划效果评估和广告策划书。本节主要介绍与心理学相关的广告策划流程,如广告消费者调查与分析、广告定位、广告表现等内容,其中广告媒体选择与组合的相关内容后面有专章介绍,本节不再赘述。

广告策划所需调查分析的内容有外部环境信息、广告主信息、行业与竞争者信息、产品信息、消费者信息和广告媒体信息等。对广告策划来说,了解消费者的需求是所有策划的前提与基石。

从心理学的角度来看，广告的功能就在于借助信息的传递产生影响，以唤起消费者的注意，在激发消费欲望的过程中，对消费者的心理活动产生影响，影响消费者品牌的选择和购买意向，加上适当的营销策略，促成购买行为。所以，心理学中的一些原理可以应用到广告策划的过程中，通过对消费者心理、行为的主要因素进行分析，提出相应的广告策略，使广告更加合理，更加有效，最终达到促成消费者购买的目的。

一、消费者与广告定位策略

企业投入资金用于广告和促销等活动，是为了建立与目标消费者的联系，让消费者加深对自己产品品牌的认同感，最终达到提高销量的目的。

通过市场的调查和分析，比较清楚地了解谁是自己的顾客，消费者有什么需求、喜好及其接触媒体的状况等信息，理清问题的核心，找准广告的定位，才能针对性地制定出有的放矢的广告运作策略。

(一) 消费者调查与分析

消费者信息调查与分析主要包括三个方面：一是消费市场环境分析，消费市场的空隙决定广告的目标；二是消费者结构分析，包括性别、年龄、经济状况、婚姻、职业、身份、受教育程度、相关群体等基本情况分析，以便确定广告是以哪些人群、哪些地区和哪些阶层为对象；三是消费者心理分析，了解和掌握消费者的心理需求层次、消费动机和行为习惯等以便决定广告目标人群。简而言之，消费者调查与分析，可以从消费者是谁（Who），消费者需求什么（What），消费者为什么购买（Why），如何购买（How），何时购买（When），何处购买（Where）等方面入手。

1. 消费者信息

按地理位置分类：国家、地区、城市、农村、城市规模、不同气候带、不同地形地貌。处于不同地理环境下的消费者，对同一类产品往往有不同的需求与偏好。

按人口特征分类：性别、年龄、职业、收入、教育、婚姻、家庭人口、国籍、民族、宗教、社会阶层、个性和自我形象等。如日本资生堂公司于 1987 年开始针对不同年龄的顾客提供不同品牌的化妆品，十几岁少女是 Reciente 系列，二十岁左右是 Ettusais 系列，四五十岁的中年妇女是 Elixir 系列，五十岁以上则是返老还童 Rivital 系列。

按生活态度与价值观分类：美国 VALS(Values Attitudes and Lifestyles)分类体系，将消费者分为创新者、思想者、成就者、体验者、信奉者、奋斗者、制造者和生存者。著名的 AIO 数据库，分别从消费者的行动（Activities）、兴趣（Interest）和观点（Opinions）收集资料，为企业生产、广告公司运作等提供参考。行动方面收集消费者的工作类型、个人爱好、社会活动、娱乐活动、假日行为、社区活动、购物行为、体育活动和俱乐部活动等信息；兴趣方面收集消费者的家庭、居室、工作、社区、消遣、潮流、食物、传媒和成就等方面的兴趣；观点方面收集消费者对待自我、社会热点、政治、商业、经济、教育、产品、未来和文化方面的观点。

按消费者购买行为分为经常购买者、初次购买者、潜在购买者。按照购买数量和规模分为大量用户、中量用户和少量用户。按照对品牌的忠诚度分为单一品牌忠诚者、多种品牌忠诚者和无品牌忠诚者。

2. 消费者的心理需求和动机

推动消费者购买的动力是消费者的心理需求和动机。马斯洛把人的需求分为生理需求、安全需求、归属需求、尊重需求、和自我实现需求五类。在同一时间、地点条件下，总是有一种需求占优势地位并且决定着人们的行为。因此能否满足消费者的优势需要，直接影响到消费者对该商品的态度和购买行为。

消费者为了满足某种需要，就产生某种动机，动机引导消费者做出行动。消费者的购买动机包括：(1)经济；(2)便利；(3)求实；(4)好奇；(5)健康；(6)安全；(7)情感；(8)求美；(9)求名(社会象征)；(10)好胜；(11)从众；(12)习俗等等。广告公司可以根据消费者的动机强度与动机满足程度，指定广告定位策略，使广告决策的方向变得清晰明确。

3. 消费者的态度

消费者的态度是消费者对商品或服务的心理反应，包括认知、情感和行为倾向三个成分。认知是消费者对商品的质量、价格、包装、服务、信誉的印象，主要侧重于产品认知、消费体验认知和品牌认知；情感是消费者对商品质量、价格和包装的喜欢或讨厌的情绪反应；行为倾向是指消费者语言或非语言的行为表现。

(二) 广告定位策略

20 世纪 70 年代，艾·里斯和杰克·特劳特提出定位理论，定位是把广告作为一种传播方式，从消费者的接受心理出发，考察产品的竞争者，确定目标市场，为产品在市场上找到有利的位置。

广告的最终目的是影响消费者的购买思维。由于是消费者在定位产品，所以广告策划人员必须了解广告产品和竞争品牌在消费者心目中的相对位置，准确把握消费者的需求，洞察消费者的消费心理，注重广告的心理效果，树立以消费者为主导的广告战略思想。

制定广告定位的重要前提，是对广告对象的界定。广告对象既可能是产品的使用者，也可能是产品的购买者。如儿童食品、老年人营养保健品的广告对象可能是儿童的家长和孝敬老人的子女。

现代产品概念是指人们向市场提供的能满足消费者或用户某种需求的任何有形物品和无形服务。定位的策略主要有实体定位策略、文化历史定位策略和心理定位策略等。

1. 实体定位策略

实体定位策略，就是广告宣传中突出产品的新价值，强调与同类产品的不同之处和所带来的更大利益的一种广告策略。其中包括：

(1) 功效定位。指在广告中突出商品的特异功效，使商品在同类产品中有明显区分，以增强竞争力。如海飞丝洗发水广告强调其去头屑的功效。

(2) 品质定位。指通过强调产品具体的良好品质而对产品进行定位，品质必须是具体、看得见、摸得着的。

(3) 市场定位。指企业根据消费者的欲望和需要、购买习惯和行为等因素，把整个市场划分成不同的消费者群体的过程,是市场细分策略在广告中的具体运用。每一种产品都有自己特有的目标市场。

(4) 价格定位。指广告宣传运用价格进行定位。最常见的就是价格促销广告。

(5) 商标定位(品牌定位)。商标定位是指通过商标或品牌来显示产品的价值,促使消费者识别和认牌选购。品牌是企业整体内涵的集中反映,消费者在同类商品中第一时间内识别自己喜欢的品牌,建立起该品牌的消费群。

(6) 造型定位。造型定位是通过向消费者传递生产者的情感和意识的信息。通过产品造型的视觉和知觉信息,引起人们的心理反应,激发人们的购买欲望。如在平面广告中突出甲壳虫汽车独特的经典造型。

(7) 色彩定位。指让色彩成为消费者购买行为的诱因,符合消费者个性,使消费者在心理上产生购买行为的定位方法。

(8) 利益定位。利益定位就是突出产品能够给消费者带来的利益和好处。它可以是实实在在的物质利益和好处,也可以是精神上的满足。

(9) 服务定位。指从服务差别方面进行定位,强调与众不同的优质服务和特殊服务。

案例分析

精确细分,动感地带赢得新一代

案例背景: 中国移动作为国内专注于移动通讯发展的通讯运营公司,曾成功推出了全球通、神州行两大子品牌,成为中国移动通讯领域的市场霸主。但市场的进一步饱和、联通的反击、小灵通的搅局,使中国移动通讯市场弥漫着价格战的狼烟,如何吸引更多的客户资源、提升客户品牌忠诚度、充分挖掘客户的价值,成为运营商成功突围的关键。

作为霸主,中国移动如何保持自己的市场优势?

动感地带2003年营销事件回放:

2003年3月,中国移动推出子品牌动感地带,公布正式为年龄在15岁—25岁的年轻人提供一种特制的电信服务和区别性的资费套餐;

2003年4月,中国移动举行动感地带(M-ZONE)形象代言人新闻发布会暨媒体推广会,台湾新锐歌星周杰伦携手动感地带;

2003年9月至12月,中国移动在全国举办"2003动感地带M-ZONE中国大学生街舞挑战赛",携600万大学生掀起街舞狂潮;

2003年9月,中国移动通讯集团公司的M-ZONE网上活动作品在新加坡举办的著名亚洲直效行销大会(DM Asia)上,获得本届大会授予的最高荣誉——"最佳互动行销活动金奖",同时囊括了"最佳美术指导银奖"及"最佳活动奖";

2003年11月,中国移动旗下动感地带(M-ZONE)与麦当劳宣布结成合作同盟,此前由动感地带客户投票选择的套餐也同时揭晓;

2003 年 12 月，中国移动以动感地带品牌全力赞助了由 Channel[V]携手中心电视台、上海文化广播新闻传媒团体主办的未来音乐国度—U and Me！第十届全球华语音乐榜中榜评选活动。

动感地带策略解析

手机已成为人们日常生活的普通沟通工具，伴随着 3G 浪潮的到来，手机将凭借运营网络的支持，实现从语音到数据业务的延伸，服务内容将更加多样化，同时孕育着更巨大的市场商机。

而同其他运营商一样，中国移动旗下的全球通、神州行两大子品牌缺少差异化的市场定位，目标群体粗放，大小通吃。一方面是移动通讯市场黄金时代的到来，一方面是服务、业务内容上的同质化，面对移动牌照这个资源蛋糕将会被越来越多的人分食的状况，在众多的消费群体中进行窄众化细分，更有效的锁住目标客户，以新的服务方式提升客户品牌忠诚度、以新的业务形式吸引客户，是运营商成功突围的关键。

1. 精确的市场细分，圈住消费新生代

根据麦肯锡对中国移动用户的调查资料表明，中国将超过美国成为世界上最大的无线市场，从用户数量上说，到 2005 年中国的无线电话用户数将达到 1.5 亿—2.5 亿，其中将有 4000—5000 万用户使用无线互联网服务。

从以上资料可看出，25 岁以下的年轻新一代消费群体将成为未来移动通讯市场最大的增值群体，因此，中国移动将以业务为导向的市场策略率先转向了以细分的客户群体为导向的品牌策略，在众多的消费群体中锁住 15 岁—25 岁年龄段的学生、白领，产生新的增值市场。

锁定这一消费群体作为自己新品牌的客户，是中国移动动感地带成功的基础。

（1）从目前的市场状况来看，捉住新增主流消费群体。15 岁—25 岁年龄段的目标人群正是目前预支用户的重要组成部分，而预支用户已经越来越成为中国移动新增用户的主流，中国移动每月新增的预支卡用户都是当月新增签约用户的 10 倍左右，捉住这部分年轻客户，也就捉住了目前移动通讯市场大多数的新增用户。

（2）从长期的市场战略来看，培育未来高端客户。以大学生和公司白领为主的年轻用户，对移动数据业务的潜伏需求大，且购买力会不断增长，有效锁住此部分消费群体，三五年以后将从低端客户慢慢变成高端客户，企业便为在未来竞争中占有优势埋下了伏笔，逐步培育市场。

（3）从移动的品牌策略来看，形成市场全面覆盖。全球通定位高端市场，针对商务、成功人士，提供针对性的移动办公、商务服务功能；神州行满足中低市场普通客户通话需要；动感地带有效锁住大学生和公司白领为主的时尚用户，推出语音与数据套餐服务，全面出击移动通讯市场，牵制住了竞争对手，形成预置性威胁。

2. 独特的品牌策略，另类情感演绎品牌新境界

动感地带目标客户群体定位于 15 岁到 25 岁的年轻一族，从心理特征来讲，他们追求时

尚,对新鲜事物感兴趣,好奇心强,渴望沟通,他们崇尚个性,思维活跃,有强烈的品牌意识,对品牌的忠诚度较低,是容易互相影响的消费群体;从对移动业务的需求来看,他们对数据业务的应用较多,这主要是可以满足他们通过移动通讯所实现的娱乐、休闲、社交的需求。

中国移动据此建立了符合目标消费群体特征的品牌策略:

(1) 动感的品牌名称:动感地带突破了传统品牌名称的正、稳,以奇、特彰显,布满现代的冲击感、亲和力,同时整套 VI 系统简洁有力,易传播,易记忆,富有冲击力;

(2) 独特的品牌个性:动感地带被赋予了时尚、好玩、探索的品牌个性,同时提供消费群以娱乐、休闲、交流为主的内容及灵活多变的资费形式;

(3) 炫酷的品牌语言:富有叛逆的广告标语"我的地盘,听我的"、"动感地带(M-ZONE),年轻人的通讯自治区!"等流行时尚语言配合创意的广告形象,将追求独立、个性、更酷的目标消费群体的心理感受描绘得淋漓尽致,与目标消费群体产生情感共鸣;

(4) 犀利的明星代言:周杰伦,以阳光、健康的形象,同时有点放荡不羁的行为,成为流行中的酷明星,在年轻一族中极具号召力和影响力,与动感地带时尚、好玩、探索的品牌特性非常契合,可以更好地回应和传达动感地带的品牌内涵,从而形成年轻人特有的品牌文化;

动感地带其独特的品牌主张不仅满足了年轻人的消费需求,吻合他们的消费特点和文化,更提出了一种独特的现代生活与文化方式,突出了动感地带的价值、属性、文化、个性。将消费群体的心理情感注进品牌内涵,是动感地带品牌新境界的成功所在。

(资料来源 郑记东.精确细分,动感地带赢得新一代[J].成功营销,2004(02).)

2. 观念定位策略

观念定位策略,是突出商品的新意义、改变消费者的习惯心理、树立新的商品观念的广告策略,具体方法有:

(1) 追随定位。也称为逆向定位,是借助于有名气的对手的声誉来引起消费者对自己的关注、同情和支持,以便在市场竞争中占有一席之地的广告定位策略。如美国艾维斯(Avis)出租汽车公司的"我们是老二"的定位。将自己定位为老二,并承诺我们将更加努力,在消费者心目中建立一种稳定的形象。

(2) 是非定位。是非定位是指从观念上人为地把商品市场加以区分的广告定位策略。最著名的例子是美国的七喜汽水提出"非可乐型"饮料的观念。

3. 文化和历史定位策略

(1) 文化定位。是指产品包含有特定的文化内涵,因此在广告中可以突出这种文化,按文化象征去进行定位。如 IBM 电脑的广告通过"四海一家的解决之道",将 IBM 电脑定位于"跨越文化障碍"。

(2) 历史定位。是指利用企业或产品的历史资料作为定位的内容,以迎合消费者对有一定历史的企业或产品的信任和依赖的心理。一般老字号企业、历史悠久的品牌比较适合运用这一定位方法,如"百年张裕葡萄酒"。

案例分析

可口可乐广告

中国：可口可乐在我国春节联欢晚会上的广告对联，上联是"春节回家包饺子"，下联是"新年户户放鞭炮"，横批是"可口可乐"。

美国：可口可乐的定位是"只有可口可乐，才是真正的可乐"。

点评：对联的广告策划表现形式是借助中国最传统的节日——春节，真实生动地反映节日中消费者的审美观念和民族文化特点，使广告策划符合中国的风俗习惯，具有地域性、文化性和形象性。

而在美国，其高明之处在于没有直接说自己是第一，但却暗示消费者，可口可乐是衡量饮料的标准，广告策划中选定的目标是隐含第一，符合西方消费者的审美观念和地域文化特点。

（资料来源　余艳波. 广告策划［M］. 武汉大学出版社，2009 年 10 月第 1 版.）

4. 心理定位策略

心理定位是以消费者的心理需求作为定位的依据，消费者选择和购买某种产品是出于某种心理需求。心理定位的着眼点是产品与消费者心理位置的统一性关系，是去洞悉顾客心中的想法，寻找潜在消费者心理的空隙。要用智慧去挖掘消费者心里那些或明或暗的需求，在消费者心理需求空间中为产品构建一个适当的地位。

心理定位的基础是心理定势。所谓定势，从心理学角度看，是指"主体完整的变动状态，对某种积极性的准备状态，受两个主要因素即主体需要和相应客观情景制约的状态"，即人对外界事物进行感知和评价的心理准备状态。人们在日常生活、工作、学习中，不但获得了知识经验，而且养成了一定的习惯、行为方式和个性倾向。

随着生活水平不断提高，消费行为表现出鲜明的个性化倾向，以品位、情调、心理满足等能展示个性特征的精神要素逐步成为消费、购物的首要选择，越来越强调带给消费者的心理满足和精神享受。广告策划也就必须从过去对产品功能的单一满足，上升为对人的精神层面的关怀。根据目标消费者的行为和潜在的心理需求、审美感受、文化品位以及产品本身的属性特征等综合因素，设计出具有独特风格，同时又让目标消费者在心理上产生共鸣的品牌形象。

案例分析

心灵之旅——以色列航空公司广告

以色列，一个与中国同属亚洲，但对中国人而言其心理距离却十分遥远的国度。以色列，是一个硝烟弥漫、纷争不断却又令人心驰神往的国度……以色列航空，则是一座桥。想不想迈步上桥，登机入座，绝不是时间和经费等层面的问题，而在于心理层面。

究竟通过这座桥能得到什么、会感受到什么,这才是问题的关键。作为实效品牌战略伙伴,视新要找到的,就是对每个人心理而言的闪光点,抑或是引力点。此广告策划者专程赴以色列进行实地考察,掌握大量第一手资料,并和以色列国家旅游局进行了讨论,针对以色列航空这一特殊客户,经过审视和思考的一系列过程,视新制定出了一套较为行之有效的实效品牌定位工具:空间→折叠→基调→支柱。

定位——把握传奇

空间——对于以色列航空而言,传播空间是什么?空间不是服务,因为所有的航空公司都有提供服务;空间不是航空,因为大部分的目标顾客是为了旅游;空间不是美景,因为目标顾客已是第 N 次出国旅游。读万卷书,不如行万里路。对于以色列航空而言,空间是文化。

折叠——如果将以色列数千年的文化折叠,要你用一句话说明这一切,而且这一句话是对你的朋友说,如果让视新广告说,那就是:以色列航空,带你去传奇之地开始心灵之旅。

基调——绘画以色列航空,画板用的是什么颜料?以色列的基调,当然不能少了传奇和沉厚。

支柱——第一条支柱是数据,第二条支柱是羊皮卷,第三条支柱是中国人看以色列的视角,如果有第四条支柱,那便是实效,只有那些追寻着实效的广告人,才会不惜为了一个好创意去与以色列大使据理力争;才会不远万里自费去实地拍摄,才会深入以色列村落采访平民。

经过详细沟通和论证,广告策划者得出这样的结论:以色列独特的卖点,在于它无所不在的传奇。

宗教传奇:耶路撒冷、基督教、伊斯兰教、犹太教共同的圣地。至今,耶路撒冷、家利利、海发等地,都还保留有大量"圣经时代"的遗迹、名称、习俗和信仰。

历史传奇:哭墙、马萨达遗址、七烛台、"二战"死难者纪念碑等,无不记载着犹太人不屈向上的民族精神。

人文传奇:爱因斯坦、马克思、现代经济学大师萨缪尔森、现代主义文学始祖卡夫卡、电影艺术大师斯皮尔伯格等许多对人类文明做出突出贡献,产生深远影响的巨人均出于犹太民族。

科技传奇:一个农业资源极度贫乏的国家,却拥有世界上最为发达的农业。平均一个农民要养活 90 个人,以色列的每一天,都经历着正在发生的人类奇迹。

社会传奇:基布兹通过公有制方式,满足成员就业、住房、衣食、保健、教育等全部基本需求,被称为现实世界中的"乌托邦"。

地理传奇:世界上海拔最低的地方,动物不能繁衍,植物不能生息,却给了人类最充足的阳光和最洁净的空气。神奇的死海闪耀着传奇的光辉。

据此,视新为以色列旅游在中国市场做出了这样的定位:"进行心灵之旅的传奇之地。"那是一个不断产生奇迹的国度,一块充满了传奇色彩的土地,人们去以色列,是去感受以色列人民特有的智慧和民族精神,是一次人文之旅,更是一次心灵之旅。

从以色列社会、人文、地理、宗教、科技、历史等六个方面,视新为以色列旅游提炼出七个广告主题。这其中包括:

推介以色列整体形象的"去以色列,探询正在发生的人类奇迹";

推介耶路撒冷的"耶路撒冷——人类文明史的见证";

推介圣经文化的"去以色列,感受圣经文化的神秘魅力";

推介基布兹的"去以色列,领略现实世界中的乌托邦";

推介智慧文化的"以色列,人类巅峰智慧的神秘家园";

推介犹太民族精神的"去以色列,见证人性中不屈的一面";

推介死海的"以色列死海,世界最低点,健康最高点"。

作品的主题风格协调一致,画面凝重、深邃,主体由朱庆辰在以色列所拍的具象照片组合而成。在下方铺展的羊皮卷上,铺排出以色列独有的风情,散发着浓郁的人文气息。文案分为两部分:叙事部分独辟蹊径,以数字为内文主线,用一组组数字背后真实、确凿的事实和史实,来验证、支持广告主题;抒情部分则以震撼人心的文字净化、升华主题。

惟一的例外是《死海篇》。这是系列广告中惟一以单一景点作为推介对象的作品。画面也较其他作品显得清新明朗,不论是画面上黑泥涂面的女郎,还是"世界最低点,健康最高点"的直白诉求,乍看上去确实显得有点突兀。

视新的目的在于,通过这件看似"出格"的作品,拓展品牌的辐射范围,并使广告产生更加直接的促销效果。不去渲染死海的阳光和沙滩,而是赋予死海以健康的概念。可以想象,"也许是上帝偏爱人类吧,上帝不允许任何动物在此繁衍,但独容你畅游其上……"这段感性的文案所营造出的"死海——上帝赋予人类的健康伊甸园"的曼妙形象,对女性群体具有怎样的杀伤力。

以色列旅游广告刊出后,在头两个月,中国前往以色列旅游的人数迅速增加,较上年同期增长了60%。喜出望外的以色列航空公司也将北京飞往特拉维夫的航班由每天一班增加为两班,迎接中国游客的到来。为此,以色列政府还在以色列旅游振兴计划中,将中国游客和生活在国外的犹太人、各国的基督徒一起,列为重点吸引的目标。

神奇的国度,灿烂的历史文化,通过几则广告,勾起了无限退想。理性的诉求,形象化的表现使人对以色列的敬佩、向往之情油然而生。

(资料来源 北京视新天元广告有限公司,以色列航空——品牌不应在天上飞[J].广告人,2004年第7期.)

二、广告主与广告主题策略

(一) 广告主调查分析

广告主调查与分析的主要内容包括广告主的历史和现状、规模及行业特点、核心竞争力、企业诚信度、经营理念、企业文化、营销计划、发展战略、经营状况、目标消费群、广告经验、竞争对手等。

1. 优势资源

最常用的方法是 SWOT(Strength，Weakness，Opportunity，Threat)，从企业外部环境分析中发现机会(Opportunity)和威胁(Threat)，从内部环境分析中把握企业的优势(Strength)和劣势(Weakness)，从而制定出战略方案。以环境(机会、威胁)和企业(优势、劣势)两个维度构成四个象限矩阵，代表四种企业战略选择，分别为：大胆发展战略 SO；分散发展战略 ST；防守发展战略 WO；撤退战略 WT，如图 5-1 所示。根据企业不同的战略规划，制定不同的广告策划战略和方案。如在大胆发展战略中，广告策划可以采用全面扩展型的战略；在防守战略中，广告策划要充分开拓新市场；在企业分散战略中，广告策划要调动企业内部的积极性，主动出击，克服外部环境的威胁；在撤退战略中，广告策划转入保守阶段，在维持已有品牌的基础上，为新产品的市场推广做准备。

企业		环境	
		机会因素	威胁因素
	资源优势	Ⅰ 大胆发展战略 SO	Ⅱ 分散发展战略 ST
	资源劣势	Ⅲ 防守发展战略 WO	Ⅳ 撤退发展战略 WT

图 5-1 SWOT 分析与战略

2. 企业文化

企业文化包含着企业的价值观、信念、传统、宗旨和习惯，集中体现了企业的经营理念和价值取向。它外化为企业形象，内化为企业行为，成为企业最宝贵的精神财富，是优良企业长盛不衰的重要因素。广告策划要有目的、有意识地实现广告与企业文化的结合，既要在广告中树立企业在公众中的形象，又要让广大消费者自然而然地为其吸引。

3. 产品分析

菲利普·科特勒给产品的定义是："能够提供市场以满足需要和欲望的任何东西。"产品是广告推销的对象，是企业实现收益的载体，也是消费者得以消费的载体。产品不仅能够满足人们的物质和生理需求，而且还能满足人们精神和心理方面的需求。

广告策划不仅要研究产品的有形元素，如类别、生成流程与技术、产品标准、产品结构与外观等，还要研究产品附加的、无形的元素，能给消费者带来附加利益和心理上的满足感的元素，如产品审美和象征功能、售后服务等。

产品分析可以从以下几个方面入手：

(1) 分析产品能满足消费者的何种需求及满足的程度。

(2) 产品的外观及品牌形象分析。包括产品的质量、性能、款式、色彩、造型、工艺、包装、陈列等，对消费者视觉、听觉、触觉、嗅觉和味觉的感受及这些感受对消费者心理的影响。

(3) 产品独特性分析。通过与竞争产品的比较，找出与众不同的特点。1961 年美国广告专家罗瑟·瑞夫斯(Russer·Reves)提出著名的"独特销售主张"(Unique Selling Proposition)，简称 USP 理论,立足找出产品本身的特殊功效或"独特的卖点",以及能给消费者提供哪些实际利益。

（4）产品的生命周期。产品的生命周期一般分为萌芽期、成长期、成熟期和衰退期。不同阶段,企业所采取的营销策略不同,服务于营销策略的广告策划也不同。

（5）产品定位分析。从消费者的接受心理出发,考虑产品的竞争者,确立目标市场,为产品在市场上找到一个适当的位置。

（6）产品的市场需求量。分析该产品目前已满足的需求量,本企业经销商的市场占有率,以及本企业产品的数量和质量。

（7）产品的各种附加利益,通常指产品的售后服务,如质量保证、咨询服务、安装、维修、送货和技术培训等。

（二）广告主题策略

广告主题是一则广告想要向消费者传达的主要信息的中心思想或核心概念。广告主题要突出产品或企业所能给予消费者的利益。广告主题由三大要素构成:(1)广告目标(如:促进商品销售、建立品牌形象、提升产品或企业知名度等);(2)信息个性(如:产品的性能、质量、价格、服务、历史、技术、工艺、包装等);(3)消费心理(如:注意、兴趣、记忆、欲望等)。

广告主题策略从目标、信息个性和消费心理三个方面来提炼广告主题,不仅要符合广告目标的要求,而且要符合人们的消费心理,同时要具有鲜明而独特的信息个性。所以要注意挖掘各要素之间的融合点、共同点和交叉点。例如,海王集团将广告主题定为"健康成就未来",其中心思想是"健康",一是树立一个呵护健康、守护健康的健康企业形象;二是以产品保健功能为消费者打造一个健康的身体;三是满足消费者重视健康生活的需求。海王集团以"健康"为三大要素的交叉点和融合点,策划了一个深入人心的优秀广告主题。

广告主题要根据不同广告目标、不同性质的产品、市场需求的变化及消费对象的差异进行精心策划。选择广告主题的方式有:

（1）以产品和服务为主题。不同性质的产品针对不同的消费对象,将不同产品的目标市场与消费者利益结合起来设计广告主题。如徐州重工集团的广告主题是"徐工徐工,祝您成功"。

如果广告产品是日用消费品,要突出宣传使用该产品给消费者带来什么希望和满足,可以获得什么新的价值,引起消费者的美好联想,以增强消费者的购买欲望。如李宁牌运动品牌的广告主题是"一切皆有可能";安踏的广告主题是"永不止步";361°的广告主题是"多一度热情"等等,都突出了一种运动不止的精神和激情。

（2）以消费心理为主题。从消费心理的角度入手,深入了解和研究消费者的需求、兴趣和欲望。要引起消费者的兴趣,就必须向消费者宣传产品的独特好处,即该产品有什么与众不同的地方。如海尔集团强调产品服务的广告主题是"真诚到永远",就是抓住消费者希望家电产品售后服务良好的心理。

（3）以商标为主题。商标是一个企业或一种产品质量、特点的重要标志。当消费者面对众多同类产品时,往往会凭对商标的信任来选购产品。消费者对某种产品的商标信得过,形成购买习惯,就能获得心理上、感情上的满足感。如消费者看到宝马汽车的"BMW"标志、耐克运动品牌流畅的钩形标志,当商标和产品广告同时出现,就成为广告主题思考的方向。

拓展阅读

阿里巴巴电视广告片策划内幕

减法法则:透过网络表象挖掘生意本质

对于任何一项新的策划活动,开端总是千头万绪,线索丛生。如何初露端倪?从哪里下手?我们理出两条线:一条是研究阿里巴巴业务运作模式,把电子商务这件事情整明白,找到它的核心价值;另一条是解析原电视广告片,找到新的突破口。

线索 1　阿里巴巴核心价值的挖掘

目前旗下有两个核心服务:

一个是诚信通,针对的是经营国内贸易的中小企业、私营业主。费用为 2300 元/年,属于低端服务;

一个是中国供应商,针对的是经营国际贸易的大中型企业、有实力的小企业、私营业主。费用为 6 万/年—12 万/年不等,属于高端服务。

经过上述宏观层面的概览之后,我们发现阿里巴巴的经营和盈利模式其实很单纯。

经营模式:依托阿里巴巴网站(中、英、日三版本),拢聚企业会员,整合成一个不断扩张的庞大买卖交互网络,形成一个无限膨胀的网上交易市场,通过向非付费、付费会员提供、出售资讯和更高端服务,赢得越来越多的企业会员注册加盟。

盈利模式:基本上依靠各付费会员每年缴纳的年费,目前没有广告方面的招商引资。

这个定义使得我们的策划思路豁然开朗,明确了我们要在广告片中解决的问题,就是要想尽办法在广告片中,把阿里巴巴当成一件商品,推销给目标人群,只不过这种商品是无形的服务,至于怎么卖,就要通过如下将要交待的线索 2 中,找到创意的源泉。

线索 2　阿里巴巴原广告片的突破点挖掘

在对阿里巴巴原广告片分析之后,我们发现了两个烙印,深刻其中:

1. 造星策略、网商代言

在阿里巴巴原先的 5 条片子中,模式都是用一个阿里巴巴的付费会员,我们称之为"网商",面对镜头,侃侃而谈。

这种捧星策略,在如今嘈杂的媒体语境面前,能够聚集眼球,因为广告是个物极必反的佐证。到处都是明星,明星代言的价值就显得星光黯淡,偶尔一个平民亮相,反而更值钱。而且这种策略更易贴近广大人民群众。

2. 真人说话、案例说事

片子的内容形式是由 5 位网商讲述自己在没使用阿里巴巴之前生意或业务面临的窘境,而使用阿里巴巴之后,生意或业务上峰回路转,柳暗花明的成功经历。

广告心理学第二版

没有一般广告的花哨和铺陈，开宗明义，告诉目标受众最想看的，最想要的。他人的做法，榜样的力量，可能是自己要努力和借鉴的方向。这种做法既解决了信任度，又有很强的煽动性。

如此看来，阿里巴巴的5条原片，在策略构思和创意内容上都堪称严谨缜密，似乎破绽全无。

究竟如何找到突破点？如何站在此高点上再来一个登高远眺？我们陷入了沉思……

加法法则：没有细节，诚信就是一句空话

为了找到突破点，我们采取类似警方破案的手法，将阿里巴巴原广告片，颠来倒去，反复观看。同时调阅了广告片中5个人的案例故事和背景介绍，又查阅了阿里巴巴网站上大量的成功网商案例，从中归纳了3个要点：第一，需求的多样性；第二，个人的主观能动性；第三，思考的深刻性。上述三点，对于最终的广告片创意突破，起着至关重要的作用，因为这三点是阿里巴巴对于广大网商受众最重要的利益点，而这些利益点在广告片中都没有被清晰呈现、说明。

翻回头，再审视阿里巴巴原先的5条片子，原先的美玉便显出了瑕疵：第一，说话对象的不明确；第二，说话内容的不深入；第三，缺乏高屋建瓴的思想见地。上述三点构成了阿里巴巴广告片的突破路径，使我们在明确突破的方向后，又搞清了突破的方法。经过对资料的总结提炼、举一反三，我们制定了"加法法则"的解决方案，为原本泛泛、平淡的广告片加入利益诉求的调料：

1. 受众再细分

我们要在新广告片中对争取的人群予以进一步细分：

第一类：不相信在网上做买卖，觉得不可靠。这是绝大多数选择不在网上贸易的人群的心态，他们始终对网上贸易的诚信和安全持否定或怀疑态度。第二类：不熟悉网络，不懂电子商务。持此类心态者，年龄结构上偏大（如40—50岁的网商），文化层次不高，没有深厚的学历背景，尤以一些中小型浙商为代表，不缺眼光，就差知识。第三类：不知道有阿里巴巴这种网上贸易模式。此类心态人群，分为两种：一种是针对买方，不知道自己的需求（产品、服务），通过阿里巴巴，就能得到满足；另一种针对卖方，不知道自己的产品、服务，通过阿里巴巴，就能寻到合适的买家，并得到好价钱。第四类：不知道通过网上贸易能实现自主创业的梦想。此类心态人群，有自主创业的热情和决心，但不知道通过阿里巴巴，能取得事半功倍的创业成果。第五类：不知道通过网上贸易能以小额的成本，换取大的收益。此类心态人群，不知道在网上交易成本远远低于传统交易模式（传统贸易模式，互相往返包括食宿、宴请、送礼等开销不菲）。

我们要在新的广告片中找到能够反映上述5种心态的代言人，对症下药，有的放矢。

2. 内容要有细节

内容要有细节，就是通过案例的发展过程，将阿里巴巴的价值和优势诉求表现出来，充分体现出阿里巴巴的利益点。同时通过细节使广告片内容更具真实性和现实性。

为此，我们将阿里巴巴的利益点做如下归纳：

一、诚信安全；二、品牌资质；三、快捷方便；四、成本低廉；五、渠道广阔；六、海量信息。

3. 语境有高度

除了在片中为内容添加细节，诉求阿里巴巴的利益点之外，更要在整个片子中贯穿一种思想和观念的变化，前者是形，后者是神，使整个片子形神兼具。做到动之以利，晓之以理。

最后，在网商代言的选定上，我们万里挑一，其中包括了两位国外阿里巴巴网商，使得整个广告片系列更显得多元化、国际化，符合阿里巴巴的全球策略的战略目标。

6位新的网商明星，唱出了一曲新的凡人歌；创意主诉求围绕阿里巴巴核心价值观，分别通过《诚信篇》、《后来居上篇》、《渠道篇》、《业务拓展篇》、《供应商篇》等5个方面进行诉求支撑。6条新广告片与原先5条阿里巴巴广告片，相辅相成，互为延续。

乘法法则：为受众来一次精神洗礼

确立了代言明星，明确了诉求点，找到了演绎内容，可以说整个创意已经万事俱备，就差拍摄了，但这毕竟是我们项目组自己的感觉，究竟阿里巴巴新广告片在外人的眼里算不算优秀，是不是超越了原片，有没有解决原片没有解决的问题，传播原片没有传播的东西，我们心里还是没有底。

为此，我们做了一次全公司的调研。将6个创意脚本一个个地给公司各个项目组的领导和组员过目，鼓励大家进言献策，希望在群众的检验下，证明我们的努力达到了预期的目标。

一圈"品尝"下来，大部分公司同仁对广告脚本均表示认同，在整体的结构性、方向性、逻辑性、行文用词等关键环节持肯定的态度，一些建议也是零敲碎打，唯独有一条意见引起了我们的注意，大概的意思是：6条片子从整体到细节虽然严密紧凑、细节出彩、不乏亮点，但一部真正优秀的广告片是卖点和记忆点交相辉映，6条片子只做到了卖点出彩，但缺乏一个同样精彩、醍醐灌顶的压阵记忆点。

这条建议可谓一针见血，真正说到点子上了，我们组对整个系列创意片再次审视，带着问题看这六条片子，不再雾里看花。果不其然，系列广告片的确缺少一个能反映整个片子主旨的点睛之笔。

可这笔不是随随便便就能画上去的，把策略的精神、创意的源泉全都浓缩在一句话里，给受众在精神上来一次洗礼，的确需要相当深厚的功底。憋了一整天，都没有一个满意的。情急之下，只好向张总求援，我清晰地记得，当时，我们阿里巴巴组围坐在张总办公室里，个个脸色铁青、愁容凝重，张总一支支地抽着烟，若有所思，看不出他到底在想啥。

"啪"！突然张总跳了起来，重重拍了一下玻璃桌大声说道："有了。"

"其实，你离财富只差一点，关键是马上就点！"张总铿锵有力地说出了这句话。

"好，好，好！"大家交口称赞。

不得不佩服，姜还是老的辣，"其实，你离财富只差一点，关键是马上就点！"成为贯穿整个创意系列的最出彩的记忆点。

如果说我们找突破方向上是做减法,找突破方法上是做加法,那么找突破记忆点上就是做乘法,一下子增加了创意浓烈的精神回味。

"其实,你离财富只差一点",既贴近普通大众,又富有人生哲理,读来让人回味良久,其中"一点"与鼠标点击有异曲同工之妙,突出了网络的概念,强化记忆。

更重要的是,针对上述存有五类心态的人群,"其实,你离财富只差一点"改变了他们的观念,同时又号召了目标受众上阿里巴巴网站,进行网上交易。

6条片子、6个网商真人、6个成功故事、6个网上贸易案例、6个关于阿里巴巴的利益诉求,为中国3000万的中小企业、私营业主,确切地说,应该是为所有的生意人和对网络贸易抱有成见、偏见的人,来了一次彻彻底底的洗脑,明白无误地告诉他们一个永恒的商道:"思路决定出路,没有万古不变的制胜真谛,只有与时俱进的进取信念。"

后记

整个阿里巴巴系列6条广告片,在全国投放后,成为2005年最具震撼力的真人实证的广告电视片。

(资料来源 智少奇、戈丽亚,中国营销传播网,http://www.emkt.com.cn/article/250/25041.html,2006-02-14.)

注:编者对引用的原文略有删减

三、广告表现与移情理论

(一) 广告表现

广告策划经过了广告市场、消费对象、产品和竞争对手等调查和分析,广告战略、目的产品定位、市场定位之后,就进入了寻找广告信息传达形式——广告表现阶段。

广告表现的目的是为广告信息找到受众能接受和乐意接受的形式,并通过这些表达形式将广告信息传达给广告受众,引起受众的注意和兴趣,加深记忆,激发欲望和动机,产生购买意向和行为。

1. 广告表现的概念

广告表现是运用各种符号(文字、图像等)及其组合表现的过程,即广告信息的"包装"过程。具体而言,就是按照广告的整体战略,为广告信息找到有说服力的表达形式,为广告提供"说什么"与"怎么说"的策划过程。

2. 广告表现的手段

广告表现的手段主要有两种:(1)语言。语言包括有声语言和无声语言。有声语言是指声音,如广告歌曲、广告中的对白、旁白等。无声语言是指符号化的语言即文字,它是平面广告信息的主要形式,如报纸、杂志、路牌广告。(2)非语言。如图像、色彩、构图、音乐、音响、舞蹈、雕塑、建筑等形式。

3. 广告表现的基本要求

广告表现的基本要求:(1)醒目和鲜明。广告信息传播首先要有吸引力,才能引起受众的注意。(2)简洁和易懂。广告受众每天要接触大量信息，对信息的注意时间非常有限，所以广告信息要简洁易懂。(3)统一和均衡。广告信息协调一致，给受众以统一的、完整的印象。(4)创意和变化。受众对具有新奇感和富有变化的信息容易产生比较浓厚的兴趣和深刻的印象。

（二）移情理论

移情是指在一个对象上所产生的情感体验迁移到另一个对象上，于是对后者有了类似的情感体验。

广告中的移情理论最早由诺曼在 1952 年提出，诺曼认为广告及产品之间的无意识的联想才是有意义的，广告语言艺术的感染力集中表现在情动人心上，"感人心者，莫乎于情"。

广告引导消费者去体验某种情绪，品味某种生活，给人回味，实际上是移情的作用。到了 20 世纪 80 年代，移情理论不断完善，其主张是广告策划中针对目标群体，通过珍贵的、难以忘怀的生活经历及人生美好而温馨的体验和感受等诉求内容，唤起并激发目标受众内心深处的情感共鸣，并以此赋予品牌特定的内涵和象征意义，建立起目标对象的移情联想，从而产生互动沟通的传播效果。

情感更容易跨越地域和文化的障碍，引起人们的共鸣。一种积极的、温和的、短暂的感情，包括人们生理上的反应，可以使人们直接体验与爱、家庭、友情有关的情感，并进而产生情感上的共鸣。

（三）广告诉求策略

广告作用于接受者的情感、认知、行为倾向三个层面，其中认知是情感和行为改变的基础，而行为变化则因认知和情感的变化而产生。广告诉求就必须通过作用于受众的认知和情感的层面，使受众的行为发生变化。因此作用于认知层面的理性诉求和作用于情感层面的情感诉求就成为广告诉求的两种最基本的诉求策略。在此基础上，又产生了同时作用于认知和情感的情理诉求策略。广告诉求策略是广告表现策略的综合运用。

1. 理性诉求策略

理性诉求策略是指广告定位于受众的理智动机，通过准确、公正地传达广告企业、产品的特征、用途、服务等事实性的信息，使受众经过概念、判断、推理等思维过程，做出理智的决定。

理性诉求一般针对知识水平较高、理解判断能力较强的消费者。理性诉求可以做正面说服，传达产品、服务的优势，即消费者购买产品或接受服务会获得的利益；也可以作负面表达，即消费者不购买产品或不接受服务会对自身产生的影响。

最常用的方法有：

（1）直接陈述。用直接的方法，说明产品的特点和功效，通过描述向诉求对象阐述产品的种种特征。

如 2003 年的广播广告和 2004 年的中央电视台黄金时段电视广告，王老吉凉茶的广告策划者通过"怕上火，喝王老吉"的理性诉求主题，准确阐述了产品的功效和特性，语言表达简单明快，激情充满活力，给消费者留下了深刻的印象。据法制晚报报道，2010 年，"王老吉"经北京名牌资产评估有限公司评估，品牌价值为 1080 亿元，成为中国目前第一品牌。

（2）引用数据。引用数据可以令消费者对产品和服务产生更具体的认识，翔实的数据远比空洞的、概念化的陈述更有力量。

如瑞士欧米茄手表的广告创意是这样的：全新欧米茄蝶飞手动上链机械表，备有18K金或不锈钢型号。瑞士生产，始于1848年。机芯仅25毫米，内里镶有17颗宝石，配上比黄金罕贵20倍的铑金属，价值非凡，浑然天成。这样的精确描述，使消费者对产品有了更细致的了解，这里的每个数字都使这则广告更具说服力。

（3）利用图表。简单明了的数字表格、图表或示意图，有时候比文字更便于传达精确、形象的信息。

（4）类比。类比是形象传达信息的重要方法。选择对象熟悉的、与产品有相似或者相反特性的事物与产品特性并列呈现，从而准确突出最重要的信息。如高露洁牙膏的广告和宝洁公司的洗发水广告都广泛采用了类比的方法。

2. 情感诉求策略

情感诉求策略是指广告定位于受众的情感动机，通过表现与企业、产品、服务相关的情绪与情感因素来传达产品信息，引起消费者在情绪和情感方面的共鸣，进而诱发人们的购买动机。

著名的市场营销专家菲利普·科特将消费者的需求大致分为三个阶段：量的满足时代、质的满足时代和情感的满足时代。在今天物质产品极大丰富、竞争日益激烈、情感愈发淡漠的社会里，情感因素必定成为企业市场营销中的一个非常重要而独特的元素。

广告策划以"情"定位，让消费者在广告中找到情感寄托并产生情感共鸣，缩短产品与消费者之间的距离，增加消费者对产品的亲近感，能激发消费者潜在的、朦胧的购买意识，产生"润物细无声"、"四两拨千斤"的巧妙作用。

消费者购买和使用商品在很多情况下是为了追求一种情感上的满足或自我形象的展现。广告策划要与人们的爱、幸福、快乐、成就感、渴望被赞赏等情感诉求联系起来，唤起受众的认同。情感诉求常用的手法有：

（1）亲情。亲情是人与人之间最为浓烈的感情，任何东西都无法代替。因此，运用亲情诉求来打动消费者也最为有效。

如雕牌洗衣粉的广告"妈妈，我能帮你洗衣服了"，打破常规洗衣粉功能性宣传广告，带着浓浓的亲情走进了千家万户，使雕牌洗衣粉当年奇迹般跃居洗衣粉行业的第二名。

（2）爱情。爱情是人类永恒的话题，也是情感诉求的永恒主题。在情感消费时代的现代社会，常把爱情所赋予人们的永恒、真挚、幸福、快乐和忧伤等情感运用到广告中。

如绿箭牌口香糖广告：以绿箭牌口香糖为"媒"，使火车上两个陌生的男女从相遇到相识，在结尾暗示着他们之间将会上演一场爱情故事。广告通过爱情故事的演绎，赋予了商品浓浓的情意。

（3）友情。友情也是人生命中不可或缺的一部分。

如贵州青酒的"喝杯青酒，交个朋友"，将品牌定位于男人间的朋友情义，"好兄弟，讲情意"，"千金易得，知己难求"，可以想象，当朋友久别重逢或相约聚会之际，"喝杯青酒"便已表达了当时心中所有的激动与情感。

（4）爱国之情。爱国诉求能激发消费者心中的爱国情绪，而对于广告受众来说，他们可以通过这种诉求感受到一种自豪感，一种民族尊严。

如运动服饰品牌李宁的一则电视广告：画面不断出现 5 名中国国家队队员的身影，伴以旁白"我们都有一个梦，因为我们都生于中国"。还有"创维情，中国心"、"长虹空调，中国风"等，都体现了对祖国的认同感。

（5）同情。主要是对弱者和不幸者的同情，常常用于慈善机构的广告。

如希望工程的公益广告。

（6）生活情趣。利用人们日常生活中大部分人都有的切身感受，如悠闲、乐趣、幽默等生活情趣体验进行诉求。

如"我的地盘，听我的"是中国移动 M－ZONE 的广告，将年轻人那种张扬的个性显露无遗，因此很快就获得年轻人的普遍喜爱。

（7）其他心理感受。包括满足感、成就感、自豪感、恐怖感、惊讶感等。

3. 情理诉求策略

理性诉求策略和情感诉求策略各有优缺点。理性策略有助于完整、准确地传达广告信息，侧重于事实的传达和道理的阐述，往往让人感到枯燥无味。情感诉求贴近受众的心理感受，容易调动受众的情绪，但过于侧重对情感的描述，往往忽略了广告信息的传达。没有理性宣传，经不住消费者的反复推敲。所以，大多数广告将理性诉求策略和情感诉求策略结合起来，寓理于情，情理交融。不仅用理性诉求传达客观的信息，而且用情感诉求引发受众的情感，结合二者的优点，以取得最佳的说服效果，这就是情理诉求策略。

情理结合诉求广告的理性内容侧重于客观、准确、公正；情感内容侧重亲切、自然、生动，最大限度地发挥了广告信息的说服力和趣味性。

小资料

情理结合型广告文案：科龙空调的一则报纸广告

制冷杰出的科龙空调：能效比超群的"智能高手"。卓越的性能，令科龙空调在 1992 年全国空调质量检测中获得能效比 CCOP 值最高达 3.34 的殊荣。

宁静和谐的科龙空调：超静音设计，令科龙空调室外机的噪音比一般空调的室内机还要低，在 1992 年全国空调质量检测中，以噪音最低获得第一名。

赏心悦目的科龙空调：流线型机身与圆弧面相结合的轻型设计，配合恬静幽雅的色调，使之宛如一件艺术品。

勤俭持家的科龙空调：高效节能，除了翩翩的风度，恬静的性格和制冷身手不凡之外，还懂得细水长流，的确是个持家好手。

该广告既用客观、准确的理性语言介绍了产品具有的技术和质量标准，又用生动、丰富的感性语言描述了产品的风格和时髦的程度，具有较强的说服力。

（资料来源　倪宁.广告学教程[M].中国人民大学出版社，2006 年版.）

本章提要

广告策划，就是根据广告主的营销战略和广告目标，在市场调查的基础上，遵循一定的程序，制定出一个与市场情况、产品状况、消费群体相适应的经济有效的广告实施方案，并加以评估、实施和检验，从而为广告主的整体经营提供良好服务的活动。

广告策划的基本原则：合法性、真实性、目的性、整体性、创造性、效益性和操作性。

广告策划遵循一定的流程：广告调查与分析、广告战略与目标、广告表现、广告媒介与营销策划、广告预算、广告效果评估和撰写广告策划书等。

消费者调查与分析是指，了解消费者的需求、动机、喜好及其接触媒体的状况等信息，为有针对性地制定出有的放矢的广告策划奠定基础。

广告定位策略就是从消费者的接受心理出发，考察产品的竞争者，确定目标市场，为产品在市场上找到有利的位置。广告定位有实体定位、观念定位和文化历史定位和心理定位等策略。

广告主调查与分析的主要内容包括广告主的历史和现状、规模及行业特点、核心竞争力、企业诚信度、经营理念、企业文化、营销计划、发展战略、经营状况、目标消费群、广告经验、竞争对手等。

广告策划不仅要研究产品的有形元素，还要研究产品附加的、无形的元素，能给消费者带来附加利益和心理上的满足感的元素。

广告主题是一则广告想要向消费者传达的主要信息的中心思想或核心概念，要突出产品或企业所能给予消费者的利益。可以以产品、服务、消费者心理需求和商标为广告主题。

广告诉求策略是广告表现策略的综合运用，分为理性诉求策略、情感诉求策略和情理诉求策略。

关键术语

广告策划、广告定位、心理定位、理性诉求策略、情感诉求策略、情理诉求策略

复习思考

1. 什么是广告策划？广告策划的基本原则是什么？
2. 消费者调查与分析主要包括哪些内容？广告定位的策略有哪些？
3. 广告主调查与分析主要包括哪些内容？广告主题策略有哪些？
4. 什么是心理定位策略？请找出一个使用了心理定位策略的经典广告策划案例。

推荐阅读

1. 张翔. 广告策划[M]. 北京：高等教育出版社，2010.
2. 余艳波. 广告策划[M]. 武昌：武汉大学出版社，2009.
3. 金力. 广告营销策划经典案例分析[M]. 北京：北京大学出版社，2009.

第六章 广告创意心理

广告的创意离不开想象,展开公众的自我想象是激活自我对未知追求最热切的动机,让公众将广告中的产品作为展示其物质自我的重要载体。让公众在毫无心理阻抗的情境中接受广告的宣传,离不开心理的暗示。本章的主要内容在于探讨广告的想象与暗示原理以及广告设计者如何应用想象与暗示去激活自我认识,唤醒公众利用产品达到最佳自我展示的社会行为。

第一节 广告中的想象

广告创意活动就是根据广告的主题设计一系列能激活公众对广告内容产生丰富想象的情境,广告创意追求在广告内容中让公众建立意料不到的新的想象。广告与公众的内在需求结合,不仅能更好地创造新颖独特的想象,又能激活公众的自我知觉,使广告素材与公众的自我形象之间达到完美的结合,广告离不开想象,本节主要介绍想象的涵义与种类。

一、什么是想象

想象是人脑对已有表象进行认知加工,创造新形象的过程。人能够根据外界事物的特性及口头、书面文字的描述或某些象形符号就可以在脑中形成没有感知过的事物的形象。例如,在现实生活的世界里是不可能有美人鱼的,但人们通过外界的鱼及人的体形也能在脑中产生栩栩如生的美人鱼的形象。

想象是过去经验中已经形成的记忆表象在脑中进行新结合的过程。广告的特色就是在创意过程中通过设计新颖、独特的图形、文字符号甚至是某些情景来激活人脑中的经验表象,使其在事物之间发生联想。例如,一个个体商贩开了一家腊肉店,招牌上写着"人和腊味店",上门的顾客肯定寥寥无几,因为客人通过联想产生了想象,"人"和"腌肉"一起使人联想到孙二娘卖人肉包子,卖不完的人肉还做成了"腊味",尽管肉确实是猪肉,但总是使顾客听起来感到别扭,甚至不敢去光顾该商店。相反假如卖梅子的厂商在其商品袋上标识"酸酸甜甜,情同初恋"的广告语,则会使顾客盈门。这是因为许多青年人通过联想激活了初恋的回忆,将自己沉迷于初恋的美好想象中的缘故,吃起来自然是回味无穷。因此厂家把杨梅加工好后冠以"情人梅"、"话梅"等商标更能激发顾客的积极想象,促使该产品在市场中热销。

二、想象的分类

想象由于分类的依据不同,有不同的分类方法。根据有无目的性可以分为有意想象和无

广告心理学(第二版)

意想象;根据内容的新颖独特及思维的发散与否可分为再造想象与创造想象;根据内容符合现实的程度可分为幻想、理想与空想等。

（一）无意想象和有意想象

无意想象是没有特定的目的,不由自主的想象。如看到蓝天的白云会将它想象成某种动物,看到字母"m"想象为妹妹、钱或拱形桥等都是无意想象。影响无意想象的主观因素是已有的知识经验、表象的贮备量、个体的需要、潜意识的动机、定势与习惯性思维、情绪及兴趣爱好等。如上文提到的"人和腊味店"引起的就是消费者的无意想象。尽管商人希望天时、地利、人和,能和气生财,而顾客却产生"人肉"的无意想象。

有意想象是个体自觉地提出想象任务,根据自己的意向,有目的、有意识地进行想象。它有一定的预见性、方向性,人们在想象过程中会控制想象的方向和内容。例如 C,英语系的同学会有意识地想象它代表英语字母,而汉语系的同学想象为汉语拼音,化学系同学想象为碳,音乐系同学想象为音调等。广告创意要引发人们的有意想象,必须根据某种商品的特性来塑造其形象。观念广告是通过提倡或灌输某种观念和意见,试图引导或转变公众的看法,影响公众的态度和行为,传播社会潮流的某个倾向或热点,因此常根据当时的社会潮流或公众的心态来设计。如改变男性的消费观念,让男性能更好地珍爱自己,男性的服装广告就用上了"男人就是要对自己狠一点",在花钱上形成新的消费观;而对女性的广告为了强调女性的美感或性感,则用上了"做女人挺好"的广告词。利用消费者的某种心态来设计广告,可以有力地促进商品的销售,也可以使公众产生新的行为及潮流,如让男同志走进厨房,承担一定的家务,广告语是"男人下厨房,绝对新时尚"。影响有意想象的主观条件是目的任务、意志努力、社会性需要、间接兴趣等。

（二）再造想象和创造想象

再造想象是依据词语描述或图表描绘,在人脑中产生新形象的过程。消费者在欣赏广告时,再现广告创意者构思的形象就是再造想象。例如,男性的服装品牌如七匹狼使消费者能再造广告设计者的阳刚雄霸的男性形象。又如,云南的商品广告多根据民族特色来设计,有些品牌喜欢用石林、阿诗玛、五朵金花等,其用意就在于激活消费者对民族少女的联想,形成民族少女美丽纯情的形象,产生对该商品的移情。

要激活受众的再造想象,广告设计应注意下列问题:一是刺激物(言语、图表、标识等)是否鲜明、生动、形象,如儿童动画片《黑猫警长》将警察与小偷的关系生动形象地在猫与老鼠的类比中显现出来;二是消费者旧表象的丰富与深刻程度;三是消费者能否正确理解言语、图表,标识等实物标志的意义,如,不同的人对宝马的 BWM 的标志理解就不一样,有些人认为 B 是老板,W 是美女,M 是金钱,这种与商标本意不符的理解势必造成某些消极的想象;四是消费者的文化背景与心理差异,如东方人的思维是间接致思,广告设计应该含蓄,给予自由的想象空间,而西方人的思维是直接致思,广告设计需要直截了当,开门见山,否则就会像西方男性始终读不懂东方少女的眉目传情,暗送秋波一样。再造想象可以借某些名胜、传奇来进行,如阿里山瓜子、富士彩色胶卷、嫦娥卫星通过广告设计者对阿里山、富士山及嫦娥的标识引发消费者的积极想象。

创造想象是在刺激物的作用下,人脑创造性地利用已有表象形成新颖独特的形象的过程,如猪八戒是创造想象的产物,通过猪的头和人的身体表象组合创造形成新形象。广告创意需要创造想象,要求设计者在创作过程中构思出新颖、独特、具有重大社会价值的形象。影响创造想象的因素很多,主要有:

1. 创造动机

求新、求异、求变是人类与生俱来的探究倾向,也是推动人们进行创造性活动的内在动因。广告设计者应具有创新意识,形成创造定势。

2. 原型

原型启发在创造想象中发挥关键作用。原型与某些事物之间具有符号象征的作用,通过联想可以在相似的事物之间产生想象,如,豹子与摩托车的速度极易发生联想,该类产品就喜欢用猎豹、飞豹来作商标。

有一则环境保护的广告就很好地利用了原型,首先在画面上出现乱砍滥伐,水土流失,动物流离失所的情景,然后打出广告词:千山鸟飞绝,万径人踪灭,假如不好好地保护生态,若干年后人类将没有任何生物与之相伴。它借助原型,寓意深刻,意味深长。

3. 思维

想象与思维不可分割,只有通过积极的思维活动,才有可能产生独特、新颖、有益于社会的想象。广告设计者应突破常规思维的陋习,不可过多应用求同思维,而应该使思维更加发散、流畅,才能使广告别出心裁,独树一帜。

4. 灵感

灵感是一种最富有创造性的、高度紧张的精神力量与心理状态,它是在潜意识中酝酿而成,突然飞跃于意识之中的一种心理现象。激发灵感的因素有内外两个方面。其一有来自外界偶然机遇,如思想点化,这种灵感的触发信息是在阅读或交谈中偶然得到的某种闪光的思想提示。如对过去的观点"只要金子都是会发光的"形成新的思想意识"闪光的未必都是金子"。又如原型启示,即某种形象之间的灵感触动,如阿基米德在洗澡时得出浮力定律。有情景感发,这种情形主要发生在艺术的灵感中,它是一种气氛情境,置于某种情景自然诱发出想象,某些名牌效应就是情景诱发的想象,像 LV、香奈儿、天伦儿等。还有内部积淀的意识,如无意遐想,潜意识活动中的潜知闪现,潜能激发,创造性梦幻和下意识的直觉思维等。在某些灾害来临时必然会带来潜意识中对人性的思考,如汶川地震中的"猪坚强"、日本地震的"狗坚强"是人类在面对自然灾害产生的对人类脆弱的无意识思考。一些名牌产品的品牌及广告创意很多源于设计者的灵感,如奔驰源于无意遐想的 BEZ,宝马源于 BMW,可口可乐源于 coca cola,百事可乐源于 pepsin,洗发香波源于 shampoo。

广告的设计不是素材的堆积,更不是信息符号的滥用,它需要将人引入某些想象的境界中去。

第二节　想象在广告中的应用

广告创作需要想象,而激起消费者的共鸣与认可,同样需要引发消费者对广告内容的想象。心理咨询诊所为了吸引来访者,激发其对人性与内在心理的想象,其广告切中来访者的内在需求:"来这里吧,欺骗你的人太多! 心理学研究表明,恋爱男女之间的海誓山盟有60%纯粹是谎言! 也许你亲密的人甚至包括你自己都在欺骗自己,而在这里,我们俩的每一次对话都是最真诚、最真实的!"这是让来访者想象人世间的冷暖与狡诈,激起来访者回到自我空间的真实诉求。

本节主要探讨广告创作中的想象与联想的问题。

一、广告创作中的创造想象

创造想象具有独创性、独立性和新颖性的特征,产生良好的创造想象需要具备一定的能力。

(一) 丰富的经验与表象贮备

巧妇难为无米之炊。一个广告创作者若没有一定的感情经验和社会生活阅历的积累,不可能形成新颖独特的广告创意。人的经验来源于生活,来源于我们的现实世界。对生活、对周围世界精心洞察,用心体验,才能形成新颖的、深入人心的广告内容。

当前的独生子女教育是一种"剥壳教育",父母包办代替,不让孩子经受一点点挫折、痛苦,这种教育将是一种毒害儿童心灵的教育,为了改变这种教育理念,公益广告设计为:在母鸡孵化小鸡的过程中,一个小男孩看见一只小鸡即将从鸡蛋里破壳而出,但稚嫩的小鸡在挤破蛋壳时非常痛苦,小男孩实在不忍心让小鸡经历那么痛苦的过程,便动手帮助小鸡剥开了蛋壳,小鸡没有经历痛苦便出来了。十几天后,人们发现这只小鸡与其他小鸡不一样,它臃肿肥胖,行走不便,觅食困难。父母们通过这一广告可以激起想象,明白没有经历磨难与挫折的小孩不可能成为一个健康而又有成就的人。这则广告既形象生动,又寓意深刻,给人以启迪。

(二) 探索问题的敏锐性

要形成好的广告创意,需要敏锐地探索问题。不同的广告与不同的消费者的想象有密切联系,因为当我们知觉事物的直观形象时,被感知对象的特征会与我们的观念、需要、偏好、自我知觉、人格动机等心理内容发生类化,出现符合自我知觉或自我需要的想象。例如,年轻人就不太喜欢"乐口福"的食品,因为很容易产生"老口福"的联想,不符合年轻人的需求;少女就不太喜欢吃"老婆饼"这种品牌的饼子,因其容易让人产生不舒服的想象。此外还要注意消费者的某些忌讳、创伤的经历,如汶川地区最好近些年都不要提"5·12"。充分考虑这些问题的敏感性才能产生适合不同地区、不同群体的广告,迎合不同消费者的观念、需求和自我感觉。

(三) 转移经验的能力

这一能力是指能把解决某个问题取得的经验,转移到解决类似的其他问题中去。在广告创意过程中需要转移经验,洞察广告内容与消费者想象间的关系,产生鲜明生动的具体表象。如中国的卫星发射常用嫦娥来命名,这极易激发人类梦寐以求的想象,即登上月球,探究外星球的奥秘。

(四) 形象思维能力

形象思维是凭借事物的具体形象和表象的联想来进行的思维活动,要形成形象思维,其广告内容要有一定的联系性,毫无关联的几个表象只能是图片的堆积。创造想象的基础是形象思维,只有把经验中的表象重新组织、编码、加工,才能创造出新颖独特并具有一定的内在逻辑的想象。广告创意应该注意形象思维,广告的画面之间必须有内在的、实质性的联系,否则观众很难再现广告的形象。有这样一则电视广告:几个青春靓丽的少女念着"苹果熟了,苹果熟了",而推销的是电器产品,让人无论如何也联想不到苹果熟了和VCD的出厂到底有什么关系。这种缺乏创意的广告,非要把美丽的少女和冷冰冰的电器商品拼在一起,给人一种不伦不类的感觉。

(五) 预见能力

预见能力是通过想象来推测未来的能力。人类自古以来就倾向于预测未来,法国著名科学幻想作家儒勒·凡尔纳被誉为能想象出半个世纪甚至一个世纪以后才能出现的最惊人科学成就的预言家,他在作品中想象的电视、直升飞机、潜水艇及导弹在一百年后的今天已成为现实。广告创意需要预见,预测广告中的商品投入市场的未来前景,最易接受该商品的潜在消费人群,如何促成本商品的流行等。对消费者消费心理的变化作出预测,引导消费者的消费理念、消费倾向,做好计划预测,管理与调控对消费者心态的预测是广告创意取得成功极为关键的一步。因为消费者的行为不都是理性的,有时是盲目的甚至是非理性的,利用好这一点,在广告中预测到观众的心态是造成产品流行的最好商机。

(六) 运用语言的能力

语言是一门艺术,是广告中非常重要的艺术。我们在广告设计中有目的、有意识地利用文字、图片、符号、动作等无声语言和有声语言的结合,能够劝服对象改变或形成某种心理与行为。康佳彩电的一则广告就说明了这一点。当电视机已在城市达到饱和的时候,就需要扩大消费人群,使之进入农村的千家万户。广告宣传的对象是农民,其广告词特别简洁:"康佳彩霸,牛!"这符合农民群体的语言特色,鲜明地体现了传播学中对谁说、怎么说和说什么的问题。

其次,语言活动要符合逻辑推理,考虑其内在的连贯性,不要让观众产生偏离广告宣传的想象。如,新飞冰箱广告词:"新飞广告做得好,不如新飞冰箱好。"消费者听后觉得,既然新飞广告没有冰箱好,你做广告干什么呢? 一个公司连一个广告都做不好,其产品的质量会怎么样呢? 这些容易出现逻辑矛盾的广告词,会使观众对产品的可信度产生怀疑,降低广告的说服力。

第三,语言活动具有社会性与地域性。语言是人类特有的社会现象,每一个民族、每一个地域都有自己的语言风格。云南盛产马铃薯(中原及东北地区叫土豆),制作的土豆片风味独特,但起初的广告词"吃洋芋长子弟"很难被省外人所理解,因而很难在省外市场打开销路(在云南方言中,"洋芋"指土豆,"子弟"是漂亮、潇洒、英俊、健康的意思)。随着商品流通的全球化,一个企业可能在不同地区都有自己的经销商,因此广告、包装、品牌标识必须考虑不同地域人群的语言特殊性问题。

二、广告中的联想应用

广告创意同样需要联想,联想是指客观事物之间的某种联系反映在人脑中,形成心理意象之间的联系,如一提到"母亲"人们就自然而然地想起"婴儿"。因此,在空间和时间上同时出现或相继出现,在特征、特性或意义上相似或相反的事物都会在心理上建立联系,只要其中一个事物出现,就会在人脑中产生另一个事物的表象,这就是联想,例如"洗心"很容易使人联想到"革面"。

在广告设计中,广告的主题需要由语言、文字、图形符号或事物形象甚至某种韵律来实现,在设计中要注意联想的规律对观众心目中广告主题的再现作用。

(一)联想规律在广告设计中的运用

联想最早是亚里士多德提出来的,心理学认为联想可以分为接近联想、对比联想、相似联想及因果联想。

1. 接近联想

接近联想是指由一事物联想到空间上或时间上与之相接近的事物,如从粉笔很容易联想到黑板,由"九一八"很容易联想到日本侵华所造成的灾难。广告设计中要注意接近联想,有一家超市希望图个吉利,将其超市命名为九一八,原想"就要发",而顾客则很容易联想到日本的侵华战争,没开几天就倒闭了。

2. 对比联想

对比联想是由某一事物的表象使人回忆起具有相反特征的事物,如白昼与黑夜,善良与邪恶,是与非,爱与恨等。广告设计常常采用对比联想来达到对比与反差的效果,例如,"黑妹"牙膏的广告商巧妙地利用了对比联想,用"皮肤的黑",衬托出牙齿的白。

3. 相似联想

相似联想是由事物的特征相同或相似很容易由某一事物联想到另一事物,如,由春暖花开的景色很容易联想到情窦初开的少男少女。在广告设计中要将商品的某些特征与其同类的事物联系起来,使人由熟知的事物联想到广告的商品,即所谓"记得绿罗裙,处处怜芳草"。如,品牌"七匹狼"很容易使人联想到男性的刚猛、坚韧及彪悍的气质;由"大白兔奶糖"的白兔很容易联想到幼儿的活泼、可爱及乖巧听话。

4. 因果联想

因果联想是在事物之间存在某种因果逻辑关系,人很容易由于某一事物的出现而使其联想到具有因果关系的另一事物。如由房地产开发商很容易联想到房奴。因果联想在广告设计中的应用非常广泛,客观事物的内在逻辑联系可以使人预见到另一事物的出现,这些事物的相继出现不但存在必然性,而且存在内在的逻辑性,广告可以利用这一特性,抓住不同群体的心理来实施广告宣传。例如,成熟的女性会因为产品使用贵妃、嫦娥等品牌而联想到雍容华贵、富丽堂皇,但青春少女则会联想到老土、不时髦、不新潮,对其应采用具有浓郁的现代气息(如少女之春,姗拉娜,安琪儿等)的品牌。

(二)广告设计应注意选取联想的素材

联想的心理成分是表象,它可以借助语言符号、具体事物,甚至是姿势与形状等刺激在人脑中建构新的表象,正确利用表象是非常重要的。一个事物可能引起多种联想,如狐狸可以是娇媚的女性联想,也可以是装腔作势、卖弄虚荣的狐假虎威。理解制约联想的因素对于广告设计有重要意义,广告设计可以充分利用场景、意境、颜色、花卉、音调、线条及形状来达到联想的效果。

下面介绍几种常见的方式:

1. 线条与形状联想

纵线容易激发人崇高、敬畏神圣的情感;而横线易营造无限深远、广阔的境界;波纹线能让人产生流动、跳跃、轻松、灵巧的感觉;三角形给人一种野心、扩张、攻击性及不稳定性的感觉;圆形给人一种圆满、和谐、顺心顺意、心想事成的感觉;而长方形给人一种刻板、不灵动的感觉。所以在使用不同的线条和形状时应注意动静配合,收放自如。

2. 音调联想

古希腊人早就发现乐调能使人产生联想,调节人的身心状态并可以用来改变人的心态,如 E 调使人联想到安定,D 调联想到热烈,C 调和蔼、祥和,B 调哀怨、诉求,A 调激越、高昂,G 调使人心灵不宁、心浮气躁,F 调消磨人的品性,使人产生淫荡好色之联想。

英国学者波尔曾对乐调与人的心理之间的关系作了深入的研究[①]。

A 大调自信、希望、和悦、真挚;

A 小调使人联想到女人的柔情,北欧民族的伤感和虔诚;

B 大调嘹亮、勇敢、豪爽、骄傲;

B 小调使人联想到悲哀或产生恬静的期诗;

C 大调纯洁、果断、沉毅、宗教情感;

G 大调真挚的信仰、平静的爱情、田园风味、谐趣;

G 小调波动性,有时忧愁,有时高兴;

升 F 大调嘹亮、柔和、丰富;

升 F 小调阴沉、神秘、热情;

降 A 大调梦境中的情感;

F 大调和悦、悔悼;

F 小调悲愁。

音阶同样是产生情感联想的重要因素,正确使用音调与旋律往往会得到意想不到的广告效果。

短二阶悲伤、痛悼、退让、焦躁疑虑;

短三阶悲伤、愁苦、骚动、平静、满意;

第三阶欣喜、勇敢、果断、自信;

四阶满意、欣喜、力量,偶尔联想到伤感;

五阶平静;

六阶和悦、力量、勇敢、胜利;

长六阶柔情、希望、满意或悲伤;

七阶骚动、不满意、惊讶、幻觉;

---

① 朱光潜.《朱光潜美学文集》第 1 卷,上海:上海文艺出版社,1982 年 2 月第一版:315—317.

八阶完善、成就、焦躁、哀悼。

3. 颜色联想

颜色联想是指色彩能激发人的思维，激活个体的想象，增进对广告中的商品最佳的记忆效果，柔和的色彩可以愉悦人的情绪，使消费者产生积极的心理活动。

白色使人联想到欢喜、明快、洁白、纯真、清洁、轻松、愉悦；

黑色使人联想到静寂、悲哀、绝望、沉默、恐怖、罪恶、严肃、死亡、神秘；

黄色是希望、快活、愉快、发展、黄金、财富、智慧、珍贵、优雅；

红色是喜悦、热情、爱情、革新、太阳、火焰、血液、势力、恋爱、卑俗、愤怒、积极、兴奋、刺激；

蓝色是沉静、幽远、踏实；

灰色是中庸、平凡、温和、谦让、忏悔、寂静、冷淡、现实；

橙色是嫉妒、虚伪、热烈、活泼、积极、生气、乐天；

绿色是草木、和平、遥远、健全、安息、生长、旅行、安全、平静、舒适；

青色是诚实、磊落、海洋、悠久、广漠、沉静、消极、优雅；

紫色是优雅、高贵、壮丽、神秘、不安；

粉红色是娇嫩、青春、明快。

4. 花的联想

不同的花能使人产生不同的想象，亦引起观众的遐思：

八仙花使人联想到见异思迁；

小球花是同心协力；

茉莉花为独立；

金银花为爱情；

蔷薇花为随和友善，不被注意；

石榴花为热情如火、奔放、现代；

荷花为清新淡雅，出污泥而不染；

牡丹为雍容华贵；

铃兰花为幸福重归；

大红花为安慰；

蝴蝶花为宁静的喜悦；

夹竹桃花为危险的爱情；

勿忘我为真实的感情；

小白菊花为诚实；

水仙花为自负、自恋、孤芳自赏；

樱草花为欲望。

第三节　广告中的暗示

暗示与被暗示是人群中信息传播，接收处理，做出与当前情境要求相一致的行为的一种现象,暗示的主要作用是使被暗示者在无意识状态下做出符合暗示者愿望的行为。广告不仅仅是让观众了解、知晓某种商品的信息与功能,其最终目的是让消费者在毫无阻抗的前提下不由自主或由于潜意识欲望的冲动而做出符合广告宣传者意愿的行为,广告设计者熟练掌握暗示的原理与技巧不但可以拓展市场,把握商机,同时还可以在某种氛围中让公众形成追求时尚潮流的心态,使广告宣传的商品形成流行的趋势,本节主要讨论暗示的概念、种类及功能。

一、什么是暗示

暗示在人的心理中是最常发生的现象,是人类最简单、最典型的条件反射。只要具有暗示性质的刺激作用于个体,个体就会根据暗示刺激的要求来调节自己的生理、情绪、思维与行为。暗示很早就被人类应用于日常的生活和人际的沟通与信息交流中。

对暗示的定义主要有下列几种:第一种解释是俄国生理学家巴甫洛夫认为暗示是“在人的催眠现象中引起的特殊注意”;第二种解释是苏联心理学家彼得罗夫斯基认为受暗示性在于一个人很容易受别人的影响,他的行为动机不是从自己形成的意见和信念中产生的,而是来自周围环境(他人)影响的结果;第三种解释是美国心理学家康克林认为暗示就是人的认知作用不加批判地接受,这种接受表现为一种信仰或行动的态度;第四种解释是日本的心身医学家池田西茨郎认为暗示就是一个人不加批判地接受他人语言或其他刺激,由此产生特定的知觉观念、信念情感和行为的现象。

简而言之,暗示就是暗示者用含蓄、间接的方式或媒介对被暗示者的心理状态产生迅速影响的过程,由于人的心理差异,暗示也因人而异。有这样一个流传久远的故事,两个欧洲商人到非洲的一个岛上去推销皮鞋。这里的天气炎热,岛民历来都是光脚走路。第一个推销员看到所有的岛民都打赤脚,接受了失望的暗示:“这些人天生都打赤脚,怎么可能买我的皮鞋呢?”于是便灰心丧气地回去了;而另一个推销员看到岛上的人都打赤脚,接受了成功的暗示:“这些人都没有皮鞋穿,这里的市场太大了!”他想方设法,诱导岛民穿皮鞋,结果满载而归。

这是在某种情境下接受的暗示,由于这两个推销员的自动化思维的差异,产生的心理暗示也有很大区别,其获得的成就完全不同。在广告劝说中积极地利用暗示会收到意想不到的效果。

二、暗示的种类

人们按不同维度对暗示进行分类,一般根据暗示的动机维度分为直接暗示、间接暗示与反暗示;根据暗示的对象分为自我暗示、他人暗示和情境暗示;根据受暗示者的意识清晰程度分为觉醒状态暗示和非觉醒状态暗示;根据暗示的信息来源分为语言暗示、药物暗示、手术暗示、榜样暗示等。广告暗示多根据广告动机来设计自己的暗示情境。

(一)直接暗示

直接暗示是含蓄但并不掩饰动机的直接提示,如高速公路上的提示牌非常直接,“这里是事故多发地段”,“此处已安息了××位驾驶员”,就像马来西亚公路的广告标语:“阁下,驾驶汽车,时速不超过30公里,可以饱览本市的秀丽景色;超过60公里,是想到法庭做客;超过80公

广告心理学 第二版

里，准备光顾本市设备最新的急救医院；上了100公里，君欲就此安息！"

直接暗示提出的是事实，是前提条件，给被暗示者提供多种选择的可能性，并不给被暗示者提供某些忠告与选择。直接暗示的目的是让被暗示者自动地选择暗示中所提供的某些信息并力图做出最佳的选择。在广告中我们只提供做出这种选择的利与弊，而不要求消费者必须这样选择。卡耐基曾经说过[①]："不论意见多么中肯，被别人强迫而接受的意见，总不如自己提出的精辟——所以，懂得这层道理后，硬要别人接受你的意见，将是很不聪明的做法，最好的办法就是给他一点暗示，由他自己去思考并做出结论。"

设计广告时，创意者不应该强加给消费者某些思想，而是有意识地进行暗示。比如，消费者往往对正品与次品分不清，对商品的价格差产生怀疑，于是许多商家告诉客户，商人的一切行为都是为了追求利润，没有卖错的，只有买错的。这就是对顾客的一种直接暗示，它可以直进直出，不必绕圈子，这样显得商家更加真诚朴实。再比如，常常会听见推销员说"走过，路过，千万不要错过"，这就是直接暗示过往人群不要错失良机。

（二）间接暗示

间接暗示是暗示者凭借其他事物或行为中介，将某一事物的意义间接地提供给受暗示者，使其无意而迅速地接受，这种方式特别适合含蓄与间接思维的东方人群。例如，黄梅戏《天仙配》就用了许多间接暗示的语言："树上的鸟儿成双对，绿水青山带笑颜"，一幅生动的恩恩爱爱的夫妻场面呈现在每个人的眼前，适当地应用间接暗示能使消费者更容易接受你的广告宣传；再比如，大宝化妆品"大宝天天见！"就很好地采用了间接暗示；红豆西服的品牌名称同样是间接暗示，使它与相思相悦密切地联系在一起。

间接暗示不像直接暗示那么容易理解，但一经领悟，便体验深刻，促人深省。

（三）反暗示

反暗示是利用被暗示者的逆反心理含蓄而委婉地表达与显露动机相反的暗示。使用反暗示达到劝服效果的例子很多，最生动的例子是18世纪法国著名农学家安瑞·帕尔曼切，他发现在法国有一种叫鬼苹果的植物（现在的马铃薯）的营养价值很高，可以用来作为国民的食物，但是当时的法国宗教把马铃薯叫作鬼苹果，医生认为它有害人体健康，法国人就不把它当作食物。如何让法国人在毫无阻抗的条件下心甘情愿地把马铃薯当作食物呢？帕尔曼切使用了反暗示的技术，他要求国王允许自己在一块低产田里种上马铃薯，四周建立高高的围墙，由一支保护国王的全副武装的卫队看守，卫队白天巡逻，晚上便有些懈怠。当地老百姓认为皇家卫队看守的地里一定栽种了非常珍贵的植物，有人在晚上悄悄地偷走马铃薯并细心栽种在自己的地里，结果使马铃薯很快成为法国人不可缺少的食品之一。这一反暗示利用了禁果逆反的原理，就像上帝告诉亚当和夏娃不要去吃树上的果子一样，然而越是试图掩盖的东西，人们的探究心理也就越强烈。

三、暗示的功能

暗示是人在无意识中或毫无心理抵抗的状态下接受暗示者含蓄、委婉的提示而影响其心

---

① 赵燕云，常征，丁岚.《卡耐基妙语》.中国友谊出版社，1999年版

理的变化,其主要作用在于:

(一) 引起人的心理及生理反应

当一个人认识到某种事物存在时,尽管这种认识没有充分的证据,甚至只是一种主观肯定的假设,但他也倾向于对其做出反应。人的生理反应是在对刺激的假设与评价后才出现的,就像一个晕车的人没有晕车药,他肯定要晕,当身边的朋友给了他维生素并告诉他这是最高级的晕车药,这一天的旅途奔波中晕车者不但不晕车,还一路谈笑风生地到了目的地,这是因为晕车者认为既然吃了最好的晕车药,再晕是不正常的,其生理症状自然也不会出现。

(二) 使对方无压力地接受影响

当人们觉察到他人有意识地要说服自己时,往往会在心理上产生抵抗与防范,尤其是被说服方存在心理或情绪障碍时,直接劝告很容易使之产生心理逆反。而利用暗示可以消除对方的心理戒备,达到良好的说服效应。广告说服应在消费者无压力、没有心理防范的条件下进行,例如开酒吧的不一定要弄个"××酒吧"的招牌,一提杏花村,谁都知道是喝酒的地方,当你看见一家门联是"刘伶借问谁家好,李白还言此处佳",便知道这是家酒吧。

(三) 暗示是人际影响的主要形式

在现实生活中,人类的许多行为都是无意识地对来自环境的各种暗示做出反应。正如英国心理学家德波诺(E. de Bono)在《思维的训练》一书中,阐述了"拱道效应"或"名牌效应",一群学生(也许并非是智力高的学生)进入名牌学校就会成为有成就的毕业生,而另一群学生(其中有智力高的学生)进入劣等学校就会成为成就低下的学生。名牌本身就是一种暗示,暗示自己达到了某一境界,具备了某种身份、地位与价值,广告创意中的名人效应、美女效应都是一种暗示,让消费者积极地去模仿、认同广告中的代言人,从而接受与认同该广告所推销的产品或内容。

(四) 暗示的用途广泛

著名的精神分析学家西格蒙特·弗洛伊德(S. Freud)用暗示来治疗心理有问题的人,收到明显的治疗效果,他认为:"暗示的影响对于我们每个人来说成了一个巨大的谜,因为我们承认这种影响不仅是由领袖施加的,而且也由每一个人施加于另一个人。"暗示在广告销售过程中的用途非常广泛,同一件衣服摆放在不同档次的商店自然有不同的标价,同样质地的衣服出自不同的服装设计师之手,其价格会有天壤之别,同样的商品给予不同的商标,其价格差很大。把握暗示的实质,积极进行暗示是广告研究的主要课题。

第四节 暗示在广告中的应用

暗示在广告制作中应用得非常普遍,通过暗示可以使广告内容给消费者一种自然、亲切的感受,容易诱发消费者的购买欲望,使其在毫无抵抗的状态中接受广告的信息与内容。本节主要讨论影响广告暗示效果的因素以及如何在广告中运用暗示技巧。

一、影响广告暗示效果的因素

影响广告暗示的因素主要有暗示者、被暗示者和暗示的情景等。

（一）暗示者

暗示能否成功取决于暗示者，在广告传媒中挑选形象大使也就是在挑选暗示者，所以形象代言人是非常重要的。而一个好的暗示者应该具备许多条件，而不单是美女效应或名人效应。一个暗示者的弄虚作假也许能蒙骗消费者一时，但真相大白以后会使众多的消费者对该产品产生极端的否定，导致该产品退出市场。如，有些产品邀请具有金童玉女形象的明星来代言，但一旦其私生活中某些消极的东西曝光以后，人们会长时间对该产品的理念或意识持抵触、怀疑的态度。因此选好一个形象代言人不仅仅是今天的事情，它关系到一个品牌的未来市场发展。一般来说，一个暗示者的信任度、知名度、美誉度、信心、体力、身材、性别、年龄、知识、权力、地位、威望、品德和人格魅力以及与代言该产品的消费人群的相似程度都会影响暗示的效果。代言人与该产品的消费者相似程度越高越容易起到暗示作用。如，让农民代言农具更有说服力；而让一个娇柔的美女把农具说得天花乱坠也无人问津。人格魅力的真诚，不虚伪、诚信、友善并能从消费者的角度来考虑更能打动人心。代言人应具有权威性，对代言的产品非常熟悉，尤其是在高科技与知识经济时代，许多商品都具有高技术、高科技的特性，让观众非常熟悉的歌星、影星来代言，就像一个少女去代理婴儿用品一样，显得很不合适，无法让消费者对产品特点产生信任感。许多广告商家请这些影视明星做广告实在是得不偿失。

（二）被暗示者

了解和熟悉受暗示者的特征，对广告暗示效果也有重要作用。受暗示者的人格特征、情绪、性别、年龄、文化程度和当前的心理状态都影响暗示的效果。

一般情况下，女性比男性容易接受暗示，因为女性情感比较丰富，直觉性强；少年儿童比成人更容易接受暗示，其情感随情境变化，喜欢追时髦与赶潮流，加之意识控制相对较差，容易接受广告的说服；老年人有时比中年人容易接受暗示。

被暗示者的人格特点同样影响暗示，场依存型的人由于其心理场容易受到干扰更容易接受暗示；而场独立的个体由于心理场相对独立不仅不会接受暗示，有时还会产生抵触心理。敏感、多疑、爱慕虚荣与追求时髦的女性比普通女性易受暗示。

被暗示者的当前心理状态也会影响暗示，如受暗示者的需要、动机、兴趣、爱好、定势与期待等。不符合受暗示者的需要与期待的广告内容不但不会产生暗示，甚至会引起反感。曾经有一则美容广告就令许多女性反感，主要原因就是广告语不符合女性的期望与需要。在这则广告里，一个小女孩面对面容苍老的母亲说："我好久没有见到爸爸了。"然后画面上显现苍老的女人试用该护肤品以显得年轻。在离婚率急剧上升的今天，家庭婚姻变得越来越不牢靠，已婚妇女梦寐以求的就是一个完整而和谐的家庭，这则广告对男性贪图美色的行为产生了不良的暗示，也增强了已婚妇女对丈夫外遇的过分担心，这种广告无论从社会舆论，还是人伦道德方面都是消极的。

（三）暗示的情景

广告需要创设一定的暗示情景，也就是说人要接受某种暗示需要具备一定的场景，两者之间可能是有某种内在联系的，一般在群体心理效应、时间、模仿、感染等方面是极易影响暗示效果的。

群体心理效应是指群体的数量、意见、行为以及他人的特殊行为会影响暗示的效果。德国心理学家勒温在研究群体动力学时指出，一个确定的群体中个体成员们的动机通常是强烈地联结在一起的，用群体介入来诱导社会变化，一般比直接影响个体要容易。只要群体的价值规范不变，个体就会更强烈地抵制变化，使其行为不离开群体的标准。这一效应在黑猩猩的实验中同样获得证实：在一个房间里放进几只黑猩猩，在房间的某一角落放上一些香蕉，黑猩猩特别喜欢吃香蕉，当黑猩猩一去拿香蕉时实验人员就用高压水枪去喷它们，久而久之这些黑猩猩对地上的香蕉熟视无睹，谁都不去动它。这时候放进一只新的黑猩猩，新来的黑猩猩（没有群体规范）去取香蕉，这一群黑猩猩非常愤怒，竭力阻止甚至要揍那只新来的、不懂事理的黑猩猩。尽管这时候已经没有高压水枪去喷射它们了，但是黑猩猩们仍会遵循着之前已建立的群体规范，并竭力阻止规范被破坏。广告的暗示可以利用群体规范和价值观念的特点来影响群体中的每一位成员。

暗示不但需要一定的场合，更需要安排好暗示出现的时间。人的心理与生理在一天时间里呈现周期性的节律活动，在某一时间可能更容易接受暗示。有研究表明：女性在早上不太容易接受暗示，而到了晚上暗示就相对容易一些，这时她们的抗拒力较弱，警觉性低，比较好沟通，对经济也不是太敏感，因此对女性的广告宣传与商品交易可在夜市进行。正如有些商家所说：女性早上逛街是只看不买，而晚上逛街是只买不看。

模仿与感染是指个体对某种心理状态无意识地、不由自主地遵从，这种遵从不是使受暗示者接受某种信息或行为模式，而是通过某种情绪状态的传递而表现出来，这时的暗示使受暗示者不再动用理智，也不进行思考。正如日本大地震导致核辐射事件后，许多被暗示者出现的非理智的抢盐行为，一天之间各大超市的食盐被高价卖空。一般来说具有恐吓与警示性作用的广告或小道信息常导致人群的模仿与感染行为。例如，1962 年 6 月，美国最大的纺织城市发生了一桩神秘的感染事件，有一位纺织女工对同伴说她被一种奇怪的虫子咬了以后出现了奇怪的疾病，症状是身上起红疹、神经紧张、头痛头晕、恶心想吐、四肢无力、麻木和刺痛。几天之内，这种怪病迅速地在纺织女工群体中蔓延开来，许多女工都认为是棉花里有一种奇怪的毒虫咬伤了自己而住进了医院，经检查棉花是无害的，主要是女工长期紧张、焦虑、孤独而造成的歇斯底里传染症，该事件由于是发生在六月便被定为"六月虫"事件。

二、广告中如何应用暗示

广告中应用暗示是一种最常用的手法，在广告设计中要完美地使用暗示应注意下列问题。

（一）利用暗示的不同种类对消费者进行广告劝服

在创意中可以综合应用直接暗示、间接暗示和反暗示，既能造成含蓄的直接提示，又能以间接的方式提供给受暗示者信息。大宝洗面奶的广告就是各种暗示的完美结合。首先是各行各业的人群在使用大宝，"大宝呀！我们天天见！"这是直接暗示；"我的那一瓶被我老爸用了"，间接暗示大宝洗面奶是女性、男性、不同职业的人都可以用，连老年人也适用，因此"要想皮肤好，早晚用大宝"的广告词一直流传到今天，经久不衰。

（二）激发个体的潜意识

潜意识最早是精神分析学之父弗洛伊德提出来的,它是一种潜伏的、压抑的秘密、怨恨、爱及某些强烈而原始的热情、欲望、本能与冲动。它影响人类的日常生活、感觉、思想与行为模式,驱使个体做出无意识的行为与心理。精神分析的任务是将潜意识的内容加以意识化,让人们能意识、感觉到压抑在自我心中的那些强烈而原始的热情、欲望、本能及冲动。了解与激发消费者的潜意识对于广告创作是很重要的,一旦个体的潜意识被激起,他就会在潜意识的驱动下,不由自主地接受广告中的暗示。驱动个体潜意识的动因有来自外部的刺激,也有来自受暗示者内部的某些心理因素。

不管个体在清醒还是睡眠之中,外界的刺激都可以形成潜意识的动因。人的意识是一个从不间断的意识流的活动,许多发明创造都是主体在觉醒或模糊的状态下接受外来刺激所形成的不经过逻辑推理而借助潜意识的直觉、领悟、灵感与快速判断的结果。广告创意需要潜意识的灵感,消费者对广告的接受同样需要潜意识中的领悟,使消费者在众多烦杂的广告堆里眼前突然灵感一闪,就是它了,这种广告无疑是非常成功的。

潜意识活动并不是无动机的活动,由于主观或客观的要求使个体压抑或隐藏动机,将意识的动机转化为无意识的动机。如跳舞的行为就属于两种动机的驱动,意识的动机是人际交往,符合客观的要求,潜意识的动机是性的驱力,符合主观要求。

潜意识的活动在某种程度上既反映社会客观的意义,又反映个人的主观心理意义,激发潜意识的内在动因有思维、想象、情感、生理需求与定势等。

思维动因是潜意识的动力,弗洛伊德将梦看作白天思维活动的残迹,许多富有创意的广告构思大多数来自设计者的梦。因为根据大脑皮层兴奋与抑制的规律,清醒时思维活动的记忆信息在意识抑制时进入潜意识,通过潜意识的活动产生顿悟与灵感,形成新颖而独特的广告创意,如有些药物广告就是躯体在梦中产生疼痛的感觉在梦境中出现的图像,如胃动力吗叮咛。

想象也可以构成潜意识活动的动因。因为想象是一种特殊形式的思维,通过想象同样会激发潜意识的活动,激活潜意识中沉积的残留表象。荣格所说的集体无意识是从人的祖先的往事遗传下来的潜在记忆痕迹的仓库(种族的历史及原始意象),它们是一些先天倾向或潜在的可能性,即采取与自己的祖先同样的方式来把握世界与做出反应,激活这些原形,自然会导致暗示效应。如葫芦就是医术的原型,太上老君将长生不老药装在葫芦里,中医就有悬壶济世的说法,身上挂着一个葫芦,就意味着救死扶伤。

情感是弗洛伊德潜意识理论的核心。情感动因是人的本能欲望要求实现的冲动和不能实现的压抑这一矛盾构成的情结,即一组一组的心理内容可以聚集在一起,形成一簇心理丛。潜意识中一定有成组的彼此联结的情感、思想和记忆,任何接触或刺激其单一的心理内容必然引起一连串的其他心理内容。如房子就是中华民族的情结,房地产不用广告也会让有些人见到房子就买,因为中国人喜欢稳定。因为要落叶归根,墓地也成为了困扰中国人的一个心结。此外,爱美是女性的一个情结,一些有关女性美容的广告就在这方面大做文章,使其产生生理、心理及情结的唤起,如丰乳广告就常用"做女人挺好"、"婷美"、"挺的感觉让人真好"、"不能让男人一手在握"、"女人不能太平"等等都利用了女性追求胸部丰满的这一情结,用词的刺激来激活潜意识的欲望,达到对广告商品的偏爱与追求。

生理需求是潜意识的强大动力,弗洛伊德把生理需求作为潜意识的动因,如性的欲求。原始的生物需要是机体最基本的生活力,它决定机体的行为趋向并驱使个体选择特定的刺激物。比如,在对男性用品的广告上不乏美女的图像,在对女性推销的广告中充满了帅哥的形象,这都是利用了人的生理需求。可以这样说,美女广告效应之所以经久不衰,正是利用了人的生理需求。广告创意应激发个体最深层次的生理需要,导致消费者最内在情感与欲望的兴奋,这样消费者就会自然形成相应行为定向,并产生接受广告宣传的意向性。

定势是主体状态的模式对以后心理活动趋向的制约性,定势不是个体的心理体验,只是对一定的心理活动形成的准备性与倾向性。定势是无意识的,它不受意识控制,原因有以下两点:第一,它是一种预先决定活动趋势的心理模式,是自动自发的过程,无需意识操作。其二,它把未来心理活动所必需的动力,所可能引发的情感,所需要的意向与操作都已预备好,只要一定的心理材料一出现,就自动出现其心理与行为。广告就应该是这样的心理材料,让观众无意之间接受暗示,做出符合广告者动机与意愿的行为。

(三) 利用逆反心理

逆反心理是社会心理学的一个重要概念,它是指个体对于外界主导的态度所持的与常规反应相悖的种种逆向反应。潘多拉魔盒就是一种逆反心理:宇宙之神宙斯给了少女潘多拉一个盒子,盒子里装满了人类的全部灾难与罪恶,要求她绝对不准打开,结果少女潘多拉经不起诱惑,违背了宙斯的意愿,打开了魔盒,结果人世间充满了灾难、罪恶与悲伤。尽管这是一个神话,但广告中可以利用消费者强烈的探究心理,制造某种逆反机制,使观众产生挡不住的诱惑心理。

1. 超限逆反

古希腊学者德谟克利特认为:"当过度的时候,最适宜的东西也会变成最不适宜的东西。"最好的广告也不应无间歇、无节制地在电视与其他媒体中连续播放,接触多了人们就会感到心烦。广告要简洁明快,这就像中央台有一套让男性进厨房的系列节目,整个过程都让人在体验中,而广告词只有一句"男人下厨房,绝对新时尚"。因此,强化要适度,广告尤其要避免简单而无新意的重复,让消费者厌倦、疲劳。

2. 情境逆反

广告的呈现应注意时机与场合。当个体在情绪状态良好、心情愉悦时易接受平时不能接受的信息。相反,个体的情绪状态焦躁、沮丧、抑郁时,就可能拒绝本来能够接受的信息。电视是广告的重要媒体,但在一个精彩的电视剧中插播过长的广告是不明智的,因为观众在这个情境中并不准备接受商家的信息,而是要欣赏电视剧中的精彩内容,这种不考虑情境而试图强行让观众接受的方式实在是不科学的。

3. 平衡逆反

人们总是倾向于心理上保持平衡的状态,在态度结构中,如果态度成分之间彼此不协调,内心就有一种压力,这种压力迫使各种成分趋于协调一致。广告设计中要注意观众的认知平衡,防止认知失调。在瘦身广告中一般都用女性来做广告,这是因为传统观念中,女性需要保持苗条,假如用男性就显得有点冲突了。

4. 自主逆反

健全的人存在着一种趋向自主并试图摆脱外部控制的倾向,不愿听任别人的干预和支配。在广告设计中一定要注意将自主权、选择权留给消费者,如"我们都用××"这就破坏了消费者的自尊需要,容易使其产生"你们都用,我就偏不用"的心态,导致自主逆反的出现。

5. 信任逆反

广告信息的真实性与可信度是商品生命力的保证,当消费者缺乏对广告宣传的信任感时,其商品也不会被消费者接受,三鹿奶粉就是很好的例证。影响广告信任度的主要因素包括广告材料的真实性,内心的热情,说服的艺术与信任感。当前医药类的有些广告就缺乏信任度,过分夸大药品的功能,隐瞒药品的局限及毒副作用的信息。人们都知道世界上没有一试就灵的灵丹妙药,更没有包医百病的药品,而有些广告说:"嘿,可真灵呢? 刚刚吃下去,腰就不酸了,腿就不痛了,这走路呀都蛮有精神",这种广告显然缺乏信任度。

6. 禁果逆反

越是禁止,越容易引起人们的好奇心和探究反射。既不说明理由又使人觉得没有什么理由要禁止的东西,人们因为好奇反而越容易产生与禁止相反的意向,如劲酒的广告词很精彩,"劲酒虽好,不要贪杯!"就利用了禁果逆反的原理。

逆反心理是人类的一种常见的心理现象,广告商假如能善于分析人的逆反心理,根据逆反心理的特性来进行广告创作,常常能让消费者无意识和无抵抗地改变其原有的态度,产生符合广告商意愿的态度与行为。

第五节　广告创意中消费者的自我

在崇尚个性、强调张扬自我的社会里,广告设计同样应关注消费者的自我,因为消费者的自我形象不仅影响到对广告信息的接受,更影响到消费行为的选择。本节主要探讨广告创意对消费者的自我及其结构的关注与影响。

一、什么是自我

每个人都有对自己的感觉、看法与评价,我是一个什么样的人自然就决定了我的行为、我的选择以及我准备去拥有什么、放弃什么。在商场里我买得起和买不起往往不单纯取决于口袋里有多少钱,而取决于自我的感觉。在广告创意中设计者同样应重点研究消费者如何思考和定位他们自己,以及这些想法和感觉是如何形成与影响他们的消费心理的。心理学把自我定义为我如何看待我自己,以及个体在内心中对自己与周围世界关系的认知图像。自我更加重视个体的主观体验,消费者的许多消费其实都是提升自我,以便确定自己的身份、价值或地位,形成一种自我认同。比如,LV、香奈儿的女用包和一般品牌的包在材料、功能上并没有多大差异,而许多女性更愿意花更多的钱购买前者,这是因为消费行为通常更多地是依赖于消费者关于她自己的感觉而不是她真实的经济状况,青少年群体中的攀比心理,追求时尚与另类正是这种心态的反映。在广告设计中可利用自我的这一特点不断去改变消费者的自我感觉,从而产生新的消费行为。

二、自我的分类

对自我进行分类的标准很多,按自我的现实程度可以分为现实自我、理想自我;按自我的社会接纳程度可以分为主观自我与客观自我;按自我的范围来分一般把它分为物质自我、社会自我与精神自我;在广告设计中我们重点关注的应该是物质自我、社会自我和精神自我。

(一)物质自我

物质自我是真实的物体、人或地点,它可以分为躯体自我和躯体外自我。商品及人的所有物是躯体外自我的重要组成部分。对属于物质自我范围内的东西,人们都会赋予其一定的情感,如我会对我的祖国拥有一种感情,会为她去努力、去奋斗、去拼搏,甚至尽自己的责任、义务去保护她,如果她非常繁荣昌盛、国富民强,我就感觉很有成就感;相反,我就很自卑、很沮丧。一旦某种商品成为自我的一部分时,我们就会赋予其价值并利用它来积极地提升自尊感。

(二)社会自我

社会自我是指我们被他人如何看待和承认,它具有五个方面:1. 私人关系,这是指最亲密的社会关系,如朋友、家人,中国有句古话:物以类聚,人以群分,同一个群体的人都具有类似的物质自我;2. 种族,这是民族或人种特性,它具有共同的生活方式及文化;3. 政治倾向,如党派、团体;4. 烙印群体,包括罪犯、酒鬼、吸毒人群;5. 职业与爱好,如教师、文学家等,每一方面都伴随着一系列的期望与行为,影响其所在的同伴群体,等于直接干预某一个个体的社会自我。詹姆斯认为社会自我[①]是一种渴望被他人注意到的本能驱力,我们与他人有联系并不仅仅是因为我们喜欢有同伴,而是因为我们渴望被认可和拥有地位。女性的社会自我表现得尤为明显,许多女性为了获得他人的注意与认可,不惜在消费过程花血本,正所谓女为悦己者容,广告设计可以充分利用这一特性对女性进行销售说服,让其在社会中为了追求所拥有的各种社会地位和应扮演的各种社会角色中别人所期待的物质自我而产生购买行为。

(三)精神自我

精神自我是我们内部的自我,即心理自我,人的能力、态度、情绪、兴趣、动机、意见、物质和愿望都是心理自我,在广告创意中我们应激起消费者潜在的精神自我。这种自我有时对男性是一种压力,比如说:别人家的妻子都开宝马了,你的妻子连一台小车都没有,内心不免痛苦自责。广告设计中可利用消费者的精神自我设立同等的比较系,形成参照,让有些消费者在短期内接受广告宣传的理念与态度。

---

① [美]乔纳森·布郎著,陈浩莺译.《自我》[M].北京:人民邮电出版社,2004 年 9 月.

广告心理学(第二版)

三、广告创意中如何利用消费者的自我

自我是一个人对自己的看法与感觉,个体在与社会互动过程中自然会不断去完善自我、提升自我,这就需要借助外部的物质世界来修饰与包装,而商品正是一种最好的"装饰"材料,在广告设计中应注意:

(一) 不同的商品类型针对消费者的不同自我

在广告设计中应注意在宣传时针对的是观众哪个部分的自我,同样可以把消费划分为物质消费、社会消费和精神消费,例如物质消费针对物质自我,让消费者的自我延伸至"一旦拥有,别无所求"。

(二) 进行自我激活

只有激活了消费者的自我,才有可能使其出现消费行为,当自我出现了一定的期望值时,个体才会以相应身份出现。自我激活受以下因素影响。

1. 自尊

首先要研究消费者看待自己的方式,例如一个高自尊者更看重自己的形象,更容易借助商品来塑造自我。

2. 心境

消费者的自我观念有消极和积极之分,既有自己喜欢的地方,也有自己不喜欢的地方,个体往往在积极的方面动用更多的投资。如一个崇尚精神自我的人就会花更多的金钱与精力在知识与文化的消费中,一个专家学者的购书能力一定会比一个文盲高出许多倍。

3. 目标

在社会生活情境中,每个人都试图弄清自己想成为什么样的人或者想扮演什么样的角色,现在有些广告正利用了这一点。美容店的广告常用这样的语句:"一个美丽的少女让你带走,把剩下来的烦心事情交给我。"这激活了女性美丽的自我意象,女性当然欣然接受。

4. 社会背景

人所出入的社交场合往往跟自己的身份与社会背景有关,如教师的娱乐消费与其他群体相比较小,因为教师不太适合进入一些娱乐场所。人的社会背景的独特性同样决定人的消费行为,穷人不会光顾太奢华的名店,而富人很少会看得起摆在地摊上的商品。

5. 自我评价

自我评价影响消费行为,在一定的参照群体中,自我会形成一个相对稳定的比较系,周围的人都拥有某种商品,而自己还没有,这是非常痛苦的。在西方住在富人区的一般阶层的人的幸福指数比住在贫民窟里的一般阶层的人要低得多,主要在于比较体系的不同。现在年轻人的攀比心理、超前消费正是源于自我评价中的比较。

本章提要

想象是表象的加工,形成新形象的过程,其类型有无意想象、有意想象和再造想象、创造想象、幻想、理想与空想。

暗示是人类无意识地接受暗示者的信息,做出符合暗示者动机与意愿的行为的心理过

第六章 广告创意心理

121

程,它可以分为直接暗示、间接暗示与反暗示,也可以分为自我暗示、他人暗示,觉醒状态与非觉醒状态暗示,还可以分为语言暗示、情境暗示、药物暗示、手术暗示和榜样暗示。暗示的作用在于能够引起人们心理与生理的反应,让受暗示者无抵抗地受暗示者的影响。它也是人际交往与影响的重要形式,因此被广泛应用于广告、教育、宣传、社会心理与人际互动等过程中。

广告应用想象时要注意在创意中适当应用创造想象,广告设计者要重视培养自己的创造想象能力。广告离不开联想,常见的联想有接近联想、对比联想、类似联想、因果联想。在应用联想时不但要善于利用不同类型的联想规律,还应注意联想的素材收集。

暗示在广告领域中应用广泛。暗示的效果取决于暗示者、受暗示者与暗示的情景。在广告劝服中要注意暗示的类型,消费者的潜意识与逆反心理。

自我是消费者对自己的感觉、看法与评价,它与消费者的消费观念与行为密切相关。根据不同的标准,自我可以分为现实自我与理想自我,主观自我与客观自我,物质自我、社会自我与精神自我。

广告创意中可以利用观众的自我,针对消费者的不同自我来进行商品的广告创意,对观众的自我进行激活。观众的自我激活取决于自尊、心境、目标社会背景及自我评价等关键要素。

关键术语

想象、创造想象、暗示、觉醒状态、非觉醒状态、联想、潜意识、逆反心理、灵感、原始意象、定势、自我、物质自我、社会自我、精神自我、自尊、自我评价

复习思考

1. 影响创造想象的因素有哪些?

2. 良好的创造想象需要具备哪些心理能力?

3. 分析不同类型的暗示的差异。

4. 暗示的作用有哪些?

5. 广告暗示的效果来自哪些主要因素?

6. 分析广告暗示的心理策略。

7. 如何在广告创意中应用逆反心理?

推荐阅读

1. 欧阳康.广告与推销心理[M].北京:中国社会出版社,2000.

2. 田野.成功学全书[M].北京:经济日报出版社,1997.

3. [美]乔纳森·布朗著,陈浩莺译.自我[M].北京:人民邮电出版社,2004.

第七章　广告媒体的运用及其心理效应

第一节　广告媒体概述

广告信息只有通过媒体才能更广泛地传播给消费者,媒体作为一种载体,对于促进商品成功被消费者接纳起着重要的作用。本章将主要从广告媒体的客观角度和媒体感受的主观性两个方面进行介绍。客观方面,从媒体本身出发,介绍当今广告凭借的主要媒体,这些媒体的特点主要有哪些,广告商如何根据这些特点来选择、应用媒体为其更好地服务,提升广告效应,从而实现广告的目的;主观方面,从消费者的角度考虑,即广告媒体的心理效应,了解不同媒体引起消费者不同的感受,进而从消费者的立场和观点把握广告如何在不同的媒体中加以运用,以此来提高广告的效率,实现广告的目的。

一、广告媒体的定义和分类

当今的广告媒体多种多样,根据一定的标准可以对其进行划分。不同的广告媒体有不同的特点,在广告表现上有不同的优势和不足。下面主要介绍当今五种重要的广告媒体,即电视、互联网、广播、报纸、户外呈现的各种形式广告。

(一)广告媒体的定义

广告媒体是在广告者与广告宣传对象之间起媒介作用的物质,是广告者借以传播广告信息的物质性设施、载体和传播渠道。电视、互联网、广播、报纸、户外呈现广告的各种形式都可以称为广告媒体。当然,广告媒体远不止以上提到的这些,还具有更多的形式和内容。以上所列举的是一些重要而常见的广告媒体,本章也将主要介绍广告在这些媒体中的应用。

(二)广告媒体的分类

广告媒体是一种物质手段,随着科学技术的发展和进步,广告媒体必然会不断发展,并涌现出新的更有影响力的媒体。比如,2003 年互联网广告额才有 10.8 亿元,而 2010 年网络广告市场规模为 279 亿元,同比增长 79.3%。而到 2013 年,中国网络广告市场规模可能将达到 912.46 亿元,较 2012 年增长 48%[①]。总之,当前的广告媒体有数百种,面对如此众多的广告媒体,可根据不同的分类标准进行分类,常见的有三种分类方法。

---

① http://www.askci.com/freereports/2011-01/201112016528.html.

1. 按传播的功能分类

广告可以通过多种渠道进行传播,常见的渠道有视觉渠道、听觉渠道及视听混合渠道,因此广告媒体据此也有相应的分类。

(1) 视觉媒体。视觉媒体是以形体引起传播对象注意的媒介。视觉媒介是一种重要的广告媒介,因为心理学研究表明,人所获得的信息中的70%是来自视觉通道的。视觉广告信息通过视网膜进入视感觉通道,从而引起人们对刺激对象的认知过程。视觉媒体无处不在,互联网、电视、书刊、报纸、户外广告、电影、车载广告等都可以说是视觉媒介。

(2) 听觉媒体。听觉媒体是通过对人听觉器官的刺激完成信息传递过程的媒介。它以声音的方式把广告信息传递给受众,常见的听觉媒体有广播。

(3) 视听混合媒体。视听混合媒体是通过对受众的视觉和听觉进行刺激,完成对信息的传递过程,是视觉媒体和听觉媒体的结合,现在主要的几大媒体,多是视听混合媒体,如网络、电视、电影等。

2. 按表现的形式分类

广告的表现形式是多种多样的,常见的有电子媒体、印刷媒体、人工媒体、实物媒体、户外媒体、交通媒体等。

(1) 电子媒体。电子媒体是电讯技术发展的产物,常见的电子媒体有网络、电影、电视、广播、霓虹灯、电动广告等。电子媒体通过电讯器械和电讯技术,利用电磁波、电光源等物质传播广告信息,是现代社会最常见的广告媒体。

(2) 印刷媒体。印刷媒体是以印刷品传播广告信息的媒体。印刷媒体是现代社会重要的传播媒介之一。常见的印刷媒体有报纸杂志、商品传单、图书、海报、招贴画等。

(3) 人工媒体。人工媒体是通过人的表情动作和身体姿势,在人与人之间传递广告信息的形式。人工媒体包括广告表演宣传,影视明星、专家、模特表演,雇佣人在特定的时间地点散发和宣传印好的广告等。人工媒体通过人的直接活动,能更直接地影响消费者的消费观念和消费行为。

(4) 实物媒体。实物媒体是应用商品本身作为传递广告信息的媒体。实物媒体能引起消费者直观的感知,能使之更真实地接触和认识商品,如果商品本身是好的、有吸引力的,必然会吸引消费者,使之产生购买的欲望和行为。常见的实物媒体有商品橱窗布置、展销会商品陈列、订货会样品等形式。

(5) 户外媒体。户外媒体主要是指存在于开放空间的广告媒介载体,是指利用霓虹灯、路牌、建筑物、车船、条幅、灯箱、运动场、电动或电子户外广告、海报与招贴、节日广告等来传播广告信息的媒体。特别是一些大的赛事场地的广告展示,容易吸引更多的受众,起到很好的宣传作用。户外广告是历史最悠久的广告形式。历史上的店铺招牌、旗帜、字号等都可称为早期的户外广告。由于科学技术的飞速发展以及现代人思想的灵活性,户外广告在其表现形式上也有许多重大的突破。例如,利用卫星信号发射的现场广告、空中广告(如飞行表演、跳伞表演、热气球球身广告)、活人(模特)活动广告、实物放大(缩小)模型广告、充气放大模型广告、自动翻转(多面)广告、激光投射广告(利用建筑物反射、空中飞行物或云层反射)等等。这些全新的户外广告形式,在视觉外观上富有强烈的表现力与冲击力,因而在传达效果上比其他传统形式的户外广告更胜一筹。随着经济和城市建设的不断发展,户外广告不仅成为许多地方城市的风景,也成为判断一个地区经济发展状况的参照物。

户外广告媒体的特点:属于区域性媒体,宣传时间长,但不会被受众有意识地注意,所以关注度低,目标对象不明显。

3. 按影响范围分类

广告一经制作刊出就有一定的投放市场,针对一定的受众群体,据此可以把广告分为三类。

(1)国际性广告。国际性广告媒体指面向全世界播放或发行的广告媒体,如国际互联网广告、卫星电视广播、面向全球发行的刊物等。

(2)全国性广告。全国性广告媒体指面向全国播放或发行的广告媒体,如国家电视台、全国性报纸和期刊。

(3)地方性广告。地方性广告媒体指在省市等地区范围内播放或发行的媒体,如省市电视台、报纸杂志等。

总之,广告媒体的分类是多种多样的,但它们以自己独有的特点在广告信息的传递中有效地起着作用,通过对受众认知和情感的影响,促使他们从潜在的消费者向现实的消费者转化。

4. 新涌现的广告形式

(1)POP—销售现场广告。POP(Point of Purchase Advertising)广告,是指在商品进行销售和购买活动的场所所做的广告,它属于销售现场媒体广告。销售现场媒体是一种综合性的媒体形式,从内容上大致可分为室内媒体和室外媒体。室内媒体主要指货架陈列广告、柜台广告、模特广告、四周墙上广告、圆柱广告、空中悬挂广告等。室外媒介主要指销售场所,如商店、百货公司、超级市场门前和附近的一切广告形式,比如广告牌、灯箱、霓虹灯、电子显示广告牌等等。

图7-1 童鞋 POP 促销　　　　图7-2 中国电信 POP
　　　　　　　　　　　　　　　　　　海报图片

(2)DM—直接邮寄广告。直邮广告(Direct-Mail Advertising),又称 DM 广告,是指广告主把写好、印刷或处理好的广告信息像信函一样直接寄发给选定对象的广告形式。直邮广告

具有一般印刷广告的特点，能通过精美的图片、具有煽动性的广告语言吸引消费者的注意，所以体育用品、服装、化妆品、电子产品、图书杂志及一般的百货都适合采用直接邮寄的方式销售。与大众媒介相比，直邮广告能更方便、更有针对性地对潜在消费者进行诉求，这样便于控制广告的发行量，又能避免竞争对手的干扰，直接获得消费者的回应，并能通过回应情况判断广告效果。成功的直邮广告应采用人性化的语气，尽可能详细地介绍产品信息，用读者熟悉的语言和思考逻辑诚实地介绍产品，说明购买利益，反复申明商家所提供的服务或利益，并提供多种反馈途径，方便消费者采取行动。直邮广告的形式主要有销售信函、明信片、折页手册、产品目录、赠送试用品、邮寄贺卡等形式。直邮广告的操作方法主要是通过现实的或潜在的消费者数据库选择消费者，把根据这些消费者需求特别设计的邮件寄给他们，并鼓励收到邮件的潜在消费者采取行动。据统计，以广告费用支出计算，直邮是当今世界排名第三的广告媒介。

（3）植入式广告。植入式广告（Product Placement）又称植（置）入式营销（Product Placement Marketing）(也称"隐性广告"、"软性广告")是指将产品服务或品牌及其代表性的视觉符号甚至传统广告片策略性地融入电影、电视剧、电视节目、报纸、杂志、网络游戏、手机短信、小说等各种媒介内容中，通过场景的再现，让观众形成对产品及品牌的印象，继而达到营销目的的一种营销方式。

图 7-3　春晚中的植入式广告

（4）电影贴片广告。电影贴片广告是指将企业产品广告或企业形象广告与影片一同拷贝，在电影放映前播出的广告，也称随片广告。随着数字化技术的发展和数字电影的普及，有一些电影贴片广告以数字文件形式放映或通过网络、卫星直接传送到影院等放映单位。1994年起，随着中影公司开始引进国外大片，随片广告出现商业化。2001年中影公司委托上海天龙国际广告公司推出了2001年十部大片的随片广告竞标，即将大片的随片广告、影片形象使用权和其他的一些电影相关产品在社会范围内公开招标。

贴片广告的特点：(1)效果好。电影的画面质感好，声像具佳，广告效果逼真，能充分传达出产品的特性，使消费者印象深刻。(2)到达率高。观众进了电影院只能接受银幕的信息，所以电影院里播放的广告其传播的到达率是100％。(3)消费群体年轻化。电影院观众多为年轻人和消费层次高的人，他们一般是潮流产品的主要消费者。所以，只要将电影观众和广告受众锁定一致，针对目标消费群创作充满感染效果的广告，电影广告将会达到很好的传播效果。

小资料

电影贴片广告"高烧"，2010年奔4亿

《唐山大地震》上映20多天以来，温暖的亲情让每一个人感到震撼，但是其贴片广告的长度也同样让人吃惊。《唐山大地震》放映前，多个商业广告排队播出，从汽车到雪糕，从洋快餐到通信商，再到新片预告。等到影片正式开始时，观众已经进场了25分钟。本来就长达150分钟的影片，再加上25分钟的广告，总长度接近3个小时。观众不禁纷纷抱怨，到底花钱看的是电影还是广告。事实上，因贴片广告太长而引发热议的影片不在少数，例如，去年上映的《变形金刚2》。而根据全国最大的娱乐产业研究机构——艺恩咨询近日发布的研究报告，就在观众"一声叹息"的同时，贴片广告在国内急速扩张，今年市场规模已悄然突破3亿元，正向4亿元迈进。

最新数据：年增长率超60%　贴片广告2010或超4亿

进电影厅，没看电影就先看一串广告，已成为常态。业内称之为映前广告，也叫贴片广告。全国最大的娱乐产业研究机构——艺恩咨询近日发布的研究报告显示：2010年中国电影映前广告市场规模将达到4.2亿元，较2009年增长82.6%，预计到2012年有望达到9.4亿元，增速是互联网等新媒体广告的2至3倍。而在2007年，全国的电影映前广告规模不过0.4亿元。如图7-4所示，电影映前广告两年增长率均在60%以上，2010年预估增长率达82.6%。中影营销策划分公司总经理蒋德富接受本报记者采访时分析指出，中国电影映前广告仅占整体广告市场的0.3%，按照发达国家0.6%—0.8%的平均份额，该市场的发展空间巨大。蒋德富认为，在传统的电影票房收入之外，以广告为代表的新兴盈利模式将为产业链企业贡献更多收入。他预测，10年后，我国贴片广告规模将达到34亿元左右。

助涨因素：票房连年增长　带动贴片广告商机

艺恩咨询副总裁郗寿智在接受本报记者采访时表示，电影贴片广告的活跃与中国电影票房的连年增长密切相关。早在20世纪七八十年代，美国就出现了电影贴片广告，其发展十分迅速。但在我国，由于电影产业起步较晚，票房基数较低，直到1995年放映电影《真实的谎言》时才真正出现了贴片广告。而近年来中国电影票房的高速增长已经大大刺激了贴片广告规模的扩大。据广电总局统计，截至2010年6月底，全国城市电影票房已经达到了48.41亿元，比2009年同期的23.53亿元的票房整整增长了106%。要知道，这个数字比起2008年全年的票房还要高出好几个亿。对于中国电影的发展前景，业内专家乐观地预测，2010年中国电影全年票房必定突破100个亿。郗寿智认为，电影票房高速增长对于广告商来说是一个绝对的好消息：这个数字的背后意味着越来越多的人走进电影院；另一方面，目前中国电影的受众还是以中高收入人士和大学生为主，在今天和未来，他们必定是家庭财富

的实际支配者,对于品牌产品也有一定的消费能力。"这对于品牌商们来说无疑是一个巨大的商机,同时也是贴片广告越来越受青睐的主要原因。"郜寿智说。

密闭空间播放　传播成功率超九成

与其他广告传播方式不同,贴片广告在影院这样相对密闭的空间投放,且观影人群广,传播效果明显"独占鳌头",这也正是贴片广告获商家青睐的重要原因。

贴片广告"扩容"示意图

据 UME 国际影城经理刘晖介绍,在影厅中,由于环境光线较暗,亮晃晃的银幕无疑成为所有人视线的聚焦点,据调查,贴片广告传播成功率几乎可达到 97.4%—100%。刘晖解释道,比起植入广告,贴片广告在传播效果上更有优势。在电影放映前,一般观众都会提前15 分钟进场,由于影院环境特殊,观众在这段时间不可能进行阅读等其他休闲活动,只能靠看广告打发时间。"影片开始前,观众大脑处于兴奋状态,注意力相对集中,所以传播效果格外好。"刘晖说,加上大银幕中广告画面相对比较有质感,更容易让观众对相关品牌产生好感。而植入广告则相对比较隐蔽,如果观众不是特别留心,也许并不会留意到影片中的品牌。

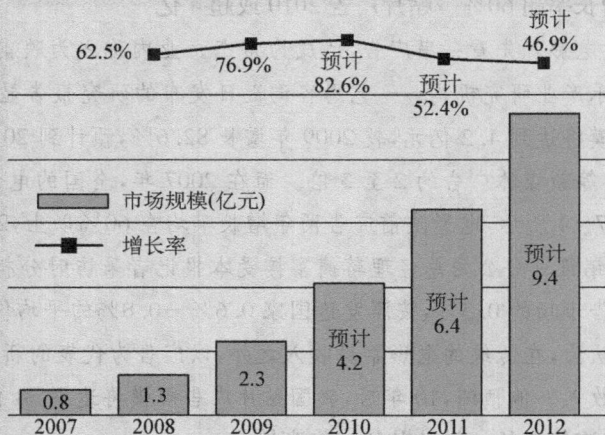

图 7-4　2007 年—2012 年中国电影映前广告市场规模及增长率

投放成本不高　性价比却很高

"比起其他媒体广告投放方式,电影贴片广告的性价比更高,也更随意。"中国电影产业研究中心主任刘浩东在接受记者采访时表示。

据记者了解,一条 30 秒的广告在影院中的投放价位大概是 60—80 元/场,如果包月播放或包厅播放,这个价格还会更便宜。而同一黄金时段在普通卫视频道播放一次广告,其价格至少也要 4000 元左右。据相关机构调查,相较于其他广告投放方式,电影贴片广告的投放成本也明显低很多。"对于商家来说,主要目的是追求最大利润,而贴片广告恰恰为商家最大地节约了广告投放成本。"刘浩东表示,在时间上,贴片广告也更随意一些,只要和影院方面沟通好,广告放一个礼拜、一个月,甚至一年,可以随意挑选。

(资料来源　《法制晚报》本版撰文/记者高嘉阳　2010 年 08 月 11 日.)

（5）网络广告。网络广告就是在网络上做的广告，即利用网站上的广告横幅、文本链接、多媒体的方法，在互联网刊登或发布广告，通过网络传递到互联网用户的一种广告运作方式。

网络广告发源于美国。1994年10月27日是网络广告史上的里程碑，美国著名的 *Hotwired* 杂志推出了网络版的 *Hotwired*，并首次在网站上推出了网络广告，这立即吸引了 AT&T 等14个客户在其主页上发布网幅广告（Banner），这标志着网络广告的正式诞生。中国的第一个商业性的网络广告出现在1997年3月，传播网站是 Chinabyte，但中国网络广告一直到1999年初才稍有规模。

常见的网络广告有以下几种：①网幅广告，它和传统的印刷广告有点类似，只是静态地展现在网页上，这种有限的空间限制了网幅广告的表现，它的点击率正在不断下降。②动态网幅广告，这种广告拥有会运动的元素，它的原理就是把一连串图像连贯起来形成动画，可以传递给浏览者更多的信息，也可以通过动画的运用加深浏览者的印象，它们的点击率普遍要比静态的高，所以它是目前最主要的网络广告形式。③交互式广告，交互式广告的形式多种多样，比如游戏、插播式、回答问题、下拉菜单、填写表格等。④文本链接广告，文本链接广告是一种对浏览者干扰最少，但却最有效果的网络广告形式。⑤电子邮件广告，电子邮件是网民最经常使用的因特网工具，电子邮件广告针对性强，它可以针对具体某一个人发送特定的广告。另外，电子邮件还有费用低廉的特点，且广告内容不受限制。但要注意现在大部分垃圾邮件的设定是针对商业广告的，因此企业要慎用邮件广告，这种策略可能会引起消费者的反感。

（6）公益广告。公益广告（Public Service Advertising）指不以盈利为目的，而为社会公众切身利益和社会风尚服务的广告。广告设计的目的是为公众谋利益和提高福利待遇；是企业或社会团体向消费者阐明它对社会的功能和责任，力图过问和参与解决社会问题和环境问题等等。它具有社会效益性、主题现实性和表现号召性三大特点。

电视公益广告最早出现于美国、法国等全国性大型电视网络，现在在欧美发达国家已相当普及。欧美电视台播出的公益广告大多是由一些国际性或全国性组织机构发布的，如国际红十字会、世界卫生组织、美国全国健康协会、联合国儿童基金会等。一些大公司不遗余力地制作公益广告，如 IBM 的《四海一家篇》、通用电气的《照亮人生篇》等。这些大公司敏锐地看到公益广告虽然不直接宣传自身产品，但可以突出强调企业的社会职责、意识和爱心，树立企业高尚的社会形象，所以实际上在倡导社会时尚的同时，也起到了极好的自身宣传作用。这些公司将商业广告和公益广告完美结合，双管齐下，牢牢占据着世界广告的领先位置，可谓物质精神双丰收。目前美国、法国和日本等国的公益广告已经占到商业广告的40％。

我国公益广告事业只有十几年的历史。1986年贵阳电视台播出的"请君注意，节约用水"的广告是最早的公益广告。1987年中央电视台利用黄金时段开辟的《广而告之》栏目开播后即引起各界广泛关注，推动了社会公益广告的发展。现在，几乎所有市级以上的电视台都有公益广告时段；各大城市的公共汽车、道路、显示屏、公共场所的公益广告已十分常见；媒体上的公益广告也迅速增加，尤以电视为最。

(7) 其他广告形式。广告还涉及其他的一些形式,如礼品广告、展览广告、包装广告等等。礼品广告以小型礼品或纪念品的馈赠为手段,博取用户对企业的好感和记忆。展览广告的形式多样,有博览会、展销会、交易会、洽谈会、交流会、新产品发布会以及固定场所的产品陈列等。因而展览广告的形式也是综合的、多种多样的。包装广告是与产品贴得最近的广告宣传。包装有小包装、中包装、大包装;内包装、外包装;软包装、硬包装。大包装、外包装、硬包装又称为运输包装,而小包装、内包装、软包装则都附带产品说明的性质,产品的详尽信息或企业观念的宣传大都体现在上面。

二、五大广告媒体

广告媒体的数量和种类繁多,目前看来主要有五大类,即电视、互联网、报纸、广播和杂志。

(一) 电视

现代社会电视普及率非常高,基本家家户户都有电视,正因为如此,商家非常重视这一广告阵地,电视广告插播率之高以及黄金时段广告费之贵已经是大家熟知的现象了。据国家广电总局初步统计,2010 年 1 月到 10 月全国广播电视广告收入同比增长超过 10%。目前虽然电视广告播出时间缩短,但是我国电视业经济效益却保持增长态势,2011 年中央电视台黄金资源广告招标额超过 127 亿元,同比增长超过 15%,创 17 年来新高。2010 年我国广播电视收入将首次突破 2000 亿元大关。行业内外对广电产业发展普遍看好,电视广告收入还将有较大幅度的增长。电视媒体特点主要表现在以下几个方面:

1. 声像俱全,表现形式丰富

电视集声音、形象、色彩和运动于一体,为广告表现提供了有效的手段,它能生动地表现广告内容,给人留下深刻印象。电视节目类型丰富,有教育、娱乐、服务、宣传等类型,又有实况转播、专题报道、电视购物等多种形式。另外,电视还可以配以字幕,可以用更多形式进行广告宣传。现在随着数字电视的发展,电视还有和网络连接的功能,更加增强了电视在广告传播中的作用,因为互联网广告也可以进入电视媒体。

2. 电视覆盖面广,受众广大

电视在当今社会普及率极高,有广大的群体收看电视,这对广告宣传非常重要。一个好的广告内容和表现还不等于成功,只有在此基础上拥有广大的受众,才能实现广告的效益。

3. 电视广告收费昂贵

电视是集视、听觉于一身的艺术,在广告制作的过程中,因其由画面、声音构成,加之观众欣赏习惯的需要,制作成本通常较高,加之其拍摄、剪辑过程复杂,所需费用也很高,与广播广告相比,其制作成本高出几十倍甚至上百倍。电视广告的收费比其他广告媒体相对要贵,特别是面向全球和全国性的电视广告更是如此,一般的商品和企业难以在全国性的电视节目中出现。企业可以根据自己的实力选择不同水平的电视节目播放广告。

(二) 互联网

1. 互联网的特点

国际互联网即 Internet,它是全球最大的、开放的、由众多网络互联而成的,主要采用

TCP/IP 协议的计算机网络以及这个网络所包含的巨大的国际性信息资源。互联网是现代电脑技术、通讯技术的硬件和软件一体化的产物,代表了现代传播科技的最高水平。互联网这种全新的媒介科技的特征主要表现在下述几个方面:

(1) 范围广泛。互联网实际上是一个由无数局域网(如政府网、企业网、学校网、公众网等等)联结起来的世界性的信息传输网络,因此,它又被称为"无边界的媒介"。

(2) 超越时空。互联网的传播沟通是在电子空间进行的,能够突破现实时空的许多客观的限制和障碍,真正全天候地开放和运转,实现超越时空的异步通讯。

(3) 高度开放。互联网是一个高度开放的系统,在这个电子空间中,没有红灯,不设障碍,不分制度,不分国界,不分种族。任何人都可以利用这个网络平等地获取信息和传递信息。

(4) 双向互动。互联网成功地融合了大众传播和人际传播的优势,实现了大范围和远距离的双向互动。

(5) 个性化。在互联网上,无论是信息内容的制作、媒体的运用和控制,还是传播和接收信息的方式、信息的消费行为,都具有鲜明的个性,非常符合信息消费个性化的时代潮流,使人际传播在高科技的基础上重放光彩。

(6) 多媒体,超文本。互联网以超文本的形式,使文字、数据、声音、图像等信息均转化为计算机语言进行传递,不同形式的信息可以在同一个网上同时传送,使互联网综合了各种传播媒介(报纸、杂志、书籍、广播、电视、电话、传真等等)的特征和优势。

(7) 低成本。互联网的使用是比较便宜的。因而广告策划人员当然要研究如何运用互联网的强大功能来从事广告活动。

2. 互联网广告的特点

在互联网刊登或发布广告,是通过网络传递到互联网用户的一种高科技广告运作方式。与传统报纸、杂志、电视、广播及户外广告相比,网络广告具有得天独厚的优势,是实施现代营销媒体战略的重要部分。目前,中国互联网已经形成规模,其应用正走向多元化。在互联网上投放广告已成为众多商家的选择,特别是在大型的门户网站投放广告更有可能会带来广大的受众,因此商家会在发展战略中给予互联网广告重要的位置。

互联网广告的优点如下:

(1) 传播范围最广,受众庞大。网络广告的传播不受时间和空间的限制,它通过国际互联网络把广告信息 24 小时不间断地传播到世界各地。只要具备上网条件,任何人在任何地点都可以阅读,这是传统媒体无法达到的。因此,互联网广告覆盖面广,观众数目庞大,有最广阔的传播范围。

(2) 方式灵活,交互性强。网络广告的互动性是指工商企业或个人将广告信息内容准备好,放置于站点上,所有网络用户都可以通过上网及时查看,获取广告信息。交互性是互联网络媒体最大的优势,它不同于传统媒体的信息单向传播,而是信息互动传播,用户可以获取他们认为有用的信息,厂商也可以随时得到宝贵的用户反馈信息。利用网络广告可将产品信息几乎在生产的同时,便同步传递到用户网中,等于在同一时间对无数受众做了广告宣传。同时,在互联网上有众多的信息提供者和信息接收者,他们既在互联网上发布广告信息,也从网上获取自己所需产品和服务的广告信息,因此,互联网上的广告则是多对多的传播过程。

(3) 可以分类检索,针对性强。网络广告的受众是最年轻、最具活力、受教育程度最高、购买力最强的群体,网络广告可以直接命中最有可能的潜在用户。通过提供众多的免费服务,网站一般都能建立完整的用户数据库,包括用户的地域分布、年龄、性别、收入、职业、婚姻状况、爱好等。这些资料可帮助广告主分析市场与受众,根据广告目标受众的特点,有针对性地投放广告,并根据用户特点进行定点投放和跟踪分析,对广告效果作出客观准确的评价。网络广告还可以提供有针对性的内容环境。不同的网站或者是同一网站不同的频道所提供的服务可以根据消费者的不同而不同,这样可以很好地迎合广告目标受众的兴趣。

(4) 受众数量可准确统计。利用传统媒体做广告,很难准确地知道有多少人接收到广告信息,而在互联网上可通过权威公布的访客流量统计系统精确统计出每个广告被多少个用户看过,以及这些用户查阅的时间分布和地域分布,从而有助于广告商正确评估广告效果,审定广告投放策略。

(5) 实时、成本低。网络广告制作简捷,广告费用低。在传统媒体上做广告发版后很难更改,即使可改动往往也须付出很大的经济代价。在互联网上做广告能按照需要及时变更广告内容,经营决策的变化也能及时实施和推广。

(6) 表现手段丰富多彩,具有强烈的感官性。网络广告的载体基本上是多媒体、超文本格式文件,受众可以针对某感兴趣的产品了解更为详细的信息,使消费者能亲身体验产品、服务与品牌。电子网络广告采用文字介绍、声音、影像、图像、颜色、音乐等于一体的丰富表现手段,传送多感官的信息,让顾客如身临其境般感受商品或服务,并能在网上预订、交易与结算,将大大增强网络广告的实效。

(7) 长效性。网络广告可以将文字、声音、画面完美地结合之后供用户主动检索,重复观看。因此,网络媒体凭借时效长以及高科技等特点使越来越多的工商企业选择网络广告作为重要国际广告的媒体之一。

(8) 内容种类繁多,信息面广。庞大的互联网网络广告能够容纳难以计量的内容和信息,它的广告信息面量大。随着我国计算机的普及和经济的发展,越来越多的工商企业和个人在国际互联网上打广告,使网络广告信息量激增。

小资料

网络广告投放必须知:中国网民分布

投放广告,必须有的放矢,知道目标群体在哪里,否则投放是没有效果的。知道中国网民的分布是企业通过网络营销投放广告必须做的第一件事情。

表 7-1　2011—2012 年 6 月中国网民对各类网络应用使用率

应用	2012 年 6 月		2011 年 12 月		
	用户规模（万）	网民使用率	用户规模（万）	网民使用率	半年增长率
即时通信	44514.9	82.8%	41509.8	80.9%	7.2%
搜索引擎	42860.5	79.7%	40740.1	79.4%	5.2%
网络音乐	41060.0	76.4%	38585.1	75.2%	6.4%
网络新闻	39231.7	73.0%	36686.7	71.5%	6.9%
博客/个人空间	35331.3	65.7%	31863.5	62.1%	10.9%
网络视频	34999.5	65.1%	32530.5	63.4%	7.6%
网络游戏	33105.3	61.6%	32427.9	63.2%	2.1%
微博	27364.5	50.9%	24988.0	48.7%	9.5%
电子邮件	25842.8	48.1%	24577.5	47.9%	5.1%
社交网站	25051.0	46.6%	24423.6	47.6%	2.6%
网络购物	20989.2	39.0%	19395.2	37.8%	8.2%
网络文学	19457.4	36.2%	20267.5	39.5%	−4.0%
网上银行	19077.2	35.5%	16624.4	32.4%	14.8%
网上支付	18722.2	34.8%	16675.8	32.5%	12.3%
论坛/BBS	15586.0	29.0%	14469.4	28.2%	7.7%
团购	6181.4	11.5%	6465.1	12.6%	−4.4%
旅行预订	4257.5	7.9%	4207.4	8.2%	1.2%
网络炒股	3780.6	7.0%	4002.2	7.8%	−5.5%

（资料来源　中商情报网. http://www.askci.com/news/201207/20/2010491763768.shtml.［2012-7-20］.）

3. 互联网广告存在的问题

网络广告并非完美的商品宣传形式。网络中一些普遍性的问题也会波及网络广告，例如网络带宽、网络终端、网络安全、结算等。同时网络广告也有自身的一些缺陷，这主要表现在以下几个方面：

（1）网络广告的覆盖率有待增长。其覆盖率的增长将在相当长的一段时间里受制于计算机和电话的普及。

（2）效果评估困难。在中国至今尚未有一家公认的第三方机构可以提供量化的评估标准和方法。当一个媒体不具备可评估性的时候，我们从媒介作业的角度就完全有理由去质疑它的可选用性。目前对网络广告效果的评估主要是基于网站提供的数据，而这些数据的准确性、公正性一直受到某些广告主和代理商的质疑。

（3）供选择的广告位有限。目前网络广告的形式不外乎"网幅广告"和"图标广告（icon 或 button）"等，而每个网页上可以提供的广告位置是很有限的。

（4）创意的局限性。网络广告现在最常用的尺寸是 468＊60（或 80）像素（pixel），相当于 15＊2 厘米左右，要在这样小的广告空间里形成吸引目标消费者的广告创意，其难度可想而知。

（5）调研数据的匮乏。国内至今还没有完整的有关网上人口形态的调研、网络消费习惯的调研、网络广告的流量监测和网络广告效果的调研。因此，在选择投放互联网广告时，选择合适的网站和优秀的网络广告经营者至关重要。

（6）监管滞后。中国还没有专门的政府相关机构或专业的管理监督手段来对网络广告进行从制作到发布的全程的、透明的跟踪和监控。

（7）无序竞争。网络广告价格的透明化势在必行。

（8）强迫性广告过多。现在网民想躲开强迫性网络广告，浏览一个干净的网页越来越难了。而网民主动搜取的分类信息在网络广告中所占的比例却一直不大。

（9）网络广告专业人员缺失。目前的网络广告大多由网络技术人员来完成，受本身专业的限制，使得网络广告缺乏与行销、传播、美术设计等专业广告要素的契合，从而使网络广告的效果大打折扣。网络广告需要的人才系统庞大，网络广告的制作和维护不仅需要专业技术人员的技术支持，而且需要广告设计人员、厂商或广告主等人的合作。要制作一则成功的广告，以上三者是不可或缺的。

（10）网络广告的真实性。由于网络上传方便灵活，会出现很多虚假广告，误导顾客。网络上的商品信息庞杂，需要消费者具有一定的理智分析和鉴别选择能力。消费者需要搜索多方面信息，对众多的同类商品进行分析、评价和鉴别，从中筛选出最符合需要、质量和价格最好的商品。因此，保证互联网电子商务和商品宣传的信誉十分重要。

显然，网络广告的这些局限性或缺点限制了其在商品宣传中的应用，但随着计算机信息技术的发展、计算机的普及以及社会的整体发展，计算机网络必将克服上述缺点，越来越显示其作为广告媒体的优越性，从而对商品销售起到日益重要的作用。

小资料

全球网络广告发展的三大趋势

网络广告自一出现便开始了迅猛发展的过程，行业数据显示，在广告主品牌非行销部分预算当中，互联网广告预算已经上升到所有媒体的第二名，占 14％。传统媒体中，电视以 60％排在第一，之后依次为报纸 9％，户外 7％，杂志 2％。但在十五年前，互联网的广告几乎是零，报纸广告投放占比 23％，而今天已经发生了一个翻盘，将来随着网络与人们生活的深度融合，也将势必给媒体广告市场带来更大的颠覆。同时，这种颠覆的背后夹杂着自身的特性，并日渐形成了网络广告发展的趋势，即互动、精准、定向。

互动与精准正成为广告热词。就互动来说,据咨询报告《大多数公司选择互动广告》(Main Street Goes Interactive)称,2009年,美国所有业务部门的平均互动广告支出为800美元,加在一起是天文数字;就精准来说,以搜索广告为例,其收入占美国网络广告总收入的47%,仅企业付费搜索广告的支出就增长了近35%。

传统广告是单向的,网络广告是互动的,互动来自互联网由互联而融合的特殊本性;传统广告是不精准的,网络广告是精准的,精准来自互联网由节点而个性的特殊本性。

在美国网络广告今年回温前,媒体曾一度发出"互联网广告正在走向失败"这样的声音。然而正如沃顿商学院教授埃里克·克莱蒙斯说的:"这不仅仅是用什么样的媒介的问题,而是广告信息本身是不可信的,不需要的。"不信任,与互动有关;不需要,与精准有关。当前,全球网络广告的大趋势,主要指向解决这两个关键问题。

（资料来源 http://it.sohu.com/20100806/n274031122.shtml.）

（三）报纸

报纸是一种重要的广告媒体,因为它具有其他媒体没有的一些优良特性。随着时代的发展,报纸的品种越来越多,内容越来越丰富,版式更灵活,印刷更精美,报纸广告的内容与形式也越来越多样化,所以报纸与读者的距离也更接近了。报纸成为人们了解时事、接受信息的主要媒体。

1. 报纸的主要优点

（1）发行面广,传播速度较快。报纸的发行范围广泛,可面向国内外,传播范围基本不受限制。特别是综合性的报纸,其覆盖面往往是各种读者群,因此可以在这类报纸上刊登任何商品和服务的广告。对于大多数综合性日报或晚报来说,出版周期短,信息传递较为及时。一些时效性强的产品广告,如新产品和有新闻性的产品,就可利用报纸及时地将信息传播给消费者。

（2）版面大,信息量大,说明性强。报纸作为综合性内容的媒介,以文字符号为主、图片为辅来传递信息,其容量较大。由于以文字为主,因此说明性很强,可以详尽地描述,对于一些关注度较高的产品来说,利用报纸说明性可详细告知消费者有关产品的特点。

（3）易保存和查找。由于报纸特殊的材质及规格,而且易折易放,收藏比较方便,易于长期保存。读者可以在需要的时候重新翻阅核查,没有阅读的时间限制。

（4）阅读选择性。读者可以根据自己的需要自由地选择阅读自己感兴趣的广告内容,报纸不具有强制性,这就不会引起读者对广告的反感。不过当读者愿意阅读时,他们对广告内容的了解就会比较全面、彻底。企业和商家在报纸上投放的广告只要找准了受众的需求,必然会引来大量的读者,从而实现促进销售的目的。

（5）权威性。大多数报纸具有一定的权威性,由党政机关部门主办,即使是地方性的报纸,也在党的领导下,在群众中是有影响和威信的。因此,在此类报纸上刊登的广告往往使消费者产生信任感,从而相信广告的宣传,积极购买广告所宣传的商品。

2. 报纸作为广告媒体的缺点

（1）广告内容受关注度不高。报纸常常有众多栏目，也有很多广告，它们竞相吸引读者的注意。只有广告格外醒目、能击中受众的需要时，才容易引起人们的注意。否则，读者可能视而不见。

（2）色彩单调，表现形式单一。目前，报纸仍是印刷成本最低的媒体。受材质与技术的影响，报纸的印刷品质不如专业杂志、直邮广告、招贴海报等媒体的效果；另一方面，报纸仍需以文字为主要传达元素，无法具备网络、电视等媒体色彩斑斓丰富的特点，一般都显得色彩单调，表现形式单一。

（四）广播

广播通过听觉让信息进入人的意识，是一种重要的广告媒体。根据国家广播电影电视总局发展研究中心的数据显示，目前我国广播综合覆盖人口率达到96％以上。2009年，我国广播电台整体广告收入为81.46亿元，增长12.79％。其中，实现自营广告收入71.87亿元，同比增长低于整体增速，同比增速下降（2008年同比增速为8.79％）；在全国广告收入中所占比例由上一年的3.60％下降至2009年的3.52％。2010年，中国广播业的一大进步是顺应媒介融合的发展方向，积极地进行探索，尤其是在媒介内容产品的生产、数字化发展、跨媒体经营等方面不断尝试。

1. 广播作为广告媒体的优点

广播广告与其他广告媒体相比，具有以下特点和优势，并成为近年来业绩显著的原因。

（1）制作传播成本低。广播广告媒体以声音为载体，依托于网络覆盖传播。广播广告制作成本低，是电视的几百分之一乃至千分之一，而实现其传播的途径也很简单，只需要一次性建设发射塔，以及完善网络。目前广播广告的传播所需基础设施基本完备，无需再进行投资。所以，从制作费用来说，广播广告成本低廉。据国外有关机构调查，广播的总收听率每一个百分点所花费成本只需电视的1/3。与平面媒体相比较，报纸杂志依托纸张、油墨及发行费用，成本是累计计算的，而广播无论传递范围多么广，其制作成本只需一次性投入。因此，广播广告的费用比报纸杂志广告的费用也要低很多。

（2）针对性强，见效快。由于广播发展的"窄播化"趋势，促使广播节目频道设置按听众类别来编排节目。虽然听众的分类方式多种多样，如按地域、按年龄段、按职业、按爱好区分等多种形式，但不同群体之间有共同点。所以客户可以根据宣传对象的不同，在相应的节目中播放相应的广告。由于广播广告特定的互动性，使广告宣传更具对象性，更有目的性，也更容易达到宣传的预期效果。

（3）客户可以自由选择广告播放的时间，听众可以自由选择收听的地点。由于广播频道设计密度增加，服务人群范围划分精细，这为客户、商家在选择广播广告时段时提供了其他媒介所不能提供的优势。同时，由于广播携带方便，在接触不到其他媒体的环境中也能有效收听，具备了听众接收地点的相对随意性。而且在收听时眼睛及其他器官的注意力得到解放，听众在听广播的时候并不影响其工作、锻炼、开（乘）车、外出旅游等，很大程度上适合现代快节奏的生活。与其他媒体广告相比，广播广告的传播渠道更有利于被听众接受。

（4）广播受众年龄低，文化程度高。根据调研数据显示，广播受众具有年龄低、文化程度高的特征，特别是娱乐节目的听众，多为有高消费能力的"白领"。对于广告投放来说，这些人群是各类产品广告追逐的目标，具有较高的价值。相对来说，电视观众群规模大，其构成基本与全体人口的构成一致，白领比例明显小于广播。

（5）车载听众比例增高，广播受众"含金量"不断提升。车载听众比例增加在国内外都是一个必然趋势。在北京市和台湾地区，车载听众比例已高达53％，超过了"在家里收听"的比例。在美国，车载听众比例已高达70％以上。随着我国居民汽车保有量增加，车载听众比例必然大幅增长，成为广播广告的黄金资源。

（6）广播媒体的伴随性使广告收听的频率增加。听众可以在户外活动的时候收听广播，可以在做家务的时候听广播，甚至还可以在学习、工作的时候听广播，他们接触广告的频率也就增加了。

（7）广播受众收听习惯稳定。连续调查平均数字显示，每周收听3天及以上的稳定广播听众比例高达65.4％，比电视的稳定观众比例高出20个百分点。

（8）广播听众不"躲避"广告，遇到广告较少换台。调查显示，约有60％的听众遇到广告不换台，30％左右换台后还会换回来，这有力地保证了广播广告的到达率，效果也比较好，而电视观众遇广告后的换台率极高。

2. 广播广告的缺点

广播广告因自身的特点和听众的特点，难免有些缺陷，这些缺陷已成为影响广播广告竞争力的致命因素。

（1）在乡村的传播能力强，而在城市的传播能力弱。一般商品的主要消费市场都在城市，城市的消费能力也比乡村的要高得多。这就造成了听众和消费者不一致的矛盾。

（2）广播广告的时效极短，不能存留，很容易消失。广播广告播出时间一般较短，很难传达清楚广告的内容，听众很难在较短的时间内记住广告的内容。

（五）杂志

杂志是以印刷符号传递信息的连续出版物，不同的杂志满足不同阶层读者的知识和兴趣，杂志因此成为了各类专用商品良好的广告媒体。

1. 杂志作为广告媒体的优点

（1）杂志广告的信息量大，时效性长。杂志的篇幅多于报纸，可有大量的空间给予广告宣传，广告主可以有较大的选择，封页、内页及插页都可做广告之用，可机动安排广告的位置，可以突出广告内容，并做多种技巧性变化，如折页、插页、连页、变形等，吸引读者的注意和阅读兴趣。杂志广告的信息量较大，加上杂志易于保存，杂志的传阅率也较高，因此广告的有效性较强。

（2）杂志的发行量大，发行面广。许多杂志具有全国性影响，有的甚至有世界性影响，经常在大范围内发行和销售。运用这一优势，针对全国性的商品或服务的广告宣传，杂志广告无疑占有优势。

（3）杂志的编辑精细，印刷精美。现在的杂志一般应用优良的印刷技术进行印刷，用纸也讲究,因此,杂志广告具有精良、高级的特色。精美的印刷品无疑可以使读者在阅读时感到是一种高尚的艺术享受。它还具有较好的形象表现手段来表现商品的色彩、质感等。

（4）杂志的读者群明确,选择性强。特别是专业性杂志,具有固定的读者层面,可以专做行业广告。对特定消费阶层的商品而言,在专业杂志上做广告具有突出的针对性,适于广告对象的理解力,能产生深入的宣传效果,而很少造成广告浪费。

2. 杂志广告的缺点

（1）不少综合性杂志由于缺少专业化特色,又缺乏广泛的影响力,因而为广告主所忽视。由于具有广泛影响力的杂志为数过少,而一般水平的杂志偏多,因此,广告宣传的效果不是很突出。在与其他广告媒介进行竞争时,杂志广告缺乏竞争力,难以揽到广告客户。

（2）专业杂志专业性强,读者有一定限制,广告刊登选择面小。杂志的传播面狭窄,必然影响到广告宣传的规模效应,从而使广告宣传的影响较小。同时,杂志对读者的要求较高,特别是专业性杂志,这也限制了杂志的读者范围,影响了杂志的广告宣传效果。

（3）杂志的传播速度较慢。常见杂志有月刊、半月刊、季刊等,出版的时间较长,不利于刊登时间要求高的商品的广告。

第二节　广告媒体的选择和运用心理

广告媒介就是指能够借以实现广告主与广告对象之间信息传播的物质工具。广告要通过传播媒介的承载来实现。广告媒体多种多样,广告主如何选择媒体来为自己的商品或企业做广告有一定的方法和原则,遵循这些方法和原则来选择广告媒体,必然会以最小的投入得到最大的回报。同时,在选择广告媒体时要考虑影响广告媒体选择的因素,这样才能使广告为广大的消费者乐于接受,才能使商品的销售和购买成为可能。选择了某种广告媒体,在运用的过程中还有些值得注意的问题,处理好这些问题,广告媒体的选择和运用才能成功。本节主要介绍以上三个问题。

一、广告媒体选择的方法和原则

广告媒介的选择直接影响广告目的能否实现。企业广告的目的是塑造企业和商品的形象,促进商品销售。媒介的选择与组合、版面的大小、时段及长短、刊播频率、传播时机都会影响广告传播的效果。而且,媒介形式在某种意义上也决定了广告表现的形式。

（一）广告媒体的选择方法

1. 调查研究

广告策划前期要对媒介进行调查与分析,调查研究是广告媒体选择的首要环节,这一环节要完成的任务是了解分析媒体的性质、特点、地位、作用,媒介的类型、发行量、覆盖率,以及可能获得的市场大小、媒介对象、媒介受众的数量、媒介优缺点、广告对象对媒体的态度、分析媒体的广告成本和媒介费用及相关法律法规等。

2. 对广告媒体进行评价

对广告媒体进行评价主要有这几个指标：①权威性。媒体的权威性一般和广告的影响力大小成正比。②覆盖率。覆盖率是指媒介在地理范围内的覆盖比例，反映大众媒介的影响力。一般来说媒体的覆盖率越广越好。③触及率和毛感点。触及率是指一则广告推出一段时间后，接收到的人数占覆盖区域内总人数的百分比。毛感点是各项广告推出后触及人数占总人数比例之和。④重复率。重复率是指每一个接收到广告的信息者平均可以重复接收此项广告多少次。⑤连续性。连续性是指同一则广告多次借助同一媒体推出所产生的效果的相互联系与影响；此外，又可用来衡量在不同媒体上推出同一广告所产生的效果。⑥针对性。针对性是指媒体的主要受众群体的构成情况。包括媒体受众的组成和媒体受众的消费水平与购买力情况。⑦效益。效益是衡量采用某一媒体可以得到的利益同所投入的经费之间关系的指标。⑧发行量，主要针对报纸杂志类的媒体。发行量是指一份刊物每期实际发行的数量，是平面媒介质量的重要指标，细分为订阅发行量、零售发行量及赠阅发行量。

对广告媒体的评价结果就是符合的指标越多越好，但不可能条条符合，可以根据广告主的重要要求满足主要的指标，尽量做到全面地衡量各个指标，尽可能提高各个指标的要求，从而使广告取得好的宣传效果。

3. 确立目标

确立目标就是明确媒体计划的具体目标对象，其中要考虑清楚四个因素。一是传播对象。这是决定广告效果的重要因素，广告主或广告策划者必须要将传播对象明确界定。二是传播时间。就是选择合适的时间作为广告推出的时间。三是传播区域。是指确定市场的位置，并按照市场的位置选择广告媒体。四是传播方法。这涉及选定广告推出的次数及广告推出的方法这两个问题。广告推出的次数一般是次数愈多，对受众的影响当然也就愈大。广告推出的方法是指广告形式的选择。要注意不同的广告形式具有不同的感染力与吸引力，要选择有利于达成广告目标的媒体形式。

4. 选择媒体方案

媒介的选择要依据广告目标设定的范围，按照目标市场的特征、产品特征、消费者特征及广告预算等因素而定，从中选择与广告产品相一致、经济、高效的传播媒介。

常采用的媒介选择策略有：第一，按目标市场选择媒介。任何产品都有其特定的目标市场，广告媒介选择必须与目标市场相结合。目标市场可以以区域划分，如划分为全国范围目标市场和区域目标市场；也可以以消费者自身因素划分，如根据消费者自身因素包括年龄、性别、职业、受教育程度、收入等进行划分。第二，按产品特征选择媒体。不同的产品适用于不同的广告媒体，一般而言，印刷类媒体适用于规格繁多，结构复杂的产品；色彩鲜艳并需要进行技术展示的产品更适合电视媒体；房地产项目广告一般采用报刊、宣传册等平面媒介为主；工业品属于理性消费品，通常采用专业杂志、专业报纸、直邮等媒体；而一些生活消费品属于情感性消费品，更适宜选择电视、彩页媒体。第三，按产品消费者选择媒体。广告媒体选择要充分考虑产品目标消费者的媒介接触习惯。女性产品的广告应选择女性喜欢的传播媒介，如与女性有关的电视栏目、时尚杂志等。第四，按广告预算选择媒介。预算充足，选择媒介的范围就大；预算有限,就需要量力而行,量体裁衣。

5. 媒体组合

媒体组合是将不同的媒体广告资源加以整合,使广告信息更有效地传达给广告对象。媒体组合能够弥补单一媒体在接触范围上的不足。在广告媒体领域,几乎没有哪一种媒体能够百分之百地到达每一个广告主所预定的目标对象。媒体组合能够弥补单一媒体在暴露频率上的不足。在广告实际运作过程中,广告信息往往通过多种媒体进行传达。

常用的广告媒体的组合方式有:第一,同质媒体组合。将同一类别的不同媒体组合起来运用。如报纸、杂志、挂历、宣传册等同属印刷品媒体,可以组合起来运用,同时对某一产品进行广告宣传。或者是将中央电视台和地方电视台同时作为视觉媒体组合起来运用。第二,异型媒体组合。将不同类型的媒体组合起来运用。例如,视觉媒体与听觉媒体组合;瞬间媒体与长效媒体的组合;印刷媒体与电子媒体的组合。异型媒体的组合有助于从多方面作用于人的感官,加深印象,并强化记忆,利用媒体组合互补提高传播效率。

一般说来,可供选择的媒体方案有以下几种:

(1) 单一媒体方案。指只选择运用某一种媒体作为传播广告信息通道的方案。

(2) 多媒体组合方案。指在同一时期内,选用两种或两种以上媒体,传播内容基本相同的广告信息的方法。在广告实践中,两种或多种媒体混合使用的广告宣传,往往效果更好。

(3) 综合性媒体方案。这种方案是指充分发挥众多媒体的优势与特长,科学有效地构成多层次、全方位、立体式的广告宣传网络。这种媒体组合的特点是耗资巨大,效果好。

选择多种媒体进行组合,其总体考虑就是尽可能多地接触目标市场消费者。媒体组合运用时,需要考虑组合媒体的覆盖面是否包含了目标市场的所有消费者;组合媒体的影响力,集中点是否重叠在重点目标对象上;是否选择运用了恰当的媒体技巧,如稳定突出法、重点推出法、波浪式推出法、大周期推出法、渐强式推出法、渐弱式推出法、组合同时推出法等,根据广告活动实践中积累的经验,灵活运用。

6. 媒体方案评估

为了精心选择广告媒体,减少广告计划制定过程中的偏差失误,必须对广告媒体方案进行充分严格的分析与评价。媒体方案评估的主要内容有以下三方面:

(1) 效益分析。确定媒体方案前,必须充分考虑方案的可行性。所谓可行,也就是符合广告的最终目标,取得最理想的经济效益与社会效益。对经济效益的分析,应从广告投资额度与促销效果彼此间的比较中得出结论。

(2) 危害性分析。广告是超越时间与空间的信息传播,是一种负有责任的信息传播,对社会有着重大的影响。对媒体方案进行评估,必须具有风险意识,着力分析评价方案实施后可能造成的危害与不良影响。

(3) 实施条件分析。指对实施媒体方案时可能遇到的麻烦或阻碍等客观情况的分析。发生类似问题大致有两种可能:一是媒体经营单位的广告制作水平或传播信息的能力低下,并不具备圆满完成媒体方案的传播任务的能力;二是客户(或广告代理)与媒体经营单位的关系紧张,媒体经营单位不愿意承担客户委托的任务。

7. 组织实施

是对广告媒体方案的具体落实。这一过程包括四个具体步骤：

（1）与广告主签订媒体费用支付合同。

（2）购买广告媒体的版位、时间与空间。

（3）推出广告，并监督实施。

（4）搜集反馈信息，并对传播效果做出及时的评价。

（二）广告媒体选择的原则

进行广告媒体的选择时，必须遵循如下五项原则。

1. 目标原则

广告媒体的选择必须同广告目标、广告战略协调一致，必须有利于广告目标和广告战略的实现。

2. 适应性原则

广告媒体和相关的影响因素处于不断的变换中，因此广告媒体的选择是个动态的过程，要保持媒介策略的弹性，以适应相应的变化。

3. 优化原则

广告传播媒体种类繁多，各有特点，对不同商品宣传的效果不同。对广告主来说必然是择优的过程。优化原则对于单一媒体策略来讲，就是要选择传播效果最好的广告媒体。对于多种媒体策略来讲，就是要选择最佳的媒体组合。

4. 同一原则

广告媒体的选择要与广告内容的表达相一致，媒体的选择要有利于广告内容的表达；同一媒体在不同时期的广告内容要前后一致。

5. 效益原则

选择适当媒体做广告关键是以最小的投入获得最大的效益，要平衡好效益与投入的关系，这是选择广告媒体至关重要的一个原则。

二、广告媒体选择的影响因素

（一）基于营销与广告的因素

1. 产品个性

产品的个性特点会影响到广告表现的创作形式，也会影响到广告媒体的选择。有些媒体是不适于宣传某些产品的，制定媒体计划时必须留意。

2. 目标市场

这是进行媒体选择与确定广告推出方式时需要重点考虑的。要根据目标市场的特点将目标消费者分类，以适合各类媒体的传播。

3. 营销系统

产品究竟应以何种形式销售：是批发给经销商或代理商；还是采用推销员直接向用户或消费者推销；营销范围有多大；营销的各个环节如何配合等，这都影响广告媒体的选择。

4. 竞争对手

市场上几乎所有领域都存在广告竞争。广告主(或广告代理)必须充分调查了解竞争对手的广告战略与策略等问题,以便在选择广告媒体和推出方式时发挥己之所长。

5. 广告文本

广告文本创作时应该考虑什么样的文本适合什么样的媒体,使广告媒体和文本能够相得益彰。

6. 广告预算

广告主对广告运作要做出广告预算,要根据预算选择广告媒体,要在预算的许可范围内,对广告媒体做出最佳的选择与有效的组合。

(二) 基于媒体本身的因素

1. 媒体的成本

广告媒体的成本是必须考虑的硬性指标。在媒体选择中,可能会有多个媒体颇为适合用于广告信息传播,但由于费用过高而并不符合广告预算的要求。面临这种情况则只能忍痛放弃,另选符合广告预算要求的媒介。

2. 媒体的效益因素

这是对媒体提出的综合要求。选择媒体时,要将一系列重要的媒体评价指标加以综合,以媒体效益为标准进行权衡。

3. 媒体的可行性

每一媒体都有一定的限制而对某些广告文本及推出方式不适用,故而选择媒体就必须要对广告媒体的可行性做出充分的了解与把握。

4. 媒体的寿命

媒体寿命即广告宣传持续触及受众的时间长短。播放类媒体寿命最短;印刷类媒体寿命长短不一。例如,报纸媒体的寿命大约为 3 天到 5 天,杂志为一个月到两个月,电话号码簿上的广告寿命约为一年到两年。

5. 媒体的灵活性

指广告在某一媒体上推出前后可作调整或修正的程度和可实现性,这是媒体灵活性的体现。电视广告,其媒体灵活性较差;广播广告的灵活性较强;互联网广告的灵活性最强。如果进行短期销售、产品多样化、产品价格多变等,可选择灵活性较强的媒体。

6. 媒体同其他营销环节的协调性

每种媒体都有与之相配合的营销方法,这是选择广告媒体时需要考虑的。例如,赠品广告就可与推销员直接登门推销彼此配合,电视广告可与大范围的公关活动相互协调。

第三节 广告媒体的心理效应

传统的媒体和网络媒体以及一些新型的媒体各自有自己的特点,这就使得消费者对不同媒体的广告产生不同的心理体验。了解这些不同的心理体验对广告人、商家和企业都非常重要,只有引起消费者良好的心理体验,克服消费者不良的心理体验,才可能创作出好的广告,达到广告的宣传目的。

一、电视广告的心理效应

现代社会电视比较普及,因此受众较广,是一种有效的广告媒体。电视广告的心理效应主要有以下几种:

(一)电视广告对人的吸引力较强

电视广告的传播形式比较生动形象,声、光、色并存,能较好地吸引人的注意力,从而有效地吸引人对广告的注意和兴趣,进而影响消费者的消费观念和购买行为。

(二)电视广告的影响力较广

电视是一种比较普及的商品,具有传播速度快、收视率高的特点,因此它的影响力很大。对那些选择性较强的日用消费品和流行性的生活用品进行电视广告宣传,能激发公众的模仿心理,促使广告商品在社会中流传,引起观众对商品的购买行为。

(三)观众对电视广告存在防御和抵触心理

观众看电视的目的主要是娱乐和求知。在这个过程中"被广告"容易引起观众的厌烦情绪,观众可能换台或拒绝看广告,但也有一些观众会因为要看精彩的节目而在等待中看广告,这样自然实现了广告推销商品和服务的商业目的。如果能提高广告的设计水平,增加吸引力,则会有更多的人介入广告,电视广告的效果将会更好。

(四)电视广告的记忆效果差

电视广告的画面转瞬即逝,不容易给消费者留下印象。如果重复播放又容易引起反感,这就要求广告设计者要充分了解这一现象,利用记忆的规律,在短时间内用特殊的形式给观众留下深刻的印象,这是电视广告成功的重要条件。

二、网络广告的心理效应

从理论上讲,在网络传播中,几乎可以宣传现实世界中的各种广告,并且人们足不出户,就可以通过网络购买到各种如意产品。网络将不同的地区、媒体和厂商连接在一起,通过计算机终端和服务器的互动,构成数字化的虚拟社区。在此过程中,网络广告发挥和拓展了广告原有的功能,并能通过"上网"直接满足个体许多现实需要。可以说,计算机网络越来越成为功能完备、力量强大的生活世界,当然也越来越成为最有前途、符合未来发展趋势的广告宣传阵地。总体来讲,网络广告对消费者产生的心理效果包括认知过程、情感过程、意志过程及三者交互作用过程四个部分。网络广告先作用于消费者的感觉器官,经过无意注意或有意注意被感知,进而对登记信息进行辨别、理解,产生记忆,发生想象,进行思考评价。伴随着认知过程,消费者会对广告或宣传的商品产生各种情绪、情感体验,同时这种情绪、情感反过来又影响着消费者对广告的认知和接纳程度。在受众对广告的认知过程中还会受到受众的需要、兴趣等个性心理特征的影响,从而使各种心理要素产生相互作用。在认知过程、情感过程、交互作用的基础上,消费者可以确立对广告及所宣传商品的态度,然后对是否购买广告产品作出决策,产生购买意图,最后产生购买行动。互联网作为现代社会的主要广告媒体,已是大家公认的,互联网广告媒体会给消费者带来心理效应,广告主可以利用这些心理效应把互联网广告做得更好。具体分析网络广告的心理效应如下:

(一) 网络广告的情感功能

网络广告动态优美的画面,包括人物和风景摄影、实物摄影、广告影片、动画等多种形式,不仅可以培养和激发人们对商品或服务的好感,还可以提高宣传对象的诱惑力,诱发人们的好奇心和探索欲。与一般广告相比,由于个体对商品广告的选择具有较大的主动性和自愿性,因而网络广告的情感激发功能显得更强、更自然。

(二) 网络广告的认知功能

在网络广告中,商品的品牌、产地、功能、用途、适用对象、联系地址等信息较为详细、完备,可以满足受众深入了解商品的需要。相对而言,网络广告虽然也受时空条件的限制,但它可以通过将商品广告界面符号与相应的商品网点相联系,在专门制作的网站中,广告主可以就商品进行多侧面、多方向的描述和论证,将广告的认知功能发挥得淋漓尽致。具体来说,网络广告认知方面的特点如下:

1. 网络广告的感官性强

网络广告的载体基本上是多媒体、超文本格式文件,可以使消费者亲身体验产品、服务与品牌。网络广告以图、文、声、像的形式,传送多感官的信息,让顾客如身临其境般感受商品或服务。

2. 网络广告比其他形式的媒体广告更容易引起受众的注意

据资料显示,电视并不能集中人的注意力,电视观众中 40％的人同时在阅读,21％的人同时在做家务,13％的人在吃喝,12％的人在玩赏他物,10％的人在烹饪,9％的人在写作,8％的人在打电话。而网上用户中 55％的人在使用计算机时不做其他任何事情,只有 6％的人同时在打电话,5％的人在吃喝,4％的人在写作。

3. 网络广告便于重复认识

网络广告投放后,只要登录就可看到自己关心的广告,从这个意义上讲,网络广告在那里等你,只要你有兴趣就可以看到,因此便于消费者重复认识,对广告内容形成深刻的印象。

(三) 网络广告的行为诱导功能

网络广告之所以能够更好地引导人们的消费行为,是由于它提供的大容量信息可以帮助人们更深刻地了解各种商品,对自身需要的多种同类商品进行比较、鉴别和分析,筛选和购买质优价廉的商品。同时,在网络中,人们通过商品方面的站点可以查询到有关商品的各种反馈信息,直接或间接了解商品的质量或销售情况,从而对购买行为起到良好的指导作用。显然,网络广告强大的行为诱导功能是与其非同寻常的认识功能密切联系的。研究表明(Wallace,2001),互联网上同样存在从众行为,只是从众性程度显著低于一般实验情境(在从众实验中,有 25％的被试在一般实验情境下没有表现出从众行为;在互联网实验情境中则有 69％的被试不表现从众行为)。尽管如此,网络广告同样可能会对消费者的商品购买行为产生消极或积极的诱导作用。

(四) 网络广告的交互性强

交互性是互联网络媒体的最大优势,它不同于其他媒体的信息单向传播,而是信息互动传播。在网络上,受众可以获取他们认为有用的信息时,而厂商也可以随时得到受众宝贵的信息反馈。网民上一个网站的时候,他们有目的地寻找一些自己需要的信息,常常不看旁边闪现的广告。所以,网络广告设计要能充分吸引网民的无意注意,才会产生作用。

(五)网络广告的针对性强

网络广告应重视信息传播的对象,针对各类接触广告的人的特点,设计各有特色的广告,这样受众才会觉得广告产品像是专门为自己准备的,觉得设计贴心,就容易受到广告的影响,从而产生可能的购买行为。

(六)强制性方式容易使受众反感

有些文本或网站链接着商业广告,一旦登陆某一网址或打开某一文本就会弹出广告,这种强制性的方式,容易让网民产生反感,而消减了广告的作用和价值。

三、报纸广告的心理效应

报纸以其独有的特点和形式,容易使消费者对其广告产生以下心理感受:

(一)信任感

特别是有影响力的报纸更让人觉得其信誉较好。因此,在报纸上做广告宣传的商品、推广的服务容易引起看报人的好感,影响其消费观,促进其消费行为。

(二)便于读者了解和记忆

报纸的信息比较持久,可以重复阅读,并且在篇幅方面也有优势,所以便于读者对报纸上广告的商品或服务有比较全面的了解,从而导致良好的记忆和判断,有利于今后的购买行为。

(三)主动性强

报纸的信息丰富,读者可根据自己的兴趣自由阅读相关的内容,可以详读也可以略读,也可以只是浏览。读者的主动性选择强,因此具有认知的积极主动性,可以对相关广告的内容有良好的记忆。

(四)注意力减弱

报纸由于内容较多,读者往往只是阅读自己感兴趣的内容而忽略了广告,广告一旦没引起消费者的注意也就失去了意义。即使是专设的广告版面,常常由于广告多而杂,导致消费者不会注意到全部的广告,而只是注意自己感兴趣的广告,因此可能很多广告的信息就不可能受到消费者的注意,也就失去了广告的宣传意义。

(五)感官冲击力不强

报纸的印刷不够精美,色彩不够丰富,广告宣传画面不够生动漂亮,读者可能因此难以产生美感和受到艺术感染,留下的印象可能就不够深刻。

四、广播广告的心理效应

(一)广播广告亲切悦耳,富有人情味

广播广告融语言和音乐为一体,让听众听着悦耳亲切,容易产生良好的情绪,从而接收广告的观念和商品,容易产生购买行为。

（二）广播广告容易使听众理解

广播通过播音员传递信息，把策划好的广告播送出来，因其语言自然朴实、语句简短、要点突出，所以更容易记住，加之播音员的声音抑扬顿挫，富有节奏感和感情，对听众有很好的吸引力，从而使得听众很好地理解和把握广告信息。

（三）形式多样，吸引力强

广播广告形式多样，可根据不同的广告内容采取不同的形式进行表现。用叙述、对话、歌曲、相声、小品等文艺形式进行广告宣传，可以很好地吸引听众的注意和兴趣，增强听众对广告的理解和记忆。

（四）广播广告亦有不足

首先是听众的收听是被动而随机的，因而容易产生遗忘，加上广播广告的播出时间较短，听众很难一下子记住广告的内容。有时广告词难以理解，听众没有时间琢磨广告的意思，广告对听众就没有什么效果。广播广告毕竟有声无形，因此听众很难对此有牢固的记忆。

五、杂志广告的心理效应

（一）注意力强

杂志的广告一般不多，主要集中在中间、开头和结尾，比较容易引起读者的注意，从而达到好的广告效果。

（二）便于重复认识

杂志印刷后容易保存，读者如果愿意可以反复阅读和欣赏，可以仔细了解广告内容，广告的效果比较持久。

（三）针对性强

杂志有相对稳定的读者群，广告商可以根据杂志的读者群有差别地发布不同的商品或服务广告，在广告策划和创意方面可以根据这些读者群的特点来设计，从而达到良好的效果。

（四）时效性差

杂志的周期比报纸、电视等长，因此杂志广告难以满足消费者的求快心理，难以形成迅速的消费行为。因此，一些要求时效性的商品和服务不宜选择杂志作为广告的媒体，否则会耽误了商机。

六、其他形式广告的心理效应

这里主要介绍植入性广告、电影贴片广告和POP广告对消费者的心理效应。

（一）植入性广告的心理效应

植入影视的广告在影视播完之后，观众心理发生的变化就是植入性广告的心理效应，具体包括认知、情感、记忆、思维、行为欲求等方面的变化。

1. 潜在的态度改变

观众对植入性广告商品的感受是潜在的、渐进式的，植入性广告充分利用受众对影视客体的依赖和顺从，悄然完成对受众的心理影响。

2. 名人的晕轮效应

名人效应是一种典型的晕轮效应，如果传播者被标明具有好的品质，他本人及他的传播便笼罩在受众"爱屋及乌"的积极肯定的评价之中。在影视植入式广告传播上，利用受众对影视剧中明星的关注和好感以及现代社会很多年轻受众的模仿性消费，将广告嵌入影视剧能够起到良好的效果。利用影片或明星效应，可以使观众置身时尚元素、强化品牌联想、塑造品牌偏好。很多影星、明星在影视剧中消费的产品，现代青年都会紧追其后加以模仿。例如观众很喜欢某位明星，或许就会对他在某部电影或电视剧中所穿的服饰品牌感兴趣。作为知名品牌的 Kappa 服装就是电视剧《我的青春谁做主》剧中植入式广告的大赢家之一。剧中男女主角们时尚洒脱、朝气蓬勃，虽然没钱没权却为自己的梦想坚持奋斗，令人感动。剧中他们的行头全是 Kappa，这些主角时尚动感的服装搭配让观众产生了体验消费的冲动。

3. 二次传播的效应

广告、品牌和节目几乎没有受到干扰，广告味淡化，易于被观众接受，进而产品节目在被重播、网上视频、衍生品如 DVD 等被收看时，可以达到二次传播的品牌心理，使得观众消除离心、逆反心理，争取其认同与好感，进而实现行为的改造。

4. 威信效应

广告传播学研究认为，当受众把传播者或信息来源确定在高权威性的位置上时，这种认定就会转变成对信息内容的信任。植入性广告因影视的权威性，在一定程度上形成了威信效应，充当起"意见领袖"的角色。意见领袖可以是个体，也可以是组织、群体，但大部分都在一定社会关系内具有影响力。"意见领袖"的独特身份使其在说服消费者方面有着不可取代的作用。

5. 娱乐吸引

植入性广告通常与大片和名人结合在一起，对观众具有强烈的吸引力，容易使观众产生兴趣，因而扩大了植入性广告的影响。

（二）电影贴片广告的心理效应

1. 对观众心理有很强的冲击力

电影银幕比电视屏幕要宽大许多，显示的广告画面感觉更真实、清晰，再加上极具震撼力的音响效果，给观众更直接的视觉冲击力和听觉震撼力。

2. 到达率较高

电影贴片广告一般在电影正式放映前播放。此时，观众所处周围环境相对来说比较黑暗、封闭，眼睛的注意力主要集中在银幕上，干扰信息较少。另外，电影媒体给观众一个单一的"频道"，观众不能像在家看电视、听收音机、阅读报纸那样，可以为了逃避广告自由调换频道、翻换版面。

3. 记忆效果好

观众在看电影贴片广告时，一般注意力都很集中，因而广告被记忆、回忆的程度较高。

4. 产生积极的态度变化

电影中的名人充当消费者的"意见领袖"，会对消费者产生积极的影响，对其广告的商品产生积极接受的态度。

5. 观众易产生抵触心理

电影贴片广告是在观众花钱买票看电影的情况下被强迫观看的,观众对此具有抵触心理。同一部电影很少有观众花钱去影院看两次,所以贴片广告虽然可以按场次循环放映,但对同一观众重复传达的可能性几乎为零。这就对贴片广告提出很高的要求,抓住仅有的一次机会,达到自己的信息传播目的,"机不可失,时不再来"。

(三) POP 广告的心理效应

1. 直接性

POP 广告设在购物现场,是一种最直接、最有效的商品宣传方式,消费者可以很快在某一时间点了解商品的性质、特点和使用方法,因而 POP 广告对消费者具有直接的吸引作用。

2. 视觉性

POP 广告可以根据现场的各种条件来充分设计有利于商品宣传的气氛,声、光、色可以得到很好的配合,使消费者产生良好的视觉体验,从而对商品产生较好的印象。现场的宣传单结合具体实物,更容易引起消费者的兴趣,从而诱发其购买行为。

案例分析

网络广告中信任互动的分析

互动的最高境界是信任。即使是 Facebook,也还没有实现这一理想。Facebook 以自助服务引领全球网络广告潮流,不过,创始人扎克伯格(Mark Zuckerberg)的一次大话,却暴露了 Facebook 的真实理想,原来是要把互动发展为信任推荐。"每隔一百年,"扎克伯格这样冲着美国广告界同仁宣示,"媒体就会发生一次变革。上一个百年被定义为了大众媒体的百年。而在下一个百年里,信息将不仅仅是被推销给人们,而是在人们所处的无数个联结中被分享……没有什么能够比来自一个值得信任的朋友的推荐更能影响人们的消费行为……'信任推荐'就是广告界的圣杯。"(引自《Facebook 效应》)Facebook 的流量正在超越 Google,这被认为是互联网从人机互动阶段迈入人人互动阶段的标志。相应地,网络广告也将从人机互动时代跨入人人互动时代。不过,Facebook 的"信任推荐"却不幸演砸了,并让扎克伯格丢了脸。代表网络广告一大趋势的信任推荐,就这样悲惨地成为先烈。

但是问题并没有解决。不靠信任,网络广告还能靠什么呢?用户如果不接受网络广告的话,第一位的原因就是不信任。

深究起来,不信任源于互动的方式存在问题,从技术到商业的互动方式都包括在内。

由于有了新的技术,互联网广告一开始就与传统媒体广告不同。比如,弹出式(Pop-Up 或 Pop-Under)广告,就利用了互联网不同于纸媒的技术特征。互联网不同于纸媒的最大技术特征之一,就是互动。然而,并不是所有互动都代表未来潮流。

第一种情况是半推半就式互动,如门户广告,这种广告说是互动,实际是强推给用户,用户除了可以打开或关闭广告这种"互动"外,与传统广告没有实质不同,现有技术可以防止强推的弹出广告;第二种是连推带拉式互动,如竞价排名,用户在使用搜索引擎拉时,带着竞价企业的广告推送;第三种是人机拉式互动,如 AdWords;第四种情况是人与人的拉式互动,就是 Facebook 的广告,也包括广告联盟(如 AdSense)的一些做法。

从趋势看,显然以用户为本体进行互动的"拉"广告会成为主流的趋势;而在"拉"广告中,人与人互动又最具潜力。人与人互动最关键的问题,又在于信任。

如何在人与人互动的拉广告中,体现信任关系呢?经营网络广告的人,必须是经营信任的人。竞价排名(如百度)、CPC(按点击付费,如 ValueClick)、CPS(帮电子商务网站卖商品来抽成)、CPL(Cost Per Lead),只能相信广告联盟(在美国如 CJ. com)提供的广告报表,并不中立,时有欺诈发生;CPM(依照广告曝光次数计费,每被显示 1000 次广告主所支付的价格,如 Chitika. com)更不能充分说明广告效果。根本原因在于社会资本不充分。网络广告的发展趋势将是引入独立于企业、消费者和广告代理人角色的信任代理人,如运营商或第三方机构。

我推荐克里斯·布洛根与朱利安·史密斯所著《影响力 3》,这是一本写信任代理(Trust Agent)的书。读过这本书就会明白,不是信任推荐不对,而是 Facebook 信任推荐的方式不对。可以说,网络广告代理界必须向广告与信任认证业态分离方向转型,或分化出独立的信任代理,这是一个根本趋势。在这方面,中国的网络广告代理业,与国际水平相比,仍有巨大差距。

从大背景看,由信任代理经营,以社会资本为基础的经济,被称为"信用经济"(Trust Economies)。如书中指出的,"那些懂得社会认同、社会资本以及如何利用另一种奖励系统和货币(按指金钱以外的社会系统)的人在整个故事中扮演了一定的角色"。

值得注意的是,信任必须开放。例如,在科尔曼主导下,美国在线(AOL)重组了广告业务。其内容出版业务 MediaGlow 将向公司之外的广告网络开放;同时,美国在线的"平台 A"部门也将向第三方的广告网络开放。显然,信任只有在开放条件下才能做到。因此,网络广告开放将是必然趋势。

(资料来源 http://it. sohu. com/20100806/n274031122. html.)

本章提要

广告媒体是在广告者与广告宣传对象之间起媒介作用的物质,是广告者借以传播广告信息的物质性设施、载体和传播渠道。广告媒体多种多样,根据一定的标准可以对其进行划分,不同的广告媒体有不同的特点,在广告表现上有不同的优势和不足,电视、互联网、广播、报纸、户外呈现的各种形式的广告是五种重要的广告媒体。POP—销售现场广告、DM—直接邮寄广告、电影贴片广告、植入式广告、公益广告等属于新兴的广告形式。各种广告媒体有各自的优势和劣势,在选择广告媒体时要考虑适合自己的广告媒体形式,这样才能获得好的广告效果。各种广告媒体在和受众互动中引起受众不同的感受,即广告的心理效应,这种心理效应的表现通常有积极和消极的方面,广告商在设计广告时一定要考虑这些因素,广告才能更好地为消费者所接受。

关键术语

广告媒体、电视、网络、报纸、广播、杂志、新型广告媒体、媒体心理效应

复习思考

1. 简述电视作为广告媒体的优势。
2. 互联网区别于传统的大众媒介和其他电子媒体的传播特征有哪些?
3. 试述五大广告媒体的心理效应。
4. 联系实际谈谈广告媒体选择的影响因素有哪些。
5. 简述互联网广告发展面临的问题有哪些。

推荐阅读

1. 石义彬,冉华.再论大众传媒时代的传媒消费取向[J].武汉大学学报(哲学社会科学版),2005.01.

2. 魏超.网络广告[M].河北:河北人民出版社,2000.

3. 张理.广告心理学[M].北京:清华大学出版社有限公司,2011.

第八章　品牌选择与商标设计心理

在市场竞争日益激烈、商品越来越丰富的现代社会,研究消费者的品牌选择心理已成为市场营销的重要任务。

商品的品牌是同类产品中用以表现个性和功能特点的商品品种及其牌号,同时它还是企业的形象、特征、信誉、文化的综合反映。商标是品牌的重要标志,商标设计在品牌的形成、发展和壮大中具有重要的作用。商标在市场营销中,代表着商品的质量和信誉,消费者选择某种商标的商品说明了消费者对商品的喜爱和对其生产企业的信任,这种有标志性的选择充分说明了商标的重要作用。它能区别有竞争性的同类商品,同时商标具有广告宣传的作用,是传递商品质量和信誉的媒介,从这个意义上说,企业要进一步发展,就应珍视自己的商标标识,让消费者在对该品牌满意、信任的基础上,激发继续购买的动机和行为。

本章将对品牌和商标的概念及其心理功能进行介绍,同时进一步探讨消费者对品牌的态度及影响品牌选择的心理因素,明确消费者品牌选择的策略。还将介绍商标的分类,商标的设计要求及商标运用的心理策略,最后探讨品牌和商标的关系。

第一节　品牌选择心理

品牌是名称、标志,也是形象和文化的象征,企业和商家之间日益激烈的竞争可以看作是品牌的竞争,打赢品牌之战,企业在市场上才有立足之地,而品牌是否赢得消费者的青睐是成功的关键。每个品牌都有自己的特点和功能,消费者在众多的品牌中是如何选择适合自己的品牌的? 他们采取何种心理策略进行品牌选择? 影响消费者品牌选择的因素有哪些? 理解这些问题对于企业制定和发展自己的品牌战略非常重要,本章将针对这些问题进行讨论。

一、品牌的定义

在市场竞争中,要赢得消费者不仅要靠商品的质量,还要让消费者认识商品的品牌,在头脑中记住商品的品牌,产生强烈的品牌认同感,从而提高市场占有率。品牌是企业为自己的产品和服务所规定的商业名称和标志,它可以是一个名称、术语、符号或图案,也可以是这四者的组合,被用来识别一个或一群生产者或销售者的产品与劳务,并以此与别的竞争者相区别,便于购买者辨认。品牌包括品牌名称和标志两部分。名称是可以用语言标识的部分,如"长虹"、"康佳"等;标志是品牌中易于识别,但不能用语言标识而只能通过视觉传达的部分,一般表现为几何符号、图案、色调等的组合,如耐克和阿迪达斯的标识等。

关于品牌的定义,至今尚无统一和确切的阐述,比较具有代表性的有:(1)奥格威(1955)的定义:品牌是一种错综复杂的象征,它是品牌属性、名称、包装、价格、历史、声誉、广告风格的无形总和,同时也因消费者对其使用的印象,以及自身的经验而有所界定。(2)科特勒(1994)的定义:品牌就是一个名字、称谓、符号或设计,或是上述的总和,其目的是使自己的产品或服务有别于竞争者。(3)《营销术语词典》(1998)中的定义:品牌是指用以识别一个(或一群)卖主的商品或劳务的名称、术语、记号、象征或设计及其组合,并用以区分一个(或一群)卖主和竞争者。品牌定义的核心特征是指向消费者,品牌的实质是消费者的品牌,它在消费者中得以萌芽、培育和成长。若品牌是树,则消费者是品牌赖以生存的土壤,企业只是位种树人[①]。

二、品牌的心理功能

(一)有利于产品参与市场竞争,扩大和获得稳定的消费群体

品牌是商品在市场竞争中的名号,一个好的品牌能在激烈的市场竞争中制胜。品牌的宣传主要依靠广告,企业通过传媒有效地传播品牌的信息,让消费者了解品牌,树立品牌的形象。消费者如果能认牌购买,就说明品牌宣传得成功。得到消费者认同的品牌就会成为名牌,名牌也会吸引更多的消费者,品牌效应产生的带动作用,会使企业拥有的市场良性发展,在市场竞争中占有更多的空间。

(二)有利于消费者选购商品,激发消费者的购买欲望

品牌能直接、概括地反映商品的性能、产地、形状、用途、成分等信息,有利于消费者认识和选购该品牌的商品。品牌也具有广告宣传的作用,好的品牌便于消费者理解和记忆,并激发好感和购买的欲望和兴趣,从而扩大商品的影响和促进商品的销售。

(三)有利于提高产品质量和提升企业的形象

品牌是企业的无形资产,它是企业商品的质量和企业的市场价值的代表,有着区别该企业和其他企业的产品质量和功效的重要作用。为了在市场竞争中获胜,企业就要维护自己的品牌声誉,要始终用好的质量回馈消费者的信任和选择,要珍重自己的企业形象,不断加强企业的质量管理。争创名牌产品应该成为企业发展的重要战略目标,在创品牌的过程中促进企业的发展和扩大,提升企业产品的质量和塑造健康良好的企业形象,使消费者趋向品牌的选择并忠于品牌,这样企业的市场就扩大和发展了,企业就成功了。

三、影响品牌选择的心理因素

影响品牌选择的因素有主观因素,主要是消费者自身的特点;也有客观因素,主要是产品的因素和客观环境的因素。这里主要从产品的因素的角度进行分析。

[①] http://www.psycofe.com/read/readDetail_6984.htm.

（一）产品的功能

产品的功能和用途是产品最重要的属性，它是人们消费产品的最直接的原因，功用能满足消费者的某种需要。任何商品只有满足人们的某种或几种需要，人们才可能购买。

（二）产品的质量

产品的质量反映了产品的各项技术指标是否达到标准，它是衡量产品优劣的指标。产品的质量是消费者最关心的事情，如果质量合格甚至是优质，消费者就乐于购买，如果是不合格产品甚至是假冒伪劣产品，即使价格便宜消费者也不会购买。比如，现在食品安全的问题非常受关注，如果哪个食品企业曝出添加违禁的原材料，在市场上的销售量马上就一落千丈，这种现象反映了消费者对食品质量的关注和重视。

（三）产品的价格

产品价格是影响消费者购买意愿的重要因素，一般的消费者希望买到"物美价廉"的商品，但价格也不可能太低，因为商品的价值由价格来体现，正如人们常说的"一分价钱一分货"，这句话很好地反映了价格和价值的关系。所以，有些商品广告中会出现价格的信息，这样更有利于消费者了解商品的核心因素。

（四）产品的包装

商品包装可视为商品的重要组成部分，现代社会很重视对商品的包装，好的商品包装能吸引消费者的注意和兴趣，甚至一些优秀的包装会增加商品的欣赏价值，这些将有利于商品的促销和推广。在不同厂家的同类产品竞争中，如果哪个厂家的商品的包装别致，引起了消费者的关注，就有可能被消费者作为购买的重要选择条件，所以成功的企业都很重视商品的包装。

（五）品牌的知名度

品牌知名度是消费者对品牌的了解程度。这种了解可以是表面的，比如对商标的认识，对包装的颜色、图案、符号的认识，也可以是对产品的功能特点的深度的认知。品牌知名度高的商品，说明人们很熟悉它方方面面的信息，消费者由于对这些信息有了把握，就容易产生对商品的信任感，从而导致购买行为。

（六）产品的美誉度

商品的美誉度是消费者对商品的赞赏和信任的程度，美誉度高的商品，容易使消费者产生好感和信任感，从而导致积极的购买行为。一旦商品获得了较高美誉度，商家就应该维护和爱护已有的美誉，要积极保持一贯的做法，甚至做得更好。

（七）产品的售后服务

产品被消费者购买后，厂家还应继续承担售后服务，良好的售后服务对于产品的信誉很重要，特别是大宗商品的售后服务，这是获得消费者好评的重要方面，也是树立口碑的重要机会。好的售后服务可以导致消费者对某一品牌的再次选择，也可成为宣传和扩大产品销售的渠道。因为一个消费者可以向更多的消费者宣传，从而扩大消费者人群。

案例

大众进口汽车登顶进口品牌售后服务排行榜

中国本土权威的第三方调研公司联信天下日前发布了 2011 年度中国汽车品牌售后服务满意度指数，大众进口汽车以 860 的最高分登顶今年的进口汽车品牌售后服务满意度排行榜。作为目前国内最系统、最详细的调查，中国汽车品牌满意度调查是由中国独立第三方调研机构联信天下联合中国质量协会、中国汽车工业协会、中国环境保护产业协会于 2005 年共同创办的，迄今为止已成功举办过七届。调查主要基于顾客在购买新车的 12 至 18 个月期间的评价，通过预约、接待与服务人员、设施与环境、维修保养质量、维修保养费用、交车六个调查因子，涵盖主流合资品牌、进口车品牌和本土汽车品牌的三大类。据介绍，本次调查抽出 36874 个被调查样本进行跟踪调查，涵盖了全国 58 座主要城市，基本反映了消费者对 2011 年汽车经销商售后服务的满意程度。截至 2011 年 9 月，大众进口汽车销售有限公司在中国市场实现销量 44500 辆，已经超越了去年全年的整体销量（43613 辆）。其中，售后服务是促进大众进口汽车销量不断增长的一项重要内容。2011 年，大众进口汽车不仅和各授权经销商一起，持续推出各种售后服务市场活动及客户关怀活动，还针对授权经销商推出了一系列项目，以提升经销商的服务能力。如实施了一套全新的售后服务评估体系——DSAT 经销商售后服务审核检验；"零售售后服务卓越"专项现场辅导；此外，大众进口汽车还在全国范围内组织了"服务技能世界锦标赛"中国赛区比赛，并由全国冠军服务顾问及维修技师代表中国参加了德国"服务技能世界锦标赛"全球总决赛。同时，新增武汉、厦门、昆明、杭州 4 家辉腾定制中心，为中国消费者提供同级别豪车中特有的定制服务，满足消费者个性化的需求，进一步在豪华车服务领域建立最高服务标准。加上即将于 11 月下旬开业的广州辉腾定制中心，届时全国的辉腾定制中心将增至 8 家，构建起一个更加优化的辉腾销售网络，为更多高端消费者提供便捷、高品质的尊享服务。

旨在为更多消费者提供更全面更便捷的服务，大众进口汽车的经销商网点建设不断向二三线城市深入，网络迅速扩张。目前，经销商数量已增加至 70 余家，并有 30 家授权经销商正在建设中。与此同时，途锐混合动力、高尔夫 R、尚酷 R、新 Eos、Golf 旅行轿车、高尔夫跨界车型 CrossGolf 等新车型上市后便开始热销，为消费者带来了全新的进口车体验。这些也促进了大众进口汽车销量的持续增长。

（资料来源　网上车市，2011 - 11 - 18.）

四、品牌发展战略与消费者的心理

随着市场经济的发展和人们生活水平的提高，人们在消费中越来越注重商品的品牌。一方面国内的品牌竞争日益激烈，另一方面，国际品牌进入国内，对国内品牌市场的冲击强烈。在这种背景下，企业为了更好地生存和发展，就应该制定自己的品牌发展战略，塑造品牌形象，提升品牌价值。品牌发展战略的实质就是打赢面对消费者的心理战，赢得消费者。

品牌发展战略就是要提升品牌的知名度,不知名的品牌要立足于提升品牌的知名度,名牌则要巩固已有的知名度并继续提升品牌的知名度,这对于企业的发展至关重要。品牌知名度通常是以这样的途径获得:一是消费者能够识别和回忆出商品和劳务的商标图案、商标名称的程度;二是能回忆出以上内容的消费者在消费者中所占的比例;三是消费者对品牌的相关情况的了解程度,包括对产品的特点、宣传和售后、产品的生产等等的了解。消费者的了解程度是知名度的标识,了解得越多,说明该品牌的知名度越高,否则则相反。

现代企业的广告目标常常是巩固和提升品牌的知名度。总结已有的知名品牌的成功经验,要实现品牌巩固和提升的战略目标,除了产品要过硬,质量要好,也要在品牌的命名和标志的设计、商品的广告宣传和促销活动等方面下工夫。

关于如何制定品牌发展战略,提升品牌形象并争取到消费者,总结起来主要有以下两个方面。

(一)明确品牌定位

品牌定位指通过品牌明晰地向企业服务对象传递信息,使品牌的价值和宣传点与顾客的购买动机保持一致。品牌定位成功与否,主要看品牌在实际的市场营销中产生的效果,如果为消费者所接受和喜爱就是成功的品牌定位,否则品牌的定位就是不合适的。

(二)建立品牌文化

品牌文化是品牌力图体现的某种传统并能满足消费者的精神需要的文化内涵。品牌文化能赋予品牌独特的内涵,未来企业的竞争是品牌的竞争。更是品牌文化的竞争。品牌文化是品牌价值最核心的体现,品牌文化是品牌价值内涵及情感内涵的自然流露,是品牌触动消费者心灵的有效载体。品牌文化不仅能增进消费者对品牌的好感和美好联想,更能使品牌形成核心竞争优势。如果把品牌树立成某种文化的象征,品牌文化将引导消费者的购买倾向,消费者因对品牌的信赖和忠诚而对产品表现出反复购买的行为,必将带来产品销售量的增长,使企业获取长期的超额利润。

第二节　商标设计心理

一、商标的定义和类型

商标(英文 Trade mark,简称 logo),是指生产者、经营者为使自己的商品或服务与他人的商品或服务相区别,而使用在商品及其包装上或服务标记上的,由文字、图形、字母、数字、三维标志和颜色组合,以及上述要素的组合所构成的一种可视性标志。简言之,商标就是用文字或图案等形式把产品形象充分表现出来的标志。商标在有关部门注册后,就拥有专利权,受到商标法的保护。商标是商品生产者或经营者的专用标志,是企业的无形资产,是商品质量、功能、价值、声誉和来源等的代表物,它能帮助消费者识别不同种类、不同性质、不同质量、不同规格、不同花色、不同式样的商品,对活跃商品流通、促进经济发展具有重要的作用。因此企业要了解和遵循人的记忆规律,重视商标的设计,在广告宣传中突出商标,让人容易记住商标,达到商品宣传的目的。

按商标的结构成分,可将商标分为文字商标、图形商标、符号商标、组合商标。如下的商标分别代表不同的类型:

图8-1　文字商标:汇源果汁

图8-2　图形商标:通用别克汽车

图8-3　符号商标:宝马汽车

图8-4　组合商标:蒙牛乳业

文字商标指只有文字构成的商标。文字商标可以使人产生联想,便于消费者识别和记忆。

图形商标是以具体事物为原型而设计的商标。图形商标不受语言的限制,不同国家、不同种族、不同民族的人都能识别。其缺点是不能叫卖,相似的图形商标容易混淆。

符号商标是指仅用符号构成的商标。符号商标往往新颖独特,视觉效果好,使人印象深刻。

组合商标由文字、图形、符号中的两样或三样组合而成,感染力较强,有较好的感性和理性的诉求效果。

二、商标的心理功能

商标是商品的标记,同时也有宣传的功能,对消费者具有重要的作用,能发挥特有的心理功能。

(一) 认知功能

商标是商品的外在符号,它代表着商品的质量、规格、功能等特点,也是区别于其他商品的标志。消费者可以利用商标把商品从众多的相似商品中识别出来。许多消费者喜欢追随知名品牌,就是建立在对著名商标的确认和信任的基础上的。商标作为一种标志,可以加强商品对消费者的刺激,深化消费者对商品的认识,增强消费者对商品的记忆,激发消费者的购买动机和购买行为。

(二) 保护和服务功能

商标一经注册,就受到国家法律保护,使商家生产和经营权利得到正当保护。从消费者的角度来说,商标代表着商品的合法性、合格性、信誉性,使消费者的消费利益得到保证。消费者在使用过程中,能根据商标找到生产厂家和经营者,要求进行有关的咨询、维修、售后服务等。

(三) 传播和促销功能

如果商标设计得好,同时商品本身质量也好,那么这个商标就能发挥有力的宣传作用,能广泛传播商品的形象和信誉,从而吸引消费者,刺激消费者做出购买决策和购买行为。这样的好商标也有利于生产者和经营者推销新产品,扩大产品的市场影响力,促使消费者认准商标选购商品。

(四) 稳定功能

商标的确定有利于生产者实施产品的标准化管理和质量管理,保持商品的质量、信誉和价格的稳定,树立优质优价的独特产品形象和企业形象。

三、商标设计的心理要求

商标有重要的心理功能,应该考虑消费者的心理偏好精心设计,让消费者一看到商标就过目难忘,产生购买欲望,从而促进商品的销售。商标设计要考虑消费者以下心理需求:

(一) 特色鲜明,注重创新

商标是一种产品和其他产品相区别的标志,一定要有自己鲜明的特点,应突出企业或产品的主要特色,使商标独具风格。这样的商标显示了企业的个性色彩,使消费者印象深刻,乐于购买。商标设计要有创意,要不断突破已有的条条框框的束缚,在表现形式和手法以及构思上能标新立异,这样的商标设计才能引起消费者的兴趣,扩大商品的影响力。很多有影响的企业,在商标设计上花大力气,甚至不惜投入巨资,为的就是设计出富有特色和寓意深刻的商标,从而打开市场。香奈儿的商标就设计得特色鲜明。

案例:特色鲜明注重创新的商标设计

香奈儿商标

香奈儿(Chanel)是一个有 100 多年历史的著名品牌,创始人 Gabrielle Chanel 于 1913 年在法国巴黎创立。香奈儿产品永远有着高雅、简洁、精美的风格,它善于突破传统,这些融入其品牌精髓中的风格在其商标上得到了淋漓尽致的展现。

(二) 图文简洁,容易识记

心理学对记忆规律的研究表明,简洁的图文容易让人记住。商标应该用最精炼的语言来表达,发音清晰,朗朗上口,不能用生僻的文字和语词,否则消费者不容易记。商标的符号、颜色和图案应该简单醒目,形象鲜明,便于理解和记忆。古驰商标就属于这种类型。

（三）符合法律和习俗

商标的设计要考虑商品的销售地域，考虑消费者所处的文化背景、风俗习惯、宗教信仰、时代特点、审美因素、价值观念、民族、种族和制度等等因素，商标的文字、图案、色彩、要素组合、谐音等等都要慎重选择。要选择吉利的标志，切忌触犯消费者的忌讳。此外，商标设计要符合《商标法》，要遵循相关的法律条文。

（四）形意一致

商标与品牌名字一致，可以达到相互联想的效果，使记忆效果更牢固。这种品牌和商标的一致性有程度上的差异，一是完全一致，即用品牌名字的某种字体作为标志，如Haire（海尔）；二是标志与品牌的意思相同，即图案是名称概念的具体形象。

英文字诠释：

新的英文标准字比原有字体更加简约、时尚,富有更强烈的识别性和时代感,体现出经济全球一体化背景下的企业形象。

1. 简约设计的代表是字母 a 和 r,整体字母组合简洁明亮,具有很强的识别性和记忆性,简约的设计意味着：

(1) 扁平化：信息化管理基础上的企业,企业的每一个人都是战略业务单元；

(2) 企业和外界的沟通更简洁、更直接。

2. 简约就是速度感,就是消除繁琐后的更快更有力的发展。

3. 整体字母组合像一个目标明确的队列,最后的字母 r 高高向上昂起,象征着企业一定会走上去,实现更高更快的发展目标。

中文字诠释：

新的中文标准字使用中国书法体代替了原来的美术字,字体大气舒展,浑然天成,中国书法独有的历史文化氛围结合字体本身活力、紧凑、和谐、韵律的形态特点,传达出崭新的视觉感受。

1. 用动态的字体替代原有规矩的美术字,充分体现出企业对动态环境的理解和应变能力,意味着企业所处的环境随时在变,企业必须以变制变。

2. 中国书法蕴含几千年的东方文化精髓,和谐、自然、追求完美,表达了海尔追求企业和社会环境、企业和自然环境、企业和人文环境和谐统一的理念,倡导环境保护,以达到天人合一的境界。

3. 海尔两个书法字体完美结合在一起,视觉上具有强烈的飞翔动感,同时,每一笔走势又体现出整体平衡的完美境界,意味着海尔平衡中的奋进和动态中的平衡和谐。

标识应用原则：企业名称、企业对外宣传、产品名称、产品市场宣传所有出现海尔中英文的地方统一应用海尔的新标志。

海尔新标志的灵魂就是：从不间断地为用户创造更大的价值！

（五）富有艺术性和感染力

商标设计要讲究艺术性,造型优雅别致,形象鲜明,给人强烈的视觉效果和美的享受,这样消费者才能过目不忘,诱发购买动机。

案例：富有艺术性和感染力的商标标志

美洲虎（捷豹）JAGUAR

自 1922 年成立以来,捷豹汽车一贯致力于其产品的改进。正如捷豹汽车创始人威廉·里昂斯爵士所说："汽车是我们所能制造出的最具生命力的机器。"捷豹汽车始终坚持的核心是展现汽车与生俱来的优雅本质。自十九世纪四十年代首次参加比赛以来,捷豹发动机在各项比赛中屡获殊荣,并且在欧洲汽车运动领域从五十年代至今独占鳌头。历经八十余年的发展,捷豹汽车不断将新技术融合于汽车制造中,以实现卓越性能和出色驾驶体验的完美结合。

美洲虎汽车的名字起源,则可追溯到一九三七年。该年六月 SS 汽车公司正式接收了 Sunbeam(Wolverhampton)汽车公司。当时,里昂斯爵士十分希望能把汽车命名为 Sunbeam,因为 Sunbeam 曾于多次世界赛车中取得冠军,可谓"胜利"的标志。可惜,公司内部出现了一些问题。最后,被迫放弃使用 Sunbeam 作为公司的名字。里昂斯爵士最后拣选了一个在各种语言中都发音清脆的名字——Jaguar,它是根据第一次世界大战的一种飞行机器而命名。美洲虎又称捷豹,香港人还称"积架",是英文 JAGUAR 的音译,它的汽车标识被设计成一只纵身跳跃的美洲虎,造型生动、形象简练、动感强烈,蕴含着力量、节奏与勇猛。

总之,好的商标设计是企业的无形财富,它能在消费者心目中留下深刻的印象,这等于宣传了商品,打开了商品的销售市场,这是企业取得成功的重要保障。

案例分析

2011 年的世界知名品牌

2011 年 05 月 09 日,华通明略发布的"BRANDZ 全球最具价值品牌 100 强排行榜"证明了强大品牌具有从经济衰退中迅速恢复的能力。当绝大多数财经指标都呈现下降之时,100 强品牌在去年取得了 4％的增长,总价值已超过两万亿美元。而 7 个新进入榜单的中国品牌也与之前 5 个中国品牌一起刷新了中国品牌在该榜上的历史纪录。苹果以 1532.85 亿美元的品牌价值,跃居百强首位,其品牌价值与 2010 年相比,上涨了 84％;谷歌,其以 1114.98 亿美元的品牌价值,位列第二位,比去年下降了 2％,位次下跌一名;IBM,其以 1008.49 亿美元的品牌价值,位列第三位,与去年相比,增加了 17％,位次下跌一名;之后是品牌价值 810.16 亿美元的麦当劳,与去年相比上涨了 23％;微软以 782.43 亿美元的品牌价值位列第五位,与去年相比微涨 2％;美国最大的电信运营商 AT&T 以 699.16 亿美元的品牌价值位列第七位,与去年持平;中国移动以 573.26 亿美元的品牌价值位列第九位,与去年相比上涨 9％,但位次下跌一名。中国公司在此次榜单中表现抢眼,其中 12 家中国公司登上了百强榜单,中国移动品牌价值达 573.26 亿美元,排名第九位。其余 11 家上榜中国企业分别为工商银行、建设银行、百度、中国人寿、中国银行、农业银行、腾讯、中国石油、平安保险、中国电信和招商银行。12家中国品牌总价值达2590亿美元，占百强总价值的11%。

品牌的排名主要依据三个关键指标：1.品牌价值：以美元计算的品牌经济价值。2.品牌贡献：品牌对企业盈利能力的贡献，根据品牌对顾客购买决策的影响来计算。3.品牌动力：反映品牌价值近期增长前景的指标。

表8-1　2011年BRANDZ全球最具价值品牌百强排行榜榜单

排名	升降	英文品牌名	中文名	地区	行业	品牌价值（百万美元）	品牌价值变化	品牌贡献	品牌动力
1	2	Apple	苹果	北美	科技	153285	84%	4	9
2	-1	Google	谷歌	北美	科技	111498	-2%	4	4
3	-1	IBM	IBM	北美	科技	100849	17%	3	5
4	2	McDonald's	麦当劳	北美	快餐	81016	23%	4	7
5	-1	Microsoft	微软	北美	科技	78243	2%	4	4
6	-1	Coca-Cola	可口可乐	北美	软饮料	73752	8%	5	9
7	15	AT&T	AT&T	北美	电信	69916	N/A	3	4
8	-1	Marlboro	万宝路	北美	烟草	67522	18%	4	4
9	-1	China Mobile	中国移动	亚洲	移动运营商	57326	9%	4	9
10	-1	GE	通用电气	北美	综合集团	50318	12%	1	2

（资料来源　2011年05月09日发布《全球财经精粹》.）

本章提要

商品的品牌是同类产品中用以表现个性和功能特点的商品品种及其牌号，同时它还是企业的形象、特征、信誉、文化的综合反映。商标是品牌的重要标志，商标设计在品牌的形成、发展和壮大中具有重要的作用。商标在市场营销中，代表着商品的质量和信誉，消费者选择某种商标的商品说明了消费者对商品的喜爱和对其生产企业的信任，这种有标志性的选择充分说明了商标的重要作用。

品牌的心理功能表现为有利于产品参与市场竞争，扩大和获得稳定的消费群体；有利于消费者选购商品，激发消费者的购买欲望；有利于提高提升产品质量和企业的形象。产品的功能、价格、包装、知名度、美誉度和售后服务是影响人们品牌选择的主要因素。品牌发展战略应考虑到消费者的品牌心理需求。

按商标的结构成分，可将商标分为文字商标、图形商标、符号商标、组合商标。商标的功能主要有认知的功能、服务与保护的功能、传播和促销的功能、稳定的功能。成功的商标设计要考虑消费者的心理需求，做到特色鲜明，注重创新；图文简洁，容易识记；符合法律和习俗；形意一致；富有艺术性和感染力。

复习思考

1. 品牌和商标的关系是什么？

2. 品牌的功能有哪些？要实现这些功能，产品设计要考虑哪些因素？

3. 商标的功能主要有哪些？

4. 成功的商标设计的要素有哪些？

推荐阅读

1. 余小梅. 广告心理学[M]. 北京：中国传媒大学出版社, 2003.

2. 江波. 广告心理学[M]. 广州：暨南大学出版社, 2010.

3. 姜智彬. 广告心理学[M]. 上海：上海人民美术出版社, 2012.

第四编
广告表现与说服心理

广告必须通过好的表现形式传递给消费者有效的商品信息,因此广告要注意画面、语言、音响、颜色、人物模特等因素的把握和配合,在进行广告宣传时要以消费者的购买心理为依据。成功的广告宣传要考虑消费者一般的购买心理和特殊的购买心理,这样才能使广告宣传说服消费者产生购买欲望和行为。广告说服是有技巧和方法的,成功的说服一定要考虑影响说服的因素有哪些。具体来说,广告说服要考虑消费者的购买需要和动机,说服就是给广告受众以某种刺激,使其接受或改变其态度或情感,并依照说服者预定的意图采取行动。广告为了达成说服的目的,就要让接受者对于说服者的诉求内容产生关注与共鸣,赞成说服者的意见或观念,产生说服者期待的心理与行为过程,本编重点讨论以上问题。

第九章　广告要素及其心理效应

广告作为一种推销商品、服务或传播观念的手段,有其特定的结构,其中的每一要素都有其特定的功能;同时,诸要素的不同结构关系也具有不同的功能,在具体的营销或传播活动中产生不同的效果或心理效应。根据对广告理解的不同,其构成要素也是不同的。如果把广告作为一种活动,则包括广告主、中介、消费者;如果把广告看作广告创作,则包括要传达的内容、表现构思、诉求形式、表现题材、表现技巧等。如果我们把广告理解为具体的广告作品,那么画面、语言、音响、颜色等就是其基本要素。在这一章,我们主要对广告作品的构成要素及其在具体广告活动中所产生的心理效应进行简要讨论,并对其赖以产生的心理机制和传播原理进行概略的分析。

第一节　画　　面

画面(picture)、语言(language)、音响(sound)是广告作品的三个要素,这三者能引发人的视觉、听觉和思维、想象等复杂心理活动,但并非所有的广告作品都包括这三个要素。由于广告媒体性质和特点不同,需要的信息表达形式也是不同的,因而一则广告可以由其中的任何一种或两种形式构成,也可以由三者综合构成。在广告的三大要素中,画面是报纸、杂志、电视等主要广告媒体广泛采用的视觉形式,对于突现商品和服务形象,吸引广告受众注意,加深对广告内容的理解和记忆具有重要作用。本节将讨论与此有关的问题。

一、画面的表现形式

广告的画面旨在通过塑造和展示视觉形象,向受众传达商品的视觉信息。由于信息传达的目的必须与媒体的不同要求相适应,因而画面必须通过不同的形式以收到最佳的传播效果。也就是说,在不同的媒体中,画面表现为不同的形式。在印刷媒体中,画面常常作为插图而存在;在电视等电子媒体中,画面则表现为动态的图像。在户外媒体或售点媒体中,画面还可能表现为具体的物体形象或者漫画。最常见的广告画面或图案是钢笔画、色彩画、油画、摄影照片等,但应用于不同的媒体,其表现也略有不同。

(一)印刷媒体(printing media)

在报纸、杂志等印刷媒体中,画面主要表现为插图或图案。它往往与简略、具体、生动形象的文字描述相配合,相得益彰,共同实现广告主题。具体说来,以画面表现广告主题的广告形式主要有以下几种。

1. 直接以绘画作品描绘展现要宣传的广告主题

绘画是这类广告的主体部分，或者说广告本身就是完整的绘画作品。如可口可乐公司曾先后请一些美术大师和著名画家为其创作广告宣传画。1931年，诺曼·罗克韦尔创作了题为《村童和小狗》的绘画，画中村童一手拿着面包，一手拿着可乐，身边的小狗垂涎欲滴，让人们不仅为之动情，甚至称村童为"汤姆·索耶"（美国著名小说家马克·吐温的代表作《汤姆·索耶历险记》中的主人公）。1936年，可口可乐公司还曾请闻名退迩的新英格兰画家恩克韦恩画了一幅可口可乐挂历画，结果使其销售量剧增。显然，这类绘画的立意就是要突出广告主题。将其艺术特性与广告宣传的主旨结合起来，使人们在欣赏艺术作品的同时，领会到作者的独具匠心。可以说，该类广告可以称作以艺术取胜的绘画广告。

2. 以画面为主，辅以简要精练的文字说明

这种广告作品相当普遍。画面往往居于整个广告的显眼位置，或用以激起广告受众的强烈情感，或引起人们的猎奇心理，画面鲜明，紧扣主旨，文字部分则画龙点睛，加强人们对画面的理解，深化广告主旨。例如，有一幅日本婴儿鞋的广告，就采用了这种画面布局：广告画面描绘的是母亲柔软的双手捧着一只胖乎乎的小脚，母亲的爱心和柔情、孩子的温暖与安适感跃然纸上。该画面下的一双儿童鞋让受众恍然大悟，解其主旨，而最后一句话"像母亲的手一样柔软、舒适的儿童鞋"，进一步深化广告主题，点明要害。

3. 画面为辅，文字为主

在这类广告作品中，画面对文字起补充说明作用，使广告更易为受众所理解。它实际上是一种说明为主的广告，适用于"不得不说"的广告，即在难以用画面表现广告主题时更适用（见图9-1）。

图9-1 文字广告

（资料来源　http://www.wowbox.com.tw/blog/Defan/t.asp? page = 214 [2007-04-09]。）

在印刷媒体中，以下情况不宜过多地依赖画面：

首先，价格较高，或结构、用途、性能复杂的产品及设备需用文字说明；

其次，新问世的产品或服务需要较多的文字来说明用途、效果、用法、适用对象等；

再次，叙述产品的固有情节，或强调产品的内在特点而非外在式样。

（二）电子媒体（electronic media）

目前，电视、广播、CD或VCD和计算机网络的使用及普及率有了极大提高，在日常生活中，人们随时能接触到各种电子媒体信息。在电子广告中，画面的使用更为频繁。相对而言，电视是应用画面最广泛、影响力最大的媒体。电视画面将广告信息视觉化，凝聚了关于产品或服务的大量视觉信息，能够在短时间内使受众理解广告主题。

电视画面往往与特定的音响或语言相结合。语言

包括口头解说和书面语言，可以说明画意，或补充画面未能表达的信息。画面或为主，或为辅，与其他要素保持和谐，共同凸显广告主题。

电视画面不同于其他媒体画面的主要特征之一是其视觉的高度动态性。它通过流动、鲜活的影像或图案真实或近乎真实地表现或重塑生活，使受众在接受有关产品、服务或观念的信息的同时，享受到艺术的美感。

与此相比，互联网的广告画面则是兼容并蓄的，丰富的多媒体功能使之几乎容纳了其他媒体所可能有的一切形式，可以是实物画、动漫画、油画等各种绘画作品。而且，通过网络站点相互链接的形式，它还可以将广告画面和有关的丰富信息一起呈现给广告受众。

此外，广告画面还有一些其他形式，如现身说法、实物展示、模拟动画或动漫等，它们实际上也是特殊形式的广告画面。这些广告的效果有时比其他广告形式还要好。

二、画面的心理效应

俗话说，一图值千言。画面在广告宣传中所产生的心理效应常常是语言描述所不及的。它通过将特定形状和色彩和谐搭配，引起人们的情感共鸣，实现有效的信息输入和加工。如前所述，适当的图案不仅可以有效地凸显产品或服务的广告内容、特点、功能和影响，而且可以引起受众的美好心理感受，满足受众的多种心理需求，激发他们购买或接受服务的欲望。概括而言，画面主要有以下几种心理功能。

首先，广告画面易于为人们所感知，使受众通过直觉迅速形成对广告主题的印象。人的视觉活动具有"就简性原则"（simple-orientation effect），也称"阅读最省力原则"，生动活泼的图画或图案，将广告主试图传递的信息最大程度地视觉化、形象化、具体化，与阅读文本、识别文字相比，这种形式所需要的心理活动可能更为直接、简便，能使广告受众对广告主题一目了然。而且，在一般情况下，人们对视觉信息的摄入量要远远大于通过其他感觉通道摄入的信息量。广告画面的设置恰是利用了人的这些特点。当然，人们首先注意到的未必是广告画面，但人们的视觉流程通常是从形象化的信息过渡到语言性信息。

其次，广告画面可以产生视觉冲击力，吸引和维持人们的注意。新颖、独特的广告画面设计可以在瞬间"捕捉"人们的注意。广告信息的接受过程包括注目、理解、记忆。注目是个体对广告作品的初步注意或无意注意，包括转移视线，侧耳细听，并关心作品内容，希望能够理解有关信息。刺激的新奇性和亲近性，刺激强度、形状、大小、色彩、数量的对比度，位置、布局，都可以起到引人注目的效果。注意的动机、刺激的有益性、支持性、刺激性、娱乐性都会影响人们的注目率，人们对合乎消费者当时需求的作品敏感度高，反之，妨碍或不符合个体需求的作品易使人产生自我防卫或回避反应。产生良好效果的广告往往是将关键信息置于人们注意的关键点或焦点处，而且画面色彩的适当调配也可以极大地增强视觉效果。

国外一家化妆品公司调查发现，对于相同商品的不同信息表达形式，人们注意资源的分配情况也是不同的。与广告的文案部分相比，广告的画面或商品照片更引人注意，同时，彩色印刷广告画面的注意率最高，达到84.1%，黑白印刷广告画面为46%；即使在文案部分，人们对彩色文字的注意率也明显高于黑白广告。

画面是形状和色彩两种视觉信息的结合,色彩具有很强的冲击力。单一的黑白图案通常不能收到预期效果,而颜色调配不好或不适当,同样会适得其反。因此,与广告受众、广告场所等"相对应"的广告画面和色彩才能产生理想的效果。

广告画面从目的上可以粗略地分为两种,其一是直接呈现广告主旨或所要表达的广告内容,其二是起到"先行"或诱导作用。前者为个体提供了"简化"的商品或服务内容方面的信息,后者则设置了一种"视觉陷阱",使受众一旦注意到诱人的广告画面,就有"不得不"察看下文的感觉,对广告画面的无意注意也随之转变为对广告主题的有意注意或信息搜索。

另一方面,广告画面尤其是电视广告画面提供的丰富视觉信息,画面的新颖、多变而高度艺术化的设计有效地维持了个体的注意。

再次,广告画面可以创造强烈的心理感受,形成和加深对产品或服务的强烈印象。成功的广告画面往往能激起人们强烈的情感共鸣。广告受众在看到图案或摄影时,可能会产生很强的美感、轻松感、舒适感等情感反应。例如,前面提到的日本儿童鞋的广告画面会让儿童的母亲产生无限的爱心和亲切感,同时也会让儿童感受到无限的温馨和安全感。又如一则成功的减肥广告,用健康而苗条的身材展现减肥的效果,并使之和减肥前肥胖的体形构成鲜明的对比,让欲减肥者产生对美好身材的羡慕和向往,对该广告所宣传的减肥营养品怦然心动。

广告画面产生的情感共鸣效果,与其艺术性对人们心理和需要的迎合程度密切相连。成功的广告不仅善于以画面凸显或烘托广告主题,而且含义明了、简单,贴近人们的现实生活,能紧紧抓住广告受众的心理和需求。"给你你想要的,"几乎是所有成功的商品或服务广告的要旨。在广告创作中,广告主往往还运用多种手法,如写实、夸张、比喻、象征、对照和漫画等手法,使广告主题或充满戏剧效果,具有娱乐性、幽默感,或给人以启示,意味深长。

画面色彩具有很强的情感表现力,色彩的不同组合与个体自身的生理体验及社会经验融汇在一起,可以引起人们复杂的情感。例如,绿色能使人产生宁静和稳定感,黄色则让人产生真诚和光荣感,青色可以激发人的严肃、静穆感,白色引起人的纯洁、朴素感,黄色和红色相映衬则可让人产生壮观和力度感。同时,在不同的文化背景中,相同的色彩或色彩的组合也可能激发人们不同的情感体验。例如,中国人传统上喜欢用黄色代表高贵和尊严,中东地区的国家则厌恶黄色。

最后,画面可以增强广告的整体效果,增强人们对广告其他部分(包括语言、音响)的理解、记忆和情感。如果我们把整个广告看作一个系统,那么画面作为广告的一个组成部分或子系统,其产生的效果也影响到广告作品的整体效果,同样,画面的有效应用也可以极大地增强其他子系统,包括语言、音响的效果。如前所述,安排适当的画面,或者直接凸显广告主题,或者补充说明语言所阐述的广告主题,或者引导广告受众注意广告的正文部分。这都可以激发人们理解广告主题的欲望,并加深人们对广告语言的理解,增强人们对广告信息的记忆效果。

彭聃龄等(1989)研究发现,无论让被试采取提示回忆的方式,还是自由回忆的方式,他们对电视呈现方式的回忆成绩都高于只有声音而无图像的广播呈现方式(见图9-2)。显然,画面通过将广告信息视觉化,与语言、音响信息产生"共振效应"或双重编码效应(dual-coding effect),由多个感觉通道输入的信息综合体现广告主题,从而加深了人们理解和记忆的效果。

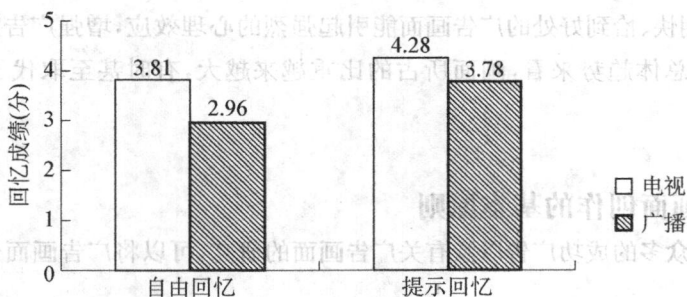

图 9-2　电视、广播新闻收视效果比较

资料来源　彭聃龄等.电视新闻收视效果研究[J].中国广播电视学刊,1989,第4期.)

广告画面之所以能增强人们的记忆效果,还在于它往往采取一系列有效的刺激呈现方式或手法。有的画面采取夸张手法,强烈刺激人的视觉系统,使人过目不忘。国外有一则倡导防止水域污染的公益广告,采用了乌龟背着氧气瓶在水底游动的画面,夸大了污染导致水域缺氧的程度,给人以深刻印象。有的画面则采用了类似的夸张性造型,达到同样的效果。如美国一家鞋厂将其生产的女式凉便鞋极端化地放大,每只做成三层楼那么高,挂在波士顿一家旅馆正面,极为引人注目。还有的广告采用了漫画漫像或拟人化的手法,极尽挑逗幽默之能事,鲜明生动,寓意深刻,广告主题跃然凸显。

另外,画面的布局会影响到人们注意的分配,进而影响到人们的视觉效果和画面作用的发挥。人们对广告画面的不同部分的注意或视觉效果是不同的,假定广告整图的注意价值为100%,则竖直平分后左右两部分的视觉效果分别为56%和44%(见图9-3A),上下平分后的视觉效果分别为53%和47%(图9-3C),依不同方式四等分后,各部分的注意效果也是不同的(见图9-3B,D)。因此,根据需要合理布局画面,对于保证广告的整体效果极为重要。

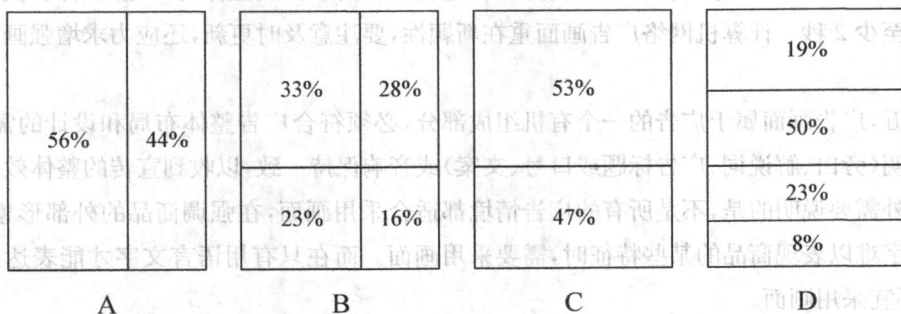

图 9-3　不同广告布局的不同部分的视觉效果

(资料来源　张理等主编.消费心理学[M].经济科学出版社,1995:286.)

广告画面还能产生边缘说服作用(marginal persuasion),即把画面作为边缘线索,促使受众对画面所表现的内容的兴趣、态度迁移到广告主题上来,产生爱屋及乌的效果。时下流行的许多名人广告实际上是将名人画面所产生的边缘说服作用与广告其他要素所产生的效应结合起来,达到最佳的整体效果。

总之,简洁明快、恰到好处的广告画面能引起强烈的心理效应,增强广告宣传的效果。从目前广告发展的总体趋势来看,画面所占的比重越来越大,有时甚至取代了文字的说明和解释。

三、广告画面创作的基本原则

概括国内外众多的成功广告以及有关广告画面的研究,可以将广告画面创作的基本原则归纳为以下几点。

第一,广告画面要与广告主题一致,围绕主题和宣传目的组织画面,切忌"画"不对题。如想要表现产品可以给人带来清爽感觉的独特功能,可以选择同样给人以清爽感觉的风景作为广告画面,但不能选择让人感到极端寒冷的极地气候环境作为广告背景。需要指出的是,有时毫不相关的画面组合在一起,反而能给人留下极深刻的印象。如日本先锋音响广告就制作了这样一幅画面:在广袤辽阔的天际,举世闻名的尼加拉大瀑布从纽约的摩天大楼群上奔腾而下,将音响形象与本不相关的瀑布创造性地组合在一起,含蓄有力地塑造了先锋音响高昂激越、雄浑奇特的企业形象。

第二,画面应简单、具体,而又耐人寻味,但不宜过于晦涩和深奥,也不应使用人们不常见或不熟悉、不认识的事物、图景作为广告画面。否则,就失去了广告画面本来的意义。

第三,画面应力求新颖、独特,对受众具有强烈的吸引力,人云亦云式的广告画面是没有什么吸引力的,只有高度艺术化而又不失广告特点的画面才能紧紧抓住观众的视线。在创作过程中,可以采取多种手法,如可以采取写实手法拍摄商品的外观和形状,可以采用夸张手法突出商品性能或特点,也可以采取漫画手法将商品拟人化。

第四,应使广告画面符合不同传播媒体的特点和要求。例如,印刷广告应尽可能使用较大的插图,并注意增强图像的多样性和变化性。电视广告的画面则应保持一定的时间,关键画面应保持至少2秒。计算机网络广告画面重在新颖性,要注意及时更新,还应力求增强画面的动态性。

第五,广告画面属于广告的一个有机组成部分,必须符合广告整体布局和设计的需要,与语言说明(旁白、解说词、广告标题或口号、文案)或音响保持一致,以收到宣传的整体效果。

另外需要说明的是,不是所有的广告情境都适合采用画面,在强调商品的外部形象时,或者用文字难以表现商品的某些特征时,需要采用画面。而在只有用语言文字才能表达广告主旨时,不宜采用画面。

第二节　语　言

语言是广告作品尤为重要的组成部分,是广告制作过程中表现构思的主要素材。广告语言的主要形式包括标题、口号、文案、解说词等。单纯的图画或音响往往不能准确完整地表达广告主题和内容。所谓一字值千金,就是强调广告语言的重要性。本节着重介绍广告语言的形式和特点、广告语言的心理效应等问题。

一、广告语言的形式和特点

所谓广告语言(advertisement language),顾名思义,就是在广告作品中应用的语言形式。它不同于其他领域的语言之处,是其具有广而告之的特性、目的、功能,可以说,广告语言是语言在和广告"联姻"的过程中呈现的特有形态。下面,我们分别介绍广告语言的几种主要形式及其作用。

(一) 广告标题(advertisement title)

广告标题即广告的题目,它是表现广告主题、使之具体化的语言。根据不同的标准,广告标题有不同的分类。

按标题内容或结构,可以分为引题、主题、副题和分题,这几种标题的综合运用形式可称为复合标题。如亚洲饮料公司的广告中,以"食在广州,饮在'亚洲'"为引题,"亚洲饮料"为主题,"品味兼优"是副题。一则广告不一定包括上述所有的标题形式,但一般都应直接或间接地凸显主标题。在复合标题中,引题的作用为引出主题或要宣传的产品、服务,主题用以表明产品或服务本身,副题则是对主题的说明、修饰和补充。

根据反映广告主旨或内容的方式,广告标题可以分为直接标题和间接标题。前者开门见山,一语道破广告主旨,挑明广告要宣传的产品或服务是什么;后者则含蓄委婉,幽默风趣,以新颖别致的方式揭示广告主题。例如,西德一家经销商推销中国猪肠衣的广告标题"请用中国猪肠衣"、美国万宝路香烟广告标题"万宝路的世界"都是直接标题,直截了当。相反,某航空公司广告"自12月23日起,大西洋将缩小20%"、某鞋店广告"千里之行,始于足下"、牙刷广告"一毛不拔"等都属于间接标题。

另外,还可以根据语句的句式、语气、修辞手法等,将广告标题划分为陈述式、祈使式、感叹式、夸张式、拟人式等形式。显然,广告标题的划分并没有固定格式,因划分标准而不同。

成功的广告标题可以说是广告作品的灵魂,是统摄和维系整个广告的命脉。其作用主要表现在以下几个方面。

首先,可以引起和维持人们的注意。醒目的标题有画龙点睛之妙,不仅能勾起人们的猎奇心理,促使他们进一步阅读下文,深入理解广告内容,而且能和画面、音响等其他广告要素相得益彰,共同凸显广告主旨。

另一方面,独特新颖的广告标题还可以紧紧抓住受众或消费者的需求心理。日本学者仁科贞文(1991)将广告受众主要的广告注目动机分为四种:1. 有益性动机(寻找有用信息);2. 支持性动机(寻求支持自己意见的信息);3. 刺激性动机(出自好奇心);4. 娱乐性动机(寻求能给自己带来快感的信息),在不同的购买使用行动场面中,各种动机的重要性和强度变化模式有所不同。如在认识问题阶段,个体的注意往往首先出于刺激性动机,追求好奇心的满足,其次是有益性动机。广告标题与特定画面相结合,往往可以满足人们的各种需求,尤其是刺激性需求。它通过设置"文字陷阱",让广告读者产生不得不向下看,以求问题答案的好奇心,在极短时间内将语义编码的商品或服务信息传达给受众。

其次,可以促成受众购买态度的变化和实际的购买行为,培养实际的和潜在的消费者或购买者。优秀的广告标题可以刺激人们的购买欲,改变人们对某些商品或服务的态度。一些标题以开门见山或迂回的方式描绘产品或服务的优点和用途，以及观念的特有价值或意义。如香港一则推销电风扇的广告为"清风大人驾到"，使人在炎炎夏日顿生清风习习之感，而前面提到的儿童鞋广告"像母亲的手一样柔软舒适的儿童鞋"也刺激了人们对舒适、温馨的追求。

一般说来，广告标题应遵循以下创作原则：

第一，应力求简练、充实、达意，即用最少的文字表达尽可能多的信息。

第二，力求鲜明，富有刺激性，能给人留下深刻的印象，乃至让人过目不忘。

第三，力求朗朗上口，易读易记；忌晦涩难懂，佶屈聱牙。

第四，注意标题布局，力求与画面或音响和谐搭配，以激起人们强烈的心理感受。

（二）广告口号（advertisement proverb）

广告口号又称广告语，是广告主为确立和维持产品或服务的形象而创作的相对稳定的广告语言。与一般的广告标题和广告正文相比，它具有以下作用和特点。

首先，一般标题和正文是为实现广告目的或诱导人们注意广告内容，广告口号旨在确立企业或服务机构的形象，彰显商品或服务的实力和优势。如日本丰田车广告语"车到山前必有路，有路必有丰田车"。有的广告语旨在强调给予消费者的特殊好处，如济南轻骑公司广告语"踏上轻骑，马到成功"。还有的广告语旨在突出产品的基本特征，精练地概括产品性能，或者直接鼓动人们消费，如雀巢咖啡公司的"味道好极了！"、可口可乐公司的"喝可口可乐吧！"。

其次，从稳定性上看，广告标题和正文应随"境"而变，即因广告内容的不同而不同，适应表达具体广告内容的需要，广告口号则相对稳定、持久，同一产品在不同时间、地点的广告标题也是不同的，广告口号则代表着产品或服务形象。而且，语言多采用脍炙人口的名言警句或谚语、成语、诗词、歌曲等为人们所喜闻乐见的形式，文句凝练，容易记住，因而能流传相当长时间。同时，由于不针对具体的广告内容，而是针对相对稳定的广告主题，因而适用于不同的时空条件。

一般广告标题或正文属于具体广告作品的组成部分，因而必须符合广告整体设计和布局的需要。广告口号则相对独立于具体广告，甚至能脱离具体的广告内容而独立传播。

再次，广告口号文字精练响亮，立意鲜明，易于理解和传播等特点实际上起到以相同广告文本进行长期宣传的效果，对人们的消费态度和行为起到潜移默化的影响。

（三）广告正文（advertisement text）

广告正文一般是广告语言的主体部分。虽然它不一定是人们最初所注目的部分，但只要人们对广告标题所展露的广告主题感兴趣，他们往往会顺理成章地去看广告正文，了解更多的内容和信息。

1. 广告正文的作用和主要内容

广告正文的作用和内容主要表现在以下两个方面。

首先，它为那些对商品或服务感兴趣的广告受众提供了更为详细、具体的信息。正文一般介绍商品或服务的特性、功能、品牌优势，有的还同时列出产品产地和联系方式等。例如，日本西铁城表广告，首先以"西铁城，华贵气派的象征"这样的标题揭示广告主题，紧紧抓住消费者追求气派和时尚的心理，然后在正文中，这样写道：

广告心理学（第二版）

"西铁城凯旋系列，独有'HUZ'超薄防水系统，发挥卓越防水功能，准确耐用，乃成功人士必定拥有的手表。表身设计纤巧流利，华贵气派，表露无遗！"

　　显然，该广告正文揭示了西铁城手表的品牌，性能及其优越之处，基本特征或内在质量，最适合的销售群体，外观设计等信息，这些信息与其产生的大众心理效应（会让人觉得华贵气派）、为消费者带来的"社会"效益或心理满足感联系在一起，构成了独特的"广告心理场"，难免让那些"成功人士"怦然心动。

　　其次，广告正文由广告标题、画面入手引发人们的兴趣，强化人们对商品或服务的良好印象和情感。如"博士伦"隐形眼镜广告正文与"月到中秋分外明，眼戴隐镜格外亮"的标题，月上柳梢头的清晰而优美的风景以及淑女图像配合默契，相互烘托，容易引起对眼镜的美好向往和愿望。正文进一步说明眼镜为人们带来的"形象效应"：戴博士伦眼镜充分体现自然美，从此你的眼睛神采飞扬；还描绘了"社交效应"：在社交中受人欢迎；并描绘了衍生的"事业效应"：在事业上进展顺利，迎合了人们获得良好视力和形象的需求和爱美心理。正文紧接着介绍广告的性能和优点及其带来的心理感受：如水珠般柔软，带上它，无牵无挂，活动自如；还说明了生产系列的实力和销售量。最后用眼镜为顾客亲人团聚后的欢乐作点缀，进一步"煽动"人们的购买热情。

　　再次，广告正文的主要功能还在于它的信息功能，对于结构和性能复杂的产品，新颖独特、人们知之甚少的产品，同类产品竞争激烈，其优越独特之处容易为人们忽视的产品等，往往都需要较多的广告正文进行介绍。

　　2. 广告正文的类型

　　在不同类型的广告中，广告正文呈现出某些不同的特点。根据广告诉求的形式，广告正文大体上可分为写实型和情感型两类。

　　（1）写实型。着重介绍企业与众不同的实力、历史、现状和宗旨。如日本日立电器公司广告就通过理性诉求的方式重点介绍该公司"从大到小，无所不有"的产品和全面高超的技术力量，并强调企业的宗旨。中国茅台酒广告通过平实地叙述在巴拿马万国博览会上将酒瓶打碎展示酒香的非常手段而博得好评，荣获世界第二大名酒的故事，展露了茅台酒过硬的质量，读来平易近人，亲切可信，消除了人们对广告的抵抗心理。美国通用电器公司所做的电熨斗广告正文也是很典型的。广告正文分为六个大的段落，分别由"未来的熨斗（首产自动清理式电熨斗）将改变您的生活方式"、"魔术般的蓝色键钮"、"自来水"、"不易生锈"、"蒸汽效果更佳更长"、"对您意味着什么"六个小标题统领，系统扼要地阐明了最新生产的电熨斗给人们生活带来的好处和影响，以及产品的特色和优势。

　　（2）情感型。这种类型的广告正文倾向于运用情感诉求的形式，以散文化的笔法激起人们强烈的购买或获取欲望。如中国人民保险公司的广告文案，"天有不测风云，但是，如果您参加保险，那么……，"将说理和情感激发融为一体。该公司的另一则广告正文："不要说什么天长地久，世事无常，难保哪一天……倔傲的你可以拒绝同情的眼光，又怎可回拒一份体贴的关爱，放弃一份应有的回馈！"与上文有异曲同工之妙，有效激发了人们参与保险的强烈热情和情感认同。

根据文字数量或篇幅，广告正文又有长短之分，但对成功的广告而言，其正文长度并无严格的标准。短小精悍固然很好，但长篇大论者也比比皆是。如美国施利茨啤酒的广告正文就有五页之多，广告效果使其销售量在短短几个月之内迅速上升。国外调查结果表明[①]：在50个字以内，读者人数随着字数的增加而急剧下降。但从50字增加到500字，读者人数却下降得很少。美国广告大师大卫奥格威曾指出："文案该有多长，这取决于产品，你若是在为口香糖做广告，那就没有什么可说的，当然就应写短文。你若是在为一种有各种各样特征需要介绍的产品做广告，那就写长文，你介绍得越详细，销售就越多。"

根据体裁及表述方式，广告正文又可分为陈述式、对话式、论证式、幽默式（语言、笑话、相声等）、文艺式（戏剧、小品、诗歌等）、益智式（智力测验、谜语、计算题等）等多种形式。

不难看出，广告正文的最大作用在于概括而简明地传达商品或服务的信息。在不同的广告媒体中，广告正文的表现形式也会有所不同，如报刊等印刷媒体强调文字的视觉输入和意义转换，而在电视、广播等电子媒体中，广告正文主要表现为解说词的形式。

二、广告语言的特殊心理效应

作为高度抽象化的达意符号，语言具有不同于画面或音响的宣传效果，能产生特有的心理效应。这是由语言本身的心理效应决定的。

首先，语言是具有高度凝缩性和简略性的信息传播符号或载体，它将大量具体、形象的信息压缩成简单的视觉或听觉符号。因此，与其他形式的信息载体相比，语言的信息负载量几乎是最大的。通过将语言编码的信息与头脑中已有的知识相联系，某些文字或声音符号的输入能够极大地激活各种原已建立的意义网络。

其次，语言所表达的意义清晰、明确。图画、音乐等虽然也能表达一定的信息，加深人们的认识，激活人们的情感，但不同的个体可能会产生不同的理解，产生不同的感受，其意义的模糊性甚至会让人产生误解。因此，仅依靠图画、音乐等往往并不能满足传达准确信息的需要。语言意义的统一性可以促成广告受众对商品或服务相对一致的理解。

再次，语言的口头表达性或可传播性较强。语言本身主要是为迎合表达的需要而产生的，借助于语言，人们可以自由地表达、复制和传播信息。图像信息在某些情况下可能是不可缺少的，但视觉化的信息往往难以言表。

语言的上述特性"派生"了广告语言特有的心理效应。

首先，语言的高度概括性使广告语言可以负载画面所不能承载的大量信息。综合广告学者有关广告语言使用的观点可知，以下几种情况较多地使用语言形式：

（1）广告宣传需要叙述较多的信息资料时；

（2）产品或服务新问世，或需要叙述商品的固有情节时；

（3）广告注重事实宣传时；

---

① 金涛声，徐舟汉.中外广告精品探胜[M].北京：国际文化出版公司，1995年版.

（4）强调要采取的行动或对消费者的要求时。

上述情况下的信息负载量都是很大的，只有借助语言手段，才能完整表达广告内容，单靠画面很难达到信息传播的目的。

其次，由于语言是口头传播的必备条件，借助于广告语言，人们更容易，也更可能进行人际间的"二级传播"（second-level spreading），即广告受众在接受特定的媒体信息后，再将该信息传播给他人的过程，如人们将自己满意的商品或服务推荐给朋友或亲戚。成功的广告词或广告口号往往能广为流传，在人群中进行二级传播，乃至"三级"、"四级"或更高级的传播。所谓"一传十，十传百"，指的就是这种多级传播效应。二级传播或多级传播与广告语言的精练、优美、新颖、响亮和商品或服务的独特性、满意性和可信性有关，也与广告诉求的力度有关，其中商品或服务的质量和信誉最为重要。

另外，语言意义的清晰性还可以使广告效果保持持久。语义编码的信息结构性强，意义明确，比意义不确定的图画更容易被纳入特定的语义结构，因而外显记忆的长期效果较为明显，较为稳定、持久。

概括有关研究和论著，广告正文的创作原则可以归纳如下：

第一，用词应力求简单明了、具体形象，句式宜多用肯定句和主动句。

第二，紧扣广告主题，其中贯穿的主题应鲜明、统一。

第三，层次清晰，文、图安排和谐，布局合理，以免使人产生沉重感和压力感。

第四，文辞优美新颖，不落俗套，不求虚华，具有艺术美，引人入胜。

第五，符合广告媒体的特点，电视、广播等电子媒体的解说词应适应人们的听觉规律，与音响相结合；报刊等印刷媒体的正文语言则应符合视觉规律，若能同时结合图画，效果会更为显著。相对而言，计算机网络中的广告语言动态性和刺激性更强，广告制作者往往在广告主题图画背景上显示忽隐忽现、左挪右移、上下跳动的动态字幕，极为引人注目。

第三节　音　响

与画面、语言一样，音响也是广告作品，尤其是电视、广播等电子媒体广告的要素，也是这些电子媒体区别于一般印刷媒体的重要特点。广告音响主要包括音乐和效果声，但一般广告音响多以音乐为主。近年来，音响的运用越来越多，以音乐形式出现的广告也越来越多。在电视、广播广告中，没有音响相配的广告画面、语言常常会黯然失色。本节主要介绍广告音响的表现形式及心理效应。

一、广告音响的表现形式

广告音响主要以下列形式出现：

（一）广告宣传片

不少企业耗费巨资制作广告片。美国可口可乐公司制作的广告片的音响热情奔放，色彩鲜明，片尾总有一句"可口可乐——挡不住的诱惑"，凸显广告主题。英国航空公司制作的名为

《环球》的广告电影也以其超现实的形象设计和杰出的音响效果大获全胜。而且，当人们拨通英航办公室的电话时，话筒就会传来歌剧《拉克美》的美妙旋律。

（二）作为广告语的伴奏或前奏

这一类音响在广播电视广告中最为普遍，能给人身心以轻松愉悦感，赋予广告特有的艺术魅力。

（三）广告音乐或广告音乐片

眼下许多公司都有代表自己企业精神的"主题歌"或"厂歌"，有的甚至还邀请流行歌手或著名歌唱家演唱，对内鼓舞士气，对外树立企业形象。

有的公司还别出心裁，直接利用音响和产品的联系做广告。如美国有一种可口可乐广告瓶，瓶内装的不是饮料，而是一只半导体播音机。人们一打开瓶盖，瓶子里就传出悠扬动听的音乐。

二、广告音响的心理效应

广告音响的心理效应主要表现在以下几个方面。

首先，可以激发人们对商品、服务或特定观念的情感，消除人们对广告的抵触和厌烦情绪。在那些成功的广告中，音响总是能响得其所，响得其时，与画面或语言相互映衬，给人们以美好的艺术享受。如青年人消费产品的广告多热情奔放，活泼浪漫，容易激起人们对产品美好向往。

其次，可以引起人们对广告的注意，增加人们的注目率或倾听率。这实际上是广告诱导功能的体现，明快、悦耳，为人们所熟悉、喜欢的音乐可以给人们以亲切感，进而使之注意与之相联系的产品。

再次，可以烘托广告主题，增强人们对产品、服务或观念的理解和记忆。音响总是与广告宣传的产品、服务等"合拍"的。如与青年人消费有关的服务多配以明快、流行的音乐，以倡导公民的社会责任为主题的广告往往配以严肃的音响等。适当的音响可以创造理解广告信息的氛围，使人能直觉地体会广告主旨。音响和产品、服务信息的时空接近性还能激起人们的声音——商品联想，甚至能促成"晕轮效应"，使人们将对音响（音乐）的喜爱之情迁移到与之相联系的产品或服务上来，进而产生购买欲和购买行为。

显然，广告音响的心理效应主要是在与其他要素相配合的过程中产生的，只有在和谐使用多种要素，共同凸显广告主题时，音响的效果才表现得更为明显。

在具体的广告制作中，音响的配置应注意以下几点：

首先，要使音响创造的氛围与广告宣传的主题和谐，如要宣传产品的古朴淳厚，可配以意境悠远的古典音乐，而不宜配以欢快明丽的流行乐曲。

其次，广告音响不应喧宾夺主，而应突出和烘托主题。同时应密切配合解说词或动态画面的变化，发挥强烈的艺术感染力。如慢动画面应配以悠扬抒情的音乐，而快动画面宜配以节奏较强的音乐，音量、音色、音调等都应与情境的变化和谐一致。

再次，音响应具有较强的针对性，以适合广告受众的心理特征，激起他们的情感共鸣。这需要深刻了解广告受众的性别、年龄、职业、文化、社会阶层以及一般个性特征等。

广告心理学（第二版）

第四节 颜 色

颜色在广告作品中也很重要。在电视、电影、电子显示屏、CD、VCD以及计算机网络中，颜色的重要性自不必说。在报刊等印刷媒体、路牌、霓虹灯和灯箱、橱窗、交通、招贴广告以及各类邮政广告中，彩色画面也应用得越来越普遍。有人统计，在美国，1958年彩色画面占新闻版面的2.2%，占全部广告画面的2.7%；1959年彩色广告占全部杂志广告的18.5%。可以说，近年来，彩色广告在某些媒体中已经占绝对主导地位（晁钢令等，1994）。本节主要讨论颜色的心理效应及其应用原则。

一、颜色的心理效应

光波有明度、色调和纯度的差异，相应地产生不同的明度、色调和饱和度。下面的色轴可以说明颜色的基本关系和变化（见图9-4）。颜色立体的纵轴为明度坐标轴，代表由白到黑的无彩色系列，中轴四周的各垂直平面从红、黄一直到绿、蓝、紫，构成颜色环，代表不同的色调，色轴上点到中轴的距离为颜色的浓度，由外向内依次降低。广义上的颜色包括黑白色及灰色，狭义的颜色指彩色。红、绿、蓝三原色是构成各种色调的基础。

在广告中，颜色的使用应因地制宜，不拘一格，但其产生的心理效应却是基本相同的。

首先，适当的颜色配置引人注目，可以起到引起人们注意的目的。强烈的色彩对比可构成强烈的视觉刺激，在瞬间吸引人们的视线，使广告给人留下良好的第一印象。与黑白广告对比，这种效果尤为明显（见表9-1）。

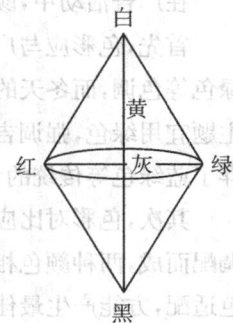

图9-4 颜色立体（色轴）

（资料来源 孟昭兰.普通心理学[M].北京大学出版社，1994：100.）

表9-1 读者对不同颜色广告的注意率

广告颜色	半页广告	全页广告	双页广告
黑白广告	100	100	100
双色广告	110	97	105
四色广告	185	153	150

注：表中假设以黑白广告的注意率为100。
（资料来源 黄合水.广告心理学[M].上海：上海东方出版中心，1997：289.）

其次，彩色可以烘托产品或服务的整体或特定部分，突出广告主题，加深人们的理解和记忆。而且，写实或略为夸张的颜色还可真实而艺术化地描绘商品、人物、风景以及相关的图像，增强广告的可信性。

再次，色彩具有较强的情感表现力和深刻的象征意义。不同的色彩给人带来的心理感受是不同的，如红色、橙色等给人以温暖感、前进感，被称为暖色，紫色、蓝色则给人以阴冷感、后退感,被称为冷色。同时,绿色给人以宁静与稳定感,紫色则给人以虚弱和神秘感。在不同的文化环境中,即使同样的色彩,也可能凝缩着不同的心理意义,代表或象征着不同的意象,引起人们不同的情感体验。例如,在我国,黄色象征庄严、高贵,可以表现真诚、光荣,白色象征纯洁、朴素,可用以表现纯真无邪。

成功的广告往往能利用颜色的心理意义及其引起人们联觉的心理功能,突出宣传的商品或服务,给人造成强烈的心理感受。例如,广告宣传的厨房用品多用白色,给人以干净、清洁感,而居室内的家具多用黄色或棕红色,给人以家庭的温馨感。

当然,色彩也是表现广告艺术美的重要素材。色彩与形状的适当配合构成优美的图案或画面,让人倍感赏心悦目。

二、颜色应用的原则

在广告活动中,颜色的运用应注意以下几点:

首先,色彩应与广告主题和谐一致。如宣传卫生产品或食品的广告,宜用白色、浅蓝色或绿色等色调,而冬天的服装常用暖色,夏服常用白色、浅色。就抽象的社会主题而言,宣传和平主题宜用绿色,强调吉祥好运宜用红色,但也并非全然如此,如可口可乐饮料的包装广告就放弃了蓝绿色等传统的食品包装颜色,而采用了大红色,给消费者留下了深刻的印象。

其次,色彩对比应适当。色彩的调配符合"加法律",任何一种颜色都可由红、绿、蓝三原色调配而成,两种颜色相混合,可以生成波长居于二者之间的第三种色调。商品的颜色应与背景色适配,方能产生最佳心理效应。例如,白色物体在深色背景中愈显光洁夺目,嫩绿色(植物)在黄色映衬下愈显鲜嫩。概括而言,色彩对比包括明度对比、纯度对比和色相对比,广告制作过程中应注意各种对比产生的心理效应,力求恰到好处。

再次,广告色彩的应用应考虑受众群体的心理承受状态,考虑他们所处的民族、社会阶层等文化背景和个性、年龄、职业、颜色偏好等状况。例如,对青年群体,宜采用色调明快、浪漫的色彩组合,对老年群体则宜采用沉稳、庄重的色彩。在我国,红色可以表现喜庆、欢乐、胜利的气氛,西德人和瑞典人则讨厌红色,以至于中国出口到这两个国家的红色爆竹倍受冷遇。

第五节 人 物 模 特

人物模特(person model)是目前广泛采用的广告素材,它以人物现身说法或表演的方式宣扬产品的优越性能、服务的过人之处,树立企业的品牌形象,倡导某种社会行动,宣扬某种观念。在电视媒体中,人物模特广告的应用尤为普遍。本节将讨论人物模特的类型、产生的心理效应及人物模特广告制作的原则。

一、人物模特的类型及其心理效应

广告人物模特的选择与企业要宣传的产品或服务是相应的。人物的品质或形象和企业形象一致,能够烘托、凸显广告主旨。根据不同的标准,人物模特可分为不同类型。依据广告宣传选择的人物的职业,可分为企业内部人员与企业外部人员,专业人员和非专业人员,政治要人和普通公民等;依据人物的名气,又可分为名人和普通人。下面概要介绍名人、专家、企业管理人员、普通人物做人物模特的情况。

(一) 名人

所谓名人,是指那些在特定领域有所成就,或表演出众而广为人知、深受人爱的人,名人模特多为影视明星、歌星、体育明星等艺术界和体育界名人。广告主利用他们的名气来提高商品品牌的名气。自 20 世纪初以来,名人广告一直是广告的重要形式之一。据估计,1976 年美国的名人广告占全部电视广告的 33%。

名人广告所产生的心理效应是显而易见的。名人得以出名,名人广告得以流行的一个主要原因是,名人本身即代表着时下流行的趋势或社会潮流。他们之所以倍受人们喜欢,是因为其艺术表演或特殊成绩迎合了大众的欣赏品味或审美需要,代表了他们的追求和向往。这是"名人效应"产生的心理基础。

名人广告的心理效应具体表现为:

第一,引起人们对广告的注意,强化人们对商品或服务的记忆。由于名人在大众群体中影响较大,他们的出现往往会引起人们的格外注意,观众由注意名人进而注意他们所宣传的商品、服务或倡导的行动和观念,产生注意的"迁移"。将商品、服务与名人联系在一起,也容易使人由人及物产生联想,巩固对商品或服务的记忆。例如,一想起李宁,人们就会想起他所宣传过的健力宝饮料;而一想起李默然,人们又会想起"三九胃泰"胶囊。

第二,可促成人们对广告宣传主题的认同,激发购买欲或响应、趋同名人的购买行为。名人的形象倍受人们青睐,名人购买的商品、接受的服务往往也会成为人们注目的对象,引起人们对商品的兴趣,他们的态度和行为也常为人们所效仿,这实际上是"晕轮效应"的表现。人们因为喜欢名人而喜欢他们所宣传的商品,那些"追星族"尤其如此。

第三,名人自身所代表的行业形象也可以烘托广告主题,赋予产品或服务以特殊感染力。例如,用体育明星宣传体育产品,可以突出该产品的品牌和质量。此外,用名人做广告往往耗资巨大,因而这类广告还可以彰显企业实力。

(二) 专家

专家是指谙熟某一领域的知识技能,并深有造诣的学者或科学家。他们的科研成就及公认的学术成就提高了其宣传对象的可信性,容易使人们相信产品的技术含量和质量保障。我国最早的专家广告要数"伯乐相马"的广告了。据《战国策》记载,有人卖马三天无人问津,就请相马专家伯乐围着他的马绕行三圈,临走又回头看一眼。结果,此马售价暴涨十倍。

其实,专家效应也是一种名人效应,只不过是科研或有关领域的名人效应。他们的名气主要源于其高超的科研能力和科学素养,他们的宣传容易给消费者一种印象,即产品具有坚实的科学技术依据或可靠的专业技术基础,货真价实。

(三) 普通人物

用普通人物做人物模特,实际上是以商品、服务的消费者或潜在消费者现身说法,说明商品的效果、质量,产品的可靠性和独特性,刺激人们的购买欲。

普通人物所产生的广告效应不容忽视。他们的"普通"身份使普通大众有平易朴实感,赋予产品或服务以大众化、平民化的色彩,更贴近现实生活。如在药品广告中让治愈的病人现身说法,让皮肤光洁的青年男女做化妆品广告,都显得真实可信,亲切自然。

另外,用厂长经理等企业行政或管理人员做广告,塑造企业形象,彰显企业宗旨,也颇有说服力。R·E·匹兹(1986)研究发现,如果企业行政官员的可信性高,无论企业形象如何,这类广告都可以起到促进作用;如果企业行政官员可信性较低,即使企业形象较佳,这种广告也可能起到负面影响。可见,该类广告的效果会受到多种因素的制约。

二、人物模特广告制作的原则

人物模特广告的制作应遵循以下基本原则:

第一,广告人物模特的身份和表现要与宣传的产品或服务和谐、适配。男性化的商品显然不宜选用女性模特做广告,反之亦然。商品与模特适配,才能发挥最大的广告效应。如体育用品由众所周知的奥运会冠军做模特,效果会非常明显。

第二,人物模特应力求集表演、解说于一身,在展示自身形象魅力的同时现身说法。人物的直接演示和解说会给观众留下深刻印象。广告大师大卫·奥格威强调指出,在电视广告中,演员直录比旁白对观众更有吸引力。

第三,人物模特应衬托广告主题,突出要宣传的商品或服务,而不应喧宾夺主。有人做过两个有趣的实验,在杂志的同一页上有若干广告,人们首先会看其中有美女图像的广告,而很少注意广告所介绍的产品。让两组男士看两组广告,其中一组有美女图片,另一组没有美女图片,一周后的回忆结果表明,人们对前者的广告内容几乎忘得一干二净,而对后者则大多记忆清晰(袁必佳等,1993)。可见,运用人物模特时,应紧扣主题,使之为广告内容服务。

另外,还要使人物模特适合最大范围的广告受众,并适应受众的心理需求。一个名人主要是针对特定群体而言的名人,其影响在该群体中的影响也最大。因此,适用于某一群体的产品应选择为该群体所喜爱的人物模特,而如果产品的销售定向并不明确,宜选用最"大众化"的人物模特。

综合本章内容,不难看出,在具体的广告宣传中,各种要素,包括广告语言、广告画面和音响、颜色和人物模特,实际上是不可分割的。成功的广告往往是多种要素的和谐调配,单一的要素不仅单调乏味,不易引起人们的注意,而且其说服效果也常常不明显。需要强调指出的是,广告制作的成功依赖于多种相互交织的心理过程,其中包括错觉、联觉的利用,应因地因时制宜,而不应过度拘泥于具体的条条框框。

案例讨论

"佳佳"和"乖乖"是两种香脆小点心的商标,它们都曾经风靡市场,然而在若干年之后,率先上市的"佳佳"逐渐销声匿迹了,"乖乖"却经久不衰。

"佳佳"的销售主要针对青少年,尤其是恋爱男女,"佳佳"在上市前的广告词就是"失恋的人爱吃'佳佳'",而且"佳佳"采用了大盒包装,做出的是咖喱味,沮丧的失恋男女形象是其经常采用的广告画面。相反,"乖乖"则以儿童为销售对象,用廉价的小包装上市,并将食品做成甜味;其广告直截了当地说"吃","吃得个个笑逐颜开!"胖乎乎、乐滋滋地吃着小点心的儿童是其常用的广告画面。结果,"乖乖"征服了"佳佳"。"乖乖"最终畅销各地,"佳佳"却销声匿迹,显然,广告宣传的消费对象、包装特点、口味风格和广告宣传等方面的不同是其中的重要原因。

从广告受众而言,"乖乖"针对广告的儿童群体,"佳佳"则看起来是针对失恋男女青少年群体的,因而仅从宣传指向的对象范围来看,"乖乖"的宣传范围就要比"佳佳"大得多。

从广告画面来看,"乖乖"的画面要比"佳佳"活泼而有趣,容易激起家长对孩子的疼爱之情,而"佳佳"的画面容易使人产生沉重感,还可能使那些想摆脱失恋情绪的青少年难以接受。

从广告语言来看,"乖乖"直截了当,烘托出孩子们活泼快乐的心情,可以激发出儿童强烈的品尝欲望和购买欲望。"佳佳"的广告语言则无形中缩小了自己的广告受众范围,似乎只是限于"失恋的青少年男女"。显然,人们对广告信息产生了误解。

你同意上述看法吗?

广告制作和广告要素的安排应注意哪些方面的问题?

本章提要

画面、语言、音响、颜色和人物模特是广告的基本要素。各种要素都有其独特的心理效应,在广告过程中发挥特有的作用,广告的创作是各种要素有机搭配和协调的过程。

广告画面旨在通过塑造和展示视觉形象,向受众传达商品的视觉信息。广告画面在不同的广告媒体中的表现形式有所不同。它易于为人们所感知,使受众通过直觉迅速形成对广告主题的印象;可以产生视觉冲击力,吸引和维持人们的注意;可以引起强烈的心理感受,使个体形成和加深对产品或服务的强烈印象;可以增强人们对广告其他部分(包括语言、音响)的理解、记忆和情感。广告画面的创作要遵循一些基本原则,包括要与广告主题一致;应简单、具体,而耐人寻味;应力求新颖、独特;应符合不同传播媒体的特点和要求;应符合广告整体布局和设计的需要。

广告语言是在广告作品中应用的语言形式,主要表现为广告标题、广告口号、广告正文,它们的形式、特点及其心理效应有所不同。广告语可以负载画面所不能承载的大量信息,有利于商品信息的"二级传播",使广告效果保持持久。广告标题、广告口号和正文都要遵循一定的创作原则。

音响是广告作品,尤其是电视、广播等电子媒体广告的要素,广告音响具有不同的表现形式。它可以激发人们对商品、服务或特定观念的情感,引起人们对广告的注意,烘托广告主题,增强人们对产品、服务或观念的理解和记忆。在创作过程中,音响创造的氛围要与广告宣传的主题相和谐,突出广告主题,并且要适应受众的心理特点。

广告中颜色或彩色画面的应用,可以激起人们的注意,烘托产品或服务的整体或特定部分,加深人们的理解和记忆,还具有较强的情感感染力和象征意义。广告颜色的运用应与广告主题和谐一致,色彩对比应适当,并要考虑受众群体的心理承受状态。

人物模特是广泛采用的广告素材,它主要包括名人、专家、管理人员、普通人物等。不同形式的人物模特可以产生不同的心理效应,但都可增强广告的说服力。制作人物模特广告时应注意以下几点:广告人物模特的身份和表现要与广告主题适配;应力求集表演、解说于一身;要突出宣传的商品或服务;尽量使广告适合最大范围的广告受众。

关键术语

广告要素、广告心理效应、广告画面、广告语言、广告音响、广告颜色、广告人物模特

复习思考

1. 广告的基本要素有哪些?

2. 广告画面可以产生哪些心理效应?

3. 广告画面的制作应遵循哪些基本原则?

4. 广告语言有哪些表现形式? 它们各自的心理效应有什么特点?

5. 各种广告语言的使用应注意哪些问题?

6. 广告音响可以产生哪些心理效应? 在使用过程中应遵循哪些基本原则?

7. 广告颜色的心理效应有哪些? 在使用过程中应注意哪些问题?

8. 广告人物模特有哪些主要表现形式? 它们各自的心理效应是什么?

9. 人物模特的使用应注意哪些问题?

推荐阅读

1. 黄合水. 广告心理学[M]. 上海:东方出版中心,1998.

2. 尤建新. 广告心理学[M]. 北京:中国建筑工业出版社,1997.

广告心理学(第二版)

第十章　商品购买心理与广告宣传

在商品销售过程中，广告宣传是极为重要的一种信息传播方式。了解商品购买心理是进行成功的广告宣传的前提，商品购买行为往往也是广告宣传的结果。本章首先论述广告宣传与购买心理的辩证关系，然后分别从商品购买的认知心理活动与广告宣传，商品购买的个性心理活动与广告宣传两个方面进行讨论，最后探讨一下互联网广告的心理功能、特点及其与商品购买的关系。

第一节　广告宣传与购买心理的关系

商品购买活动是商品从生产厂家或销售单位转向个人、团体购买者的过程。作为商品销售推广的重要方式，广告通过影响消费者或购买者的心理，促进商品流通和消费，而购买作为商品流通的关键环节和广告宣传的后果，又会促进或调整进一步的广告宣传活动。二者是相辅相成的。本节主要介绍广告宣传在商品购买活动中的意义和心理功能、广告宣传的限制条件，并阐明广告宣传与购买活动的关系。

一、广告宣传在商品购买系统中的意义

可以把商品购买活动看作由消费者、销售者、商品三者通过特定的交换关系构成的活动系统。在该系统运行过程中，销售者通过一定的渠道将有形的商品有偿地转给消费者，而消费者相应地用按照价格付钱的方式接受商品的使用价值，并通过使用后的再购买行为表现给销售者或生产者以反馈。广告宣传是保障该系统顺利运行的一个重要途径。

广义地说，几乎任何商品购买过程都需要某种形式的广告活动。顾客在购买前通常首先要了解商品的用途、价格、性能、优缺点等基本情况，才能做出进一步的购买决策。广告宣传的信息可以在很大程度上满足顾客的这种需求。促进商品购买活动的策略有商品策略（改进商品本身）、价格策略（调整商品价格）、渠道策略（寻找最优传递渠道）及销售推广策略（与消费者沟通信息）。无论哪种策略，都包括将信息传递给消费者的过程。

狭义地说，广告宣传只是上述众多市场营销或销售推广策略中的一种方法。除此之外，还可以通过直接的个人销售、促销手段进行销售推广。相对而言，广告宣传主要是一种大众传播，是由厂商、政府等有一定实力的广告主通过广播、电视、报刊等大众传播媒体对特定目标市场或受众的信息传播活动，影响范围广，传播效率高。虽然成功的广告总能极大地增加商品销售量，但商品销售活动的成败并不能完全归因于广告宣传的效果。在此意义上，成功的广告是

商品销售或购买的充分非必要条件。广告宣传的效果主要表现在消费活动中的心理功能方面。

二、广告的心理功能

广告的心理功能主要表现在以下几个方面：

（一）认识功能

这是广告最基本的功能。让消费者知道某种商品的存在，了解该商品的厂家、品牌、性能、用途、使用方法、价格及购买地点、如何购买和接受服务等情况，是商品出售的前提，也是广告首要考虑的因素。对于新问世的产品及人们知之不多的产品，更需要广告宣传。认识商品是购买的第一步，也正因此，美国人曾风趣地说，"我们呼吸的空气是由氧气、氮气和广告组成的"，"在美国，随便扔一块石头，都有可能碰到一块与广告或广告业有关的东西"。① 与其他宣传方式相比，广告宣传的影响较为广泛而迅速，使特定受众群体在短时间内就能获得商品的基本信息。

（二）情感激发功能

广告宣传在促使人们认识商品的同时，还可以培养人们对商品的好感、喜爱，进而激发人们的购买欲。许多名人模特广告实际上就是利用了名人的情感激发功能，使人们把对名人的敬仰、崇拜或喜爱之情迁移到他们所宣传的商品上来。和谐搭配广告的画面、音响和语言的目的之一就是激发人们对商品的美好情感与心理的愉悦感，并保持稳定的联想。在各种刺激充斥的社会，毫无艺术色彩的广告宣传难以吸引众多的受众，产生良好的影响。

（三）行为诱导功能

广告宣传可以为顾客提供时代性的信息，引导人们的消费观念，使他们了解时下流行的商品及其特点；根据已有信息，选择适合自身需要的产品；引导人们购买信誉好、质量可靠的产品。广告宣传能够激发人们的购买欲，使个体在货比三家之后，做出最终的购买决策。令顾客满意的产品还能产生"二级传播"效应，由消费者将自己满意的商品推荐给他人，从而发挥广告的"多级行为诱导功能"。

显然，广告的上述心理功能是广告宣传的心理学基础。成功的广告能迎合和引导人们的商品购买心理，使潜在的或可能的消费者成为现实的消费者或购买者。实际的商品购买活动又会起到反馈作用，将商品质量、信誉及顾客的满意度等信息反馈给厂商或广告主，使之维持、调整或改变原来的广告宣传策略。因此，广告宣传与商品购买活动是相互促进、循环互动的。

但并不是所有的商品都有广告宣传的必要。是否需要广告宣传，要视商品的性质及现实的需要而定。如果商品及其价格无固定的规格，需要根据顾客需要、现实情境灵活调整，或商品已经广为人知，品牌形象已经牢固确立，或者通过其他策略更易推广时，就没有必要采用广告宣传的形式。相反，如果产品刚刚问世或产品有了大的更新、改造，或人们对产品了解不多、需要且适于大范围推广，则宜进行适当的广告宣传。因此，不能一味地为迎合人们的购买需要而滥作广告，而应结合商品性质、受众群体、厂家实力等因素综合考虑。

① 袁必佳、孔亚南主编．中外广告大观[M]．科学普及出版社，1993年版，第1，7页。

第二节　一般购买心理与广告宣传

　　广告宣传与商品购买活动是双向互动的，广告宣传是促进商品销售的重要手段，可以引导人们的商品购买心理；另一方面，广告宣传要充分发挥其功能，又必须适应消费者的一般购买心理。本节主要从购买决策（purchasing decision）或购买行为（purchasing behavior）、消费流行（consumption fashion）或习俗、价格等方面阐述一般购买心理与广告宣传之间的关系。

一、购买决策或行为与广告宣传

　　当人们感到自己缺少某种东西时，会自然地产生购买某种商品的愿望。当走进琳琅满目的商店时，你要确定购买哪种品牌的产品。从品牌选择到最终购买，还要做出一系列思考和判断，而且购买后还会对商品做出评价，进而影响未来的购买行为。这一活动过程就是购买决策。购买决策是消费者购买行为中尤为重要的一个环节，是决定商品购买是否发生的关键。它包含了消费者在意识到自身的购买需要后经历的一系列问题解决活动，其中包括产生需要、动机、确定购买目标等意志活动，包括了解特定的商品信息，分析、比较、确定购买方向、制定计划等认识活动，以及购买商品和购后评价等行为。有的研究者还在微观意义上将购买决策看作一个信息输入、信息加工和信息输出的过程（见图 10-1）。

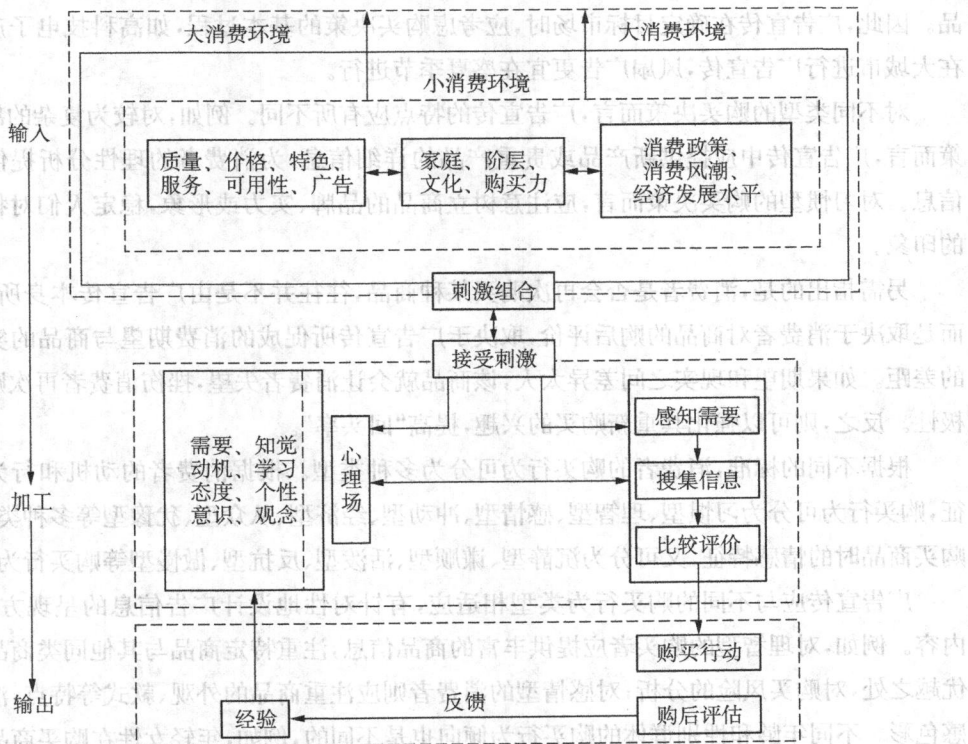

图 10-1　微观消费决策系统

[资料来源　司马鉴.消费心理学[M].中国商业出版社，1994：352.]

广告的影响能渗透于购买决策的各个阶段,这主要表现在以下几个方面:

(一)激起人们对商品的注意和需要

广告对受众施加的刺激可以表现为多种形式,其中有抽象的符号刺激(如商标)、具体的商品形象刺激和实物刺激等。从内容上看,商品刺激主要包括商品的质量、价格、特色、性能、品牌、实力、信誉等。对于价格不高、使用频繁的日常必需品,消费者并不需要进行深入的思考就可做出购买决策,这种决策常常被称为浅涉决策。对于浅涉决策而言,只要呈现商品的一般信息,就可能唤醒消费者对购买需要的意识,勾起他们的购买欲望。有些商品开支巨大,风险较大,购买时需要认真斟酌,进行"深涉决策",这时提供较详细的商品信息,更有说服力,更利于消费者做出购买决策。

(二)提供多种可供选择的商品信息

通常,当消费者意识到自身的需要状态时,他们就会努力寻找满足该需要的商品,搜索有关信息。此时,广告的信息功能主要表现为,它为消费者提供了某类商品的"名单",其中包括每一种商品的性能、质量、品牌、产地等信息。在此意义上,广告也可以说是提供了可以满足消费者需要的众多"诱因"。

(三)引导消费者的最终购买决策

消费者可以对广告提供的商品信息进行比较、评价,从大量同类商品中筛选出最适合自己、价格最优、质量和信誉最好的商品。消费者还必须从产品的有关信息出发,确定最佳的购买地点、时间和购买方式。消费者一般喜欢就近购买价格合理,服务周到、热情,信誉好的产品。因此,广告宣传在确定目标市场时,应考虑购买决策的基本过程,如高科技电子产品更宜在大城市进行广告宣传,风扇广告更宜在盛夏季节进行。

对不同类型的购买决策而言,广告宣传的特点应有所不同。例如,对较为复杂的斟酌型决策而言,广告宣传中应提供新产品或贵重产品的详细信息,为消费者的理性分析提供充足的信息。对习惯型的购买决策而言,应注意树立商品的品牌、实力或形象,稳定人们对特定商品的印象。

另需指出的是,消费者是否会再次购买某种商品,往往并不是由广告宣传本身所决定的,而是取决于消费者对商品的购后评价,取决于广告宣传所促成的消费期望与商品的实际情况的差距。如果期望和现实之间差异太大,该商品就会让消费者失望,挫伤消费者再次购买的积极性。反之,则可以强化其重新购买的兴趣,提高"回头率"。

根据不同的标准,消费者的购买行为可分为多种类型。根据消费者的动机和行为表现特征,购买行为可分为习惯型、理智型、感情型、冲动型、经济型、从众型、犹豫型等多种类型;根据购买商品时的情感特征,又可分为沉静型、谦顺型、活泼型、反抗型、傲慢型等购买行为类型。

广告宣传应与不同的购买行为类型相适应,有针对性地设计广告信息的呈现方式、宣传内容。例如,对理智型的购买者应提供丰富的商品信息,注重特定商品与其他同类商品相比的优越之处,对购买风险的分析;对感情型的消费者则应注重商品的外观、款式等特点,渲染其情感色彩。不同年龄和性别群体的购买行为倾向也是不同的,例如,年轻女性在购买商品时注重商品的外观特点,老年人的购买行为则注重商品是否经济实惠,可能更理智;购买服装时人们具有较多的情感色彩,而购买药品时则具有较强的理智性。因此,在广告中应针对不同的目标消费群体以及不同的商品,确定不同的广告形式。例如,药品广告应强调或论证商品的实效性、可靠性,青年服装广告则应强调商品的新颖性、时尚性和给人的浪漫感等。

二、商品价格心理与广告宣传

商品价格是影响购买行为的重要因素,也是商品广告应考虑的主要因素之一。采取适当的价格策略也是广告刺激消费的重要手段。

(一) 消费者的价格心理

商品价格对购买心理的影响主要表现在它的衡量功能、自我比拟功能和调节消费需求的功能上。价格的高低在大多数情况下可以作为商品品质和价值的尺度,即"一分钱,一分货",这体现了商品的衡量功能。购买价格不同的商品可以表征或显示消费者不同的社会地位或经济地位、文化修养,满足个人的愿望、情感和个性心理需要,这体现了商品价格的自我比拟功能。商品价格的调节功能主要表现在,通过商品价格的变动,可以有效降低或提高人们对某种商品的需求。在广告中采用价格策略,就是要有效利用和发挥价格的多种心理功能。

一般而言,商品购买者的价格心理主要表现为以下几种形式,它们是商品价格的心理功能在购买活动中的体现。

1. 求廉心理或物美价廉心理

在通常情况下,物美价廉几乎是所有消费者共同的追求。消费者总是力求以最低的价格获取使用价值最大或质量最好的商品。

2. 高价心理或物美价高心理

消费者如果相信"一分钱,一分货","便宜没好货,好货不便宜",就会购买高价位的商品。显然,消费者所追求的实际上是商品的优质性,价格此时成为衡量商品质量的一种指标。至于为炫耀或显示自身的社会或经济地位,与人攀比而购买高价商品,则是价格的自我比拟功能的表现。

3. 物以稀为贵心理

对稀少、珍贵而又为消费者喜爱的商品,如名贵字画、珠宝饰品等,不仅可以满足消费者的偏好和好奇心,而且可满足某些消费者显示自身情趣和地位的需要。这类商品的高价位有时反而能获得购买者对商品质量的信任。

(二) 广告宣传的价格策略

广告宣传要引导和迎合人们的价格心理,主要可以通过以下方式来实现:

1. 降价或折扣策略

这主要是为了迎合人们的求廉心理,对于那些收入较低的阶层和讲究实惠的购买者尤为有效。如果某些价格一直居高不下的商品突然降价,可以给消费者提供一种"购买良机",从而达到促销效果。在广告中,突出商品与其他同类商品的价格优势或实惠性,是广告宣传中普遍采用的价格策略。当然,在某些情况下,降价是生产或销售同类商品的厂家之间的竞争促成的,但过度降价也可能会使消费者对商品的质量、信誉产生疑虑,难以收到理想的促销效果。

2. 稳定价位策略

在广告中保持稳定价位，尤其是保持较高价位，往往是那些实力雄厚、品牌卓越、深为人们所信赖的企业的销售原则或策略。在很大程度上，这也是彰显企业实力，展示企业信誉、声望和质量稳定性的重要手段。例如，在酒类产品中，贵州茅台酒的价格一直居高不下，其道理即在于此。稳定的价格在一定程度上坚定了人们"一分钱，一分货"的购买信念。另一方面，日常生活用品，如油、盐、酱、醋、洗衣粉、牙刷等商品的价格通常比较合理、稳定，这实际上是一种习惯价格策略，符合人们的购买期望和习惯性心理，从而保证这类商品销售的稳定性。

3. 高价或提价策略

在广告宣传中，通过提高商品，如高档服装、高档家具和饰品的价格，可以满足某些人自我夸耀或显示特殊地位的需要。这实际上是价格的自我比拟心理功能的体现。某些商品不宜随意提价，如前述的日常生活必需品的价格就不宜波动太大，因为人们对这些商品的价格已经形成稳定的印象。

另外，广告宣传还可根据具体的销售情景，包括销售对象、销售地点和销售时间，制定具体的价位，即进行"方便定价"。商品的价格可能因销售情景的不同而明显不同，比较极端的例子如，风扇在盛夏和夏末的销售价格，矿泉水在高山和平地上的价格差异都很大。广告宣传应善于抓住机遇，适时促进商品的"机会性销售"。

三、消费流行心理与广告宣传

消费流行是指某种商品在特定情况下被消费者接受、认可或购买，并自发形成某种流行性的消费趋势的现象。从流行的过程来看，一般可分为萌芽、兴起、传播、风行、下降和消失等阶段。消费流行较多地表现在饮食、服饰或生活用品等商品上。流行兴起的原因有多种，其中名人的倡导较为普遍，如某类服装的流行就可能与影视或体育明星、服装模特率先试穿该类服装有关。有时政治要人的倡导也很重要，我国解放前后中山装的流行就与政治因素有关。流行兴起后，消费者对商品的认知、态度可能会发生一定的变化，可能会模仿名人，购买该类商品，消费者之间的相互感染会进一步促进这种消费的流行。随着消费者对商品的兴趣逐渐降低，原流行商品的销售量逐渐降低，厂家生产经营的方向发生转移，流行性也逐渐消失。

广告宣传是商品流行兴起的重要原因。名人广告实际上就是借用了普通大众对名人的羡慕、信任或模仿心理，促成了他们对特定商品的认可、接受和实际的购买行为。有时电影、电视剧本身也可起到广告作用，如《渴望》电视剧播出后，女主角刘慧芳的服饰和发型曾在成年妇女中风行一时，这是因为人们对剧中人物的好感和审美倾向迁移到了现实生活中。广告不仅可以提供有关某种商品的各类信息，发挥其认识功能、情感激发功能，还可倡导一定的消费观念，促成消费流行。20世纪60年代，一些国家流行高热量、高蛋白食品，而到了七八十年代，健康无害的天然食品或绿色食品开始流行。显然，各种媒体所宣传和倡导的"绿色消费观念"功不可没。

在广告宣传活动中，要抓住消费流行的良机，增强和保持人们对某种商品的喜好或兴趣，不断推出新的流行产品。一般说来，一种商品流行的时间大多只能持续几个月到两三年的时间,因而应在较短时间内进行及时而迅速的广告宣传,并使之与商品生产、销售配套或协调运行。例如,利用春节前后这一段时间,可以及时生产符合消费者需要的贺卡、食品或礼品等,并通过广告宣传促成某种商品的消费流行。另外,厂家还可根据消费者"赶时髦"的心理推出与当前流行商品相配套的系列产品,形成流行系列。这些系列产品常以同一品牌出现在市场上。

广告宣传还可以利用受众的从众心理、模仿心理或"面子"心理,改变其对某种商品的态度、购买动机和习惯偏好。消费流行在很大程度上是消费者的从众心理促成的。最初往往只有一部分人对消费倡导者进行模仿或追随,随后这种消费观念和行为逐渐为众多的消费者接受、认可、模仿或趋同。因而,广告宣传可根据产品的性质适当利用"名人效应",促成消费流行;也可在特定地区的特定消费群体中树立商品品牌形象,形成人们对该产品的普遍推崇,从而利用群体成员的相互感染和攀比心理,或者保全"面子"的心理需要,促成群体购买效应。

另外,商家还要善于高瞻远瞩,及时预测可能流行的商品消费趋势,通过广告宣传进行引导,以适应和促进消费者的某类消费观念。这类广告有时会以公益广告的形式出现。前面提到的绿色食品消费就属于这一类。

四、社会文化对广告宣传的影响

社会文化因素,包括民族传统、宗教信仰、风俗习惯和价值观念等,在很大程度上制约着人们的购买心理,因而也会极大地影响广告宣传。广告只有与受众群体的社会文化背景一致,才能发挥其应有作用,反之,则可能事与愿违。

(一) 民族传统

中国人长期以来重勤俭节约,重积累、求同、和谐,反对奢侈浪费,不喜标新立异;而美国人则倡导高消费,重个性张扬,喜标新立异,这就是一种民族传统的差异。显然,广告宣传应因地制宜,其传播和倡导的消费观念应适合不同民族的传统。例如,针对中国的民族传统,可以适当强调产品的功效、质量和实惠性,对美国人则应适当突出产品的新颖性、独特性。当然,民族传统也会因时而变,如近年来我国消费者的消费观念也发生了很大的变化,求新、求异逐渐成为许多人的购买需求。显然,广告宣传也应随之发生变化。

(二) 宗教信仰

宗教信仰代表人们的一般世界观和人生观,也直接影响到人们的购买行为。广告宣传的最大禁忌之一是违背受众群体的宗教信仰。因此,在广告设计制作过程中,首先应调查清楚受众群体的基本宗教信仰,由此确定广告的内容和形式。例如,对于以信仰佛教为主的国家,烟酒、肉类食品的宣传力度不宜过大,广告画面不宜滥用佛像;对伊斯兰教国家,应杜绝宣传与猪有关的制品;对信仰基督教的受众而言,在广告中应避免出现"13"这个数字,因为基督教徒认为它是不祥的征兆。

(三) 风俗习惯

广告宣传可充分利用不同民族的风俗习惯,及时有效地宣传某些商品。传统节日是风俗习惯的重要内容,如中秋节、春节是中国的传统节日,圣诞节、复活节是西方国家的传统节日。在这些传统节日期间,宣传节日所需要的各种礼品或其他用品,是广告宣传的主要任务。例如,在中秋节宣传各类月饼及其他各类礼品,在圣诞节宣传各类圣诞礼物。

当然,上述各种社会文化因素是交叉融合在一起的,通过影响人们的购买心理,它们共同制约着广告宣传的过程及效果。因此,在广告宣传活动中,应综合考虑和充分利用上述各种因素。

第三节　购买的个性心理与广告宣传

消费者个性心理主要指消费者或商品购买者在购买过程中所表现的气质、能力、性格和兴趣、需要、动机等个性品质或倾向,个性倾向不同的消费者对商品信息的加工、评价及购买决策、购买行为都可能是不同的。广告宣传一方面要迎合或适应一般的消费心理规律,另一方面又要尽量适应不同消费者独特的气质、能力、性格等个性品质,引导他们的购买兴趣、需要和动机,影响他们的购买态度,充分发挥广告的情感激发和行为诱导功能。本节将讨论商品购买中的个性心理规律、广告宣传对购买者的个性心理的适应和引导。

一、商品购买中的个性心理规律

在商品购买过程中,消费者的个性心理规律可以从以下几个方面加以说明。

(一) 消费者的能力、气质和性格

1. 消费者的能力(consumer's competence)

消费者的能力主要是指消费者在顺利完成购买商品活动所必需的心理条件,包括对商品的注意力、观察力、记忆力、想象力、思维能力等。如前所述,在决定购买商品之前,消费者需要动用众多的心理过程,包括感知、观察、记忆、思维、想象等,需要对价格进行运算,对多种信息进行鉴别、组织,在购买过程中,还需要进行自我调控、自我表达等。购买的商品越复杂,花费越大,个体所承担的各种风险越大,做出最后决策所需的能力也就越多、越系统而复杂。

另一方面,能力结构不同的个体在信息加工效率、购买态度、消费决策和行为等方面也常常是不同的。感知观察能力较强的个体善于鉴别商品的质地、颜色、味道等细微特征,较快地做出购买决策;善于推理论证的个体则适于对风险较大、性能复杂的商品进行鉴别,理智分析购买价值及后果。

2. 消费者的气质(consumers' temperament)

消费者的气质是指消费者在商品购买流程中所表现的心理动力特点,是消费者心理活动的强度、速度、稳定性、耐受性、指向性,如知觉反应的速度、情感表现的强弱、注意时间的长短、内倾或外倾等。

气质不同的个体的购买行为是不同的。抑郁质的消费者常常表现出习惯性的购买行为,成为某类商品的忠实顾客。他们倾向于不加挑选地购买自己熟悉、信任的商品。粘液质的人倾向于表现出理智的消费行为,他们在购买前往往对商品认真挑选、甄别、论证,而一旦形成了对熟悉商品的信任,就会像抑郁质的购买者一样,表现出执著的、习惯性的购买行为。胆汁质的个体与此相反,他们在购买过程中较少进行理智的思考,表现出明显的冲动性、从众性、盲目

广告心理学(第二版)

性。多血质的消费者想象力较强，兴趣广泛，敏感活泼好动，比较注意商品的情感色彩，如外观造型的美观、商品的色彩和名字，表现出情感性消费行为。显然，注意到气质不同者具有各自不同、相对稳定的消费行为模式，对于发挥广告的促销功能具有重要意义。

3. 消费者的性格（consumer's personality）

所谓消费者的性格，是指消费者在现实生活中形成的对人、对事、对社会的稳定态度和相应的行为倾向。性格的差异也是影响消费行为的重要个性因素。例如，有的人草率、鲁莽，反映在商品购买活动中，则显得较为冲动、盲目、不够仔细；有的人做事认真，在购买活动中也表现得较为谨慎、细致、理智、一丝不苟。同样，性格果断的消费者对信得过的商品能快速而不武断地做出购买决策；性格犹豫者则相反，他们在购买过程中往往瞻前顾后，优柔寡断，显得缺乏独立判断能力。

显然，三者在具体的消费者身上是不可分割的，他们在消费者身上的整合可以称为消费者的个性或人格。如前所述，它与消费者对广告信息的接受以及对广告宣传的商品的态度密切相关。

（二）商品购买的兴趣、需要和动机

兴趣、需要和动机等个性倾向在商品的认识和购买活动中表现为特定的行为倾向和缺失状态。商品的购买过程往往要经历兴趣、动机、行动、需要的循环。个体的需要状态促成其搜索有关商品信息的行为，进而产生购买动机和实际的购买行为。需要是整个购买系统的基础。因此，人们的个性倾向对购买行为的影响主要表现在消费需要方面。从根本上说，广告宣传的效果如何，关键是看广告宣传的产品是否满足或适合人们的消费或购买需要。

根据不同的标准，需要可分为不同的类别。例如，按照需要的外显程度，可分为外显的需要和潜在的需要；根据需要的内容和性质，可分为物质需要和精神需要；根据需要的形式或产生根源，又可分为生理需要、心理需要和社会需要等。马斯洛的需要层次论虽然具有一定的局限性，但它对消费心理和消费需要的研究具有极为重要的意义。该理论将人的需要分为五个层次：生理需要、安全需要、社交需要、尊重他人和自尊的需要、自我实现的需要，并认为满足较低级的需要是高级需要得到满足的前提。显然，这种需要层次在消费活动中是普遍存在的。只有针对特定受众群体的主导需要开展广告宣传，才能在最大程度上刺激受众的购买欲。如果在一个温饱问题尚未解决的地区宣传品牌高贵、价格很高的产品，肯定不会收到什么效果。

需要与特定的诱因结合产生特定的动机。动机是指向和维持特定对象的内在驱动力，需要只有转化为特定的动机，才能引发具体的购买行为。与需要相对应，动机也有不同的分类。如在总体上，可分为生理性动机、心理性动机和社会性动机；与马斯洛的需要层次相对应，可分为生理性动机、安全动机、社交动机、自尊动机、审美动机、认识和理解动机、自我实现的动机，每种动机又可进一步分为若干类。在购买活动中，这些动机具体表现为以下几类：

- 求实型动机：即消费者因商品具有实用的使用价值而购买商品的动机；
- 求新型动机：即为赶时髦，追求商品的新奇而购买商品的动机；
- 审美型动机：即满足审美需要，追求其艺术美和鉴赏价值而产生的动机；

- 实惠型动机：即追求商品的物美价廉、经济实惠的购买动机；
- 求优型动机：即追求、仰慕名牌的声望而购买的动机；
- 好奇偏好型动机：即满足对商品的好奇、偏好和乐趣而购买商品的动机；
- 攀比和表现型动机：即为和他人攀比，或满足自我表现、炫耀及虚荣心而购买商品的动机；
- 习俗型动机：即由对于信仰、观念、传统的尊崇而促成的动机；
- 模仿与从众型动机：即崇拜或模仿偶像，与众人保持一致而促成的动机；
- 隐蔽型购买动机：即不便公开购买原因的动机；
- 发泄型购买动机：即为发泄情绪而产生的购买动机。

在购买活动中，人们的购买行为常常并不是单一的动机促成的，而是多种动机共同促成的。而且，哪种动机占相对主导地位，要受到个体的购买能力、个性特点、文化背景、宗教信仰、年龄、性别，乃至所处的情境和人群的影响等多种因素的影响。广告宣传的目的在于激发和引导人们的购买动机，这就需要研究各种动机产生的特点，研究上述各种因素与受众群体购买动机之间的关系。

二、广告宣传对购买的个性心理的适应和引导

消费者的个性是在相当长的时间内逐渐沉淀下来的心理品质或倾向。广告要在较短时间内达到自身的宣传目标，就必须适应他们的个性心理规律。这主要表现在以下几个方面。

首先，根据受众的一般气质、性格和能力特点进行广告宣传。

一般认为，气质主要受高级神经类型的影响，虽然常常为性格所掩蔽，但相对更为稳定而弥漫。消费者的气质特点是多种多样的，但我们可以考察基本的气质类型及其对购买行为的一般影响。如前所述，粘液质的消费者更注重产品的质量和可信性，喜欢购买熟悉的商品，因而在广告宣传时强调产品的质量、信誉，保持与这类消费者的联系会起到明显的效果。有时还可通过这些忠实的顾客起到"二级传播"的作用；对多血质的消费者，则宜渲染产品的情感色彩，注重外形、包装及品牌名称等外在特征，激发他们的购买欲。

同样，广告宣传应适应能力不同的消费者，对思考周密，谨慎权衡的消费者，应强调商品的质量、优点等较全面的信息，做到以理服人；对情绪型消费者，则应注重以情感人。对消费者群体能力发展水平的适应也是很重要的，结构太复杂的商品对年龄较小的儿童显然是不合适的，而宣传儿童产品的广告包含过多的抽象信息，同样不宜为儿童接受和理解。

显然，广告制作的前提是对购买者个性心理品质的了解，这也是广告宣传的重要组成部分。当然，人们的气质、性格与能力特点各不相同，分布极为分散，而广告宣传力求大众化，符合特定受众群体的一般特点。尽管如此，广告主仍然可以根据商品特点最大化、最佳化地包含适当信息，实现多种要素的最佳配合，使之尽量适合个性不同的消费者。

其次，要适应消费者的需要，及时、适当地进行广告宣传，引导人们的消费动机和兴趣。需要是广告宣传成功的基本前提。许多广告之所以极成功地提高了商品销售量，就在于它及时

有效地迎合了受众的需要。各种食品可以满足人们的生理需要，药品、保健品可以满足人们的安全需要，贵重礼品可以满足社交需要、尊重和受人尊重的需要，书籍可以满足求知的需要等。可以说，一切广告及其鼓动下的购买行为都是迎合需要的结果。

成功的广告往往能同时满足人们多方面的需要和兴趣，如为食品做精美的包装，做成各种形状，强调其多种营养，可以同时满足人们的生理需要和审美需要。如果再和保健药品结合起来，还可制成具有保健和治疗功能的药品食物，可以同时满足人们的生理需要、安全需要、审美需要等。商品本身的多功能化及广告形式和体裁的多样化都是迎合消费者多种需要的结果。使宣传的商品满足人们尽可能多的需要，是广告宣传的一个重要发展趋势。

成功的广告还要注意特殊群体的需要和兴趣，力求使广告宣传具有"普遍适用性"。对特殊人群，如盲人，要注意将广告信息适当地听觉化，力求产生较好的音响效果；对聋哑人，则应注重画面的达意功能，力求选择可视化的媒体。

成功的广告宣传还依赖于对群体需要和兴趣的整体把握。例如，新婚夫妇群体和中年已婚群体的需要可能有很大的差异。前者需要购买各种基本的生活用品，组建家庭，后者在这些方面的需要则少得多。不同社会阶层的购买心理也大不相同。巨富阶层购买的商品可能以高档、名牌商品为主，而温饱阶层或贫困阶层可能以实惠、实用型的生活用品为主。针对不同生活水平、生活阶段或背景的人群，广告宣传的内容、方式也应作相应的适应性调整，制定主导的宣传方向。

及时抓住广告宣传的契机，迎合人们的即时需要，也可以极大地增加商品的销售量。由突发性事件提供的机遇带动的商品旺销局面称为机会性销售。例如，当年美国政府决定用电视转播人类首次登月探险的实况，日本各电视机厂随机而动，大做广告宣传，几周之内就售出彩电 280 万台。当前这种"借鸡下蛋"式的广告十分盛行，如在世人瞩目的体育球赛现场作广告，其实就是一种机会性宣传或销售。常言道，商场如战场。商场上的机遇稍纵即逝，厂商只有独具慧眼，才能准确把握广告时机。

人们的购买需要受各种因素的制约，在一些情况下，某些因素甚至能打消人们的购买欲望。文化背景就是其中的一个重要因素。广告宣传应适应人们的文化消费心理。在文化环境、民族习俗、社会制度不同的地区或国家，人们对商品信息的解码方式具有很大的差异，这有时反映在人们对商品和广告宣传的态度上。如日本索尼公司曾做过释迦牟尼对其生产的收音机"大为动心"的画面，在泰国宣传其产品的音响效果时，出乎意料地遭到尊奉佛祖的泰国人的极大愤怒和强烈抗议，这则广告差点毁掉了泰国的索尼公司。同样，针对不同文化阶层的广告宣传也应是不同的。高学历阶层的文化性消费（如购买书籍）较多，而低学历阶层的物质性消费（如购买各种生活用品）较多，这也制约着广告宣传的内容和效果。

一般说来，只要能针对受众群体的需要进行广告宣传，就能激发和引导人们相应的购买欲望和动机，引发他们对所宣传的商品的浓厚兴趣。如前所述，人们的购买动机千差万别，在不同情境中，人们购买同一商品的动机也可能是不同的。广告宣传的目的就在于，通过传达商品信息，激发受众积极的情感，促成他们的购买动机。在此意义上，在商品销售流程中，广告居于相当主动的地位，它为人们提供商品"诱因"，使消费者的特定需要升华为购买的兴趣和动机。因此，广告主是在迎合人们需要的基础上引发他们的购买动机的。

广告宣传可直接指出商品的功用和意义，激起人们的购买欲；也可强调或暗示商品的多重用途及相对于同类产品的优越性，或者从反面强调不使用该商品可能产生的危险或危害，引起人们的购买动机。无论如何，广告宣传都应以良好的企业信誉、可靠的商品质量为后盾，否则，即使广告做得再好，最终也会损害顾客对商品的信任，进而导致商品的滞销乃至企业的破产。

第四节 互联网广告与商品购买

除上述传播媒体外，计算机网络或互联网（Internet）近年来迅速发展，也成为商品信息传播的一种重要途径，并且在广告宣传活动中的地位也越来越重要。其中万维网（WWW, World Wide Web）的使用尤为普遍。可以说，计算机技术是当前发展最为迅速的技术领域，而计算机网络就是计算机技术发展的缩影或标志。计算机网络及其数字化的虚拟社区为电子商务和广告宣传提供了极为广阔的天地。网络的商务功能越来越强大，也越来越被频繁应用。美国马里兰大学商学院知识和信息管理中心执行主任P·华莱士指出："网上的商业行为有很多原因，而不仅仅是商家要将他们的商品每天 24 小时推向全球市场；甚至在公司建立带有购物导图和查询目录网站之前，在聊天室和网上论坛中相遇的人们已经开始进行电子商务活动了。"[①]

可以说，网络宣传几乎囊括了现实生活中的所有广告形式，包括电视广播等电子媒体广告，报刊等印刷媒体广告以及邮政广告（post advertisement）、户外广告（outdoor advertisement）等。本节将介绍互联网广告的意义和心理功能、互联网广告的特点、商品购买以及互联网广告存在的问题。互联网广告的特点和商品购买的心理，总体而言，集中在以下几方面：

一、互联网广告的受众群体多样并以青年人为主

商品宣传以生产各种产品的厂家或公司为主，受众群体则是有着不同需求、具有不同特点的消费者。他们可以在相关栏目或领域，如"商城"栏目内提供的众多商品信息中选取质量最佳、最符合自身需要和现实条件的产品，其选择余地很大。另一方面，大量调查表明，上网者，尤其是网吧的上网者以青少年为主，这与青少年身心的剧烈变化有关。这一时期，他们的需要多样化，生理需要尤其是性的需要和交友的需要随着性意识的觉醒和自我意识的增强而变得相当重要；同时，情绪的波动使之常常具有情绪发泄的需要，并时常通过寻求各种刺激保持心理的平衡。而且，青少年的群体趋同倾向也比任何一个时期都要强烈，他们认同同龄群体，由此形成青少年亚文化群体及其相应的价值观和追求，在此过程中，他们的行为模式也趋于一致。因此，青少年的上网热与其相互感染、相互影响密切相关。

---

① P·华莱士著，谢影、苟建新译. 互联网心理学[M]. 中国轻工业出版社，2001：260。

青少年群体的独特需要和热衷上网的行为恰为许多青少年商品的宣传创造了契机。他们借助网络铺天盖地地宣传、渗透商品信息，如各种音像制品、服装、化妆品、学习用具等，青少年群体需要的同质性使广告宣传具有更强的针对性。

二、网络宣传信息更丰富全面，消费者可获得较多较全的商品信息

如前所述，这是其他广告形式所无法企及的。消费者可以在"商城"或"企业服务"这类栏目中搜索自己需要的商品站点，获取有关的详尽信息。商品信息的搜索本身，也体现了上网者的主动性和信息的针对性，因而效率较高。

三、信息呈现方式多样化和动态性

网络广告的信息主要通过视觉和听觉形式呈现，但与其他广告相比，其语言文字的运用较为充分，说服力也较强，视觉色彩较为鲜明，更易引起受众的注意。由于网络可以与电视广播媒体连接，网络广告也可以兼容电视广播等电子媒体的所有优点。网络页面上或飘动、或跳跃、或静止的广告，五颜六色的商品实物摄影，应有尽有的商品种类，名人广告代言人的图像，宜人的风景，乃至广告电影、电视片等将广告画面、语言和颜色等要素的功能和优点发挥得淋漓尽致，而各种悦耳的音响无疑又增添了广告信息的艺术化色彩，提高了广告作品的欣赏价值。

四、网络广告所运用的受众心理也有别于其他媒体

例如，可以充分利用人们的无意注意，因为人们的视野和听觉范围相对狭窄而集中，不像其他媒体那样分散。在人们感兴趣的新闻、娱乐等页面上可以设置动态的、显眼的广告标志，夺其视线，激发其兴趣。而且，由于人们对信息的搜索具有选择性，还可针对特定群体的特定需要设置满足其需要，适合其兴趣的各种非商品站点，并以适当的方式设置商品信息。如在世界杯足球赛网页上设置一些商品广告信息或站点，提高商品信息被浏览的概率。

五、网络广告信息可以下载保存

网络广告集多种媒体广告的优点于一身。当然，对各种媒体而言，消费者都可以保存符合自己需要的商品信息，但媒体的性质不同，其保存的方式也是不同的。电视广播媒体的广告信息播放时间较短，难以全面笔录，可以通过录音设备记录；报刊等印刷媒体可以保存有关信息的文本资料，但有时并不方便；户外广告又常常因消费者准备不足而使其不便记录信息。网络广告信息，包括以动态和静态形式呈现的各种商品信息，均通过一定的页面呈现，可以下载打印，也可保存到指定的文件夹，以供将来查阅、浏览、鉴别、分析。更重要的是，网络广告可以保存的信息量是其他任何媒体都无法企及的。

显然，计算机网络综合了其他广告媒体的特点和优点，相应地，网络广告也综合了其他广告形式的特点和优点。正因为如此，网络广告成为商品宣传的重要形式。

A公司和B公司都生产家用电器,在家用电器市场竞争激烈的情况下,两家企业都在电视、广播和报刊等媒体上做了大量广告。但令人不解的是,A公司产品在畅销较短时间后,迅速转入低迷状态。B公司产品则始终保持旺销状态。

A公司采用的是折扣定价和降价策略,从原来的5000多元一直降到后来的1000元。并且,购买该公司家用电器的顾客还可同时得到公司馈赠的风扇。与此相反,B公司在众多厂家压价的时候却保持较高的"姿态",在广告宣传中极力突出产品的品牌,在展销会上以各种手段展示其产品的优越性、优质性,开展周到的配套服务,包括输送、安装和售后服务,强调企业的信誉,在消费者心目中树立了极好的印象,以至于人们相互推荐该公司的家用电器。

乍看起来,A公司产品滞销和B公司产品畅销局面的形成似乎是难以理解的,但分析一下,却不难看出其中的原因。

首先,A公司过分依赖降价和折扣定价策略,希望通过价格的降低吸引顾客,其实只是迎合了顾客的求廉心理,但顾客的心理需求是多重的,在求"价廉"的同时,他们更渴望厂家能保证产品的质量和信誉,保证"物美"的前提。B公司则紧紧抓住顾客的"物美"需求,坚持信誉、质量为本,即使价格未变,人们仍坚信其产品的定价是合理的。

其次,A公司产品的大幅度降价带来这样一种危险,即顾客可能并未被其产品的低廉价格所吸引,反而怀疑产品的质量和信誉有问题,这种疑虑心理使降价策略产生了相反的效果。相反,B公司产品的稳定价格则促成了顾客这样一种印象:该公司产品的质量和信誉是可靠的,能经受得起市场的考验。这种印象是B公司产品长盛不衰的重要原因。

您同意上述看法吗? 结合上面的案例,回想一下身边发生的降价销售事件,想一想"折扣定价"或降价真的能彻底改变商品滞销的命运吗?

本章提要

广告宣传是保障商品购买系统顺利运行的一个重要途径。广义上说,商品购买过程都需要某种形式的广告活动;狭义上说,广告宣传是一种十分重要的市场营销或销售推广的策略或方法。

在商品购买流程中,广告具有认识功能、情感激发功能和行为诱导功能。这些功能是广告宣传有效的心理基础。

在商品购买活动中,消费者对商品信息的加工过程主要包括初期的感知和注意及高级的记忆、思维、评价等一系列认知阶段。消费者对广告信息的认知有其自身特点,这表现在从接触信息到做出购买决策的过程中所经历的各个阶段上。通过适应购买活动的认知规律,可以增强商品信息的记忆和说服效果。

购买活动中的个性心理包括消费者的气质、能力、性格等个性品质和兴趣、需要、动机等心理活动倾向。消费者的个性，尤其是消费需要和动机对其信息加工和购买行为具有重要影响。只有引导和适应消费者的购买倾向和个性特点，才能进行有效的广告宣传。

互联网广告是广告宣传的重要途径，它发挥和拓展了广告的基本功能，包括情感激发功能、行为诱导功能、认识功能等。与其他广告媒体相比，互联网广告有其自身的特点，包括受众群体多样，所宣传的信息丰富，而且呈现方式多样化，动态性极强，易于下载保存等，但也有其缺点。克服互联网广告的缺点，发挥其优点，是互联网广告的重要发展趋势。

关键术语

购买心理、广告的心理功能、广告的认识功能、广告的情感激发功能、广告的行为诱导功能、购买的认知心理、购买的个性心理、能力、气质、性格、购买需要、购买动机、互联网广告

复习思考

1. 广告宣传在商品购买过程中的意义是什么？

2. 广告的心理功能主要有哪些？

3. 试述购买认知心理的一般规律。

4. 在商品购买过程中，消费者是如何处理商品广告信息的？

5. 如何提高商品广告的记忆效果和说服力？

6. 消费者的个性心理主要包括哪些方面？这些方面是如何影响个体购买活动的？

7. 广告宣传如何适应消费者的个性心理特征？

8. 为什么说互联网广告发挥和拓展了一般广告的心理功能？

9. 互联网广告有哪些主要特点及优点？存在哪些问题？

推荐阅读

1. 马谋超.广告心理：广告人对消费行为的心理把握[M].中国物价出版社，1997.

2. （日）仁科贞文著，李兆田、任艺译.广告心理[M].中国友谊出版公司，1991.

第十一章 广告说服的理论与技巧

把消费者的视线转移与投注到广告中的商品与宣传的内容，这是每一位广告商梦寐以求的心愿。因此，广告的说服技巧是广告商必备的最基本的技能，广告只有使消费者心悦诚服，相信广告信息真实、公正公平、客观可靠时才可能相信或听从广告中的劝说，产生与广告宣传中相符合的购买动机或行为。本章讨论的主要内容是广告说服的理论，影响广告说服的因素和如何在广告中达到高效的说服效应。

第一节 广告说服理论

广告说服是使被劝说者的态度发生变化，原有的观念和对问题的看法发生动摇，接受劝说者的观点，对某种商品作出同样的偏爱、评价与解释的过程，也就是说被劝说者通过这一活动习了劝说者的观念、情感，从而出现了符合说服者的意愿的心理与行为倾向。本节主要讨论说服的特征，说服的心理理论和传播模型等内容。

一、什么是说服

说服是人际交往过程中让他人按照自己的意愿去行动，督促被说服者放弃其个人意愿和态度的过程，是人际影响、人际互动中让被劝说者调整与改善自己原有的认知结构，学习新的态度和行为方式。简而言之，它是指说服者通过有意识地发出的信息，使被说服对象理解和接受劝说内容的过程。借助现代化的新闻媒介、网络、图片及实物展示，甚至在购买的人际互动中，说服者都力图让消费者对特定商品产生积极的态度与购买欲望。

广告说服的实质就是让消费者形成对某种商品的积极态度或改变其原有认知结构中对该商品的消极态度，因此在进行广告说服时要注意下列问题：

（一）广告说服要注意消费者的需要

人为了追求个体和种族的生存与发展就必须占有某些事物，这些事物很可能是满足温饱的食物与衣服，也可能是满足审美与漂亮的饰物与美容产品，对这些产品的要求反映在消费者的大脑中就形成了需要。它是消费者动机产生的基础，也是购买行为的原始动力，广告说服的过程也就是对消费者的需要进行分析与诱导的过程。要了解、分析消费者的潜在需要，在说服中设计最能使消费者心动的诱因，了解商品与消费者哪些内在的需要有关。这些需要有可能是有意识的，更多时侯是潜意识的，这是人内心中最具有冲动力的原始欲望、情感和追求，也是左右人行为的真正动因。如中国古代就强调食和色是人最内在的本性，这些东西的失去与被剥夺将导致个体面临着生存的威胁和种族的存亡,这些需要个体肯定会不惜一切代价去获取、去占有。人的需要有独特性、差异性和共同性,不同的个体由于其个性特征和成长经历等原因会存在需要的差异。不同的文化背景、地域、民族、性别、年龄及贫富差异可能会导致不同的需求层次。在说服时要注意不同的消费者的真正内在的需要,如女人的审美需要,男人的健康需求。

(二)广告说服的内容必须具备可信度

说服是说服者与被说服者信息沟通的过程,必须真实准确,实事求是,客观公正地反映商品的质量、性能、利与弊,做到不虚假、不隐瞒,让被说服者产生亲切、信任的心理状态才有可能接受广告的宣传。任何商品都不是完美无瑕的,存在某些不足也是消费者可以理解的,但是把某些商品的缺点说成是优点或无限地夸大其功能,这是广告说服中最不明智的做法。

(三)广告说服应激起消费者的情感体验

需要和动机是受到情感激发的,正是人的七情六欲才驱使了人的行为和人生的追求。没有对美的情感渴望,自然不会产生对化妆品的热切追求。重情轻理是中国人的精神,也是构成中国人际网络的基础,重人缘、血缘、地缘、业缘、道缘的人情伦理关系,导致了它的重情重礼,遵循情感逻辑办事而非依照理性逻辑办事,这使中国的社会关系染上了浓郁的"人情"色彩,讲究古道热肠,风情纯朴。即使在西方,激起情感体验同样是商品销售的神秘武器。销售大师克里曼特·斯通曾经向销售员讲述一个故事,在艾奥瓦州西奥克斯城许多销售员都失败了,因为那里是荷兰人,特别讲究宗派,十分注意节约,做事认真负责,从不买生人的东西①,斯通想如果你能将东西卖给一族人中的一个人,特别是一个领袖人物,你就能卖东西给全族的每一个人。于是斯通先将他的产品卖给了该区域的第一个重要人物,结果他的产品让当地每一个人都接受了,这就是打通了族缘和地缘。所以在广告说服中要重视缘,抓住具有重要人缘的人物,销售也就变得一帆风顺,生意同样会风生水起。中国的经营之道是天时、地利、人和,广告说服过程是一个情感移入的过程,要特别注意说服的方式,俗话说:"好话一句三分暖,恶语伤人透心寒。"在商品宣传中,广告说服要注意贴近生活,注意消费者的心理感受,使其感觉广告充满浓浓的人情味。

(四)创设一定的说服情境与氛围

广告的说服应有适当的情境,形成一定的氛围。在商品经济背景下,能否争取市场,赢得受众,获得消费者的支持成了企业生死攸关的问题。广告的说服要首先形成平等、互利、互惠的氛围,设置客观公正的情境,作为广告说服者应走出自己的参照框架而进入消费者的内心世界,从消费者的角度、立场出发,并以其可接受的方式来进行广告宣传,才能让他们不断增进理解,注入感情,觉得该企业每时每刻都在为用户考虑,自然消费者也会做出相应的感情回馈,增加其消费行为。

二、说服的理论

(一)说服的传播模型

霍兰德和詹尼斯提出了说服的态度变化情境模式,它说明了出现态度变化的数量由这一

① 伍心铭主编. 拿破仑·希尔成功学全书[M]. 北京:北京工业大学出版社,2011年版.

过程的每一点上的各种变量决定,图 11－1 是说服的传播模型。[①]

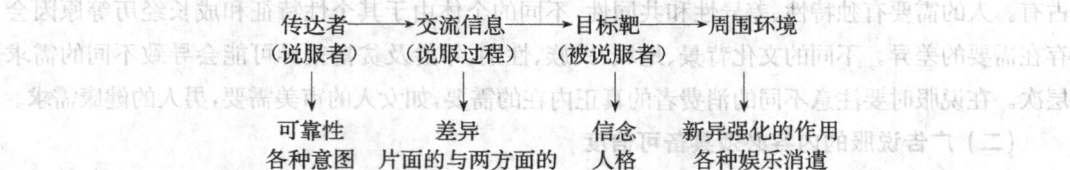

传达者 ——→ 交流信息 ——→ 目标靶 ——→ 周围环境
(说服者)　　(说服过程)　(被说服者)

　↓　　　　　↓　　　　　↓　　　　　↓

可靠性　　　　差异　　　　信念　　新异强化的作用
各种意图　片面的与两方面的　人格　　各种娱乐消遣

图 11－1　说服的传播模型

说服的传播模型表明:说服者要想让某些被说服者接受其信息,发生态度的变化,必须注意每一个环节中的变量。

1. 认同说服对象

对说服者的认同程度越高,所产生的态度变化越大。在说服过程中,被说服者首先想到的是说服者的意图,他为什么要做这样的产品宣传,借用明星代言的目的何在? 为什么要花费巨额的广告费? 比如某商家邀请某一巨星来做广告,消费者所关心的是这一巨星代言一分钟得到了多少钱,不然她或他用得着为这个商家那么卖力地说话吗? 而这巨额的广告费最终将落在谁的头上? 从心理学的角度来看,花巨额费用兴师动众地去请大牌明星来做产品宣传并非是商家的明智之举。因为广告的目的是让消费者知晓,真正的好产品是不用巨星代言的,如众人知晓的普洱茶就基本不用巨星。说服者的可靠性取决于被说服者的评价,假如他认为说服者之所以要这样说是想从自己所说的话中捞到某些好处,有个人的目的,这势必损害说服者的可信度。因此,说服者要想表现得让被说服者信赖,在说服时就要表现出看来似乎与他自身利益无关甚至相反的见解与思想。要提高可靠性还必须设置参考群体,对说服对象影响力最大的是个人所属的群体,因为人们有与群体保持一致的强烈意向,当某一群体的大多数人都持有相同意见或做出相同反应时,它可以使个人改变在某一问题上的内在态度。

如果人们认同一个群体,那么他们从这个群体交流来的信息就相信是最真实、最可靠的,因为他们把自己看作是这个群体的成员,所以往往是在与群体的比较中来估价自己,对自己的态度体系进行定位,当个体意见与群体相同时才认为自己是准确的。说服可以利用这一特点来改变被说服者的态度,使它与群体保持一致。

对群体的依赖,可以防止被说服者受到外部信息源的干扰。当个体与群体态度一致时,他(她)便拥有有力的支持。因此在某种程度上,说服依赖于个体与群体关系的程度。他越是希望成为群体的一员,就越认同群体的观点而且越是高度认同的群体,其成员受到群体态度的影响就越大。广告说服可以利用人们的群体归属与被认可的需要,利用其所在群体的信念与准则来进行劝服,达到积极的广告效应。

2. 说服过程的信息干扰

说服过程是信息交流的过程,而信息在传播过程中有可能因被说服者对信息内容进行添加、省略、改变甚至歪曲而导致信息失真,达不到说服的效果。在说服过程中下列因素与说服

---

① ［美］J·L·弗里德曼等著,高地等译. 社会心理学[M]. 黑龙江人民出版社,1984 年版.

效果有关。

差异：被说服者先前的立场观点和说服者的说服内容中的立场观点之间差异性越大，其说服的可能性越小。比如：说服一个普通老百姓食用肉制品很容易，告诉他动物的肉很有营养，食用肉制品对身体健康有益，老百姓就很容易接受；假如你要说服一个老和尚，要求他吃肉，将很难达到目的。

片面的或两方面的：任何事物都是两方面的，单从一方面去劝说受众往往收到逆反的效果。对于商品广告指出其弱点或不足并不等于顾客不接受，如劲酒有其好的一面，也有伤人身体的一面，这正如广告词所说：劲酒虽好，但不可贪杯。对于烟也是一样，吸烟有害健康，但是不等于它没有销路，指出它的危害，让顾客知晓，这是商家的诚意，同时也是对顾客的安全负责。有些女性衣服尽管穿在身上很性感，但晚上单身女性外出可能不安全，这种善意的提醒，暗示商品的薄弱一面，既做到了诚而有信，又能让人们接受。杜绝广告的一面倒，学会一分为二地进行广告劝服是广告宣传成功的关键。

3. 被说服者的特征

被说服者的人格特征往往影响说服的效果，被说服者的自我尊重、智能、心理防御等与说服效果密切相关，自我尊重低的被说服者很容易轻信说服者告诉他的所有事情，从而改变自己的原有见解和看法，接受说服者的思想与建议；高智能者比低智能者更难以说服；具有强迫的偏执而固执的比敏感，易受暗示，常受外界影响与干扰的更难说服；心理防御机制严密的人同样难以说服，他们容易形成自我掩饰、假托与伪装，有一定的猜疑与敌视和防范心理，而心理防御差的人由于朴实幼稚，更容易接受说服者的意念，人云亦云，防御性较差；年龄也是一个因素，一般认为年龄小的容易说服，而老年人要接受新的态度与理念则相对困难；男性比女性也相对难被说服一些。

4. 周围情境

情境对说服的影响很大，如情境中的暗示、群体其他成员的行为感染、刺激与背景的差异均影响说服，而最重要的是警告与精神涣散。警告是一种预告，假如被说服者对自己的观点本来就有点动摇，警告会加速被说服者态度的改变。警告的内容与被说服者的利害关系越密切，促进态度改变的可能性就越大。比如，女性本来就容易将"红颜"与"祸水"、"薄命"等字眼相联系，假如你告诉她，面红可能与心血管系统疾病有关，追求健康的女性会不喜欢他人用"红颜"称呼自己。

精神涣散是接受信息与暗示的一种较好的心理氛围，个体精神状态不佳时更容易不加思考地接受说服者的思想，就像对饱经病魔困扰的人稍加暗示就会使之出现病急乱投医的现象。但过分的注意涣散会使被说服者听不进说服的信息。在广告说服中可以设置一定的背景（如音乐、光线等干扰信息）来分散消费者的注意力。但应充分表达广告的主题，否则消费者很难区分对象与背景的差异，影响了选择性的注意，是达不到说服效果的。

（二）说服的认知失调理论

认知失调是费斯廷格（Leon Festinger）提出来的，他认为个体的认知图式会给当前的刺激进行意义赋值，从而使同样的事件在不同人的脑中具有不同的心理意义。消费者以往的经验积累的概念和有组织的知识构成的图式,使他倾向于选择与认知结构一致的信息,忽略无关的、不一致的信息,并依据它理解现实,做出判断并预测事件的后果。例如,一对热恋中的男女是不会考虑分手的可能性的,而一个即将走入婚姻殿堂的新娘是不会出现家庭暴力的想象的,因为她排除了与其意愿不一致的各种想法与事实。

费斯廷格强调,个体对于自我的概念以及对环境与外界事物的态度都有许多的认知因素,当各认知因素之间出现矛盾时,人就会产生认知冲突。冲突的认知成分越是多于一致的认知,认知失调的可能性就越大。这种失调给人造成心理压力,迫使人去改变态度结构中的某些认知因素,消除其间的矛盾,达到认知结构的重新平衡。

这种矛盾有四类,第一类是逻辑矛盾,即不可能性,如煮熟的鸭子不能飞;第二类是文化价值冲突,文化是人的一种生活方式,某种行为在一种文化中被接受,可能在另一种文化中遭到非议;第三类是观念矛盾,如丁克现象让老人难以接受,因为传统观念认为不孝有三,无后是最为不孝的;第四类是新旧经验冲突。

要想从认知冲突到认知协调一般有三条途径:

第一,改变或否定冲突的认知因素,使冲突的认知因素与整个认知结构保持和谐。如抽烟有害健康,但烟民往往会否定其危害性。

第二,引入或增加新的认知因素。同样是抽烟有害健康,但烟民可能会引入新的认知元素,即有许多死于肺癌的人一支烟都没有抽过。

第三,强调某一认知元素的重要性,使其他成分相对而言变得很不重要。如在严寒的冬天,有人宁可要风度,不要温度。

(三) 说服的信念和理念

信念决定人的情绪情感,心理治疗学家艾里斯提出了理性情绪治疗,用于对心理有障碍的人进行劝服与建议,使之放弃引起自己痛苦与烦恼的不合理信念,这就是著名的 ABC 理论。A 是指诱发性事件;B 是指个体遇到这一事件后对该诱发事件形成一定的看法、解释、评价,并形成相应的思维理念;C 是指在这一思维理念作用下所产生的主观上的情绪痛苦和相应的生理行为反应。例如,尽管中国的婆媳矛盾容易发生,但并不是所有的婆媳都会出现问题。有些媳妇认为婆婆一生不容易,她把自己心爱的丈夫含辛茹苦地拉扯大,最后把那样一个威武雄壮的男人交给了我,即使婆婆存在这样或那样的问题,我都会一如既往地孝顺她,因为她是这个世界上对我恩惠最大的人。所以说,诱发性事件并不是产生痛苦情绪与行为的直接原因,而人在对事件认识的基础上形成的判断与评价及价值体系才是导致痛苦情绪与行为的根源,所以只要改变心理有问题的人的思维模式与价值体系,就有可能解决其痛苦的情绪和行为。

广告的说服过程,实质上是改变消费者的价值观念和思维模式,导致他产生购买商品的欲望与行为,被说服者在接受说服时往往会产生:①接受和评价信息的过程;②找到应付和处理问题的方法的过程;③预测和估计结果的过程。如告诉吸烟者"吸烟有害人的健康",吸烟者首先要评价这一信息的真实性,这一结论是否经得起科学的验证,如果吸烟者发现身边许多吸烟的人都死于肺病和癌症,尤其是近期最亲密的烟友因癌症而相继离世,他就会觉得这一结论是科学有据的,自己便会动摇以前的信念,并出现戒烟的愿望与行为,尽量抑制自己抽烟。而随着吸烟次数的减少,他的身体也越来越好,他就会预测只要戒掉烟,自己就不会得肺癌,因而对说服者的劝说不但深信不疑,而且心存感激。

认知治疗之父贝克认为人的不合理信念或认知歪曲有五种形式,它导致人的错误思维,在错误与歪曲的信息作用下出现不正确的推理。①任意推断。即在证据缺乏或不充分时便草率地做出结论。在广告说服时要提供充分的证据,不可任意推断。如有一则广告推销"茅粮"酒的广告词是"喝杯茅粮,别太繁忙",这种任意推测会削弱广告的宣传效果。②过度引申。指在单一事件的基础上无限地引出新的能力、价值、用途或功能。任何商品都有一定的功能范围,过分引申其功能,就有可能引起消费者的反感。③选择性概括。即依据个别细节而不考虑其他情况便对整个事件做出结论。如有些地区想打出自己名酒的品牌,把名酒与机场联系起来,导致网络流行五粮液机场,那么首都机场改为红星二锅头机场,而湖南的名酒是酒鬼而酒鬼机场让购票者不禁心生忐忑,在广告制作中一定要考虑消费者的选择性概括和联想,在制作广告词、广告牌时应注意避免受众由于概括片面造成消极联想,如女性用的某些洗液标上"难言之隐,一洗了之",容易使人感觉使用这种品牌的女性做了不光彩的事情。④夸大或缩小。按自己的自动思维和价值观对客观事件的意义做出歪曲的评价。20世纪80年代迪斯科在青年人中流行,年轻人利用激越的迪斯科来发泄多余的能量,释放工作后的紧张,表现年轻人的奔放,但老年人非常反对,认为有伤风化,而长期的认识与实践使老人认识到这是自己的夸大,现在的老人迪斯科也已被老年人接受。⑤极端思维。这是一种非黑即白的不理性思考,把任何东西都作绝对化思考。在说服消费者时一定要进行理性诉求,不要走极端思维。现在许多广告缺乏可信度,其原因在于广告说服的内容都千篇一律地宣扬如何好,如何有效,如何的高质量。随着市场经济的发展,消费者变得越来越明智,那种只报喜不报忧、基于绝对化思考的广告是很难有说服力的,这也是有些商品"朝生暮死"的内在根源。

说服的核心是改变消费者的态度和价值观,这是使其接受新商品,形成新消费观念的关键。广告说服的目的是使消费者形成新的商品观和消费观念,引导消费者形成对所宣传的商品的良好印象和态度。在广告说服中还应注意不同民族的文化价值观。

表 11-1　美国文化的价值观

核心价值观	具 体 表 现
个人奋斗	成功源于奋斗,必须努力工作
讲求实效	时间就是生命,效率是金钱
求新	人类在进步,产品、观念要更新
物质享受	人活着就是为了过好日子
个人主义	关心自己,自我尊敬,自我表现
自由	我行我素,自由选择,走自己的路
冒险精神	轻视懦弱与平庸,一鸣惊人,出人头地

表 11 - 2　中国文化的价值观

核心价值观	具 体 表 现
求同心理	推崇合作精神,注意社会规范
勤俭节约	知足常乐,精打细算,节制个人欲望
家庭观念强	孝悌持家,敬老爱幼,童叟无欺
稳重含蓄	内向、朴实、中庸之道
较保守	安分守己,不冒风险,循规蹈矩

(资料来源　张力行.公关心理学[M].四川大学出版社,1994年版:33.)

　　随着市场经济的发展和经济全球化,传统的价值观念正面临着严峻的挑战,追求快速、实效、奋斗、冒险、享乐是适应灵活多变、竞争激烈的社会的重要理念。但是地区差异、种族差异,甚至年龄与性别的差异都可能造成其核心价值观念的不同,因而在说服过程中针对不同的群体应采取不同的说服方式。

(四)心理反抗理论

　　在说服过程中,心理反抗是影响被说服者态度的重要指标。心理学家佩蒂对学生开展的宿舍态度变化很能说明这一现象。

表 11 - 3　事先说服或不说服与态度变化

	事先说服	事先不说服
态度	3.47	6.27
反感	2.20	0.00
不反感	0.27	0.00
中立	2.87	4.93

(资料来源　李俊杰.应用心理学[M].中国物资出版社,1993年版:94.)

　　由表 11 - 3 可知,事先说服反而不利于有心理反抗的学生改变态度。当说服者与被说服者的意见、态度之间有很大分歧时,被说服者倾向于积极反抗说服者的劝服,形成强烈的心理抵抗,其态度变化反而向与说服者意愿相反的方面变化,形成有趣的"反其道而行"的现象。这正像香烟包装上印的"吸烟有害健康",不吸烟者很容易接受这一信息,认同这一观念,而吸烟者不仅不接受这一意见,反而更认为吸烟有益。有的吸烟者说抽烟对于勤奋的人来说是一种休息,对于诗人是灵感的催化剂,对于孤独者是父亲般的安慰,给朋友一支烟是显示珍贵的友谊,是彼此沟通的必由之路。

　　心理反抗理论揭示广告说服应注意以下两种现象:

　　第一,假如被说服者在接受说服前对问题的固有看法及其选择倾向与说服者的观点相反,或者说服者试图剥夺他对信息选择的意愿,就会激起他的不满甚至愤怒情绪,对说服进行心理反抗。因而广告说服中不能总是"用户都说好",对有心理抵抗的消费者进行这样的说服,很容易激起"你说好,我就偏说坏"的反抗心理。

第二,研究被说服者的心理状态与心理准备对于有效说服是很重要的。消费者是否想听,打不打算听是至关重要的,假如他压根就不想听或他还没有准备听,广告说服在这种毫无心理准备的情况下进行,势必会得到相反的效果。

第二节 影响广告说服效果的因素

广告说服是一个传播信息与接收信息的过程,探索说服者、被说服者和说服情境这三个变量之间的关系是广告的最基础的预备性工作。

一、说服者的因素

在说服过程中,说服者的个人因素是说服成功的关键,如说服者的自信、威信、动机个性品质、言语技巧等。

(一) 自信

一个充满自信的人更容易让被说服者接受自己的态度。对自己宣传的理念、态度和事件,自己要深信不疑,只有自己相信,才能让别人相信。因此在广告宣传中,首先做到自己相信它,才能在说服过程中做到自发、自然、自由地表达和交流,不为某些因素所阻碍。说服者的言语表达和行为都以自信为基石。

对一个令人信服的人来说,他的所思、所想、所感及所信的东西应是其自我的真实流露,只有当自己在内心中真正地相信它,在日常生活中实践它,才有可能让别人接受。相反,被说服者对虚伪或不真诚的说服者是没有好感的,因此不能接受他的理念与对事物的看法。

(二) 威信

说服者的威信越高,被说服者改变态度的可能性越大。俗话说:"人贵言重,人微言轻。"权威效应是广告说服中的关键,说服者的威信主要来源于专业性和可信性。专业性是指说服者本身就是该商品的行家里手,在该领域中有很高的学术地位或名望,他以专家的身份出现,专业性主要包括说服者的受教育程度、社会地位、职业、年龄、影响力、公正与公平性及在该商品领域中的权威性。被说服者一般对新的商品的性能不太了解,因此他们相信在这方面有专业知识的权威人士提供的有关信息。

可信性是指说服者的外表仪态、讲话的信心和态度以及受被说服者喜爱的程度。人的精神面貌与心理状态是反映人的内心世界的最可靠指标,它比言语更具有感染力,也容易让被说服者更好地把握说服者隐含的内容和读懂说服者的内心世界。这正如三国时期的人才学之父刘邵在《人物志》中描述的:"性之所尽,九质之征也,然则平陂之质在于神。明暗之实在于精。勇怯之势在于筋。强弱之植在于骨。躁静之决在于气。惨怿之情在于色。衰正之形在于仪。态度之动在于容。缓急之状在于言。其为人也,质素平澹,中睿外朗,筋劲植固,声清色怿,仪正容直,则九征皆至,则纯粹之德也。九征有违,则偏杂之材也。……"[1]刘邵认为人有

---

① 徐光太. 人才心理论[M]. 安徽人民出版社,2000 年 12 月:193.

九种外部特征,通过这九种外部特征就可以洞察一个人的内心世界。只有保持劝服时的外部表现和内心世界相一致,才可能打动被说服者。

喜欢与吸引同样是一个重要因素,当一个人喜爱另一个人的时候,会比较听信对方所说的话,愿意接受其意见和信息。气质好的人被认为办事能力强,有幽默感,能增加劝服的可信度。说服者与被说服者彼此的相似性也能增加说服的效果,如两者具有相同的家庭背景,遇到共同的问题或处于相似的境遇。相近的生活方式,共同的兴趣爱好和相同的年龄或性别可以增进彼此的理解,减少交流沟通的障碍,这正所谓"同病相怜"或者"同是天涯沦落人,相逢何必曾相识"。

(三)动机

说服者的动机影响被说服者的态度改变,如果被说服者知道说服者是出自高尚的目的,不谋私利,就会倾向于信服;反之则易产生心理阻抗,降低说服效果。前面提到动用明星代言的效果甚微,主要原因是消费者都知道明星代言商品的主要目的就是为了谋取巨额利润。现在有些商店经常挂出"全市最低价"、"亏本大甩卖"或"低于出厂价"的标语,然而很少有消费者相信,这是因为在普通市民的心目中已有一个信念:"只有消费者买错的,绝对没有商家卖错的。"因为常识和经验告诉消费者,经商而不牟利是不可能的,这样做只不过是一种销售手段而已。

(四)个性品质

说服者的个性品质是打开被说服者内心世界的钥匙,如果说服者具有真诚、理解、忠诚、真实、理智、可靠、有思想、体贴、值得信赖、友善、快乐、不自私、幽默、负责任、开朗、信任别人的个性品质,那么他很容易受到被说服者的欢迎,实现良好的说服效果。相反,一个作风不正派、不友好、有敌意、自私、目光短浅、粗鲁、自傲、贪婪、不真诚、信不过、恶毒、冷酷、虚伪的说服者,必然会遭到强烈的抵制。

(五)言语技巧

语言是人类思想、情感、意愿表达的重要载体,言语吸引力是说服成功的关键,言语技巧分为一般言语技巧与辅助言语技巧。

一般言语是指有声语言,广告说服往往是在设计好的情境中实施的问答过程,这就要求发问要巧,应答要妙。

辅助言语借助个体的动作、表情及身体的姿势传递信息、沟通交流,它可以是声音的音调、音量、节奏、变音转调,也可以是身体姿势、面部表情和目光接触,它们在无声地传递说服者的信息。如两腿交叉表示守势与防御,两手叉腰表示攻击与挑衅,两手交叉放在背后表示保守,搔首弄姿表示作风不正派和挑逗与勾引。眼睛是心灵的窗户,通过目光也能传递信息、表达感情,微笑的目光接触能对交往对象起到微妙的作用,使人产生心理上的愉悦、精神上的快感。广告说服者的微笑目光是增加其好感,树立其在被说服者心目中的威信的有效方式。

1. 广告提问技术

启发式提问:启发对方对某个问题进行思考并做出提问者想要得到的回答。

诱导式提问:用一个问句诱导对方说出自己要他说出的话,借用对方的话来表达自己想

广告心理学(第二版)

要表达的愿望。

婉转式提问：提问者用婉转的方法和语言，在适宜的场合向对方提问。

2．广告应答技术

顺应式回答：在提问者提出的问题比较明确具体，应答者对提出的问题又有较深的理解时，准确而及时地回复。

回避式应答：当遇到尖锐、难以回答或不便回答的问题时，做出模棱两可的反应。

反问式应答：当消费者提出的问题不宜正面回答，对其问题既不能赞成，也不应该反对时，广告说服者可以用"你认为呢"或"你说呢"或"你觉得呢"等形式，将问题反抛给对方。

更正式应答：当提问者的问话内涵不确切，问题模糊，过分笼统概括时，应答者通过补充性说明而使问题变得明确，如："刚才你提到的问题，我们能不能换一种形式来表述？"

否定式应答：否定提问者的观点、态度或某种倾向，委婉地把意思说清并说明不同意的理由，有时可以提供强有力的证据。

二、被说服者的因素

态度转变受到个体差异的影响。态度转变时存在服从、认同和内化过程，而有的对象由于其心理因素而难以达到服从或认同，这个过程往往跟被说服者的能力水平、气质与性格、自尊心、文化水平与接受教育的程度、当前的心理状态和需要有关。

能力水平：它是个体顺利完成某种活动必备的心理特征，在情境比较简单、服务内容直接明了时，受教育程度低、文化与智力水平稍差的人也能接受；而情境复杂、说服内容深奥时，接受者只有领悟能力强，受教育和文化程度高，才能准确理解。

自尊心与独立性：自尊心低、独立性差而顺从性高的被说服者更容易接受他人的意见与建议。

气质与性格：气质与性格决定个体对现实的态度与行为方式。胆汁质的人热情、开朗、刚强、勇敢、坦率但暴躁任性、感情用事，说服时要尽量避免激惹，预防冲突与顶撞，采用"冷"处理和耐心说服的方法；多血质的人有朝气、活泼、爱交际、思想灵活但变化无常、粗枝大叶、浮躁马虎，说服时要注意语言精练，重点突出并反复强调；粘液质的人自制、镇静、踏实但冷淡、迟缓、固执、淡漠，说服时要提供充分的信息与理由，让其有充分考虑的时间，并在说服时注意诱发其积极情感；抑郁质的人思想敏锐、细心、想象丰富、情感体验细微但多疑、孤僻、忧闷、怯懦，说服时应注意给予体贴与照顾，避免在公共场合指责，消除其疑虑心理，增强其自信心。

心理状态：被说服者当前的心理状态影响说服效果，如抱有某种目的、已有的知识经验、态度、信念、需要、动机、兴趣、爱好、定势、情绪、情感、生理状况等都对说服效果有影响。

三、说服情境

情境的人为设置是广告艺术的常用手法。在一定的情境下自然会诱发人们某种特定行为，说服需要一个吸引被说服者并使其态度与行为发生变化的情境，形成吸引的因素有七个方面：

（一）接近性

假如说服双方存在许多接近点，这些接近点能缩小相互之间的时空距离与心理距离，如兴趣、态度接近或职业、生活背景、民族相同都能产生相互吸引。当说服者与被说服者有共同的历程、共同的心理模式或面临共同的问题时，沟通就比较顺利。

广告说服应制造相似。例如在"大宝洗面奶"的广告中，几个女职工是工薪阶层，追求实惠，她们讨论的自然是价格问题："大宝呀，价格便宜，量又足！"电视里的那几个说服者从语气讨论的话题或衣着上都与普通女工相似，因此很贴近生活，易被该层次消费者接受。这种说服情境的创设应注意真实性，否则会给人虚假的感觉。如有些广告动用没有结过婚的女明星来推广消除妊娠纹的产品，就使消费者感觉到受骗上当。

（二）互惠性

说服的双方能够在沟通中给对方带来利益酬偿或幸福快乐时，其吸引力才大，因而在说服时要注意感情互慰、人格互尊、目标相促、困境相助和过错互谅。

（三）对等性

平等是说服的首要条件，相互接纳、宽容谅解和喜欢是造成吸引的重要因素。人都喜欢那些喜欢自己的人，在说服时，热情、信任、宽容、平等和尊重能使被说服者产生感情共鸣和态度变化。

（四）诱发性

自然或人为设计的环境中的某些因素可以造成吸引。在说服过程中，说服者的吸引力可以采用自然诱发，即说服者的外貌、气质、风度、能力本身就能形成吸引，也可以蓄意诱发，即有意识地设置某些刺激因素。如田汉在给普通老百姓作讲座时介绍自己是种田的庄稼汉，自然给人一种亲切而平易近人的感觉。还可以用情感诱发，即利用情感缩小与对方的心理距离。

（五）强迫性

有时被说服者迫于某种需要或条件的限制，不得不服从说服者。如上司对下属在某些条件下会产生强迫吸引。当广告商确信被说服者能从你的商品中获得某种需要的满足，或广告内容具有达到强迫吸引的可能时，可以有限度地使用强迫吸引。如目前的私家车驾驶员对石油公司的产品是一种强迫吸引，因为不管你乐意还是不乐意，要加油就只有中石油或中石化，处于别无他选的处境。

（六）晕轮效应

当一个人的某一品质受到被说服者的肯定时，他的其他行为举止和言谈也会被肯定，并被赋予一切好的品质。如专家效应，即因为他是专家，所以他的介绍一定很专业。相反，假如他的某一行为被否定或厌弃时，他的一切行为与言谈都有可能被否定或厌弃，并被赋予极坏的印象，如"艳照门事件"给整个娱乐界都造成了极坏的形象。因此当被说服者认为说服者品行有问题或虚伪时，那么其所有的努力都会被人们认为是在刻意地掩饰自己。

（七）异性吸引

说服还取决于性别差异，同性的说服效果有时不如异性，尤其对年轻人来说，其效果更明显。例如，有时一些英武刚强、敢想敢干、鲁莽固执的男性往往会被有阴柔之美、温柔贤淑的女性的几句细言细语就说得服服帖帖。

第三节　广告说服的方式与技巧

广告的说服是一种能力，也是一种艺术，好的说服效果与说服的方法与技巧是密不可分的，本节主要讨论广告说服的方式及心理学方面的技巧。

一、广告说服的方式

广告说服的方式有很多，不能拘泥于某一形式，而要灵活地加以使用。常用的广告说服方式有：

（一）流泻式

这是广告说服最常运用的方式。它的适用对象和范围很广，没有特别的针对性，一般只有特定的说服者而没有明确的被说服者，其目的是将潜在的消费者转化为现实的消费者。例如"大宝"美容霜的广告，两个青年在用"大宝"，一个说"我的都让我老爸用了"，后来一群女青年与男青年告别时说："大宝，明天见。"男青年则说："大宝啊，天天见！"这就是一种"广而告之"和"广而导之"的说服方式，它只有一般的针对性而没有特别的针对性，只考虑说服的内容和对象的一般关系而不考虑特殊的消费人群，"大宝"广告对老年、青年、男性、女性进行同样内容和形式的说服，使其产品在各类人群中都能被接受。

（二）冲击式

冲击式说服，是针对一定的说服对象，使其对某一商品的态度发生变化的说服过程，这种说服方式的对象和意图明确，针对性强，冲击力大，它是在消费者已经有了自己看法、意见的情况下试图转变他们的态度，化解他们原有的看法与意见，使其接受说服者的意见。如针对有些男性只关注家庭，自己非常俭朴的情况，男性西服的广告词说"男人，对自己就要狠一点！"，从而转变男性对为自己花钱的态度。

进行冲击式说服应注意下列问题：

（1）对消费者的个性、意见及其原因应有充分的了解和预先的准备。

（2）对说服消费者要有充分的思想准备，并搜集具有说服力的论据和事实资料。

（3）选择合适的说服时间与情境。

（4）用词恰当，防止讽刺、挖苦与教训说服者。

（5）适当应用非言语技巧来进行说服，因为非言语能传递最深层的思想与感情。

（6）关心消费者但不要表现得太热情，热情应该适度，过分的热情会使消费者怀疑广告说服者的诚意与企图。

（7）挑明利弊得失但不为消费者做结论、决定或选择。

（8）简明扼要，点到为止，启发自觉。

（9）旁敲侧击，采用迂回战术，如劝人戒烟并不直接而是迂回说服：你们许多人都喜欢抽烟，认为它是灵感的催化剂，这个理由似乎很充分，但你们也许忽略了一个事实：每抽一支烟意味着让你们缩短一秒钟的寿命，但对此你们好像并不介意。

（10）言行一致，表里如一。

（三）浸润式

这是以周围舆论或群体的行为模式与心理氛围来说服消费者的方式。其优点是作用缓和而持久，不易形成心理逆反，在潜移默化的过程中对消费者的心理产生影响，促使其态度变化。如有些广告像"做女人挺美"、"做女人挺好"，在无形中使女性在暗示中接受商家的建议，做出与群体一致的行为。人都有从众的心理倾向，倾向于在群体中去寻找自己的位置，以便让自己得到群体的认可与赞赏。尤其是人不了解某种事物或权衡自己的意见和周围舆论的符合程度，以确定有无必要坚持自己的意见时，合群倾向就会积极地左右其行为。如60年代的人都喜欢穿军装，女孩子要嫁人也要嫁最可爱的人（解放军），这种流行正是浸润式说服形成的结果。

个体常常会不自觉地受到群体其他成员的影响，其知觉、判断、信仰以及行为表现都希望与群体的大多数成员一致与同步。在广告的浸润式说服中应让先被说服者认同于某一群体，这一群体可以是现实的，也可以是假想的，然后利用这一群体的观念、规范、价值与行为模式来影响被说服者，使其去模仿这一群体，达到说服的效果，如"好太太"等家政商品吸引了许多家庭妇女，"好太太都用'好太太'牌抽油烟机"导致许多已婚女性把它作为厨房用品的首选，这利用的正是女性强烈的认同意识。

（四）逆行式

这种说服方式是少数人对多数人的行为施加影响，使大多数消费者对自己已经形成的看法和意见产生怀疑，领悟少数说服者的说服内容并加以接受的过程。这种方式运用了费斯廷格的认知失调理论，造成其原有认知结构的不平衡，让其原有信念发生动摇，如改变原有态度中的某些认知因素，使其产生新的看法。如红颜过去一直被许多女性所追求，而现代医学认为脸色太红润的人心血管系统都不好，许多女性为了追求健康就会放弃对红颜的追求，因此只要在消费者原有观念的基础上增加一个新的认知元素，不论它正确与否，都会对原有观念造成威胁，会使某些持有不同意见的被说服者放弃原有的观念而接受新的观念。逆行式广告说服一般都针对某些根深蒂固的错误公众舆论或消费观念来进行，使公众形成正确的、时尚的消费趋向，如"地沟油"改变了人们对食用油的看法，而"皮鞋胶"使许多父母对儿童的果冻产品望而却步。因而某些商品带来的危害，可运用逆行式的说服来矫正。

广告宣传与说服过程是说服者对被说服者的态度发生改变的过程，只要用适当的、逆行式的、建设性的方法施加给被说服者，都很有可能被接受，在广告宣传中我们应尽量注意宣传正确观点，避免错误观点，以免误导消费者，对消费者造成不必要的伤害与损失。

二、广告说服的技巧

说服是一门艺术，要使消费者从说服的过程中改变原有的态度不是一件轻而易举的事情，说服者应深入研究被说服者的心理特点，运用相应的说服策略与技巧。

（一）击中被说服者的心理热点

心理热点是与被说服者切身利益有关，能够满足其需要的某些诱因，没有诱因不可能诱发人的行为，更不可能使个体的态度发生变化。如美容产品只有针对那些爱美的女性才有意义，而保健与健康的营养品对老年人更有吸引力，因为人所做出的每一个行为都是为了实现自我的意义，满足个体的需要。这些需要可能是生理的、心理的或社会性的，说服者首先要调查了解消费者现有的需要，评价并重视其需要，进而采用广告宣传来刺激和诱导其形成新的需要。在广告说服中下列需要不可忽视：

（1）生理需要，如衣、食、住、行、育婴和配偶等物质性需求。

（2）社会性需要，如友谊、爱情、归属、认可公众、依附及对社会地位的追求。

（3）精神与心理方面的需要，如独立、爱与被爱、关心、受人保护、同情、安慰、平等等。

（4）自尊与自主需要，如自信、自尊、自重、价值、自我选择、名誉地位、身份象征等。

（5）美的需要，如美的感受、漂亮、被人喜欢与吸引、魅力、形象、打扮等。

（6）身体健康的需要，如安全、趋利避害、身体健康、预防疾病等。

（7）心理健康的需要，如避免威胁、恐惧、焦虑、抑郁、紧张、强迫、侮辱及对道德与良心、正义与公正公平的需求，力争达到心理平衡与心灵和谐。

（8）自我实现需要，如潜能实现、事业与创造、奉献与对他人的重要性。

（二）解除心理栅栏与防御

广告说服应避免被说服者产生心理阻抗，形成心理逆反。如果被说服者对说服者形成情感障碍，就会产生心理防范，很难接受说服者的观点；相反，情感相容与共鸣会让对方感到亲切，产生积极认同，因此在说服中要注意心理相容，不断缩短双方的心理距离。具体做法是设法形成"自己人"，多制造与被说服者的相似性，考虑被说服者的利益，设身处地地从被说服者的立场与观点来看待问题，体验他在接受说服时的心理历程、情感世界的变化及态度转变的过程，注重他的思维方式、心理体验，将心比心，进而拆除心理栅栏，达到良好的说服效果。

（三）以迂为直

常识告诉人们，从山底到山顶最短的距离是直线，但是循着这条直线爬到山顶几乎是不可能的。说服与登山的原理是相同的，当被说服者与说服者的态度相差很远时，迂回说服是行之有效的办法。以迂为直的技巧是指说服者先不直接涉及说服的正题，而是通过描述某些相似的、有可比性的、富有哲理性的寓言、故事或事实来达到说服的目的，其作用在于充分发挥事实的力量。引用典型的历史事例，有人物、有时间、有地点、有情节，能更加生动感人，并有助于被说服者自己做出结论，通过正、反两方面的经验与教训，任其分析、判断，形成与被说服者动机相符的态度，如有些青少年很容易与其父亲形成对立，认为父亲的评价都是不客观、不公正的，积极肯定的评价少，而消极否定的评价多。要改变青少年的这种态度，直接说服很可能会加剧其逆反，认为成人就是这样压制他们，这时迂回是最好的办法。在西方有这样一个故事，有一个女孩子做事比较拖拉，其父亲常常批评她。尽管她现在是一个医科大学生，但父亲对其积极评价不多。有一次由于她的拖延习惯让她错过了回校的公交车，父亲不得不送她。一上车父亲就牢骚满腹、一路埋怨，在路上说这是一条糟透了的路，河水污染严重、垃圾成堆……而女儿往窗外一看,山清水秀,风景宜人。若干年后,父亲得了病要去女儿的医学院所属医院,轮到女儿开车,父亲一上车就不断赞美,这是一个好地方,山清水秀,鸟语花香,女儿觉得很奇怪,往窗外一看发现了令人吃惊的场面,真的是河水污染严重,垃圾成堆。原来父亲和女儿看到的是路的不同的一边。当父亲要女儿成长时,其更多的是督促和鞭策,让青少年了解到,父亲要让孩子发展,当然会指出其需要改变的弱点;而相反,当你功成名就的时候,他的一切都成为赞美。同样的道理让青少年明白管理与被管理是同一问题的不同方面,这样就可能改变其对父亲的态度。

(四)上台阶技术

这一技术对独立性弱、顺从性高的人和女性的说服是极为有效的。在说服时先对女性提出一个很容易接受的观点,由此步步上升,最终让她接受原来完全排斥的观点。如推销商品的人常微笑地对消费者说"新产品,尝一尝,不买没关系"或"进来看一看",而事实上尝试该产品的公众往往会产生购买动机,因为许多女性认为既然吃过了,多少也应该买一点,不然不好意思。上台阶之所以有效,第一,当被说服者接受了一种观点后,由于责任会促使其更深地卷入其中;第二,部分同意造成心理压力,出现认知不协调,个体要建立新的认知平衡,导致其由于新的认知元素引入,而重新加工原有的态度;第三,一开始较小的同意降低了被说服者的批判与对抗心理。

(五)下台阶技术

这一说服对独立性强,尤其是比较顾全自己的身份与地位的人和男性是极为有效的。其具体做法是一开始对他提出一个很大的要求,明知道他不会答应,当被说服者拒绝后再提一个较小的要求,依此类推,他也会顾及面子答应你小的要求。这正如交易商一开始漫天要价,随后是讨价还价,在不断降低价格的情况下让你接受,这就是下台阶的说服技术。

(六)一面法与两面法

在说服时为了论证某些立场观点或利弊得失,可以采用一面法或两面法。一面法是只提供有利于说服者的正面证据,可以避免负面信息的干扰,但处理不当会影响说服效果,造成被说服者的怀疑与不信任;两面法是既提供正面论据,也提供反面论据,正反两面的证据让被说服者感到公平、客观、公正,但易使其受到负面信息的影响。使用这一方法应注意:

(1)对象的受教育程度。对受教育程度低的人采用一面法效果好,对受教育程度高的人宜采用两面法。

(2)对象的原有态度。当被说服者的原有态度与说服者的一致时,可采用一面法;不一致则采用两面法。

(3)对形势的预测。预测不会有反对者时,宜采用一面法,而当被说服的群体中存在心理抵触态度,情感和认知产生对立时,应该采用两面法。

(七)制造氛围

被说服者的态度形成与转变,与特定的情境和环境有相当密切的联系,周围人群的态度及特定环境氛围对个体的影响压力巨大。群体氛围影响个体的态度是因为:

(1)社会群体压力,个体一般不愿偏离群体的价值观念与行为模式,一旦偏离就会遭到群

体的非议、厌弃及攻击,成为另类人物;

(2)个体直接获得的经验是有限的,他必须参照群体的经验,按照某种群体的比较系统来评价自己的态度、价值观念及行为规范的对错,因此群体的氛围对被说服者有一定的说服力。

(八)鼓励参与

引导被说服者参与商业活动是改变其态度的有效说服方法。在说服时应创设一定的情境和条件来让其参与,具体做法可以考虑实际接触,即让对象具体接触、体验商品的性能、用途、质量,这往往比只是听或看广告的效果好;其次可考虑心理介入。当个体将全部身心都投入某种观念的形成与表达之中时,自己原有的对立态度就会转变。因为人们在形成或表达某种观念时,会发现更多的论据支持证实该观念,自我维护的心理需要与个体的自尊心、自我意识相近,当自己公开支持某一观念时,个体就会有一种努力使它合理化的倾向。

当前商品促销中这种形式运用地很多,如举行商品交易会、博览会、商品展销等形式。

(九)随机应变

在复杂的情境中,可以采用出乎意料的、简捷有效的方式来实现说服的目的。说服可以根据情况的变化,掌握时机,利用物理、心理、社会、人际等环境,针对不同的说服对象的特征,综合分析选择,巧妙灵活地进行引导和说服。国产茅台酒就是一个很好的证明,茅台刚进入国际市场时由于包装太差引不起外国人的兴趣,在博览会上无人问津,于是销售人员当场打碎一瓶,导致扑鼻的浓香弥散于整个展厅,茅台酒才得以畅销海内外。要做到随机应变可尝试下列策略:

(1)就地取材。在说服现场能找到客观有效的例证,这是最能打动人心的方式,例证就在消费者的眼前,能寓理于物、现场发挥容易使消费者接受。如有的美容广告说:"不要在此地猎艳,或许令你心动的女人的年龄与你奶奶相同。"这样的广告既就地取材,又别出心裁地巧妙标榜了自己的美容水平。

(2)善用"天时"。1945年的"五四"青年节,正当云南学子举行纪念之际,下起了大雨,闻一多教授借雨发挥,即兴演讲:"同学们,我给大家讲一个故事。两千多年前,周武王准备伐纣,就在出兵的那一天下起了大雨,许多人都感到不吉利,要求改期,管卜卦的说这是'天洗兵',即上天把兵器上的灰尘都洗得干干净净,杀敌更有力。今天我们也碰上了这样的机会,勇敢的人站起来! 接受天洗兵,同黑暗的反动势力作斗争。"大雨并没有阻碍会议的进程,反而为闻一多的演讲增光添彩。

(3)巧取"地利"。选择合适的地点,有利于充分发挥说服的力量,如果商贸洽谈的地点选择不适宜,往往会给人一种消极暗示,比如若将商贸洽谈的地点定在酒店、歌厅甚至某些娱乐场所进行,就会给人一种不健康的感觉,像金庸笔下的韦小宝一开会就在灯红酒绿之地,既铺张浪费,又动机不纯。

(4)妙借"人和"。解放前,陶行知与田汉的演讲都极有特色,像陶行知对听众介绍田汉就很耐人寻味:"今天我以田汉的资格欢迎田汉,我们的教育是为种田汉而办的教育,所以我是以一个'种田汉代表'的资格欢迎田汉。"而田汉的答词更是妙语连珠:"陶先生说他是以'田汉'的资格欢迎田汉,实不敢当,我是一个假'田汉',陶先生是个真'田汉',我这个假'田汉'能受到陶先生和在座许多真'田汉'的欢迎,倍感荣幸!"妙借"人和",意味深长,缩短了心理距离,加强了情感的联系,又活跃了演讲的氛围。

(5) 利用地域文化。文化是人类存在所积累的一切经验,构成了某一地域最深层而牢不可破的地域意识和生活方式,它是社会成员共同认同并遵守的规范与准则,又是成员共同的道德习俗、价值与信仰及种族的情感。广告内容不能触犯地域文化,反之不仅达不到说服的目的,而且极易导致冲突与矛盾。

案例讨论

民族感情不容忽视

当前广告中的现代化趋向明显,常常有高科技与古典传说的结合。但稍微不注意便触犯了民族感情。例如日本的索尼公司在泰国推销录音机的广告中,出现了佛祖释迦牟尼也被录音机中尘世的音乐所着迷,随着庸俗的音乐而做出不优雅的举动,使得泰国民众纷纷抵制,不但赶走了广告商,还把索尼产品逐出国门。在中国某种酒的推销广告中遇到过同样尴尬的境遇,广告画面中有嫦娥闻到酒香到凡间喝酒,醉得满面红霞、行为飘忽,圣洁的嫦娥被刻画成贪杯的轻佻女子,引起了许多消费者的愤怒,导致该种品牌的酒退出商业销售的行列。可见,在广告说服过程中不可忽视民族感情。

讨论要点:

1. 在广告说服过程中,传统文化的现代化为什么要慎重?

2. 民族感情在广告宣传中的影响有哪些?

本章提要

说服是指在良好的人际关系中,说服者有意识地用一定的信息来影响被说服者的认知结构的过程,旨在使其认知或态度模式重新建构,达到态度转变的目的。

广告说服应注意消费者的需求、说服内容的可靠性、消费者的情感体验及说服情境。

说服的理论不仅是对说服机制的理论解释,也是说服的指导理论及准则,常见的理论有霍兰德的说服传播模型、费斯廷格的认知失调理论、艾里斯的信念理论、贝克的认知歪曲理论和佩蒂的心理反抗理论。

说服的效果取决于说服者的特征、被说服者的因素和说服情境。

广告说服的方式有流泻式、冲击式、浸润式和逆行式等形式,可根据不同对象、情境和说服内容灵活选择。

广告说服的心理策略着重强调击中心理热点,拆除心理栅栏,上台阶与下台阶,一面法与两面法,制造氛围和随机应变等形式,尤其在说服中应利用好地域文化和民族意识与感情。

关键术语

说服、传播模型、信念、认知协调、心理结构、认知歪曲、心理抵抗、辅助言语、流泻式、浸润

广告心理学(第二版)

式、心理距离、认同、地域文化

复习思考

1. 广告说服者有哪些特征？

2. 简述说服者的传播模型。

3. 如何转变认知不协调？

4. 艾里斯的理性信念对广告说服有什么启示？

5. 如何消除被说服者的心理抵抗？

6. 有哪些因素影响说服？

7. 试论民族感情与地域文化对广告宣传的影响。

8. 如何在广告宣传中巧妙地运用说服机智？

推荐阅读

1. 青沙.追踪神的足迹[M].内蒙古大学出版社,2004.

2. 弗罗姆著,吴光远译.有爱才有幸福[M].新世界出版社,2006.

3. 任心铭.拿破仑·希尔成功学全书[M].北京工业大学出版社,2011.

4. 居阅时,瞿明安.中国象征文化[M].上海人民出版社,2011.

第十一章　广告说服的理论与技巧

215

第十二章　广告说服与人的需要和动机

　　人们的消费行为是各不相同的。他们追求不同的消费目标,用不同的方式消费。有的家庭积蓄是为了外出旅游度假,而有的家庭攒钱是为了购买大件商品。一个父亲可能给孩子买一套百科全书,而另一个父亲则可能给孩子买一个电子游戏机。然而,在如此众多的消费目标中,都能找到一些基本的需要和动机,只不过是表现的方式不同罢了。消费者的需要、动机及其对消费行为的影响作用是广告心理学研究的重要课题。阅读本章内容后,你将找到以下问题的答案:

- 何谓需要? 需要是如何产生的?
- 消费者的消费动机是什么?
- 消费者会采用何种消费方式购买什么样的消费品?
- 消费者为什么要购买某种商品?
- 产品的设计人员需要了解什么样的产品特征才能引起消费者的兴趣?
- 广告工作者为了实现相同的目的,该怎样设计和变换广告的主题?
- “鱼”和“熊掌”可以兼得吗?

　　有一个著名的广告案例刊登在男人经常阅读的杂志上。整个广告版面分为上、下两部分,上三分之二部分是一张照片图,下三分之一部分是商品的形象介绍。图中场景是一位男士身穿白色高级西装,一双手正在一张桌前倒一瓶白兰地。左手拿瓶子,右手捧着一个胖胖的高脚杯。桌子上是一个棋盘,上面零星地摆着两个棋子,还有一个印有××牌白兰地字样的酒瓶塞子。一个缩小的美女跪坐在棋盘上,身穿性感的金色舞衣,露出部分前胸及大腿,头戴金冠,犹如天方夜谭里的公主。她迎面向上,对着那位没有露出脸部的,拿着美酒高杯的绅士。在整个照片图上方有一行小字,写着“非为美酒俯君前”。商品的形象部分是酒的品牌名(各种不同的写法)、酒瓶的形状及纸盒包装的样子。有人指出了这则广告的几个特点:

　　(1)这个商品的牌子名字及其特殊的写法都在广告中多次出现,使看过这个广告的人不容易忘记。

　　(2)盛装的容器在广告中出现过两次。外层纸盒包装出现过一次,使消费者购买时很容易认出它的外形。但是,在这个广告中没有一个字提到这个牌子的白兰地酒有什么好处。是香醇? 还是润滑? 是味美? 还是气烈? 显然,广告的设计者认为没有必要将这些好处告诉消费者。原因在于,广告已经暗示了消费者,喝了这种酒之后,就能让下棋的对手无条件投降,并获得“梦中情人”的无条件投降。

　　玄机就在这里,这一广告满足了男人的一种心理渴求——希望有一个天仙一般的美女拜倒在自己面前。这个广告的直接目的是吸引更多读者把眼光停留在这个广告上。但是,这种眼光的徘徊、心情的荡漾,能否促使消费者立即掏钱去购买这个牌子的酒呢?消费者的消费动机到底是怎样的?

在现实生活中,各种各样的购买行为都是由消费者的购买动机引起的,而消费者的购买动机则是以其需要为基础的。消费者个体行为的一般规律是:需要决定动机,动机支配行为,这是一个不间断的循环过程。本章将通过对消费者需要与动机的理论分析,阐明消费者行为的根本原因和原动力,揭示常见的购买动机类型,为有效地进行广告设计提供依据。

第一节 需要和消费需求概述

广告是否具有感染力,会影响到广告效果甚至广告的成败。广告感染力是指吸引消费者去购买广告中所宣传的商品的魅力。这种魅力来自消费者确信那些商品会给他们带来的好处,也就是说,来自该商品能够满足消费者的某些需要和动机。

多少年来,心理学家和其他对人类行为感兴趣的科学家都在努力探讨人类的需要和动机。广告学家和广告心理学家也在从事这方面的工作。例如,早在 20 世纪 20 年代,美国哈佛大学的一位商业心理学家就编制了一份含有 44 种人类动机的清单,供广告宣传者参考。但是,这样的清单太长,并不实用。因此,有的广告心理学家认为应当把人类众多的需要加以概括,整理为概括性的需要。

但是,人类的需要和动机问题的研究远非这么简单。本节我们首先探讨需要和动机的一些基本问题:需要的概念、种类、消费需求的特征与广告诉求等。

一、需要的概念和种类

(一) 需要及其产生

何谓需要? 需要是如何产生的? 可先从"推销鞋子"的例子中加以体会。据说有两家外国鞋厂各派了一名推销员到太平洋某岛国去推销产品,上岛后发现岛上的居民生活富有,现代化家电的普及率很高,但当地人都不穿鞋子。于是,两国推销员给各自的厂家拍了一份电报。一位说:"糟透了! 这个岛上的人都不穿鞋子,准备下周返回。"另一位则说:"好极了! 这个岛上的人还未穿上鞋子,准备长驻此地。"最后,后者的宣传、示范、推销,不仅激发了岛上居民的需要,也终于独占了这一岛国市场,并使其销量增加了 17%。

1. 需要的涵义

需要(need)是指人们在个体生活和社会生活中感到某种欠缺而力求获得满足的一种心理状态。就人类而言,需要是指人们为了延续和发展其生命,以一定的方式适应生存环境而对客观事物的要求和欲望。实质上人的需要是个体对内外环境的需求在人脑中的反映,这种反映通常以欲望、渴求、意愿的形式表现出来。例如,有机体为了适应外界环境,通过调节机能(包括心理活动)与外界环境保持平衡。有机体内部也有保持平衡的要求。当体内缺乏食物时,血液中的化学成分会发生异常变化,破坏体内平衡,使个体体验到饥饿感,便会采取寻食行为。

取得食物后,满足了对食物的需要,血液又恢复到正常状态,体内恢复到平衡。需要来源于客观现实,是激励人们行动的内在驱动力,是个体行为积极性的源泉。所以,对需要的研究是消费者行为研究的基础。

消费者需要,是指消费者对以商品和劳务形式存在的消费品的要求和欲望。消费者需要是包含在人类一般需要之中的。在商品经济发达的当代,生产资料和生活资料(包括劳务)都是商品,人们的生产和生活的消费需要都离不开市场交换活动。随着社会生产力的不断发展,各生产企业都将向市场提出数量更多、质量更高、品种规格更新的原料、材料、燃料、设备等生产资料的需求。同时,随着社会购买力的不断提高,消费者会不断提出数量更多、质量更好、品种规格更多样化的衣、食、住、行等生活资料的需要。当然,这些需要都有着一定的时间界限、数量界限和支付能力的限制。

2. 需要的产生

人的需要是如何产生的? 基于"均衡论"的理解,在正常条件下,人的生理或心理处于平衡或均衡状态,一旦生理或心理的某些方面出现"缺乏"时,便会导致原有平衡状态的破坏,从而引起人的生理或心理处于一种不舒适的"紧张"状态。只有减少或消除这种"紧张",人体才能恢复正常的均衡。依照这种观念,需要可以看作是减少或消除这种因正常生活某些方面的"缺乏",而引起的不舒适的"紧张"状态的反映。由此,需要的产生到激发过程可以用图 12-1 来表示。

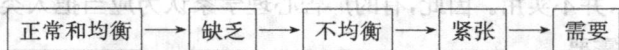

正常和均衡 → 缺乏 → 不均衡 → 紧张 → 需要

图 12-1 需要的激发过程

(资料来源 李晴. 消费者行为学[M].重庆大学出版社,2003 年版:83.)

这种"均衡论"观点可以结合现实生活中的例子加以说明。例如,在超过正常进食时间的情况下,人体血液中的化学成分(如水分、蛋白质、糖分等)会发生异常变化,引起饥饿感,使个体产生进食的需要,采取寻食行为。进食后,血液逐渐恢复到正常状态,饥饿感逐步消失,进食的需要也随之停止。又如,人们在社会生活和社会工作中,需要与他人交流和沟通,参加各种社会实践活动,以消除心理失衡所引起的不舒适的紧张感和不均衡状态,以达到心理上的调节和新的平衡。

(二)需要的种类

人类的消费需要是多方面的,可以从不同角度对消费需要进行分类。其中,最常用、最基本的分类方法是从需要的时间、内容、表现形式以及实现程度等不同角度进行分类。

1. 按时间顺序可划分为先天需要和后天需要

先天需要是人们为维持和延续生命,对于食、衣、住、睡眠、安全等基本生存条件的需要,又称为首属需要。这种需要是人作为生物有机体与生俱来的,是由人的生理特征所决定的,因而也称为生理需要、原始需要、本能需要、天然需要、自然需要等,在心理学上称为"一次欲求"。

后天需要是人们在特定的社会历史条件下,对社会生活、社会交往、名誉地位、自我尊重、表现自我等的需要。后天需要以先天需要为基础,又称为次属需要。这种需要是人类社会发展到一定阶段的产物,是人类所独有的高级需要,是人作为社会成员在后天的社会生活实践中逐渐形成和发展起来的,并受社会因素制约,由人们的心理特性所决定,因而也称为心理需要、衍生需要、社会需要,在心理学上称为"二次欲求"。在实际的购买活动中,单纯受先天需要驱使而采取购买行为的消费者并不多,当人们的基本生活得到相对满足后,消费者的购买行为受后天需要的影响会更大。

2. 按内容不同可划分为物质需要和精神需要

物质需要是人类对衣、食、住、行以及社会交往中所需要的物质产品的需要。它是人类社会的基础,也是人最基本、最重要的需要。它既包括天然性需要,也包括不断发展的社会物质生活需要。其需要的满足是通过物质对象来完成的。

精神需要是人们对精神生活和社会交往中所需的有形或无形产品的需要。它是人类所具有的心理需要,是人对其智力、道德、审美等方面条件需求的反映,如获得知识、提高技能、寻找爱情、社会交往、陶冶情操等。

3. 按表现形式可分为生存需要、享受需要和发展需要

生存需要,是维持人的生命活动所产生的对基本物质生活资料的需要,比如粮食、饮料、衣物、住房等。这种需要是在一定历史条件下人类生存最基本的需要。随着社会文明的进步,生活资料越来越丰富,人们对生存条件的要求也日益提高。

享受需要,是人们为增添生活情趣和提高生活质量而产生的对各种娱乐、休闲、享受性消费商品的需要。具体表现为要求吃好、穿美、住得舒适、用得舒心,有丰富多彩的娱乐生活等这类需要的满足,这些可以给消费者以生理和心理上最大限度的享乐。

发展需要,是人们对增进智力和体力、提高才能和修养、实现个人发展所必需的消费商品的需要,比如书刊、电脑、快译通、CD盘等。这类需要的满足,可以使消费者的潜力尽情发挥,人格得以升华。

4. 按实现程度可划分为现实需要和潜在需要

现实需要,是人们具有明确的消费意向和足够的消费能力,已经或者即将影响其购买行为发生的需要。例如,目前许多家庭为了孩子成长热衷于购买电脑、学习机以及旅游等。这种需要具有明确的购买意向并在市场上有所反映,因此,广告及产品设计人员应及时生产和销售消费者所需商品,充分满足其需要。

潜在需要,是人们的消费意向和消费能力目前尚未完全具备,以后有可能影响其购买行为的需要。例如,高级住宅、轿车对现代青年而言就是一种潜在需要。这种需要或许未被消费者明确意识到,只是间接地影响其行为;或是具有消费意向并已列入消费计划,但消费能力尚未具备或尚未在市场上表现出来。所以,广告及产品设计人员要重视关注和开发消费者的潜在需要,促使其转化为现实需要,实行购买行为。

案例分析

肯德基如何开发消费者的潜在需要

赤道几内亚地处赤道附近,酷暑异常,要让当地居民接受滚烫的炸鸡似乎并不容易。从

表面上看,当地并没有对肯德基炸鸡的市场需求。但是,肯德基公司却以一种非常具有诱感力的奇特方式打开了市场的大门。公司在该国反复通过媒体传播这样一个观念:"肯德基炸鸡加冰冻可乐是最佳的口味搭配。"对该地居民来说,冰冻可乐是美妙的东西,把它和肯德基的形象联系在一起,通过反复地感觉,进一步强化了它们的诱惑力。不久,当地居民果然纷纷接受了这一观念,大吃肯德基炸鸡和可乐了。

分析提示:这是一个把消费者的潜在性需要转化为现实性需要的典型案例。

(资料来源 荣晓华.消费者行为行[M].东北财经大学出版社,2006年第2版:82—83.)

二、消费需求的特征与广告诉求

随着社会科学技术和人们生活水平的提高,消费者的需要越来越多样化、复杂化,并且社会需要和精神需要越来越在生活中占有重要位置。但是,无论什么样的需要,都具有某些共同的特征。

(一)消费需求的基本特征

1. 多样性

由于不同消费者在年龄、性格、工作性质、民族传统、宗教信仰、生活方式、生活习惯、文化水平、经济条件、兴趣爱好、情感意志等方面存在不同程度的差异,消费者心理需求的对象与满足方式也是缤纷繁杂的,对主导需要的抉择是不一致的。我国人多地广,消费习惯多种多样。以吃来说,处于牧区的蒙古族、维吾尔族、藏族等习惯食用奶制品,如奶豆腐、奶干、奶酪、酸奶等,品种十分丰富。回民族出于信仰的原因,只食牛、羊、鸡、鸭、鹅等肉食。我国东北地区的居民习惯食豆类、面类。云南有的少数民族喜欢吃生的或半生不熟的肉食。又如,在满足基本物质需要的前提下,青年知识分子在结婚时一般有购置写字台、书橱的习惯,而青年工人结婚购这些家具的较少,而代之以装饰橱和梳妆台。再如,青年人喜欢电影、舞蹈这种现代化的艺术形式,而大多数老年人偏爱的则是地方戏。

广告及产品设计人员面对消费者千差万别、多种多样的需要,应根据市场信息和自身能力,确定市场目标,尽可能向消费者提供丰富多彩的商品类型。只有以"百货迎百客"巧调众口,同时重视倡导符合国情、文明健康的消费观念和消费形式,消费者需要的多样性才有可能实现。

2. 发展性

消费需要的内容,从静态分布上看是多样化,从动态观点看是一个由低到高,由简到繁,不断向前推进的过程。随着商品经济的发展和精神文明的提高,心理需要会不断地产生新的对象,消费者的某项需要一旦得到满足以后,就不再受该项需要激励因素的影响,而渴望并谋求更高一级的需要,并不断向新的需要发展。

消费需求的发展性在现实生活中有诸多表现。比如,某些现在受消费者欢迎的"俏货",有可能在一段时间以后变成过时商品被淘汰;许多潜在的需求,会不断地变成现实的消费需要,同时又产生新的潜在需求。例如,我国居民20世纪70年代的消费热点是"老三件",即自行车、手表、缝纫机；80年代的消费热点是"新三件"，即电视、冰箱、洗衣机；而90年代则出现了"超三大件"，即移动电话、轿车、商品房。

需要的发展与客观现实刺激的变化有很大的关系，社会经济与政治体制的变革、道德风尚的变化、生活或工作环境的变迁，乃至宣传广告的改变，都可促使消费者产生需要的转移和变化。广告及产品设计人员应认识到消费者需要的这一特征，以消费者需求发展的程度和趋势为标准，提供性能更好、质量更高、成本更低和用途更多的商品。

3. 层次性

人们的需求是有层次的，各层次之间虽然难以截然划分，但大体上是有顺序的。一般来说，首先满足最基本的生活需要，即满足"生活资料"的需要，而后是满足社会性、精神需要，即属于"享受资料"和"发展资料"的需要。消费者的需求是逐层上升的，生理需求是社会需要、精神需要的基础。随着生产的发展和消费水平的提高，以及社会活动的扩大，人们消费需要的层次必然逐渐向上移动，逐步由低层向高层发展。广大消费者已经不满足于吃饱穿暖的基本需求，他们要求吃好，吃营养；穿好，穿漂亮。此外，还有娱乐、旅游、学习文化等要求。

4. 时代性

消费者的心理需要还会受时代风气、环境的影响，时代不同，消费者的需求和消费习惯也会不同。不甘落后于时代，随周围环境变化而变化，是人们常有的心理特征。如80年代牛仔裤、旅游鞋传入中国，迅速影响我国人民的消费习惯。再如，随着经济条件的普遍好转和科学知识的普及，我国消费者现在越来越重视身体健康，对有利于人体健康的消费习惯总是积极地吸收、采纳，对不利于人体健康的消费习惯则采取坚决摒弃的态度。在这方面，科学的广告宣传极大地左右着人们消费习惯的取舍，如人体吸收脂肪过多，会引起心血管疾病，还会诱发胆囊炎和胰腺炎，这样，人们就会自觉改变原来的饮食习惯。上述情况无不表明了时代的特征。

5. 伸缩性

伸缩性表现在消费者对心理需要追求的高低层次、多寡项目和强弱程度。在现实生活中，消费者的需要，尤其是以精神产品满足的心理需要，具有很大的伸缩性，可多可少，时强时弱。当客观条件限制了需要的满足时，需要可以抑制、转化、降级，可以滞留在某一水平上，也可以是以某种可能的方式同时或部分地兼顾满足几种不同性质的需要。在有些情况下，人还会只满足某一种需要而放弃其他需要。如，成千上万的革命者，为了全人类的解放，放弃了个人及家庭的许多需要；高考复习阶段的学生，为了能学好知识迎接高考，放弃了旅游、看电影、电视、看小说，打球及休息的需要。

消费者需要的伸缩性，是人们用于解决"需要冲突"的适应性行为。广告及产品设计人员必须从我国消费者当前的实际消费水平和民族消费历史、消费习惯的特点出发，注意将满足物质需要和精神需要两方面有机地结合起来。首先解决最基本的需要，逐步提高科学文化教育等方面需要的满足程度。

6. 周期性

每个消费者都有一些需要在获得满足后，在一定时间内不再产生，但随着时间的推移还会重新出现，显示出周而复始的特点。不过这种重复出现的需求，在形式上总是不断翻新的，也只有这样,需要的内容才会丰富、发展。如,女性头巾,多少年来总是在长形、方形、三角形的式样间变化;皮鞋总是在方头、圆头、尖头、平跟、中跟、高跟之间翻来覆去变花样。这种周期性往往和生物有机体的功能及自然界环境变化的周期相适应,也同商品寿命、社会风尚、购买习惯、工作与闲暇时间、固定收入获得时间等相关联。如许多商品的销售淡旺循环变化是由自然季节决定的;商店业务忙闲与消费者的工作日、发薪日相关而形成周期;服装流行周期与社会风尚变化相呼应等等。因此,研究周期性对企业加强生产、经营的计划性有着重要意义。广告及产品设计人员可以根据需要周期的发展变化规律,安排好包括商品种类、销售时间、销售方式、销售对象及销售地点等等在内的产、供、购、销、调、存。

一般而言,精神产品往往不具备重复消费的周期规律,尽管旅游可以"故地重游",读书可以"爱不释卷",但精神产品的生产不宜重复和仿造,否则就会滞销。比如电影,如果都是一个题材,且演员形象类似、导演手法老套、情节内容雷同,消费者(观众)就感到乏味了。

7. 可诱导性

消费者决定购买什么样的消费品,采用何种消费方式,怎样消费,既取决于自己的购买能力,又受到思想意识的支配。周围环境、社会风气、人际交流、宣传教育、文学艺术等等,都可以促使消费者产生新的需要,或者由一种需要向另一种需要转移;或者由潜在的需要变成现实的需要;或者由微弱的欲望变成强烈的欲望。因此,消费者的需要可以因引导、调节而形成,也可以因外界的干扰而消退或变换。广告在商品经济发达的社会可能"泛滥成灾",同时又是消费者不可缺少的生活向导。一部电影能使某种时尚家喻户晓,风靡世界;一则新闻又能置某种商品于十八层地狱,使其永世难以翻身。如一般人都喜食新鲜活鱼,讨厌冷冻鱼,科普文章摆出道理,说明合理冷冻的鲜鱼的食用价值不低于未经冷冻的鲜鱼,这就打消了消费者的顾虑。又如,一段时期,我国领导人倡导服装的新颖、鲜艳,要求改变过去的沉闷局面,还提倡人们穿西装。这些倡导加上服装部门的配合,使中国人民的衣着习惯发生变化。可见消费者需要的可诱导性是确实存在的。

广告及产品设计人员不仅要满足消费者需要,还要启发和诱导消费者的需要,即通过各种有效的途径,用科学的价值观、幸福观、消费观引导消费者需要的发展变化,改变落后的消费习惯,使其愈益合理化,使物质消费与精神消费协调统一,逐步优化消费结构和需求结构。

8. 系列性和替代性

消费者的需求有系列性,购买商品有连带购买现象。如买皮鞋时,往往附带买鞋带、鞋刷、鞋油;买服装,也会附带考虑头巾、帽子、鞋子和所拎的小包,希望自己的服饰打扮得体;购买家具的系列性就更明显了。这就给我们的产品设计人员和商品服务人员以启发,消费者对系列产品还是十分欢迎的。系列产品为消费者带来方便和美观,也为广告及产品设计人员创作提出了新的要求。消费者对商品的需要还有替代性,这就需要广告及产品设计人员及时把握市场发展趋势,适应消费者需求的变化,努力开发新品,多准备代用商品,满足消费者更新换代的需求。

9. 季节性和时间性

消费者的需求往往随季节时间的变化而变化。比如,夏天要冷饮,冬天要火锅。当然,消费者的有些需要常年均衡，要经常购买，像柴、米、油、盐、烟、酒、杂货、牙膏、牙刷等等。还有些商品季节性时间性很强，如节日商品，像鞭炮、节日礼品、节日服装等等。广告及产品设计人员应该抓住节日的有利时机，推出新品，促进销售。如"六一"儿童节前夕是儿童用品市场最活跃的时候，"三八"妇女节也是妇女用品购买的旺季。

（二）消费者的需要与广告诉求

1. 广告诉求与优势需要

任何商品总是满足消费者某方面的需要，不能满足一定需要的商品是卖不出去的。人的需要是多方面的，这就决定了消费动机的多样性。不过，诸多需要中经常会有一种优势的需要，能否满足这种优势需要，直接影响到消费者对该商品的态度和购买行为。

从商品本身来说，一种商品具有多种属性，究竟突出哪个或哪些属性作为该商品的广告诉求，这是广告策划中的重要问题。科学研究和经验都表明，对准消费者的优势需要进行广告诉求是广告取得成功的前提。例如，国外有家制鞋商以为消费者对鞋的属性的关心顺序首先是式样，依次是价格、材料及小饰件，于是把广告主题对准了鞋的式样，但销路平平。后来，他们进行了实地调查，询问了5000位顾客对鞋的关注点。结果发现，42％的顾客表示最关注"穿着舒适"；32％反映是"耐穿"；16％是"式样好看"；9％为"价格合理"。根据所得到的调查结果，商家果断地改换了广告的主题，由原来注重鞋的式样转为穿着舒适、经久耐穿，结果销量大增。

2. 广告诉求的变换与动态需要

所谓动态需要指的是需要的时间特征。从宏观方面来说，人类的需要内容、水平和满足需要的方式，都制约于社会经济的发展，即需要的时代性。而且，自然季节的变化也明显地影响到消费者的需要的变化，即需要的季节性。从微观方面说，优势需要与非优势需要也可以相互转换。影响这种转换的因素是多方面的，具体来说，可以来自自身原有需要的满足，例如，过去需要自行车，如今有了买汽车的需要；过去假日只想在家里休息，而今有了外出旅游的需要。也可以来自外部的变化，如社会上重大的或激动人心的活动、事件等。例如2001年，北京申奥成功，一时间专门祝贺北京申奥成功的罐装可口可乐成了抢手货。

3. 不同消费群体的兴趣

兴趣可以看作是需要的特殊表现形式。不同年龄、性别、社会经济地位的消费者可能会有不同的表现。如何针对兴趣不同的消费者进行广告宣传，直接影响广告效果。具体来说，对于年幼小孩的广告定位，要侧重于自然的需要，即生理和安全的需要。他们对于高层次的心理需要是不易接受和感到乏味的；而青少年的兴趣范围就大为扩展了，心理需要特别是发展的需要、尊重的需要和交往的需要超过了生理和安全的需要。为此，广告的主题适合他们的特点和兴趣，显然更具意义。

第二节　动机和消费动机概述

需要和动机是紧密相联的。需要在主观上常以意向和愿望被体验。模糊意识到的、未分化的需要叫做意向。有某种意向时，人虽然意识到一定的活动方向，但却不明确活动所依据的具体需要和以什么途径或方式来满足需要。明确意识到并想实现的需要叫做愿望。如果愿望仅停留在头脑里，不把它付诸实际行动，那么这种需要还不能成为活动的动因，只有当愿望或需要激起人进行活动并维持这种活动时，需要才成为活动的动机。

本节将讨论动机的概念、系统，购买动机的形成，消费者的动机冲突，动机在购买行为中的作用，购买动机的模式和类型等问题。

一、什么是动机

（一）动机的概念

动机（motivation）是指引起和维持个体活动并使之朝一定目标和方向进行的内在心理活动，是引起行为发生、造成行为结果的原因。它是一种人体中内在的、主动的力量，是个体由某种需要所引起的心理冲动。当人们产生某种需要而又未能得到满足时，心理上便产生了一种不安和紧张，这种不安和紧张成为一种内在的驱动力，促使个体采取某种行动。心理学把这种现象称为动机。人只要处在清醒状态之中，其从事的任何活动都要受一定动机支配。动机是一个很复杂的系统，一种行为往往包含着若干个动机，而不同的动机有可能表现出同样的行为，相同动机有可能表现出不同的行为。

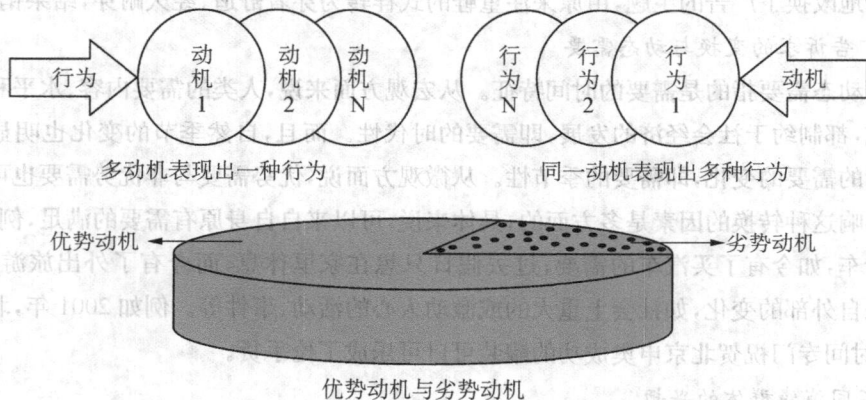

图 12-2　动机与行为的关系

（资料来源　李彬彬. 设计心理学[M]. 中国轻工业出版社，2001 年版：40.）

图 12-2 说明：一个复杂而多样的动机往往以其特定的相互联系构成动机系统。在动机系统中，各种不同的动机所占的地位和所起的作用是不同的。有些动机比较强烈而稳定，称为主导动机；其余的则为劣势动机。主导动机具有较大的激活作用，在其他因素相同的情况下，个体行为和主导动机相符合，劣势动机的原因往往由动机冲突引起。

（二）购买动机的形成

研究消费者的动机，以消费者的购买动机为主要内容。所谓购买动机，指能够引导人们购买某一商品或选择某一商标的内在心理动力，是直接驱使消费者进行购买活动的内在动力，是消费者需要的体现，也是消费者购买行为发生的直接原因。相对于消费者的需要而言，购买动机更为清晰明显，与消费行为的关系更加直接具体。购买动机不仅反映了消费者的需要，而且形成了为获得满足而实施购买行为的决心和意志,促成消费者购买行为的发生。购买动机的来源主要与需要和诱因两个因素相关,消费者主观的内部需要是购买动机形成的内因,外界的各种诱因或刺激是购买动机形成的外因。没有购买动机作为驱动力,购买行为不可能发生,消费者的需要也不可能得到满足。因此,消费需要与购买动机以及购买行为是紧密联系在一起的,如图 12-3 所示。

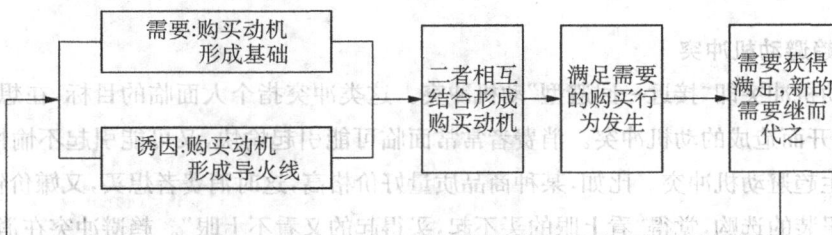

图 12-3 购买动机的形成

(资料来源 李晴. 消费者行为学[M].重庆大学出版社,2003 年版:97.)

二、消费者的动机冲突

由于需要具有多样性,由此引发的动机也是多种多样的。在动机系统中,通常还可能出现相互抵触的动机成分。在个体活动中,经常同时产生两个或两个以上的动机,这些并存的动机无法同时获得满足,而是相互对立或排斥,其中某一个动机获得满足,而其他动机则受到阻碍,这时所产生的难于做出抉择的心理状态就是动机冲突。消费动机冲突是消费者在采取购买行为前发生的动机冲突,表现为几个相互矛盾的消费动机发生斗争,斗争的结果将决定购买何种商品,买这种牌号还是买那种牌号的商品,去看戏还是去看电影,旅游乘火车还是乘飞机等等,都是消费动机冲突的表现。消费者的动机冲突表现类型是多种多样的,主要有三种形式:双趋冲突、双避冲突和趋避冲突。

(一) 双趋动机冲突

双趋动机冲突即"接近—接近型"动机冲突。这类冲突是指消费者个人具有两种以上倾向购买的目标而产生的动机冲突。当消费者面临两个以上都想满足、都具有吸引力的可行性方案,并且要从中进行选择时,这时的心理冲突最厉害。生活中常会碰到不同消费内容之间的动机冲突。比如,年终得到了一笔为数不少的奖金,同时存款也到期了,可供支配的资金比较集中,如何使用?是购买大彩电或摄像机或再储蓄(可能是享受动机驱使,也可能是保值动机驱使),还是购置一套新家具,使室内具有现代格调(可能是自我表现的动机),消费者对这两种选择也会举棋不定。对这类动机冲突,可以通过改变营销方法及适时的广告加以解决。比如提出"先买冰箱后付钱",分期付款,使这两种抉择均得到满足,皆大欢喜。

(二) 双避动机冲突

双避动机冲突即"回避—回避型"动机冲突。这类冲突是指个人面对两个以上想避免的目标而产生的动机冲突。如,一个消费者面临两种不称心的选择:既不想失去享受或消费,又不想付比较多的代价,因此部分消费者喜欢"廉价品",就是这种心态的反映。这种动机冲突,如同学生临考之前"既不想用功,又不想落考"的心理一样。目前,消费者家中有的洗衣机、电视机有些过时,心中不免产生冲突,既不想花较多的钱,又不愿没有新的电器。对此,营销者也可以用改变营销方法和变换广告宣传的方式来解决。比如,小天鹅集团的"小天鹅"系列洗衣机,推出"以旧换新"的营销策略,以平息消费者心中的两难冲突,达到促销的目的。上海、无锡等地开展"有奖竞猜"活动,使销售量大增,也是针对消费者的双避动机冲突而设立的一种新的营销方式。

(三)趋避动机冲突

趋避动机冲突即"接近—回避型"动机冲突。这类冲突指个人面临的目标,在想趋近的同时,又想避开而造成的动机冲突。消费者常常面临可能引起愉快,又可能引起不愉快的商品,这时就发生趋避动机冲突。比如,某种商品质量好价格高,这时消费者想买,又嫌价钱太贵,尤其对一些服装的选购,觉得"看上眼的买不起,买得起的又看不上眼"。趋避冲突在消费者行为中较为普遍,在这种情况下,消费者碰到的问题是:购买某一种产品,既有积极的后果,也有消极的后果。比如,有的人喜欢吃甜食,又怕发胖,或担心加重糖尿病;喜欢抽烟,但无法排除烟焦油对身体的伤害;喜欢看彩电,又担心受射线影响,视力受损;使用微波炉方便,又怕微波泄漏造成慢性自杀。对解决此类动机冲突,产品设计者可以改进产品本身的功能,如开发出低热量的啤酒、无糖甜食、低焦油卷烟、无泄漏微波炉等等;也可以改变广告的主题设计,如采用醒目的标志,明确提示"无糖"、"无盐"、"低焦油"、"无泄漏"等。

小资料

亲生母亲巧判断

据说宋朝龙图阁大学士包拯有一次碰到一个棘手的案子:两个妇女都称自己是一男孩的亲生母亲,双方争执不下。包公眉头一皱,心生一计,叫差役在公堂之上用石灰画一个圆圈,令小孩站于圈中,对两个妇女说:"本大人也不知道你们到底谁是男孩的生母,现令你们分立男孩两边,各执小孩一手,等惊堂木一拍,你们将孩子往自己一方拉,谁将其拉出圆圈,孩子就判给谁。"一声令下,两妇女各自用力拉。被拉男孩随妇人的用力而剧痛,于是大哭,哭声随双方用力加大变为惨叫。听到孩子如此惨烈哭叫,其中一妇人放手不拉,孩子自然被另一妇人拉出圈外。正在此妇人得意之际,只听包公大声喝道:"慢走!此孩判给放手不拉的妇人。天下哪有亲生母亲眼见儿子惨状而不动恻隐之心,死拉不放的?"观者叹服。包公此举揭示了关于人类动机的冲突理论。

三、动机在消费者购买行为中的作用

需要被唤醒后而形成的动机对消费者的购买行为有着重要的影响。因此,了解消费者真实的购买动机,并在此基础上制定相应的广告策略,对于改善广告效果具有不容忽视的现实意义。

广告心理学(第二版)

（一）动机对消费者行为的影响

动机对消费者行为的影响可以从它的功能开始分析。动机对消费者行为的影响和作用主要体现在唤醒、方向以及维持与强化三大功能上。

1. 唤醒功能

如同唤醒动机理论所解释的那样，动机能使消费者处于较高水平的唤醒或激活状态。为实现特定的目标，每个人所付出的努力程度是不同的。为实现不同的目标，每个人所付出的努力也不同。这些为实现目标而在付出上表现出的差异可以由动机来解释。某种动机越强烈，或与其一致的个体目标越具有终极性、支配性的地位，个体的唤醒水平就会越高，就会越积极地采取各种手段去达成他的目标。比如，消费者为了实现被尊重、成就感这样的终极目标（或终极需要），而这种需要又非常强烈时，就会积极地采取求知、购买豪华住宅或其他"符号产品"等行为手段，从而使需要得以实现。

2. 方向功能

动机决定行为方向。动机不仅能激发行为，还能使行为指向特定的目标和对象。这一功能在消费者行为中，首先表现为在多种需要中被确认的基本需要，如安全、社交、成就等。其次表现为促使基本需要具体化，形成对特定产品或服务的具体购买意图。在指向特定产品或服务的同时，动机还将影响消费者对选择标准或评价要素的确定。通过上述过程，动机使消费行为指向特定的目标或对象。与此同时，动机还可以促使消费者在多种需要中进行选择，使购买行为朝需要最强烈的、最迫切的方向推进，从而求得消费行为效用的最大化。

3. 维持与强化功能

动机的作用表现为一个过程。在人们追求实现目标的过程中，动机将贯穿于行为的始终，不断激励人们努力采取行动，直至最终目标的实现。另外，动机对行为还具有重要的强化功能，即由某种动机导致的行为结果对该行为的重复发生具有强化或阻碍的作用。使人满意的结果，能够维持和巩固行为，称之为正强化；反之，行为则减弱或不再发生，称之为消退。当某零售店对"老顾客"给予更多的回报和情感上的满足时，消费者就会重复光顾这家商店，并形成顾客忠诚。这就是正强化的例子。

（二）识别消费者的购买动机

如果你问一位消费者为什么购买某种牛仔服，他通常会回答"它的款式很新颖"，"我的朋友都穿它"，"它看起来很适合我"，或者"它的颜色我很喜欢"等。然而，最终让消费者决定购买它的，也许还有他不愿承认或没有意识到的原因，比如"它能显示我很有品位"，"它使我显得更性感"，或者"它能显示我的富有"等。上述消费者意识到了并承认的动机，称为显性动机。与一个社会占统治地位的价值观相一致的动机，相对于与其有冲突的动机，更容易为人们所意识到和承认。消费者未意识到或不愿承认的动机，称为隐性动机。

既然现实生活中影响消费者购买行为的动机，既包括显性动机也包括隐性动机，那么在确定营销策略前的一个任务，就是要弄清在目标消费者的特定购买行为动机组合中到底有哪些内容。通过直接提问的方式，如询问被访问者"你为什么购买海尔电冰箱？"，通常可以知道影响特定购买行为的显性动机，但采用此方法对于发现消费者的隐性动机却十分困难，这就需要借助投射技术。投射法的基本原理是：给被试呈现一种模棱两可的多义刺激，要求被试在很短的时间内对之做出反应，因为刺激与反应之间时间很短，或者被试无法弄清研究者到底在测试什么，从而无法进行周密的思考，在回答时便不知不觉地将自己的想象、态度、愿望、需要和动机投射在反应中，而研究者借助一定的分析技巧，就能了解被试的真实动机。

四、消费者购买动机的模式和类型

(一)消费者购买动机的模式

购买动机是人们为了满足一定需求而引起购买行为的愿望或意向，是推动人们购买活动的内部动力。由于消费者消费需求与影响因素的多样性，购买动机复杂众多，可以把消费者购买动机概括为四种模式。

1. 本能模式(instinct mode)

人类为了维持和延续生命，有饥饿、冷暖、行止、作息等生理本能。这种由生理本能引起的动机叫做本能模式。它的具体表现形式有维持生命动机、保护生命动机、延续生命动机等。这种为满足生理需要而产生的购买动机推动的购买行为，具有经常性、重复性和习惯性的特点。所购买的商品，大都是供求弹性小的日用必需品，如食品、服装鞋帽等。

2. 心理模式(mental mode)

由人们的认识、情感、意志等心理活动过程引起的购买动机叫做心理模式的动机，具体包括以下几种：

(1)情绪动机。是指由人的喜、怒、哀、乐等情绪引起的动机。例如，为了增添家庭的欢乐气氛而购置装饰品，为了过生日而购买蛋糕和生日蜡烛等。这类动机常常是被外界刺激信息所感染，所购商品并不是生活必需或急需，事先一般没有计划和考虑。情绪动机下的购买行为，往往具有冲动性、情景性的特点。

(2)情感动机。是指由道德感、理智感、美感等人类高级情感引起的动机。例如为了爱美而购买化妆品，为交际而购买馈赠品等。这种动机推动下的购买行为，一般具有深刻性和稳定性的特点。

(3)理智动机。是指建立在人们对商品的客观认识基础之上，经过比较、分析而产生的动机。这类动机对要购买的商品有计划性，经过深思熟虑，购前做过一些调查研究。例如，经过质量、价格、保修期的比较分析，有的消费者在众多品牌的洗衣机中，决定购买某一品牌的洗衣机。理智动机推动下的购买行为，具有客观性、计划性和控制性的特点。

3. 社会模式(social mode)

人们的动机和行为，不可避免地会受来自社会的影响。这种后天的、由社会因素引起的动机叫做社会模式或学习模式。社会模式的行为动机主要受社会文化、社会风俗、社会阶层和社会群体等因素的影响，是后天形成的动机。由社交、归属、自主等意念引起的购买动机，属于基本的社会性动机；由成就、威望、荣誉等引起的购买动机，属于高级的社会性动机。

4. 个体模式（individual mode）

个体差异是引起消费者不同的购买动机的根源，这种主要由消费者个人因素引起的行为动机，叫做个体模式。消费者个体因素包括性别、年龄、性格、气质、兴趣、爱好、能力、修养等方面。个体模式比上述心理模式、社会模式更具有差异性，其购买行为具有稳固性和特殊性的特点。

（二）消费者的具体购买动机

消费者的具体购买动机是指经常表现出来的、常见的、一般的类型，主要有以下几类：

1. 求实购买动机

求实是以追求产品的实际使用价值为主要目的的购买动机。这种动机的核心是"实用"和"实惠"。在选择商品时，特别重视产品的效用、质量，讲究朴实大方、经济实惠、经久耐用、使用方便等，而不过分强调外形的新颖、美观、线条、色彩、个性等特征。具有求实购买动机的人，一般是经济收入不太高的工薪阶层，消费要从长计议的人；在年龄层次上，中老年人比较多，他们比较求安全，注重传统和经验，不爱幻想，不富想象；在区域分布上，一般经济欠发达地区的人求实心理偏多。具有求实购买动机的消费者，一般不易受产品的包装、商标和广告宣传的影响，他们比较认真细致、精打细算；他们是中、低档商品的主要购买者，对于高档商品、特殊商品持慎重态度。

2. 求新购买动机

求新是以追求产品的时髦与新颖为主要目的的购买动机，在经济条件较好的城乡青年男女中较为多见。这种动机的核心是趋时和奇特。在选购商品时，特别重视产品的款式和社会的流行式样，而不大注意产品实用与否或价格高低。这些消费者的特点是富于幻想，渴望变化，蔑视传统，追逐潮流，容易受商品的广告和包装等因素的影响。他们是时装、新式家具、新式鞋帽、发式和各种时尚商品的主要消费对象。

3. 求美购买动机

求美是一种以追求产品的欣赏价值为主要目的的购买动机，在青年妇女和文化层次较高的人中多见。这种动机的核心是讲究装饰和打扮。具有求美消费动机的消费者在选购商品时，特别注重产品本身的造型美、色彩美和装饰美，重视产品对人体的美化作用，对环境的装饰作用以及对人的精神生活的陶冶作用。他们购买产品，往往不是为了产品的使用价值本身，而是从中得到美的享受。他们选购商品往往特别注意商品的品位和个性，名牌商品和高档商品对他们具有较大的吸引力，这些人往往是高级化妆品、首饰、工艺品和家庭陈设用品的主要消费对象。

4. 求乐购买动机

求乐是一种以获得精神愉悦、快乐为主要目的的消费心理。旅游用品、娱乐器具等的购置，观光、聚会等的开销，均是以求乐心理为指导的，主要是满足消费者精神生活的享受和快乐。

5. 求廉购买动机

求廉是一种以追求廉价消费品为主要目的的购买动机，以经济收入较低的人为多，也有经济收入较高而节俭成习的人。这些消费者对商品的价格特别计较,而对商品的质量则要求不高,喜欢选购处理价、特价、折价、优惠价的商品。这些人是低档商品、废旧物品和残次、积压处理商品的主要推销对象。

6. 求名购买动机

求名是以显示自己地位和威望为主要目的的购买动机,在具有一定政治地位和社会地位的人中较为多见。这种动机的核心是显名和炫耀。在选择商品时,特别重视产品的威望和象征性意义,喜欢购买超乎一般消费水平的名贵商品,或显示其生活富裕,地位特殊,或表现其品位超群,从而得到一种心理上的满足。例如,曾经有一个日本人来我国旅游,在一家旅游商店看到一幅标价 2000 元的画,上面画的是两头毛驴,就毫不犹豫地买了下来。事后才知道,邓小平同志访日时,曾送给日本首相一幅画有毛驴的画,这幅画挂在首相家中倍受珍重。因此,日本的一些社会名流到中国旅游观光时也希望买到类似的画。这就是一种以提高自己的社会声誉、地位为主要目的的购买行为。

7. 储备购买动机

储备是以占有一定量的紧俏商品为主要目的的购买动机。当市场上某种商品供不应求,出现脱销或者限量购买时,他们便尽可能地多买多储以备将来消费需要。商品价格的变化,也会促使消费者产生这一类动机。

8. 好胜购买动机

好胜是一种以争赢斗胜为主要目的的购买动机。这种人购买某种商品往往不是由于急切的需要,而是为了赶上他人,超过他人,表现出"优越感"和"同调性"的消费心理现象。他们抢先购入最好的产品,以便能炫耀于人前,满足自己好胜的心理。这种购买者往往具有偶然性的特点和浓厚的感情色彩。比如,有些消费者为了不至于落后于其他消费者的消费层次,不至于使"优越感"失落,他们往往为了赶上"时代的步伐"而过早地淘汰原有的耐用消费品,即使原有耐用消费品的使用价值并没有消失,他们也在所不惜。又如,他们为了购买新型组合式家具,竟廉价出售原有的尚新的家具;为了购进双门电冰箱,而竟廉价出售原有的单门电冰箱。

9. 癖好购买动机

癖好是一种以满足个人特殊偏好为目的的购买动机。有些消费者由于生活习惯和业余爱好,喜欢购进一些特殊的商品。比如,有的人喜欢花木盆景,有的人喜欢古玩字画,有的人喜欢集邮摄影,有的人喜欢看书看报,等等。这种癖好心理动机,往往同某种专业特长、专门知识和生活情趣有关,因而其购买行为比较理智,指向也比较集中和稳定,具有经常性和持续性的特点。例如,有的人宁愿节衣缩食,省下来的钱买喜欢看的书;有的人则买邮票。这就是癖好购买动机的实例。

10. 平等消费动机

这是一种以要求得到售货员或他人尊重为主导倾向的消费动机。其核心是"平等"和"友好"。这类消费者以他乡来客、异国宾朋和地位不高的人为多。如他乡来客和异国宾朋由于语言和情感交流不便,稍不注意就会引起误解,他们希望能够得到售货员的欢迎和热情接待;至于农民消费者进城,由于文化水平的限制,对所购商品可能表达不好,更需要售货员的尊重。具有这种消费动机的人,由购买时的某种刺激(如受到冷遇或他人嘲讽等),很可能变成冲动式购买或被迫购买。"自尊之心,人皆有之",在消费行为上也同样如此。

11. 人情购买动机

这是一种以发展社会关系和人情往来为目的的消费心理。由于购买商品是为了馈赠他人,应酬场面,所以,消费者在这种情况下注重商品的外观、装潢和价钱,会因应酬的对象不同(家人、情人、爱人、朋友和远亲等),慎重地加以斟酌、挑选,对所选商品的品质、质量、外观、包装、价格的要求也会不同。持这种心理的消费者购物前一般有所考虑,且或多或少地受社会习俗的影响。

12. 惠顾购买动机

这是一种以表示信任而购买商品为主要特征的购买动机。消费者从经验或印象出发,对某种商品、某个厂家、某家商店、某个售货员等产生特殊的好感,信任备至,在购买中非此不可。具有这种动机的消费者,是企业最忠实的支持者,他们不仅经常光顾,而且会在其他消费者中起宣传、影响作用。企业应当在自己的经营中努力培养消费者的惠顾动机,不断争取更多的固定购买者。

案例分析

培养消费者的惠顾动机

一位从美归国的访问学者讲述了他在美期间经历的一件事情。一天,他推着采购车在美国一家超级商场挑选货物时,不小心将货架上的四瓶"杜康酒"碰落,酒洒了满地。他当时心想,这下麻烦了,肯定要挨批赔款了,于是便主动找到售货小姐道歉,并表示愿意赔偿损失。那位小姐一边安慰他,一边用电话向经理通报事故,且检讨了因自己照顾不善而让顾客受惊的情况。更出乎他意料的是,经理出来满脸赔笑,说已经从闭路电视里看到了。经理不仅毫无责怪之意,反而向他赔不是,还拿手帕为他拭去酒污。当他再次提到赔款时,经理谦恭地说:"是我的职员没把货架放稳,让您受惊,责任应在我。"并再度致歉,然后一直陪他将货物采购完,亲自送他走出商场。据这位学者说,他那次是倾其囊中所有,装了满满一车回家,并且以后每周一次的购物都要到该商场去。他粗估了一下,他花在该商场的钱较他弄翻酒瓶所造成的损失多出不止百倍。

问题:该案例中商场经理对待顾客的处理方式引发了消费者的哪种购买动机?

分析提示:此商场经理对待顾客打翻酒瓶一事的处理方式,深深感动了顾客,使其产生了强烈的惠顾动机。消费者的惠顾心理和行为是企业的一项巨大财富,它带给企业的不仅仅是经济利益,还包含了广大消费者感情上的信赖和支持,而后者对企业同样可贵。

(资料来源 荣晓华.消费者行为学[M].东北财经大学出版社,2006年第2版:8.)

第三节　需要和动机理论在广告中的应用

贝克(Beck's)和海尼肯(Heineken)是两种主要由自信、高层次的男性专业人士所消费的进口啤酒。BBDO(一家广告代理商)却通过动机研究发现,消费者购买"海尼肯"主要是出于对地位的需要,而购买"贝克"是出于对个性的追求。由于不同品牌的购买由不同的动机所驱使,由此要求为每种品牌制定独特的市场营销计划。消费者并不单纯是在购买产品,而是使需要得到满足或使问题得到解决。因此,当消费者购买香水这种有芳香气味的化学品时,她是在购买"氛围、希望和使自己特别的感觉"。广告商必须发现某产品和品牌所能满足消费者的动机和需求,并围绕这些动机去设计广告。

目前,有关人类需要和动机的解释很多,形成了许多不同的学说。本节我们将重点介绍无意识理论、需要层次理论、双因素理论在广告中的应用。

一、无意识理论在广告中的应用

(一) 无意识理论的主要内容

精神分析学的创始人是奥地利精神病学家、心理学家弗洛伊德(Sigmund Freud),其后经弗洛姆(E. Fromm)、荣格(G. Jung)、阿德勒(A. Adler)等加以修正和发展,形成了一个庞大的思想体系。虽然他们各自有许多不同的看法,但在重视对无意识的研究,将无意识视为人类行为的根本性决定因素这一点上持基本相同的看法。弗洛伊德认为,人的精神由三部分构成:意识、前意识和无意识。意识是与直接感知有关的,为我们所感知的要素或成分。无意识是指个人的原始冲动和各种本能以及由这种本能所产生的欲望,它们为传统习俗所不容,被压抑到意识阈限之下,是人的意识无法知觉的心理部分。前意识是介于意识与无意识之间,能从无意识中召回的心理部分,是人们能够回忆起来的经验,它是意识与无意识之间的中介环节与过渡领域。弗洛伊德进一步认为,要理解人类行为背后潜藏的动机,只分析意识和前意识层次是不充分,也是不恰当的,而应当深入到无意识的层次。无意识作用下行为的优点是给予无意识一个画面,它就会努力将它实质化,对于广告的购买行为尤为重要。无意识的力量比意识大三万倍,无意识蕴藏着一个浩瀚的信息海洋,因而被人喻为"精神内海",同时也是一个装满了形象材料的巨大仓库,所以要激发潜能,运用无意识。无意识的以上优点可以恰到好处地应用到广告创作中,使其作用在广告中淋漓尽致地呈现出来。

(二) 广告中运用无意识的策略①

广告中运用无意识需要将潜意识的优势与广告创作完美结合,广告中以多样化的方式和途径探寻无意识蕴藏的能量,助推广告效果。

1. 无意识亦真亦幻的特征——情景广告

无意识包括潜在的冲动、本能欲望(生的本能,如性本能、自我本能、死的本能)或人作为自

---

① 周游.潜意识在广告中的运用研究[J].现代商贸工业,2010(24):162—163.

然中存在的生物体从自然中直接获得或遗传所得到的经验、需要、感受等。人类有一种本能，也就是追求满足的、享受的、幸福的生活无意识。这些无意识元素都以潜抑状态存在，在意识范围内是不易出现甚至是不可能出现的。要在意识范畴内去触动消费者的无意识，就必须在意识范畴内寻找刺激物。

情景广告创造一种使用该产品的生活情景，或展示一种与产品有关的生活模式，有人物、有情节、有故事，让人在这种情景或模式引导下进行联想和想象，从而与消费者无意识中的信息相对应，从而达到促进消费的目的。如 OPPO 音乐手机广告，画面传递着一幕幕美好、温馨、浪漫的生活场景，让观众从这种情景中感受到温馨的意境而引发受众潜意识中惟妙惟肖的联想，从而对产品产生丰富而稳固的印象。

2．无意识率真朴实的特征——后现代广告

从广告诉求来看，后现代广告都是对无意识进行诉求。弗洛伊德认为，心灵并不等于意识，处于意识以外的东西并不等于处于心灵之外。这就意味着在进行广告创意的时候，如果总是停留在意识层面，那么我们就不能彻底理解消费者的精神世界，甚至还有可能对之产生误解，因而对潜意识的关注必不可少。无意识又可分为个人无意识和社会无意识。如中兴百货广告绝大多数都是以消费者无意识为诉求对象的（即个人无意识）。贝纳通广告被认为惊世骇俗，就是因为它不断地推出关于国家、种族等敏感话题和问题话题的创意，并毫无顾忌地展现其真实的一面（即社会无意识）。

3．无意识雷厉风行的优势——体验式广告

体验式广告是针对人们对某种品牌有一定认知的强化，为顾客在其消费前和消费后所提供的一些刺激，它把消费者原先对品牌的初步体验符号化了，继而转化为感觉体验、感受体验、思维体验和行为体验等，广告的符号性不但不会产生体验失真，反而可以被用来刺激体验。这样体验式广告加深了消费者对体验经历的记忆，或者本身就是一次体验经历。体验式广告必须挖掘新鲜体验元素作为主题，使广告感知化，增加顾客与广告之间相互交流的感觉。体验式广告以极大的弹性构筑了一个"体验的现实"，这个体验的现实在挖掘欲望、无意识和想象中特别有效。广告的目的就是在叙述称心如意的生活方式时，令人联想到一个有利于广告主的价值链，从而使广告强有力地诱导受众认同广告中的商品。例如，德芙巧克力的广告画面用丝绸绕过模特的肌肤，通过体验来展现其口感如丝柔滑，选用丝绸这个大家再熟悉不过的顺滑感受的符号，化为感受体验，是本能感想的回归，是生活的快乐，受益于人们的无意识。又如，宜家家居为消费者营造自在、轻松的购物环境，鼓励消费者在卖场进行全面的亲身体验，拉开抽屉、打开柜门、在地毯上走走、试试床和沙发是否坚固等等。

二、需要层次理论在广告中的应用

（一）需要层次理论的主要内容

需要层次理论是美国心理学家 A·H·马斯洛（Abraham H. Maslow）提出来的。他认为，人的需要包括不同的层次，而且这些需要都是由低层次向高层次发展的。需要的层次越低，其强度越大，人们优先满足较低层次的需要，再依次满足较高层次的需要。马斯洛把需要

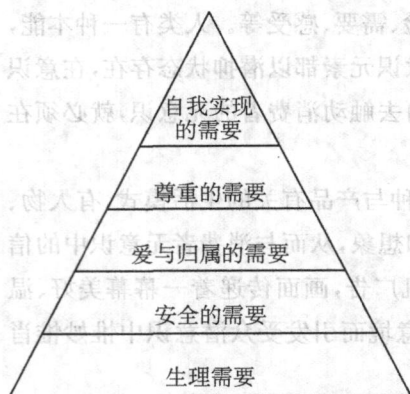

图 12-4 人类需要的层次关系

分为五个层次,即生理需要、安全的需要、爱与归属的需要、尊重的需要和自我实现的需要(图 12-4)。

1. 生理需要

生理需要是最基层的需要,是指维持个体生存与种族繁衍的需要。如个体对食物、空气、睡眠、性、母性等的需要。马斯洛指出,如果所有的需要都得不到满足,那么,有机体就会被生理需要所支配,其他需要简直变得不存在了,即被生理需要掩盖了。古人说"衣食足而知礼仪",就是这个道理。

2. 安全的需要

安全的需要是指对安全的环境、恒定的秩序、避免伤害和威胁的需要。一般而言,当生理需要满足以后,安全的需要就随之产生了。但在面临危险或威胁时,人们会把安全看得比一切都重要。在现实生活中,一般人的安全需要是基本得到满足的,但我们依然能看到表现安全需要的现象。如安装防盗门窗;喜欢稳定的工作;避免从事危险的工作;参加各种社会保险;注意食品、药品卫生等等。

3. 爱与归属的需要

爱与归属的需要,是指个体希望获得别人的爱和爱别人的需要,即希望与别人交往,并与别人建立亲密关系的需要。例如,儿童希望与小伙伴建立友谊,希望得到教师和父母的爱。归属与爱的需要是在前两种需要基本满足以后产生的。

4. 尊重的需要

个体在前三种需要基本满足后,就会产生尊重的需要。尊重的需要是指个体追求体现个人价值的需要。尊重的需要包括自尊和他尊两方面。自尊就是个体对自己的尊重。如自强、自信、自主、支配他人、胜任工作、取得成就等,都是自尊的具体表现。他尊是指别人对自己的尊重。如追求名誉、地位、尊严、威信、获得别人承认、引起别人注意和欣赏等,都是他尊的具体表现。

5. 自我实现的需要

自我实现的需要就是指个体希望最大限度地实现自己潜能的需要。艺术家创作,科学家创造发明,每个人都想把自己的工作做得尽善尽美,这些都是自我实现需要的体现。自我实现的需要是在其他需要都基本满足以后才产生的最高层次的需要。

(二) 需要层次理论对广告创作的启示[①]

由于马斯洛的需要层次理论过于强调自我而忽视社会因素的作用,所以在哲学上有其缺陷,但是他的理论为理解人们的一般行为提供了基本指南,对于准确把握消费者动机以及科学地策划广告具有重要价值和启示意义。

1. 根据消费者的基本需要层次,合理细分市场

马斯洛的动机理论不仅把人们的需要划分为五种,而且还认为它们由低到高按照层次递

---

① 相喜伟,苏国伟.论马斯洛动机理论在广告中的应用[J].现代视听,2009(10):47—49.

增。因此,在进行广告策划时,商品就可以根据需要层次细分市场。所谓市场细分就是按不同的消费者特征把潜在市场分成若干部分,使之成为目标市场。以满足饮食需要的吃饭为例,吃饭是生存的需要,因此解决饥饿的大众化饭店应有相当数量;其次应有亲友团聚交流感情的中档饭店;最后还应有一定的高档饭店,以满足显示身份、提升地位的特殊需要。通过层次细分市场,制作市场需要的产品,策划相应的广告宣传,马斯洛的动机理论为我们提供了有益的指导。

2. 根据消费者的动机层次体系,创作相应的广告主题

需要层次理论建立在以下四个前提之上:

(1)每个人都通过先天遗传和社会交往获得一系列相似的动机。

(2)某些动机比其他动机更基本、更重要。

(3)只有当基本的动机得到最低限度的满足之后,其他动机才会被激活。

(4)基本的动机得到满足后,更高级的动机才出现。

在这些前提下,马斯洛提出了一套适用于所有人的动机层次体系。表 12-1 描述了这一层级体系、每一层级的需求及相应的广告实例。

表 12-1　广告战略和马斯洛的动机层次

层级	层级的需求及相应的广告主题
一	生理动机:对食物、水、睡眠、性的需要
	产品:健康食品、药品、特殊饮料、低胆固醇食品、健身器材
	广告主题:坎贝尔(Campbell)汤——"汤是好食品"
二	安全动机:寻找安全、稳定、熟悉的环境
	产品:烟火报警器、预防性药物、保险、社会保障、养老投资、汽车安全带、防盗报警器、保险箱
	广告主题:克莱斯勒汽车(Chrysler)——"安全气囊是标准配备——克莱斯勒的优势"
三	归属动机:爱情、友谊、亲情、归属感
	产品:个人饰品、服装、娱乐与休闲食品
	广告主题:阿塔里(Atari)——"阿塔里把计算机时代带入家庭",并附上一张全家人使用阿塔里电脑的照片
四	尊重动机:地位、优越感、自尊、声望、成就感
	产品:衣服、家具、酒类、收藏品、汽车
	广告主题:凯迪拉克汽车(Gadillac)——"长时间的付出终于有了收获。众人的赞誉、财富的丰收,难道现在不是该拥有一辆凯迪拉克的时候了吗?"
五	自我实现的动机:全面发展、充分发挥潜能、实现所能实现的一切
	产品:教育、嗜好、运动、度假、美食、博物馆
	广告主题:美国陆军(U.S. Army)——"成为你所能成为的一切"

3. 准确进行产品定位和广告定位,提高广告策划的有效性

需要层次理论认为,没有一种需要是已经完全得到满足了的。因此,定位的关键是发现与之竞争的品牌的产品所没有占领的位置,从而期待未来的消费者被该产品所吸引。例如,许多高级

轿车的广告商经常把广告定位在表明身份、地位的需要("给您的朋友们留下深刻的印象"),或者尊重的需要("您理所当然应有最好的轿车"),或者社交的需要("全家能乘坐高级舒适的轿车")。但是,却没有利用安全需要这一吸引力。而"奔驰"牌广告,与众不同之处就是利用了这一"空位置",把安全需要和社交需要结合起来("当您的妻子带着两个孩子在暴风雨的漆黑夜开车回家时,如果她驾驶的是'奔驰'牌汽车,您尽可放心")。又如,国外有个颇出名的纸牌制造商,起初将广告定位于"高尚娱乐"上,用的是一幅合家欢乐的画面,画着丈夫、妻子和他们两个孩子在一起打牌。后来,把该广告主题由单纯的娱乐与社交需要结合起来,突出"广交朋友",画面是四个朋友在一起玩牌。这样一来,广告获得了很大成功,头两个月的销售量便猛增两倍。

4. 科学预测市场未来的新发展和新要求,激发和诱导消费者新的需要

需要层次理论中五个层次的需要排列成金字塔型,一方面说明了消费需求量的多与少,另一方面也说明了消费的层次和相应产品的档次。例如,自尊的需要和自我实现的需要都建立在生存需要之上,只有解决了基本生存问题之后才能产生更高层次的需要。反之,当某一层次的问题已经解决,或即将解决,可以预测市场新的需求,利用需要的可诱导性诱导新的消费。例如,当 20 世纪 90 年代初中国人以西装显示自己的身份时,服装品牌——佐丹奴已经预测到,当中国白领在自己的身份被社会认可、有了充分的安全感和充足的自信心后,他们会选择轻松随意的服装,即休闲装。因此,佐丹奴随即进军上海休闲装领域,几年后其他名牌休闲装经销商看到上海市场时,佐丹奴早已站稳脚跟,占有市场的绝对优势。

5. 根据基本需要的不完全满足性,为同一产品设定多个诉求点

马斯洛认为,人的基本需要是一种不完全满足的需要,这一论断表明一项产品可能在多个需要层次上给消费者带来益处。例如,制作微波炉广告,可指明它能快速地做好炊事;比其他类似产品更安全;还可用味道鲜美且色彩艳丽的家宴图片来诱发社交动机;通过宣传"为了使你的厨房更加现代,你需要一个微波炉"来提高身份地位等。再如,美国市政机构提供的自来水免费,但数百万消费者却宁愿付出高于自来水 100 倍的价格购买"皮埃尔"瓶装水,原因在于消费者有三种主要需要:(1)营养和健康的需要;(2)安全的需要;(3)炫耀地位的需要。"皮埃尔"的广告针对上述三种需要,强调过滤和安全的水源;强调纯净水口味;强调独一无二的品味,最终使"皮埃尔"瓶装水声名远扬,占领半壁江山。

三、双因素理论在广告中的应用

(一) 双因素理论的主要内容

双因素理论是由美国心理学家弗雷德里克·赫茨伯格(F. Herzberg)于 1959 年提出来的。赫茨伯格提出的一个重要观点是,使员工不满意与满意的因素是两类不同性质的事物。他认为,当一种事物存在时可以引起满意,当它缺乏时,不是引起不满意,而是没有满意;另一类事物,当它存在时,人们并不觉得满意,而是没有不满意,当它缺乏时,引起不满意。这两类事物,第一类称为激励因素,第二类称为保健因素。按照赫茨伯格的观点,缺乏保健因素会使人产生很大的不满足感,但有了它也不会对人产生激励作用;当具有激励因素时,它们可以产生激励作用和满足感,而缺乏时,它们也不会使人产生多大的不满足感。

日本学者小岛外弘根据这个理论提出了 MH 理论，M 是激励因素，是魅力条件；H 是保健因素，是必要条件。商品的质量、性能、价格等，是满足消费者需求的必要条件，是保健因素。当这些因素不能满足时，消费者会感到不满意。例如，商品的质量差、价格高、功能少，就会引起消费者的不满意。但仅仅满足于保健因素还不是真正的满足，消费者真正对某种商品感到满足，是该商品魅力条件也得到满足的时候。

需要指出的是，魅力条件和必要条件的内涵，要依据时代、消费潮流以及商品生命周期的不同而有所变化。就饭店而言，在一二十年前，外出旅行的人能找到一家旅馆，有地方睡觉就很满足了。当时只要有床位就构成了旅馆的魅力条件。在今天，社会已经由短缺经济时代进入到过剩经济时代，各个城市的饭店大多已供大于求，其魅力因素转向价格、舒适、硬件和服务等方面。这种变化还在继续，而捕捉饭店的魅力因素则成为各家饭店经营者的首要任务。在何种程度上具有饭店的魅力因素，就成为饭店经营成败的关键。

（二）双因素理论在广告中的体现

对于自行车市场来说，质量优良、功能齐全、款式新颖、价格适中等都属于 H 因素，也就是产品应当而且必须具有的"必要条件"，是消费者确定是否购买的先决条件。对在这一因素上有欠缺的产品，消费者就会优先"排除"，转而寻找具备这些"必要条件"的其他品牌。而该代理品牌的自行车仅仅具备这些"必要条件"对于促使消费者购买而言是远远不够的，毕竟具备这些必要条件的自行车品牌太多了。那么怎样才能使顾客对专卖的品牌自行车满意，并最终实现购买呢？通过对自行车市场的分析，要促使消费者最终形成购买决定，必须在该品牌自行车具备 H 因素的基础上增加 M 因素，即"魅力条件"。也就是说，消费者并不仅仅满足于上述"必要条件"，他们在等待真正使他们满足的因素即 M 因素的出现。

1. 减少 H 因素的诉求，寻找新的诉求点

在广告宣传上应减少原来对质量、功能、款式、价格等 H 因素的诉求，寻找新的诉求点。通过该自行车品牌的认真分析，确定了以车上精巧美观的"百宝箱"为诉求点，这种思路是基于人们希望可以方便地存取简单物件的需求，而"精巧美观"尤其迎合了不少青少年消费者的心态，他们对此感到满意和时髦，于是促成了他们的最终购买决定。

2. 多种促销手段组合，强力出击

事实上不是每一个消费者都会对"百宝箱"满意，不同的人会有不同的满意条件，因此要在"百宝箱"的基础上增加许多新的项目，采取多种 M 因素有效组合的促销手段，以针对不同的消费者提供不同的满意条件。例如，对不同年龄段的消费者在自行车上增添一些符合其年龄特征的精致小饰物，根据消费者的要求赠送一些附属的设备或提供改装的服务等。

本章提要

需要是人们在个体生活和社会生活中感到某种欠缺而力求获得满足的一种心理状态。消费者的需要，是指消费者对以商品和劳务形式存在的消费品的要求和欲望。由于需要的复杂性，从不同的角度对需要可以有不同的理解和分类。消费者的需要具有多样性、发展性、层次性、时代性、伸缩性、周期性、可诱导性以及系列性和替代性的特点。广告及产品设计人员应

根据消费者的优势需要、动态需要和兴趣来决定满足其需要的方式和程度。

　　动机是指引起和维持个体活动并使之朝一定目标和方向进行的内在心理活动，是引起行为发生、造成行为结果的原因。消费者的购买动机能在唤醒、方向以及维持与强化三大功能上影响消费者的购买行为。购买动机的来源主要与需要和诱因两个因素有关，其冲突表现为双趋、双避和趋避冲突，模式主要有本能、心理、社会和个体模式，在消费活动中则具体表现为求实、求新、求美、求乐、求廉、求名、储备、好胜、癖好、平等、人情和惠顾等类型。

　　无意识理论、需要层次理论和双因素理论分别从不同的侧面对动机的形成及其对人类行为的影响提出了解释，对广告创作具有重要的启示意义。

关键术语

　　需要、需要的特性、需要层次理论、消费动机、双趋冲突、双避冲突、趋避冲突、无意识理论、双因素理论

复习思考

1. 需要与动机有何联系与区别？
2. 消费需求有哪些特征？
3. 如何根据消费者的需要进行广告宣传？
4. 如何理解购买动机的形成过程？
5. 消费者的购买动机有哪些模式和类型？
6. 列举消费者的动机冲突，并说明其在广告宣传中的作用。
7. 举例说明需要和动机理论在广告中的应用。

推荐阅读

1. 李晴.消费者行为学[M].重庆：重庆大学出版社，2003.
2. 李彬彬.设计心理学[M].北京：中国轻工业出版社，2001.

第十三章 广告说服与人的态度和情感

文学家凯利尔·纪伯伦说过:"当您在生活的季节中前进时,让理智成为您的掌舵者,让情感成为您的风帆。"在广告实践中,"晓之以理"是最理直气壮的一种方式,因此我们也称它为"强销"(Hard Sell)。对于那些购买家电、汽车防盗器或是技术性极强的商品如保险的消费者,一句"×××是您最佳的选择"是绝对不够的。这些消费者总是对那些略嫌枯燥的说理更感兴趣。这时候如果你能够不厌其烦地给他们说明、对比、示范,把产品的优点、利益以及与众不同之处,有条有理、"动之以情"地展现在消费者面前,"上帝"就会自然地折服于事实,心悦诚服地掏出腰包。讲道理不是板着面孔说话,否则即使有理也会让人们望而生畏。其实还有许多诀窍,阅读本章内容后,你将找到以下诀窍:

- 广告有责任吗?
- 广告可以在多大程度上塑造人们的态度和行为呢?
- 究竟什么是态度,它又是如何形成和改变的?
- 如何创作出富有情感色彩或人情味的广告?
- 什么影响着人们对广告的情感反应?
- 情感诉求作用是如何实现的?

闭上眼睛想想万宝路香烟,你头脑中出现了什么?是那种有一个象牙烟嘴或红美人烟嘴的柔弱的、女人气的香烟吗?当人们想到万宝路那具有阳刚之气的男人形象的时候,答案当然是否定的。

菲利普·莫里斯(Philip Morris)从1924年开始将万宝路推向市场,当时它是一种极为温和的过滤嘴香烟。"像五月一样温和"是当时的促销口号,早期的促销活动无一例外地用非阳刚气质的历史人物来宣传万宝路。到了40年代,万宝路主要被作为一种优雅的女士香烟来促销,偶尔也有广告展示身着晚礼服的男士使用万宝路。这时的万宝路都附有象牙或红美人烟嘴,它的广告中充斥着一种极端奢华的气氛,它在女性消费者中拥有广大的市场。到了50年代,上述形象已被牢固地确立下来。而且,在那个时候,所有的过滤嘴香烟都被视为多少有点女人气。

到50年代中期,过滤嘴香烟将占据整个市场的趋势已日益明显,菲利普·莫里斯决定让香烟市场的主要消费者——男人接受万宝路。为了达到这一目标,除了名字,万宝路的一切都得改变。一种味道更浓的烟草和一种新的过滤嘴被选用。包装图案改为有棱角的红白图案(比弯曲、弧线图案更有阳刚之气)。其中一种包装版式使用了防皱硬盒以更加突出香烟"粗犷"和"阳刚"的形象。广告使用"棒小伙"而不是职业模特,更能凸显男子汉的自信。万宝路牛仔(一个真正的牛仔)作为"美国最广泛的男子象征"而被引入。为了增加新万宝路的可信赖性,在导入阶段,广告突出了著名的菲利浦·莫里斯的名字:"菲利浦·莫里斯的新作"。

结果这次形象转变使万宝路成为世界上销量最大的香烟品牌。

到了60年代,大多数美国成年男性吸烟,而且,女性吸烟者人数也不断增加。与此同时,吸烟对健康的危害日益增多地被报道和证实。各种各样的团体和组织,特别是美国癌症协会,开始了旨在减少吸烟的促销运动。这些运动使用了各种各样的技术,包括理性说服、事实呈现、名人演说、恐吓和幽默等等。这些试图改变人们态度和行为的尝试,与万宝路形象改变一样令人印象深刻。目前美国成年男子中的吸烟人数是近几十年来最低的,成年女性吸烟者上升的势头也得到了遏制。

但是,香烟公司并未就此受挫,它们开始积极拓展在其他国家的香烟市场以增加销量。比如,它们花费了几亿美元用于广告,在全球赞助音乐会和体育比赛。世界卫生组织估计每天仅亚洲地区就有5万青少年开始吸烟,而如今生活在亚洲的1/4的青少年会因此丧命。

诚如以上事例所表明的,商业性和社会性机构常常通过改变人们对某一产品、服务或活动的态度,从而影响着人们的思想和情绪,最终成功地改变他们的行为。人们对广告形成和产生的不同的态度以及情感反应,会直接影响广告的说服效果。因此,研究人们对广告的态度及情感心理,有着重要的意义。本章将讨论态度的概念,态度形成和改变的有关理论及影响因素,态度理论在广告实践中的应用以及情感情绪的概念、作用,人们对广告的情感反应及其模型,广告中情感诉求的主要形式和特点等问题。

第一节　态度与购买行为

人们在不同的社会条件下生活,经历各不相同,除形成各自不同的需要、动机、兴趣、爱好、个性外,还形成不同的态度。态度是一种复杂的心理现象,它对人们的行为可以产生极大的影响。因而,要做好广告宣传,就必须研究消费者的态度。本节主要介绍有关态度的概念、结构、功能等基本的理论问题。

一、态度概述

何谓态度? 它由哪些成分构成? 这是分析消费者态度首先要明确的问题。

(一) 态度的概念

态度(attitude)是一个人对特定对象以一定的方式做出反应时所持有的评价性的、较为稳定的心理倾向。消费者的态度主要是针对商品、企业、营业员、广告、包装、价格等的心理倾向。态度作为影响消费者行为的一种重要心理活动,一般具有以下特征:

1. 对象性

态度必须指向一定的对象,若没有对象,就谈不上什么态度。态度是针对某一对象而产生的,具有主体和客体的相对关系。人们做任何事情,都会形成某种态度,在谈到某一态度时,就提出了态度的对象。例如,对某个商店的印象如何,对商品的价格有何感觉,对服务员有什么看法等,没有对象的态度是不存在的。

2. 习得性

态度是通过学习形成的,而不是与生俱来的或者依赖于本能的。态度可能形成于经典性条件反射学习。比如,百事可乐的名称在动人的音乐声中一再重复,消费者由此对百事可乐形成了类似于对该音乐的态度或心理倾向。态度也可以从操作性条件反射学习中产生,这时人们会增加对态度对象——特定产品的购买和消费。比如,喝了百事可乐后,口渴感很快消失了。态度的形成也可能是一个非常复杂的认知过程。比如,一个十几岁的少女会模仿朋友或影视明星喝百事可乐,因为她认为这样可以有助于自己在朋友中建立"新生代"的时尚形象。

3. 内隐性

态度是一种内在结构。一个人究竟具有什么样的态度,我们只能从他的外显行为中加以推测。例如,一个员工在业余时间里总是抱着各种专业书在看,那么我们就可以从他的行为中来推测他对学习怀有积极的态度。

4. 稳定性与可变性

态度的稳定性是指态度形成后保持相当长的时间而不变。态度是个性的有机组成部分,它使人在行为反应上表现出一定的规律性。比如,某消费者在某商场购买商品后,感觉很好,从而形成了对这家商场的肯定态度,以后当他再想购物时,很可能还选择这家商场,这也就是人们常说的"回头客"。回头客的多少,既反映了商场服务质量的高低与商品本身是否物有所值,也反映了客人态度的稳定与否。当然,态度也并非一成不变,当各种主客观因素发生变化时,态度也会随之改变。就以上例来说,如果消费者在这家商场受到营业员不太礼貌的接待或发现这家商场的商品价格太高或质量不好,他就会改变原来对这家商场的积极肯定的态度,而产生消极、不满的情绪,他可能从此不再光顾这家商场。

(二) 态度的结构

态度对人的购买行为有直接的影响,那么,它是由哪些成分构成的呢?卡茨(D. Katz)认为,态度由情感、认知和行为倾向性三种成分构成,态度的结构如下图所示:

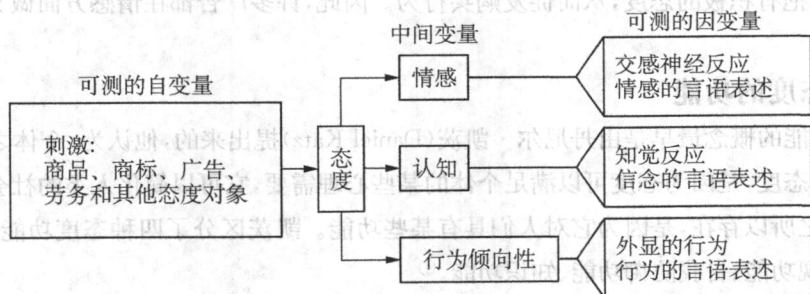

图 13-1 态度结构图

(资料来源 马谋超. 广告心理学基础[M]. 北京师范大学出版社,1992 年版:170.)

在这个结构中,作为中介变量的情感、认知和行为倾向性是态度结构的基本成分。

1. 认知成分

认知成分是对态度对象的认知,是由个人对于有关对象的信念构成的。对事物的认识越深入、越全面,态度也就越稳定。因此,广告设计中可以运用"摆事实,讲道理"的方式去形成或改变受众的态度。例如,在"安泰人寿——珍惜水资源"(雨伞篇)的构图中,两个赤裸的人正躺在雨伞上淋着雨,一副十分惬意的样子,文案是:"淋到雨比躲雨更享受,绝对是地球人灭绝征兆之一。"这例广告就是以说理、摆事实的方式向人们传递这样一个信息:爱惜水资源就是爱惜你自己。该广告寓情于理,将富有深刻思想的哲理展示给受众,使受众在接受哲理的过程中被说服。

2. 情感成分

情感成分实质上是对态度对象的评价,表现了个体对态度对象的好恶和情感体验,如喜欢不喜欢、愉快不愉快、讨厌不讨厌等情绪体验。情感的强度反映了态度的强度。情感是影响态度改变的很重要的因素,它往往直接决定着消费者的购买行为。例如,在"凯兹童鞋"平面广告中,一只红活圆实的儿童小脚让人怜爱,给受众一种生命之美和稚嫩之美的情感冲击。小脚掬放在一双年轻母亲的手心里,共同构成了一幅温馨的画面。这份呵护使得人们视觉初触便会受到深切感染,尤其是对年轻母亲具有较大的诱惑力,从而在心底里接受这双"像母亲的手一样柔软舒适的儿童鞋"。

3. 行为倾向性

行为倾向性是指行为反应的准备状态,即准备对态度对象做出某种反应。在这里指的是消费者的购买意向。如喜欢一种商品,就会想方设法多了解一些,为购买做准备。

上述态度结构中的三个成分是相互依存、相互制约的。在这三个成分中,认知是基础,如果一个商品被认为物美价廉,消费者就会对它怀有好感,并愿意去获得它;情感在态度结构中起重要作用,最容易影响态度的改变。例如,有人曾问过一位老烟民:"吸烟是不是会影响自己的健康?"他回答"是";再问:"吸烟会不会污染环境?"回答"会";再问:"那您为什么还吸烟?"回答:"喜欢,吸烟使我快乐。"虽然他在认识上也了解吸烟的危害,但仅仅是情感上的喜欢,就足以使他对烟抱有积极的态度,从而促发购买行为。因此,许多广告都在情感方面做文章。

二、态度的功能

态度功能的概念最早是由丹尼尔·凯茨(Daniel Katz)提出来的,他认为,个体之间之所以持有一定的态度,是因为态度可以满足个体的某些心理需要,它可以简化人类的社会生活。换言之,态度之所以存在,是因为它对人们具有某些功能。凯茨区分了四种态度功能,即效用功能、价值表现功能、自我防御功能、知识功能。[①]

(一)效用功能(utilitarian function)

效用功能亦称工具性功能、适应功能或功利功能。它是指态度能使人更好地适应环境和趋利避害。消费者对于某个品牌的态度,很多时候取决于它所能提供给消费者的效用。例如,

---

① 王长征. 消费者行为学[M]. 武汉:武汉大学出版社,2003 年版:219—220.

消费者可能仅仅因为食品的"口味"就形成某种态度。有人对奶油面包持有肯定态度(爱吃这种面包),可能只是因为奶油面包很符合他的口味。如果某品牌曾经对消费者有所帮助,消费者将倾向于对它形成积极的态度;反之,如果该品牌的产品未能给消费者带来预期的效用,消费者则会对它产生消极的,甚至是极端消极的态度。消费者对一些经常购买的日用品品牌的偏好或忠诚,就是建立在这一态度功能之上的。因此,在广告中应尽力告诉消费者商品的好处,给消费者做出某种为其带来利益的承诺,以期对其态度产生影响。比如:"脚癣一次净,30分钟见效,无效退款。"如此承诺,消费者一定是得大于失,因此能够引发消费者的购买行为。

(二)价值表现功能(value-expressive function)

态度能表达消费者的自我形象和价值体系,特别是对于高度参与的产品。例如,一个购买运动跑车的人,他的自我形象可能是一个喜欢获得权力的、难以驾驭的、极权型的人。争强好胜的性格可能会在他购买符合这种形象的车中显示出来。类似地,一个将自己装扮成与工作场所其他人一样穿着保守的人,已经接受了保守主义的价值观并将财富视为成功的表现。广告人员常常通过暗示使用或购买某一特定的产品将会导致增强自我意识、成就感或独立感等,来利用态度的价值表达属性。用这种方式,广告人员诉求于重视自我表达个性的一个大细分市场。例如锐步的法语广告中,说穿锐步的人总是知道她在做什么,并且会是一个主动参与的、自发的体育运动的热爱者,这显示了一个自信、自我意识觉醒的妇女形象。

(三)自我防御功能(ego-defensive function)

消费者形成一定的态度有时也是为了自我保护的需要,使自己免受人格和自我形象的伤害。在外来威胁和一定的内在感觉状态下能起到保护作用的态度,就具有自我保护功能。20世纪50年代,大多数美国家庭主妇抵制速溶咖啡,原因就在于速溶咖啡在当时被看成是那些懒惰、浪费、不善理家的主妇们的所爱——显然,谁也不愿承认自己就是这样的主妇。再比如,除臭剂的广告往往大肆渲染公共场合被别人发现有腋臭的尴尬场面。这种广告就是希望消费者能够出于自我防御的动机,建立对除臭剂产品的积极态度。消费者通过万宝路香烟塑造"男子汉"的形象,同样体现了其对万宝路态度的自我防御功能。

(四)知识功能(knowledge function)

人们形成某种态度,更有利于对事物的认知和理解。事实上,态度可以为人们理解新事物或新刺激提供一个参照标准。如果消费者对某个品牌具有了明确的态度,也有利于简化购买决策。例如,消费者对"海尔"这个品牌形成了偏好以后,这种偏好可能是在过去购买和使用海尔冰箱、空调的经验中建立的,当他发现市场中新推出的海尔手机或热水器时,他便会参照有关海尔冰箱或空调的知识和经验,很容易形成对海尔手机或热水器的积极态度,并有可能继续选择"海尔"这个品牌。在大多数情况下,当营销传播的信息到达消费者的时候,并不是消费者正在考虑购买的时候,消费者对于这些信息通过认知的过程将以态度的形式储存在记忆之中。因此,广告在许多时候可能并不能直接导致消费者的购买,但它却可以改变和强化消费者的态度,当他们的需要被唤醒或实际进行购买决策时,便可能依照这种态度采取行动。

一种态度可能具有多种功能,但其中往往只有一种功能起着支配的作用。营销人员只要能识别出产品对于目标消费者的关键意义所在,就可以在广告中对此加以强调。这类广告能帮助消费者建立更清晰的产品认知，消费者也更容易接受此类广告及其所宣传的产品和品牌。例如，大多数人对咖啡这种产品的态度是认为它主要具有效用功能而不是价值表现功能。因此，一则咖啡广告说"×××牌咖啡美妙浓郁、令人陶醉的口味和芳香，来自最鲜美的名牌咖啡豆"（基于效用功能的诉求）就要比一则广告所说的"你喝的咖啡表明你的身份，它具有独特高贵的品位"（基于价值表现功能的诉求）的效果要好得多。

第二节　态度的形成和改变

态度先于行为，而且态度导致行为。正因为这样，经营者才千方百计采用各种市场策略，诸如广告、商标、包装等去影响消费者对产品的态度。态度的形成可分为两类：一类是过去没有对该产品有关的知识和态度，现在开始形成一定的态度；一类是已有某种态度，现在需要去改变它而形成新的态度。前者被叫做态度的形成，后者被叫做态度的改变。本节主要讨论态度形成的几种理论、影响因素以及有关态度改变的理论、影响态度改变的因素等问题。

一、态度的形成

态度的形成过程是从不具有某种态度到具有某种态度，从简单的态度到复杂的态度，从不稳定的态度到稳定的态度的过程。态度形成的过程与个人社会化的进程是同步的。在社会实践中人们的态度逐渐和世界观联系，变得越来越巩固和稳定。

（一）态度形成的理论

不同的理论派别对态度的形成有各自不尽相同的解释，其中主要有学习理论和诱因理论。

1. 学习理论

霍夫兰德等人（C. Hovland, I. L. Janis & H. H. Kelley, 1953）认为，态度大致同其他习惯一样是后天习得的，是个人通过联想、强化和模仿三种学习方式逐步获得和发展的。

（1）联想是两个或多个概念或知识之间的联结。按照斯塔茨（A. W. Staats）的说法，态度的形成是一个中性概念与一个带有积极或消极社会含义的概念重复匹配的结果。例如，消费者将"×××学习机"与"音质很差"这两个概念联系起来，就是一种联想；如果消费者将该学习机与大量与其有关的负面信念联系在一起，就会对该学习机形成消极的态度。

（2）强化来自外部的刺激及其产生的内在体验或认知。如果消费者购买某个品牌的产品后，产生一种满意的感觉，或者从中获得了"物有所值"的体验，那么，他的这一行动就会得到强化。在下一轮购买中，他更有可能重复选择该品牌。如果选择某个品牌的产品得到同事和朋友"肯定"的强化，他就可能对这种产品形成积极的态度。经常光顾某家商店的顾客，如果能够得到店主和营业员热情、细致、耐心的服务，并且能享有更多的价格优惠，他也会对这个商店形成积极、肯定的态度，甚至发展成对这家商店的忠诚。

（3）模仿一般是对榜样的模仿。人们不仅模仿榜样所持态度的外部特征如言谈、举止，而且也吸取着榜样所持态度的内涵，如思想、情感、价值观念等。如果榜样是强有力的、重要的或亲近的人物，模仿发挥的作用会更大。在消费生活中，消费者会通过对名人和重要参照群体的模仿,形成与之相一致的对人、对事和对生活的态度,并通过其消费方式与活动表现出来。第一汽车制造厂推出的新式"红旗"轿车,曾经在市场中较受欢迎,或许能从一个侧面反映出普通民众出于模仿欲望而对这种过去的"首长用车"所产生的特殊情感与态度。

2. 诱因理论

诱因理论是从趋近因素和回避因素的冲突看态度问题,即将态度的形成看作是在权衡利弊之后而做出抉择的过程,以此来分析消费行为。消费者对于一种产品或服务既有一些趋近的理由,也有一些回避的理由。例如,新产品上市与众不同,能够体现自己的个性,若使用可能会招来同事、朋友的赞叹,产生令人兴奋的感觉,但是这种产品的质量不一定有保证,价格比较贵,而且自己的父母或家里的其他成员并不喜欢这种产品。前者会使消费者对购买这种新产品产生积极的态度,后者则会使之产生消极的态度。按照诱因理论,消费者最终的态度是由趋近和回避两种因素的相对强度来决定的。如果前者在强度上超过后者,则会形成总体上的积极态度;反之,则会形成消极态度。

诱因理论中对于态度的一个通俗看法是由格林沃德(A. G. Greenwald,1968)和佩蒂等人(R. E. Petty & T. M. Ostrom,1981)提出的认知反应理论(cognitive response theory)。该理论认为,人对信息所作的反应伴随着一些积极或消极的思想(或说是认知反应),而且这些思想依次决定着人们沟通的结果,即是否改变态度。认知反应论的关键假设是,人积极进行信息加工从而产生认知反应,而决不是对所遇到的任何信息的被动接受者。

另一种观点是由爱德华兹(W. Edwamds,1954)在《决策理论》中提出的期望—价值研究(expectancy-value approach)。他认为,由于诱因冲突的复杂性,人在作抉择时总要对每一种情况进行评价,力图采纳能够达到最好效果的立场,而拒绝那些似乎会带来消极效果或不能带来好效果的立场。而人们进行情况评估时,一般都试图通过预期后果的价值(value)及出现这种后果的可能性,即概率(probability)的估量,以取得最大的主观效用(utility),其公式为 U = V * P。如果其后果价值高,成功概率高,则效用亦大,人就会积极对待和参与。反之,人就会消极对待或不参与。就消费者对产品、服务的购买而言,若购买行为会带来高的或大的主观效用,消费者就会对此持积极肯定的态度;否则,会持消极否定的态度。在涉及两种产品的比较时,能带来较大主观效用者,消费者将对其产生更为肯定的态度。

诱因理论把人的态度形成看作是有理性的、主动决策的过程。它比学习理论进了一步,但它把人的态度形成都看成是个人为得失深谋远虑的表现,则并不完全符合实际。态度一旦形成,即使当时诱发态度形成时的诱因已被遗忘,人们的原有态度仍倾向于保持不变。对人、对事的情感成分比认知成分往往更为持久和有力。同样品质、同样价格的产品,仅仅由于原产地的不同,人们的评价就会有令人惊异的差别;为了购买到产自家乡的产品或很久以前所喜爱的产品,消费者愿意付出更多的时间和金钱。这些事实说明,人的态度形成是一个复杂的过程,不一定依理性原则行事。

(二) 影响态度形成的因素

态度不是与生俱来的,而是在后天的学习中逐渐形成的。影响态度形成的因素很多,可以从不同的方面来考察。一般来说,强调学习经验的心理学家,注重个人经验与外界重要人物的榜样作用；强调社会结构对个体社会化过程影响作用的社会学家，往往重视参照群体对个人的影响；强调文化因素的人类学家，则更偏重强调文化背景的持续熏陶。概括起来有以下几点：

1. 需要（need）

态度具有情绪体验的成分，人的需要的满足与否是形成其态度的首要因素。消费者对于满足自己需要或是能够帮助自己实现目标的对象，倾向于积极的情绪体验，产生肯定的态度；反之，对于阻碍自己达到目标或引起挫折的对象，则倾向于产生消极的情绪体验，持否定的态度。广告的作用就是宣传新产品的消费理念，以便使消费者对该新产品产生需求和欲望，认识到购买新产品的必要性，从而产生喜欢新产品的态度。比如，广告宣传"骑车请戴安全帽，流汗总比流血好"，使摩托车手们确认戴安全帽的必要性，对购买安全帽持肯定态度；"壁挂风扇不占空间，对淘气小孩最安全"，使有小孩的家庭对壁挂电风扇有好的态度；"只因有风险，所以要保险"，唤起消费者的保险意识，参与投保消费。

2. 知识（knowledge）

这是态度结构中的认知成分，它取决于对特定对象的了解，是消费者态度形成的重要因素。消费者对某商标、企业等的态度，往往是在接受各种有关信息后，经过判断形成的。这一过程是消费者的学习过程，也就是获取知识的过程。例如，一位消费者购买一台冰箱，并了解到"无霜"、"安静"、"双门"是高质量冰箱的三项本质属性，而某牌子冰箱具有这三种特征，消费者就有可能对该品牌的冰箱形成良好的态度。一般说来，消费者对于某种商品或劳务所掌握的信息越多，则越有可能对其形成明确的态度，而这种态度可能是积极的，也可能是消极的。

3. 个性（personality）

社会中的每个人都有自己独特的、不同于他人的个性，这种个性的差异也必然会反映到个体对某个对象的态度的形成上。例如，内倾型的消费者在购买商品时，往往从自己的主观体验和想象出发，去评判商品的价值，对别人的议论并不在乎，他们的商品态度形成是"自动型"的；而外倾型的消费者，性格开朗，善交际，容易接受他人的意见，对商品的态度形成是"他动型"的，易受外部环境的左右。美国消费者心理专家科波宁教授的研究报告表明，不同性格的消费者对吸烟态度有明显差异：对吸烟持肯定态度，并在吸烟行为上表现为一天一盒以上的消费者，其性格中攻击性方面得分最高；而对吸烟持否定态度，并且不吸烟的消费者，其性格中秩序、服从等方面得分最高。

4. 群体（group）

消费者对商品的态度，在很多情况下，是由其所属的群体而来的。属于同一家庭、学校、工厂、团体、社会的成员，常具有类似的态度，这是因为消费者与其所属群体中多数成员有共同的认识，无形中接受了团体的压力。这些都是个体在群体的活动中，在成员之间的相互作用下，互相模仿、互相暗示、互相顺从而形成的。消费者的态度形成受家庭影响是最明显的。例如，父母生活节俭，讲究实惠，子女往往形成勤俭节约的消费观念和消费习惯。又如，在一个有读书氛围的家庭中，其成员会对书籍及相关用品持积极、肯定的态度。消费者的态度形成还受到工作群体、朋友群体等社会群体的影响。比如，西部某工厂的青年工人对穿西服持否定态度。

开始流行西装时,该厂有个青年工人好奇地买了一件西服,穿了一段时间后,就再也看不见他穿了,而且在整个工厂也看不到有人穿西装。为什么呢?原来那位最先穿西服的青年工人所在的群体对他的穿着看不惯,经常在背后议论他,"出风头,假洋人"。他感到很不舒服,在强大的舆论压力下,他不得不把西服"库存"起来。由此及彼,波及全厂,形成了不喜欢西服的态度。

5. 文化(culture)

社会文化对消费者态度的形成也有重要影响。喜欢什么食品,爱穿什么衣服,对什么娱乐活动感兴趣,都与消费者当地的传统文化(亚文化)有关。不同种族的消费者有不同的消费态度,西方认为美的商品,东方人也许认为是丑的;西方人喜欢色彩鲜艳、色调明快的商品,而不喜欢色彩黯淡的商品;中国人对手工业制品态度一般,而外国人则十分喜爱传统的手工艺品。不同区域的人对食品味道的态度也各异:我国南方人喜欢吃米饭、甜食,菜的味道要清淡一些;北方人喜欢吃面食,菜的味道要浓一些;湘蜀一带的人喜欢吃辣椒;山西人喜欢吃醋;陕北人不吃鱼;广东人喜欢吃龙(蛇肉)和虎(猫肉),尤为喜欢活鱼活虾。不同文化背景的人,有不同的生活形态,也形成了对各类消费品的不同态度。不同生活类型的美国妇女的购买行为也有所不同,传统型的妇女比较喜欢购买罐头和烧烤类的商品;享乐型的妇女,则喜欢烟酒、烧烤及社交类的商品;而比较年轻的家庭型妇女则喜欢为孩子和自己购买用于打扮的装饰品。

二、态度的改变

本章开头所描述的通过调整营销组合从而改变消费者对"万宝路"的态度的案例,是广告心理学的一个经典案例。该案例说明,态度形成之后比较持久,但也不是一成不变,它会随着外界条件的变化而变化,进而形成新的态度。态度的改变包括两个方面,一是方向的改变,另一为强度的改变。比如,某人对一事物的态度原来是消极的,后来变得积极了,这是方向的变化。原来对某产品持有犹豫不决的态度,后来经过朋友介绍和试用,感到效果不错,变得非常喜欢,这是态度强度的变化。当然,方向与强度有关,从一个极端转变到另一个极端,既是方向的变化,也是强度的变化。广告说服的作用就在于通过有效的诉求,使消费者对特定商品或劳务的态度,从原来的否定或消极态度转变为积极或肯定态度,从原来的中性态度转为积极态度,或者从原来的少许肯定的态度发展成更肯定的态度,最后达到购买行为的发生。

(一)有关态度改变的理论

西方学者对态度的改变提出了许多理论解释,大多数解释是基于这样一个认识,即消费者态度的改变过程具有内在一致性的要求,他们注重自己的认知、情感和行为的和谐,如果出现不一致和矛盾,便会产生一种压力感和紧张感。例如,没有消费者会有这样的态度:"百事可乐是我最喜欢的饮料,它的味道一塌糊涂";或者"我爱他,他是我遇到过的最粗俗的家伙"。因为这种不一致会使消费者面临矛盾和冲突,并因此承受一定的心理压力。这表明,为了获得一致,消费者会在必要时改变他们的认知、情感或行为。在这种一致性原则下,研究人员对态度改变所作的不同解释虽然各有侧重,但它们并不矛盾,而是相互兼容和互补的。

1. 态度分阶段变化理论

社会心理学家凯尔曼(H. C. Kelman,1985)通过分析典型态度变化的例证,提出态度变化是分三个阶段实现的。这三个阶段依次是依从、认同和内化。

(1) 依从(compliance)。依从是指由于外在的压力,为了达到一个更重要的目标,而改变自己的态度反应或表面行为。这是一种权宜的态度改变,其特点是表面上显示出与他人一致,实质为一种印象控制策略。依从阶段是态度改变的第一阶段,也是最为表面的态度改变,但是由于人们在心理上具有保持认知一致性的需要,因而长期的依从将可能导致整个态度结构的真正改变。依从有几种情况:一种情况是为了达到某种物质或精神的满足而产生的从众行为,一般发生在对商品信息缺乏了解的情况下,"大家都买我也买"、"随大流";另一种情况是为了避免惩罚,受到所在群体的压力不得不依从,例如,在俱乐部中成员都被要求购买统一样式的会服,虽然有的成员可能不喜欢会服的款式或面料,但为了避免非议还是会选择购买;还有一种情况是第三者效应,指人们都在不同程度上在意自己在他人心目中的形象,总希望能给别人留下好印象,尤其在自己认为比较重要的人面前。这种效应体现了当有他人在场时对人们态度造成的影响。这些情况也可能发生交互作用。总之,都能对个体造成一定的压力从而改变其态度。

(2) 认同(identification)。认同是指个人的自我同一性与他人或群体存在依赖关系,或者说个人情感与别人或群体的密切联系,从而接受某些观念、态度或行为方式。认同阶段的态度改变与依从的根本区别,一是态度的变化是自愿的,而不是被迫的;二是认同性的态度变化已不是简单的、表面态度反应的变化,而是已有情感因素的变化,并开始涉及态度的认知因素。长期的认同,会导致整个态度的根本转变。在这一阶段中,广告受众态度的情感成分发生了变化。在广告传播活动中,一个重要的说服手段就是利用具有吸引性和可效仿性的人物或人群打动受众,使其产生情感上的变化。名人广告就是利用了名人所具有的吸引力和情感号召力,诱使受众将对名人的喜爱之情转移到商品上,爱屋及乌,从而对该商品产生好感,促进购买。还有一些针对性较强的广告,会突出商品使用群体的认同,如"动感地带"的广告语"M-zone人,我的地盘听我的",引发该使用群体成员的共鸣。

(3) 内化(internalization)。内化是指个人获得新的自觉的认知信念,并以这种信念评判自己的价值时所发生的完全的态度改变。内化性的态度改变是一种新价值观的获得,是态度改变中最深刻的层次。新建立的内化水平的态度,会成为个人整个态度与价值体系的构成部分。因此,内化了的态度已成为个人自己的态度,它与依从和认同性的改变的最大区别,就是不再依赖外在压力及个人与他人的关系。例如,"便宜没好货"这种观念已经内化为许多人的个人价值评判标准,制约着消费者的购买行为方向。如果消费者遇到功能相似而价格相差较多的两件商品,在自己没有办法辨别时,更可能认为价格高的那件商品质量好些。

2. 平衡理论(balance theory)

平衡理论是由心理学家海德(Heider)于1958年提出的。该理论从人际关系的协调性出发,认为在一个简单的认知系统里,存在着使这一系统达到一致性的情绪压力,这种趋向平衡的压力促使不平衡状况向平衡过渡。人作为认知主体感知态度对象、他人和他物时,三者处于一种三角关系中。当人们对两态度对象持相同看法时，认知体系处于平衡状态；当人们对两态度对象持相反、矛盾意见时，则会产生不平衡和不协调，从而引起心理的紧张、不安和焦虑，驱使其改变动机、转变态度，以实现平衡。

认知体系中的三角关系由三个元素构成：自己、他人、事物。下面以某消费者（作为感知对象的个体，是认知体系中的主体）、其好友（作为与对象相关的他人）、某新商品（作为与对象相关的某物）为例加以说明。当某消费者与其好友在商店中看到某新商品时，两人对新式产品的态度可能会出现几种情况：（1）两人对该商品均形成肯定态度或偏好，极有可能采取购买行为；（2）两人对该商品均持否定态度，对该商品不屑一顾；（3）两人对该商品看法不一致，出现不同态度，此时，这位消费者内心会形成不平衡，于是努力消除这种不平衡态度，或以自身的态度影响好友，使其同意自己的意见，也可能会调整自己的态度（即改变原有的态度），与好友保持一致，以使心理达到平衡。显然，不平衡状态会导致认知结构中的各种变化，态度可以凭借这种不平衡关系而改变。

平衡理论对于名人广告和品牌延伸的决策是很有用的。当三维关系尚未完全确立时，比如说，当企业推出一种新产品或者消费者对某个品牌还未形成明确的态度时，企业可以在广告中宣传目标顾客所喜爱的某个名人（如舒淇）拥有该产品（如猫人内衣），来帮助消费者建立与产品之间正面的情感关系。品牌延伸的用意亦在于将消费者对知名品牌（如五粮液）的积极情感，通过三维关系传递到被延伸的产品（如五粮春）上。

3. 认知失调理论（cognitive dissonance theory）

认知失调理论是由社会心理学家费斯廷格（L. Festinger）于 1957 年提出的。该理论认为，任何人都有许多认知因素，如有关自我、他人及其行为以及环境方面的信念和看法。这些认知因素之间存在三种情况：（1）相互一致和协调；（2）相互冲突和不协调；（3）无关。当两个认知因素处于第二种情况，即处于认知失调状态时，消费者就会不由自主地通过调整认知以期减少这种矛盾和冲突，力求恢复和保持认知因素之间的相对平衡和一致性。以戒烟为例，您很想戒掉烟瘾，但当您的好朋友给您香烟的时候您又抽了一支烟，这时候您戒烟的态度和您抽烟的行为之间产生了矛盾，引起了认知失调。我们大概可以采用以下几种方法减少由于戒烟而引起的认知失调：

（1）改变态度。改变自己对戒烟的态度，使其与以前的行为一致，如"我喜欢吸烟，我不想真正戒掉"。

（2）增加认知。如果两个认知不一致，可以通过增加更多一致性的认知来减少失调，如"吸烟让我放松和保持体形，有利于我的健康"。

（3）改变认知的重要性。让一致性的认知变得重要，不一致性的认知变得不重要，如"放松和保持体形比担心 30 年后患癌更重要"。

（4）减少选择感。让自己相信自己之所以做出与态度相矛盾的行为是因为自己没有选择，如"生活中有如此多的压力，我只能靠吸烟来缓解，别无他法"。

（5）改变行为。使自己的行为不再与态度有冲突，如"我将再次戒烟，即使别人给，我也不再抽烟"。

怎样喝牛奶最有营养

牛奶是所有饮料中最有营养的一种。随着天气转暖气温升高，因喝牛奶不当引起疾病就诊求医的人明显增多。其原因就在于对鲜牛奶的保质缺乏了解和应有的科学常识。

牛奶在到达消费者餐桌之前都要经过消毒和包装工艺。通常市面上常见的瓶装、塑料袋装及屋顶形纸盒装牛奶采用的是巴氏消毒法。这种方法能较好地保存牛奶的营养价值，但无法杀死牛奶中的所有细菌。存活的细菌仅仅被"击昏"，它们在摄氏4度以下环境中几天内无法生长到使牛奶腐败的地步。但是经过巴氏法消毒的牛奶，运输、销售中都必须在摄氏4度以下进行，俗称"冷链"。一旦这一"冷链"中的某个环节脱节，例如售奶摊上牛奶在常温下较长时间没卖出去、学童上学路上买的牛奶或学校发的牛奶在校内未喝而带回家等等，牛奶中的细菌早已复苏并开始大量繁殖。尽管此时牛奶可能还未腐败，但消费者将这种牛奶带回家后放进冰箱，把冰箱当成"消毒箱"或"保险箱"，结果"违反常理"的事情还是发生了，不出一两天，牛奶已经变质。

当然，在我国大城市中的大乳品公司，牛奶运输、保存中的"冷链"是有保障的，薄弱环节一般发生在经销部门。特别是近年来牛奶销售的商业渠道和中间周转环节增多，一些商业渠道和中间环节对牛奶的"冷链"不够重视。因此当您把牛奶取回家放进冰箱后远非万事大吉。作为一个消费者，不仅应该对在常温下（即不是从冷藏箱中）出售的鲜牛奶提出异议，更应该注意选择消毒和包装更为合理、先进的利乐无菌包装的消毒牛奶。

分析提示：利乐广告在看似不经意中成功地运用了认知失调理论，收放自如地影响着消费者的态度。

4. 精细加工可能性模型（ELM）

心理学家佩蒂（R. E. Petty）、卡西窝波（J. T. Cacioppo）和舒曼（D. Schumann）于1986年提出了精细加工可能性模型（The Elaboration Likelihood Model），简称ELM模型，见图13-2。

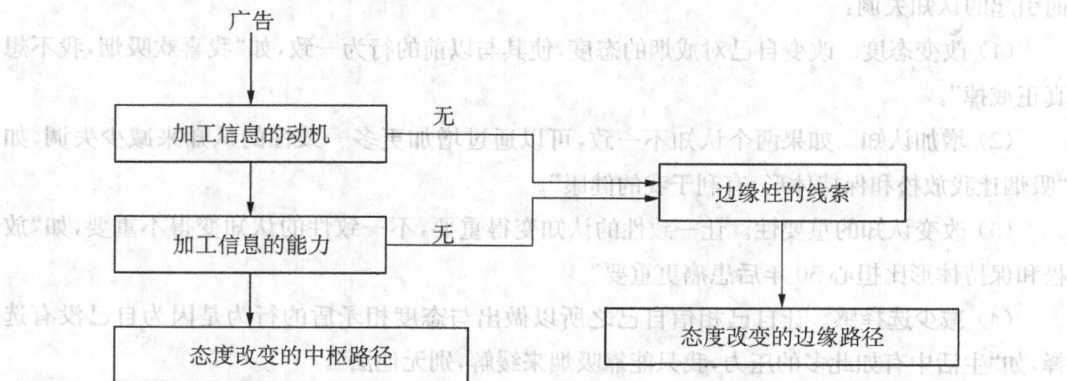

图 13-2 态度改变的 ELM 模型

（资料来源 马谋超. 广告心理学基础[M]. 北京师范大学出版社, 1992年版: 182.）

该模型把态度改变归纳为两个基本的说服途径：中枢路径和边缘路径。中枢说服路径把态度改变看成是消费者认真考虑和综合信息的结果。具体地说，消费者在该过程中，主动考察广告的信息，搜集和检验有关体验，分析、判断广告商品的性能与证据，做出综合的评价。边缘说服路径认为消费者的态度改变不在于对态度对象本身的特性和证据的考虑，而是将对象同诸多线索联系起来，根据对象本身信息以外的线索形成态度，比如通过信息来源渠道的可信度、广告的背景音乐或广告本身的制作水平，来判断态度对象。

后来的学者（MacInnis & Jaworski）认为消费者是否通过中枢路径对广告进行精细的加工取决于其 MAO 水平，M 指动机（motivation），消费者必须处于高卷入状态下；A 指能力（ability），消费者必须具有必要的知识和信息加工技能；O 指机会（opportunity），指消费者接触广告时的条件是促进还是妨碍信息加工的程度，如分心的刺激或时间限制不利于信息加工，适当的重复有利于信息加工。只有同时满足了这三个条件，精细的信息加工才有可能发生。因此，当消费者具有较高的 MAO 水平时，中枢路径在品牌态度的形成过程中起主要作用，在这种情况下，广告宣传中应提供更具体、更具有逻辑性和事实性的信息；反之，当消费者的MAO 水平较低时，边缘路径起主要作用，理性广告会因为消费者缺乏相应的信息处理的动机或能力而显得枯燥，而情感广告则容易引起消费者的共鸣。例如，促使新新人类购买其崇拜的青春偶像在广告上推荐的某种饮料的原因，实际上与该饮料的特性毫无关系，起作用的是对歌星的喜爱。这是因为人们在对该饮料本身的特性不太了解的情况下，只能通过该信息的外围因素（如产品包装、广告形象吸引力或信息的表达方式）来决定该信息的可信性。

（二）影响态度改变的因素

消费者态度的改变受很多因素的影响，这些因素大致可归为内在因素和外在因素两类：内在因素包括态度本身的特性、消费者自身的因素等；外在因素是指影响消费者态度的社会环境因素，这里侧重探讨广告宣传对消费者态度的影响。

1. 态度本身的特性

态度的强度、态度的价值性、态度的三种成分之间的关系以及原先的态度与要求改变的态度之间的距离等都能对消费者态度的改变产生影响。

（1）态度的强度直接影响消费者态度的改变。一般来说，消费者受到的刺激越强烈、越深刻，态度的强度就越大，因而形成的态度越稳固，也越不容易改变。例如，消费者购买了一台价值较高的电脑，商品的质量如果没有期望值高，售后服务又不到位，就会导致消费者对商品乃至企业形成强烈的不满，这种态度一经形成则很难改变。

（2）态度形成的因素越复杂，越不容易改变。例如，一个消费者对某商场的否定态度，如果只依据一个事实，那么只要证明这个事实是纯偶然因素造成的，消费者的态度就容易改变过来。而如果态度是建立在很多事实的基础上的，那么要改变态度就比较难。

（3）态度的三种成分一致性越强，越不容易改变。如果三者之间直接出现分歧、不一致，则态度的稳定性较差，也就比较容易改变。

（4）态度的价值性也对消费者的态度产生重要影响。态度的价值性是指态度的对象对人的价值和意义的大小。如果态度的对象对消费者的价值很大，那么对他的影响就很深刻，因而一旦形成某种态度后,就很难改变。反之态度的对象对消费者的价值小,则他的态度就容易改变。

(5) 消费者原先的态度与要改变的态度之间距离的大小。要转变一个人的态度,取决于他原来的态度如何,如果两者差距太大,往往不仅难以改变,反而会使之更加坚持原来的态度,甚至持对立的情绪。例如,要让一个恐高症患者或在一次空难中死里逃生的人乘飞机旅行几乎是不可能的事。

2. 消费者自身的因素

关于影响消费者态度改变的因素分析,除了前面讨论态度形成的影响因素如需要、知识、个性、群体和文化等仍起作用外,对态度改变有重要影响的因素还有消费者的观念、消费者的兴趣、消费者的偏见以及消费者的社会角色。

(1) 消费者的观念。观念是态度认知成分中的重要组成部分,观念的更新必然带来态度的转变。消费态度的改变,首要工作是消费观念的变化。如果消费者仍抱着"新三年,旧三年,缝缝补补又三年"的服装消费观念,他们势必对推上市场的各类新式服装抱有消极态度,不是看不顺眼,就是说风凉话,甚至对其扣上"奇装异服"的帽子。因此,广告说服就是要透过消费形式,抓住消费本质,提出消费理由,输送消费新观念,从而改变消费态度。例如,"新时代,使用新电源";"太空时代喝果珍";"10000 次撞击,精工表依然精确无比";"英雄辈出时代,使用英雄金笔";"买一本《365 夜》,可以给爱听故事的孩子带来一年的乐趣"等。

(2) 消费者的兴趣。所谓兴趣,是指一个人积极探究某种事物的认识倾向,它是人对客观事物的选择性态度,是由客观事物的意义引起肯定的情绪和态度进而形成的。消费兴趣就是人们对某一种商品需要方面的情绪倾向。比如,读书人喜欢逛书店;而对于自行车,不同需求的人,选择兴趣就不同,是载重车、代步车、休闲车,还是运动车,选购态度也不一样。逢年过节,人们有请客送礼的习俗,于是消费者对食品、礼品感兴趣。兴趣培养与态度改变关系较大。消费者对某一种产品的兴趣是可以渲染、培养和诱导的,这种渲染、培养可以通过广告宣传、橱窗设计和消费者之间的口传信息等传播方式进行。

(3) 消费者的偏见。偏见是一种不正确的态度,是人们固有的否定性和排斥性的看法和倾向,是人们对某一事物缺乏充分事实根据的态度。偏见主要有第一印象、哈罗现象和刻板印象:第一印象是指通过对某人、某物的知觉而留下的最初印象,能以同样的性质影响后来他再次发生的知觉;哈罗现象即以偏概全,抓住一点不及其余;刻板印象是指人们认识外界事物时往往根据它们的共同特征加以分门别类,这种类化的思想方法固定下来,就形成了刻板印象,导致偏见。消费者一味崇尚外国货就是一种刻板印象。这种偏见被投机商利用,会产生"假洋货"泛滥的后果。许多消费者盲目崇洋,认为买洋货就是有面子,但缺乏辨别真假洋货的本领,只要看到有几个外国字,便趋之若鹜。其实,在市场上的洋货中,至少有一半是伪造品。可见,缺乏必要的知识和了解,是产生刻板现象的主要原因。

(4) 消费者的社会角色。社会角色是指人们在现实生活中的社会身份,比如消费者可以是工人、农民,也可以是干部、教师,等等。社会角色影响人们态度的改变。因为人们的社会角色包含各自的人格特征、文化水平、能力素质以及社会化程度的差异,这就决定了人们态度改变的难易。社会角色中文化层次较高、素质较强的人，人格特征属理智型，一般较难转变他们的态度；反之，文化层次较低、能力素质较差的人，人格特征属情感型，转变他们的态度就较容易。我们要转变各种社会角色的消费态度，应当根据社会角色中的差异，采取不同的宣传方式，才能取得理想的效果。例如，在少数民族地区推销商品，一般用少数民族干部去做，会效果更好；做儿童食品的广告宣传，让小朋友做广告模特儿效果较好；而女性化妆品的宣传，则一般是年轻女性做代言。

3. 广告宣传

广告宣传对消费者的态度改变是有影响的，但是宣传对消费者态度变化效果的大小究竟怎样，这还取决于以下几个因素。

（1）广告宣传者的权威。广告宣传者本身有无权威，对广告受众的态度转变影响很大。宣传者的威信是由两个因素构成，即专业性和可信性。专业性指专家身份，如学问、社会地位、职业、年龄等；可靠性指宣传者的人格特征、外表仪态以及讲话时的信心、态度等。同样是一件商品，若得到专家的权威性肯定，必然产生很强的说服力，使消费者的态度迅速从否定走向肯定，或者从肯定走向否定。珍珠霜的兴衰，就是一个例证。20 世纪 80 年代初，珍珠霜的兴起，是因为当时广告宣传以李时珍的《本草纲目》为根据："珍珠可以入药，能够润滋皮肤。"而 1984 年珍珠霜衰落，是因为一些专家运用现代测试仪器分析，认为珍珠粉并不能透过脸部皮肤表层而为人体吸收，因而对皮肤的滋润作用远不是描述得那般神奇，同时，消费者在使用过程中的体验也多少证明了这一点，于是销量逐渐降下来。又如，深圳南方制药厂的"三九胃泰"，以一贯扮演正面权威人士的著名演员李默然为广告宣传者，他诚恳坚定地说："干我们这一行的，经常犯胃病"，体现他对选择胃药很有经验，加上他的社会地位和成熟的年龄，给消费者以极大的可信性和说服力，使消费者对"三九胃泰"有肯定的态度，并在一个时期内销路很广。

（2）广告宣传的内容。在说服过程中，是仅仅陈述产品的优点，即告知消费者购买理由好呢？还是既指出产品的优点或购买理由，又指出产品的某些不足好呢？前者被称为单面讨论或支持性讨论（supportive argument），后者则被称为双面讨论。霍夫兰德等人的研究表明：当听众与劝说者的观点一致，或前者对所接触的问题不太熟悉时，单面论证效果较好；如果听众与劝说者观点不一致，而且前者对接触的问题又比较熟悉时，单面论证会被看作是传达者存在偏见，此时，采用双面论证效果将更好。在运用双面论证时，劝说者也应格外小心。双面论证的好的一面是可以取信于人，使受众对信息和信息源产生可信感，但同时，它可能降低信息的冲击力，从而影响传播效果。因此，企业在传播过程中是否运用双面论证，最好事先通过市场调查了解消费者反应之后，再做决定。

在讨论中应给出明确结论（如雕牌洗衣粉"只选对的，不买贵的"），还是只提供支持性的论据，而由消费者自己得出结论？一方面，那些经由消费者自己的思考而得出的结论，会使其态度更坚定、对其更有参考价值；另一方面，如果不给出结论，消费者的推断可能与信息发送者的期望发生偏离。一则广告是否应给出明确结论，依赖于消费者对广告或产品的参与程度及广告信息的复杂程度。一般来说，如果产品或广告信息与消费者个人的关联性强，消费者就会关注信息,并自然而然地产生推论。如果讨论的内容复杂或不易被理解,或者消费者缺乏参与该广告的积极性,则在广告中给出结论会更加安全。

(3)广告宣传的传达量。广告信息的重复可以说是一把"双刃剑"。一方面,信息的重复会增加消费者的认知。随着认知的增加,人们心中的不确定性(知觉风险)就会减少,因此人们一般更倾向于喜欢他们所熟悉的事物。这种现象就是所谓的单纯展露效应(mere exposure effect)。另一方面,随着重复增加,人们将逐渐适应,并产生广告厌烦。随着重复次数的增加,广告厌烦也不断增加。当增加的厌烦程度开始超过减少的不确定性时,广告的总体效果就开始下降。所以,在其他条件不变的情况下,最佳的广告效果有一个与之对应的重复次数。为了减少广告厌烦所产生的负面影响,宣传者可以限制一则广告的重复播放次数(如在同一个电视节目中的插播次数);或者在一段时期内围绕某一广告主题,只是在内容或表现上稍加修改(尽管每次强调重点可能有所不同),持续地推出不同的广告版本。

(4)广告宣传的媒体。现代社会传播信息的媒体主要是报纸、杂志、电视和网络四大媒体。四大媒体的作用各有千秋,但相比之下,以电视广告对改变消费者态度的效果最佳。电视广告综合利用消费者们喜闻乐见的视听形式,给大众以多种感官的刺激,容易引起消费者的注意,便于消费者对广告内容的理解和记忆,对改变消费者的态度效果明显。而且,电视广告可以把单调的抽象产品认知成分变为多彩的画面和动人的语言,以求得消费者情感上的共鸣,从而改变消费者的态度。电视广告还能充分展示"以消费者为中心"的意图,用各种表现手法突出消费者形象,反映消费者的生活,使消费者深深体会"自己人效应"。

第三节　情感理论及其应用

情感诉求是广告说服的一种形式。在广告实践中,许多成功的实例说明,富有情感色彩或人情味的广告更有感染力,更会受到人们的欢迎和接受。是什么使消费者对广告产生情感反应?情感诉求作用是如何实现的?本节将介绍情绪与情感的概念、两极性、分类,情感性广告的说服作用,广告的情感反应模型,广告的情感诉求等。

小资料

古 代 审 案

我国古代官员审案时有这样的方法,给被告的嘴里放上一把干燥的米饭。如果在审讯之后,他吐出的米饭仍是干燥的,他就被认定为有罪。其心理学依据是,当人恐惧、焦虑时的一个生理变化是唾液分泌减少,嘴会变得干燥。据说,从前印第安人也有类似的审案做法。法官向偷窃嫌疑人讲述与案情有关的词句,诸如"偷钱"、"钱袋"、"被害人的姓名"、"钱的数量"等等。被告必须不加停顿地回答,同时,还要很轻微地敲锣,敲出的声音只能让法官听到,站得远一点的人就听不到。如果一个人真的有罪,由于恐惧和紧张,他在回答法官的问话时,就会语无伦次,并不自觉地使劲敲锣,旁听者听到锣声就会指控他是贼。

一、情绪和情感概述

(一) 情绪与情感的概念

情绪和情感(emotion and feeling)都是人们对客观事物与其需要之间的关系产生的主观体验。其中,情绪是人们对客观事物需求和态度的体验,具有独特的主观体验形式、外部表现形式和极为复杂的神经生理基础;情感是指情绪过程的主观体验,对正在进行着的认知过程起评价和监督作用,着重于表明情绪过程的感受方面。当产品或服务能够满足消费者的需要,消费者对其采取肯定的态度时,就会产生满意、喜悦、愉快等内心体验;反之,则会产生不满、忧愁、憎恨等内心体验,这些内心体验就是情绪或情感。

实际上,情绪和情感是不同的。情绪一般是指与生理的需要和较低级的心理过程(感觉、知觉)相联系的内心体验。例如,消费者选购某种香水时,会对它的颜色、香型、包装等可以感知的外部特征产生积极的情绪体验。情绪一般由当时特定的条件所引起,并随着条件的变化而变化。所以情绪的表现形式是比较短暂和不稳定的,具有较大的情景性和冲动性。某种情景一旦消失,与之有关的情绪就会很快消失或减弱。情感是指与人的社会性需要和意识紧密联系的一种内心体验,如理智感、荣誉感、道德感、美感等。它是人们在长期的社会实践中受到客观事物的反复刺激而形成的内心体验。因此,与情绪相比,情感具有较强的稳定性和深邃性。在消费活动中,情感对消费者心理和行为的影响相对长久和深远。例如,一定的审美情感可能会驱使消费者重复购买符合其审美标准的某一品牌的商品而排斥其他商品;道德情感可能会促使消费者选择那些更具社会责任感的公司。

然而,情绪和情感的这种区别是相对的,实际上两者是密切联系的。一般来说,情绪是情感的外在表现,而情感是情绪的本质内容。情绪的变化一般受到早期形成的情感的制约,而离开具体的情绪过程,情感则无从形成和体现。因此,从这一意义上说,情感可以看作是一种更高层次的心理体验,它的表现也更强烈。事实上,要严格区分现实生活中消费者的情绪与情感反应是十分困难的,从情绪到情感表现为一个连续的、相互交织的谱系,且在消费者的情感过程中都有不同形式的表现。它们虽然不具有具体的现象形态,但可以通过人的动作、语气、表情等方式表现出来。

(二) 情感的两极性

几乎每一种情感都有两个可以分化为对立的方面,例如,悲与欢、哀与乐、爱与恨;又如,破涕为笑、乐极生悲。每一对都构成一个维度,而每个维度上又存在着强度的差异。这些丰富的表现就是情感的两极性,又称为情感的对比性。情感的两极性有以下几种基本类型:

1. 肯定性和否定性

当人们产生满意、快乐、热爱的情感时,其心理活动呈现肯定性的心理体验;而不满意、悲哀、憎恶的情感,则反映否定性的心理体验。情感肯定和否定的体验会因人而异,例如,当消费者在购买活动中遇到挫折时,意志薄弱的人只会体验到否定的情感,灰心丧气;而意志坚强的人同时还会体验到振奋、自信等肯定的情感,从而导致不同的行动。同时,这种性质相反的情绪和情感又是相辅相成的,在一定条件下可以相互转化。"乐极生悲"、"苦尽甘来"等就是这种转化的体验。在有些情况下,肯定性情感和否定性情感还能彼此结合在一起,即对同一刺激,消费者既能体验到肯定的情感,又能体验到否定的情感。例如,消费者对某种商品,既感到满意又感到不满意;既为买到某件商品而高兴,又为这一商品增加了某些负担而忧愁等等。

2. 积极性和消极性

振奋、英勇是积极的情感;沮丧、胆怯是消极的情感。积极的情感可以提高、增强人的活动能力;而消极的情感则会削弱人的活动能力。在广告活动中,积极的情感能促进消费者的购买欲望,对购物决策起积极的影响,如喜爱、高兴、愉悦等情感。而消极的情感则抵制消费者的购买欲望,妨碍购买行为的实现,产生消极的影响,如害怕、惊恐、厌恶、愤怒等情感。

3. 紧张性和轻松性

人一旦产生某种需求,就会处于机体和情绪上的紧张状态,当目的达到后,紧张感消失,即感到身心轻松。紧张性和轻松性是可以相互转化的。

4. 激动性和平静性

人在激动性情感迸发时表现为愤怒、狂怒、狂喜、绝望等,超出意志的控制,与这种短暂而强烈的情感爆发相对立的是镇定、安宁的平静性情感。

此外,应注意到两极情感之间,还存在着各种类似的、强度不同的情感。例如,喜可以分为微喜、欣喜、欢喜、大喜、狂喜等几种同样反映喜悦之情,但强度明显不同的喜悦之情。情感的强度变化一般取决于引起情感的事件主体本身的意义以及目标指向能否实现。

情感在两极性多维度上不同程度的结合构成了人类复杂而多变的情感,研究情感的两极性对消费者购买行为的影响具有重要意义。积极、肯定的情感能够激发消费者的购买欲望,促使消费行为积极发生。例如,消费者受到周到热情的服务时,会产生满意喜悦之情,这种肯定性情感会促使他产生连锁反应,再次到该商店购买商品,或者购买更多的商品。相反,如果消费者对商店的服务产生厌恶的情感,就会破坏其消费行为的产生,甚至不愿再光顾此商店。

(三)高级情感的分类

在人类社会历史发展过程中,形成了许多社会性的需要,如从事生产物质财富的需要,从事文化艺术活动的需要,共同遵守社会准则的需要。这种需要的满足能给人愉快、满意等肯定的感觉,而不能满足则会使人产生愤慨、不快等否定的情感。这些情感都是人类所特有的,属于高级情感,它既受社会存在的制约,又对人的社会行为起积极或消极的作用。按其性质和内容划分,可分为道德感、理智感和美感。

1. 道德感(moral feeling)

道德感是指人的思想意识和行为举止是否符合社会道德规范而产生的内心体验。这种体验总是和人依据一定道德观念对各种事物形成的道德评价相关联。当自己或他人的言行符合道德规范时,就会产生肯定的情感,如愉快感、荣誉感、敬佩感、赞赏感等;反之就会产生否定的情感,如厌恶、憎恨、鄙视、羞耻等。

在不同的历史时代、不同的社会制度、不同的阶级中,道德标准是不同的,所以道德感总是受社会生活条件的制约,有鲜明的历史性和阶级性。不过,全人类共同的道德感也是存在的,如荣誉感、责任感等。

道德感对人们的实践活动有着重要的作用。它可以帮助人们按照道德的要求,正确地衡量周围人们的各种思想行为;同时,也可以使自己的行为符合社会道德规范的要求,做一个道德高尚的人。

2. 理智感(rational feeling)

理智感是人由于认识需要是否得到满足而产生的内心体验。它总是与人的好奇心、求知欲、认识兴趣、解决问题的需要等相联系。如发现问题时的惊奇感,分析问题时的怀疑感,解决问题后的愉快感,对认识成果的坚信感等,都是理智感的不同表现形式。

理智感是在认识过程中产生和发展起来的,反过来又推动人的认识活动不断深化,成为人们认识世界和改造世界的强大动力,激励人去积极地从事各种智力活动,并从中体会到真正的愉悦。

3. 美感(aesthetic feeling)

美感是根据个人的审美标准评价事物时所产生的内心体验。它是人对自然和社会生活的一种美的体验。如对自然景观的赞美,对名胜古迹、历史文物、文艺作品的欣赏,对一切丑恶现象的厌恶、鄙视等都是美的体验和表现。

美感受多种因素的影响。首先,美感与人的鉴赏能力和必要的知识经验有关。其次,引起美感的感受不仅有赖于事物的外部特点,同时还有赖于事物内在的特征及其意义。第三,美感受人们对不同美的需要所制约。同一事物,由于不同的人有不同的审美标准,就会产生不同的美感。

美感受社会历史条件的制约。不同的社会、不同的阶级、不同的民族有不同的审美标准,因而有不同的美感,但人类共同的美感也是有的,如"桂林山水甲天下,古今中外人人夸",就是这种人类共同的美感写照。

二、情感性广告的说服作用

广告是一种说服,情感交流是最好的说服方法之一。广告将情感导入品牌与消费者之间,寻求联系品牌和消费者之间的感情契合点,以情感的交流建立沟通的平台,以一种温和的手段使品牌深入消费者的心,将积极情绪与一个品牌连接,充分表达了欢乐、自豪与品位的体验享受,从而有效地对消费者进行说服。

(一)情感性广告的含义

情感性广告(feeling advertising)是指通过向目标对象作感觉和情绪的诉求,以激发消费者的购买冲动,从而促成购买行为的一种广告类型。情感性广告能充分考虑目标消费者的特定心态,选择恰当的角度,借助良好的艺术形式,将感情的定位把握好,以有效的手段强化品牌所特有的情感色彩,并以此契入消费者的心扉,最终实现购买行为。情感性广告具有以下特征:

1. 情有独钟

由于情感性广告以情感诉求为重点,因此,它总是撇开商品的原料、性质、特点、功能和用途等,而尽力去发现和挖掘隐藏在商品上最能打动人心的情感因素和情感力量,把亲情、爱情、友情等情感融入其中,不仅让广告具有生命力,更重要的是它能够让消费者从广告中找到情感寄托并产生情感共鸣。例如,一位老大娘与几位村姑在山村的小溪旁洗衣服,老大娘边洗衣服,边停下来捶打酸痛的腰背。这时画外音放出轻柔而深情的女声:"妈妈,我又梦见了您;妈妈,我送给您一件礼物!"紧接着,画外音是深情而饱含磁性的男中音:"威力洗衣机,献给母亲的爱。"这则广告抓住了长大成人的儿女们想回报母爱的急切心理,展开了情感攻势,从而深深地打动了儿女们的心,促使其化内在的爱心、孝心为外在的购买行为。

2. 顾客至上

因为情感性广告诉求的重点不在商品本身,所以它强调的也不再是物与人的关系,而是人与人的关系,更多的是对人性的关爱,这便最大限度地缩短了商品与顾客之间的距离,增加了顾客对商品的亲近感和亲切感,从而使"顾客是上帝"这一商业宗旨得以最充分的体现。中国移动动感地带(M-zone)广告是一个体现生活态度的广告。动感地带是为时尚年轻人量身定制的移动通信客户品牌,它除了基本的通信功能外,还设计了很多年轻人喜欢的新奇、好玩的附加产品,像彩铃、彩信、GPRS网络、游戏等,它为年轻一族创造了一种即时的、方便的、快乐的新生活方式。它的广告语"我的地盘,听我的",将年轻人张扬的个性显露无遗,因此很快就获得了年轻人的普遍喜爱。

3. 商业味弱化

非情感性广告为了使商品信息给顾客留下深刻印象,常常对商品信息给予特别的强调,这样"卖方"与"买方"的地位泾渭分明,买卖性质十分明显,商业味道相当浓厚,其效果往往适得其反。而情感性广告充分考虑了大众的接受心理,以幽默、戏谑的形式进行着广告意识形态表达,以弱化商业味道来达到营销效果的相对强化,从而避免"卖瓜之嫌"。

4. 润物细无声

情感性广告要实现劝服效果不是教条式的说教,而是选择人们熟悉的题材,平中见奇,以平等的姿态以情晓理,以情动人,耳濡目染,潜移默化,让人们在共通的情感中不知不觉地接受观念。例如:小男孩的妈妈工作一天了,带着一身的疲倦还给婆婆洗脚。这个孩子看到了,也打了一盆水给他的妈妈洗脚。窄窄的楼道里那不太稳健的脚步,还有那激荡起来的水花,更加表现出祖孙三代浓浓的真情! 这则公益广告在社会上引起了很大的反响,许多城市的中小学为此还发起了"为妈妈洗脚"的活动。

5. 物超所值

作为物质形态的商品,本来并不具备心理附加值的功能,但通过适当的情感性广告宣传,这种心理附加值便会在消费者心中油然而生。一位美国广告学者指出:"广告本身常能以其独特的功能,成为另一种附加价值。这是一种代表使用者或消费者在使用本产品时所增加的满足的价值。"人们购买和消费商品的时候,既有物质性需要又有精神性需要,并且这两类需要常常处于交融状态。如衣服在物质上能够为消费者保暖,这是服装最基本的功能,但同时服装品牌所传递出来的还有生活品位的象征等精神方面的需要。

正是由于情感性广告独特的魅力,这一广告形式得到越来越多的广告人和广告大师的肯定。广告大师纪文凤说:"广告不应只是触发'购买动机',而是为商品及消费者展开一段长久真挚的友情。"日本著名广告专家川胜久在其《广告心理学》一书中更加明确地指出:"使用情感性的传播,而且传播又符合事实,再将宣传性质与公共关系性质折中,则属于最上乘广告。"

(二)情感性广告对说服的作用

情感性广告对说服的作用具体表现为,积极性的情感反应会导致对广告中特定品牌或商品的积极态度,即一则令人兴奋或充满亲切感的广告会使受众对该特定品牌或商品产生好感。情感性广告可以通过直接的方式对说服起作用,也可以间接地对说服起作用。

1.直接作用方式

情感影响态度的直接方式最容易产生在下列场合:人们不太了解对象和信息加工的机会较少。

(1)经典条件反射(classical conditional reflex)。富有吸引力、令人高兴的言语刺激或非言语刺激(无条件刺激)能引起愉快的情感反应(无条件反射),最终将导致无条件刺激与特定广告品牌或商品之间的联系。其实,广告本身仅仅是引起情感反应,但是如果反复给消费者暴露这些广告,广告的品牌或商品本身同样会引起愉快的体验,即所谓条件反射。在这里,消费者有意无意习得的积极的态度和行为,并没有改变其对品牌或商品的信念。而引起情感反应的广告刺激,也并不需要在逻辑上同广告品牌或商品发生联系,只要在时间上将情感刺激同特定的广告品牌或商品相联系。

(2)模仿(观察)学习(imitation or observing learning)。观察学习是通过观察,而不是通过体验或操作性条件反射实现的。通过模仿式的学习,人们可以习得新的、更强的态度和相应的行为。具体来说,即观看广告模特的活动及其情感体验,消费者自己得到同样的体验和感受。而模特的活动与情感体验是同使用或不使用特定的广告品牌或商品联系在一起的。

2.间接作用方式

间接作用方式是指通过对信息的加工过程的影响,而间接影响态度的变化。情感对信息加工过程的影响,一种表现为当情感同显示的材料(内容)相符合时,人们的回忆要比对不相符合的材料回忆得更好。而且在提取记忆的内容上,积极的和消极的两种情感体验会导致不同的倾向性,即各自倾向于不同性质的记忆内容。在信息加工程度上,对于令人振奋的说服信息,积极情感体验者比消极情感体验者了解得更多,而对于令人沮丧的说服信息,则相反。这些都表明情感影响信息加工过程的认知反应,进而影响其态度的变化。情感在说服过程中的作用和受众的精细加工水平密切相关:当受众的精细加工水平较低时,情感直接影响态度的变化;当受众的精细加工水平高时,说服内容受到仔细思考,情感的作用则通过认知反应的中介作用,间接影响态度的变化。

三、广告的情感反应模型

当一则广告暴露给受众时,消费者是如何对广告做出情感反应的? 消费者一般有两方面的反应:认知的反应和情感反应。通常,认知的反应导致对该广告信息的了解,即事实的学习;

而广告引起的情感反应，又分为肯定和否定的两类。肯定的情感反应（亦可理解为积极的情绪体验），诸如热心、快乐、精力充沛、主动等；否定的或消极的情绪体验，如懊丧、压抑、焦虑、生气等。见图 13－3。

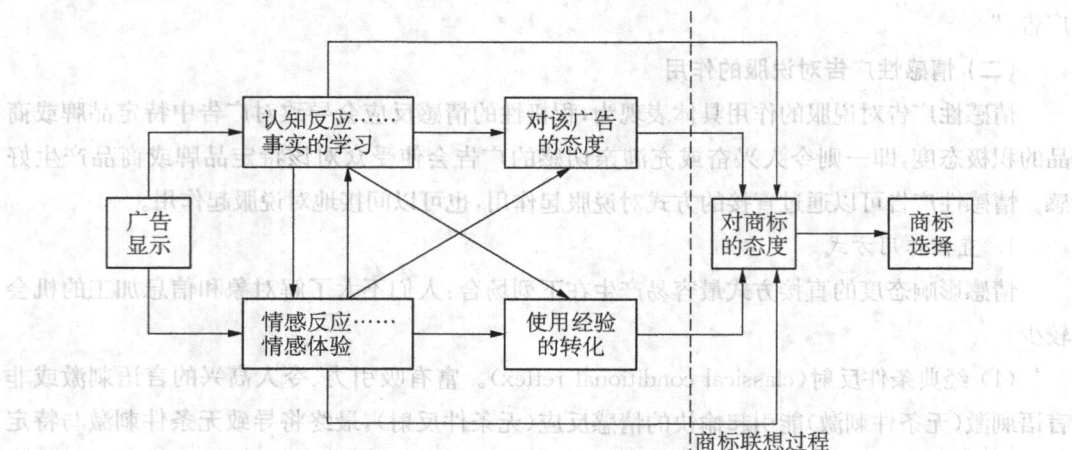

图 13－3 对广告的情感反应模型

（资料来源 马谋超. 广告心理学基础[M]. 北京师范大学出版社，1992 年版：227. ）

在消费者对广告的情感反应模型中，情感的影响有四个方面：

（一）情感影响认知

广告不仅能引起人们的情感体验，而且也能加深人们对所宣传信息的理解和回忆，作用于认知反应。当情感同广告显示的内容一致时，人们的回忆要比不一致时更好。

（二）情感影响对品牌或商品的选择

情感反应可以通过经典条件反射同特定品牌或商品联系起来，影响人们对广告的态度和转化使用经验，从而影响对品牌或商品的态度，并进一步影响对品牌或商品的选择，决定人们是否购买该品牌的产品。

（三）情感影响对广告的态度

广告可以引起情感，进而影响对广告的态度。例如，一家起重机厂的路牌广告是"买、借都可"，它使客户颇有好感。又如，"工作着是美丽的"这则公益广告就获得了人们普遍的好感，人们也给予了它较高的评价。

（四）情感的作用还可以转化为使用该商品的经验

人们看广告时感受到广告中角色所有的情感后，经过自身实践和广告宣传的不断重复，会由广告所激发的情感转化为使用的体验。有时它能促进对过去体验的回忆，有时还会引起新的情感的联想。这些联想也进一步丰富了广告的表现领域。例如，"万宝路"广告牌中那个策马飞驰、雄赳赳的西部牛仔能在观众心目中产生"渴望做个自由的男子汉"的情感，而吸烟者在广告影响下也会把该情感和自身的幻想联系起来，在吸烟时自然而然会产生这些体验。同时，他又自由地把这些体验加以丰富，充实到广告的画面中去，使情感和体验之间建立起持久的关系。

该模式图还指出：对广告的态度、使用经验的转化及情感反应也会受到认知活动的影响。尤其是情感反应，它与认知反应的联系更为密切。一方面，人通过回忆自身体验，结合广告中的景象，激发自身情感，同时这些情感又巩固和加深了我们的认知。举个例子来说，电视广告画面上，好友聚会时主人拿出雀巢咖啡来招待，雀巢咖啡被染上了一层感情色彩，充满和谐、亲切的情感，暗示它是聚会时招待亲友的最佳饮料。消费者也会受到感染，认为喝雀巢咖啡是亲朋好友聊天聚会的象征。另一方面，一则认知性的广告，即使它没有任何感情的因素，也可能引起人们的喜爱和厌恶。比如人们在看电视连续剧时，正看到剧情紧张的时候，突然插播了一则广告，不管这则广告如何精彩，多少都会使观众产生厌烦的情绪。因此，情感反应和认知反应两者是互相影响、互相作用的。

四、广告的情感诉求

俗语说"天老情不老"，情感是人类永恒的话题，以情感为诉求重点来寻求广告创意，是当今广告发展的主要趋势。因为在一个高度成熟、物质日益丰富的社会里，消费者不仅仅注重商品的性能和特点，他们更看重的往往是商品带给自己的附加值，也就是找到商品与自己情感的一种共鸣，这种观念深深地影响着消费者商品的评价及选择。所以，商品要在市场上谋求长久牢固的地位，单纯地依靠理性诉求是远远不够的。要维持并强化理性诉求的功效，尚需借助于情感诉求。情感诉求是指广告制作者通过极有人情味的诉求方式，极力渲染美好的情感色彩，把产品塑造成人际或心理角色，传达商品给人们带来的种种精神享受，给商品融入优美动人的生命力和丰富的情感内涵，加强形象的审美性，促成受众对商品的审美观赏与接受。常见的情感诉求方式有以下几种。

（一）以人类的情和爱为主题的诉求广告

人间的亲情是人类情感世界中最基本的需求，也是人们永远歌颂不尽的主题。在商品广告中，如能恰当地利用亲情的情感信息，捕捉人们的真正内心需求，表达人们的心灵感受和情感以及作为人所特有的生存状态，就会使观众倍感亲切，在一种颇有同感的气氛中理解并接受新的商品信息。与此同时，在心理上减弱了推销引起的隔膜感。

例如，台湾维他奶广告就是很好地把亲情融入现代广告的成功典范。广告的故事情节十分感人，充溢着醇厚的乡土气息：一位少年暑假回乡探望从未见过面的祖父，很有些"近乡情更怯"的神色。等他终于见到祖父时，心情有些不安。随着时间的推移，他与祖父建立了深厚的感情，当他不慎摔伤了膝盖，年迈慈祥的祖父给他小心地敷药、按摩……淳厚真挚的亲情似流淌的温泉，融化了祖孙之间的一切隔膜。暑假很快过去了，祖父送孙子到火车站。开车前，祖父迈着蹒跚的脚步越过铁轨，爬上对面的月台，在小吃店买回一盒维他奶给孙子途中解渴。火车开动了，祖父的音容渐渐地远去了，而祖父脸上淡淡的愁容和艰难地越过铁轨的背影却永远刻进了孙子的心田。此时，画面水到渠成地显现字幕"始终的维他奶"。浓郁的亲情永远地流在儿时的河里，不由得让人们再一次回忆少年时难忘的经历。

这则广告没有投入过多的理念，但却十分成功，它着力挖掘出民族传统情愫的一种深厚积淀——舐犊之情。据说广告播出后，许多人眼里含着泪光，而维他奶也迅速地挤进了台湾饮料市场。

维他奶广告中祖父的"背影"使人想到著名散文家朱自清的名篇《背影》，两者都是用闲淡的基调营造出浓厚的情感意境，唤起了受众内心深处的亲情情结。

除了以亲情为诉求的广告外，以美好爱情、友情、乡情为题材来表达广告主题，是当今广告设计中被广泛运用且行之有效的一种表现手法。如"百年润发"广告中回眸一笑的周润发演绎的动人爱情故事；麦氏咖啡广告："朋友情谊，贵于至诚相处，互相支持帮助，互相激励。啊，滴滴香浓，意犹未尽！麦氏咖啡，情浓味更浓！"

这些广告的一个共同特点就是利用富有情感色彩的心理渗透，首先调动起观众的感情，使其沉醉于广告形象所给予的愉悦和认同中，进而在潜移默化中接受暗含于广告中的商品信息，并且促成最后的购买行动。但是如果商品广告变成了一厢情愿，滥用感情，就会让人感到厌烦，从而产生对它的抵制情绪。这就是目前电视广告里出现千篇一律、没有独特个性的男女篇、子女孝敬篇、父母疼爱篇都无法吸引消费者的原因。

（二）以怀旧为主题的诉求广告

人类还有一种独特的情感，那就是喜欢怀旧。人们总是对往日珍贵的生活经验、人生体验和感受难以忘怀，常常会情不自禁地沉醉在对昔日美好的追忆和回想之中。商品广告如果运用那些浓郁的怀旧情调，激发消费者内心深处的甜蜜回忆，同时赋予商品特定的内涵和象征意义，就会建立起目标对象的移情联想，通过广告与生活经历的共鸣作用而产生良好的效果和强烈的震撼。

美国的"贺轩"万用贺卡直接以"怀念"为诉求，广告是这样的：老祖母打算卖掉生活了大半辈子的小楼，搬到一套公寓去住。故事以轰响的卡车冲进小院开头，老祖母就要向度过大半生的小楼告别了。就在这时，她的孙子在灰蒙蒙的阁楼上发现了一大叠亲友寄给老祖母的贺卡。当祖孙俩一张张翻阅着这些卡片时，不禁勾起了老祖母同儿孙们一起度过的美好时光的回忆。在这告别时刻，充满惆怅的音乐催人泪下，祖孙俩完全沉醉在其中，全然不顾楼下一声声的催促。时光逝去，感情永存。这些问候珍藏着老祖母一生中美好的回忆。广告以充满感情的画外音结束："问候卡使您一生中最美好的时光永驻。当您真正关心、怀念一个人时，请寄上一张最好的问候卡——贺轩万用贺卡！"

这则广告的成功之处，就是利用人们的怀旧情结，使广告宣传的品牌轻易地突破了人们对广告的抵触防线，让消费者在这浓郁的情调中自然而然地认同并接受广告宣传的信息。

（三）以快乐为主题的诉求广告

快乐能给人们的精神带来愉悦和享受。一幅美丽的图画，会使我们想象到一片真实的风景；一首动听的歌曲，会让我们沉醉在美妙的遐想之中；一个诙谐的小品，会使我们在忍俊不禁中获得启发，从而产生情感上的快乐。在情感诉求的广告中，特别是以女性和儿童为诉求对象的广告，大多洋溢着快乐和喜悦的情调，这类广告通常是快节奏的音乐烘托着热闹的气氛。如喜之郎广告中，随着画面的展开，背景音乐随即响起，一个动听的声音向我们娓娓道来："欢乐健康，美味营养"，柔美的女声唱腔，温馨融洽的画面带我们走近喜之郎，并让我们沉醉在喜之郎的欢乐开怀中。这些广告以快乐的情感渗透，热切调动起观众的欢乐情绪，使其沉醉在欢乐氛围中,从而愉快地接受广告中的商品信息。

(四)以恐惧为主题的诉求广告

恐惧的诉求指的是,通过特定的广告引起消费者惧怕及有关的情绪体验,如惊恐、厌恶和不适等。广告商试图通过它,以期使消费者按照该广告传播的要求,改变其态度和行为。这类广告应用得最多的是那些有关免受财产损失和人身安全的产品。如家庭保险的诉求旨在免受财产损失;而各种劳保用品的诉求,则在于保证人身安全或身体健康。还有一些恐惧诉求广告,经常用于戒烟、防癌等公益广告中。恐惧诉求广告会使人产生恐惧,给人留下难忘的印象。不安、忧虑、胆怯都是恐惧的变相,它能打破人的希望、勇气,夺取人的幸福、快乐,使人们痛苦不安。因此,人们对它怀有本能的憎恨和强烈的抵抗情绪,广告创意者恰当运用恐惧这种情感,会产生意想不到的效果。

最典型的恐惧广告是美国的一则戒烟广告:美国著名的光头演员尤伯·连纳身患绝症,面对摄影师说了一句话:"我将不久于人世,我吸烟太多,吸烟会致癌,请不要吸烟。"他死后,电视台立刻推出这则广告。尤伯·连纳的蜡黄的脸,深沉的语调,实在令人悲伤和恐惧,给人留下难忘的印象。

然而,并非所有恐惧诉求的广告都能达到预期的效果,它的有效性往往取决于诉求的适宜程度。有一项实验通过施以不同程度的威胁,考察其说明的效果。前两种强威胁是:"牙齿的保养差,就无法补救";"牙齿的保养差,定会坏掉三个蛀牙";第三种威胁是中等程度的;第四种是无威胁。结果,受到强威胁的被试真的害怕了。可是,一周后却只有受到中等程度威胁的那组被试,最服从说服的内容,而最强威胁的那组与无威胁的那组被试之间,说服度没有差别。也就是说,威胁太强,反而无效果。一般说来,恐惧或威胁的诉求太强,可能激发消费者的防御机制,而导致对面临的问题产生回避反应。所以,恐惧诉求应依据目标消费者和产品的不同而确定。例如,应用惧怕的诉求于戒烟的宣传,如果目标消费者是青少年(不会吸烟者),强的"惧怕"诉求可能会使他们遵照广告的要求去做;若目标消费者是那些有烟瘾的烟民,强的诉求便可能引起他们的回避。

(五)以幽默为主题的诉求广告

现代生活节奏日趋加快,如果广大消费者再被那些"欲购从速"的紧张广告所包围,就会使他们感到神经衰弱。相反,在风趣的笑声中感受纷繁的市场,则让人觉得商品大潮丰富多彩。幽默是人们的一种精神调节剂,它可以减少人们的压抑与忧虑,有益于机体的健康,维护心理的平衡,给人一种轻松愉快的感觉。例如,以色列航空公司有这样一则广告:"从现在起,大西洋将缩短 20％!"又如某打字机的广告语:"不打不相识";某电扇广告:"×××牌电扇是'吹'出来的";法国一印刷公司的广告语:"除了钞票,承印一切。"这种语言上的风趣幽默,可使单调的文字变得生动有趣。

在情感诉求广告中,恰当地运用幽默,不失为一种广告妙计,它能使人们在令人捧腹的笑声中获得商品的信息,产生对商品的好感。但是,幽默广告也隐含着一些危险性:一是逗人发笑却较少有说服力,而缺乏说服力的广告是难有好的促销效果的;二是可能把一个应该严肃对待的事情当成儿戏。有关资料表明,银行、保险公司等是很少采用幽默广告的。因为金钱、财产、生命和死亡，都不是取笑的对象。

（六）以美感为主题的诉求广告

美感是人们按照一定的审美标准，对客观事物，包括人在内的欣赏、评价时产生的情感体验。它包括自然的、社会的和艺术的三类。一切符合美的需要的对象都可以引起美的体验。美感是一种积极的情感体验，追求美是人所共有的心态。因此，善于以此进行情感诉求，有可能获得动之以情的效果。例如，近视的人，为了正常地生活和从事各种活动，不得不戴上眼镜，作视力矫正。但是，戴上眼镜之后就可能失去原有的青春活力。这种充满忧虑、矛盾的心理，不知使多少年轻近视患者在矫正视力时犹豫不前。

为此，美国的博士伦眼镜广告诉求是："美国博士伦软性隐形眼镜，美化您的眼睛，它让您摆脱框架的遮挡，还您美丽的眼睛和俊俏的面容。博士伦更美化您的生活，它让爱情在目光中充分流露，使您爱情甜蜜，有情人终成眷属；它使您在舞会上受人欢迎；事业中一帆风顺；运动时无拘无束。它可能是您一生的转折点。美国博士伦是世界最薄的隐形眼镜，中心最薄只有0.035毫米，柔软如水珠，戴在眼内和没有戴镜片一样轻松舒适。"这样以情动人的广告诉求，给人以美感体验，自然会引起近视患者情感上的共鸣，促成进一步的购买行动。

（七）以亲切感为主题的诉求广告

亲切感反映的是肯定的、温柔的、短暂的情绪体验。它往往同时和生理的反应及有关爱、家庭、朋友间的关系相联系。在这个维度上，经常使用的情感内容有：和蔼的、温柔的、真诚的、友爱的、安慰的等。广告画面中人物的亲热关系，如一对深情夫妇，母子间的关爱。爱的诉求是最常见的一种。例如，儿童的各类商品就常常建立在母爱的诉求上，甚至也有可能不是他们的专用品。南方炎热的夏天，解热是所有人的生理需求，而年幼孩童的饮食起居更令父母关注。于是×××牌电风扇广告，把"柔柔的风，甜甜的梦"奉献给天真活泼的孩子们。而孩子们熟睡中甜美的梦，更激发天下父母心中一份强烈而深厚的爱意。又如，孔府家酒广告准确地抓住中国文化传统重视家庭伦常的文化心理，突出一个"家"字，取亲情为诉求点，大力渲染了回家、团圆的场面，使用多种能代表中国文化的物象，如酒坛、书法等，来烘托其乐融融的家庭氛围，向受众传达孔府家酒所蕴涵的文化精神，以求获得受众对孔府家酒的认同感。1995年，孔府家酒销量名列全国酒类第一的业绩，充分证明了孔府家酒广告创意的高明。

亲热的程度是可以通过实验来测定的。实验是这样操作的：在监视器的屏幕上显示出一则广告，然后将一份主观量表提供给被试，以测量其观看广告时的主观感受。该量表可以由若干亲热等级构成，诸如激动得含泪——热情——中性——缺少亲切感。皮肤电（galvanic skin response, GSR）作为亲热度的生理指标也在研究中被使用过。艾克（D. A. Aaker）等人对此测试了6幅广告，并表明亲热度与皮肤电之间的相关程度平均达到0.67。他们的实验显示了一系列广告有效地改变着所感受的亲热度，而且亲热度又确实有助于广告的说服作用。艾克的研究还发现，亲热的广告效果和幽默的或不受欢迎的广告相比，消费者对广告的喜爱、对广告内容的回忆以及购买意向都要好。

（八）以广告元素为主题的诉求广告

在广告设计中，颜色、插图、标题、文案、广告歌曲等元素，都可能和一定的情感体验发生联

广告心理学（第二版）

系。因此，它们常被用来诱发特定的情感。

1. 颜色

颜色是广告中重要的元素之一。如果没有了颜色，生活将失去色彩。各种光波进入人的眼帘，就会引起一系列的联想活动，而且还能引起不同的情感体验。在日常生活中，人们已经把特定的颜色和一定的对象以及心境或情绪体验联系在一起。一般红色和节日、喜庆有关，另外，还会与火、血、危险建立联想；橙黄引起阳光明媚、充满希望的感受；绿色使人联想起春天、万象更新的景象；蓝色与天空、海洋发生天然的联系；洁白更容易与纯洁对应；灰黑则令人伤感不安。

在运用颜色技巧诱发消费者情感时也要注意遵循一定的规律。如在设计食品广告时，一般不用蓝、绿色，因为这些颜色容易使人联想到腐烂、发臭，令人恶心倒胃口。日本颜色研究专家河野友美曾进行吃西瓜的心理实验。她让一些被试对比吃红色西瓜汁和黄色西瓜汁，当问他们哪种颜色的西瓜汁甜时，大多数人都说红色的比黄色的甜，但实际上红色西瓜汁是从黄色西瓜汁中分出一部分染上红色而已。由此可见，红色使人产生了肯定情感，人在主观上会产生更甜、更愉快的情感。为了使颜色能充分地发挥作用，广告创造者应把颜色诉求和主题诉求联系起来。"喜盈广"酒的广告中运用了大量的红色、橙色，营造了一种热闹的喜庆场面，观众被广告所感染，也会产生热烈、亲热的情感。"雪碧"作为夏天的饮料，广告制作者巧妙地利用了颜色的含义，在观众眼前展现出大海、天空的迷人景色。天是蓝的，海也是蓝的，再加上"雪碧"绿色的包装瓶，这一系列冷色调在炽热的夏日给人们送来了丝丝凉意。虽然气温并没有降低，可消费者感觉却凉爽了不少。"柯达"彩色胶卷为了突出其色彩艳丽、逼真的特性，在户外广告中运用了大量红色、橙色、黄色和紫色，颜色鲜艳，特别引人注目。

2. 插图

广告插图包括绘图和照片，更容易直接展示和唤起人们美好的联想和积极的体验。例如，在那张著名的"希望工程"招贴画中，小姑娘瞪大眼睛渴望求知的神情特写，表现出强烈的情感冲击力，深深地打动了千万人的心。又如，三峡牌的油漆广告画，仅用红、绿、蓝三原色简练、豪放而巧妙地勾画出一幅三峡的图案，既表现了险峻壮丽的自然景色，又点明了它宣传的主题。这幅插图连同它的商标名称一起，诗情画意跃然纸上，具有强烈的情感效果。

3. 标题和文案

标题在广告中常起着画龙点睛的作用，具有鼓动力。例如，阿兰·德隆太阳镜的广告在呈现英雄"佐罗"的眼上戴着广告指称的太阳镜的画面时，标题语是"魅力体现"。又如，荷兰DDB广告公司为一家保险公司做的广告"请给我们打电话"。这类广告语，娓娓动听，并给人以真诚、诚恳的感受，情深动人。

文案的表述可以更富有感染力。例如密山葡萄酒的一则广播广告："在茫茫苍苍的完达山下，烟波浩渺的兴凯湖畔，有一座古山环抱的县城——密山。密山，甜蜜的山，每当金秋季节，漫山遍野熟透了的山葡萄、紫梅、金梅万紫千红，美不胜收。以野生山葡萄和各种山果为原料酿成的葡萄酒更是盛名传南北、香飘万人家。几年来，密山葡萄酒厂的'味可思'双瑰酒在全省评比中，质压群芳，名列榜首。饮一杯密山葡萄酒吧，您就会感受到密山人炽烈的情怀；喝一口密山葡萄酒吧,您会感谢完达山的奉献!"这则广告中优美而富有情感的语言,把万紫千红的自然美景、密山人炽热的情怀和甜蜜的美酒一起奉献给了消费者,听起来十分悦耳。

动听的语言并非是过分夸张、华而不实的言辞。动情在很大程度上取决于广告信息的可信和真实。

广告中的字体和情绪色彩也有一定的联系:快活的心境往往与弯曲、明亮的美术体对应;而悲伤的、威严的心境,则更常与角型的和粗体型的字体相联系。

4. 广告歌曲

广告中优美的旋律、富有情趣的歌词也会产生强烈的感染力。广告歌曲既可以用来表现广告主题,又可用作背景加强广告效果。过去的"燕舞,燕舞,一曲歌来一片情",近年的"更多选择,更多欢笑,就在麦当劳"和新近麦当劳的"I am loving it"背景音乐都是这样的例子。

案例分析

南方黑芝麻糊

下面是"南方黑芝麻糊"的电视广告。

"黑芝麻糊哎——"伴随着一阵亲切而悠长的吆喝声,画外音:"小时候,一听见芝麻糊的叫卖声,我就再也坐不住了。"

一个浑厚的男中音,伴随着这深情的回忆,电视屏幕上出现了江南小镇一条街巷的夜景:橘红色的灯光,从路边店堂内射出,与这相呼应的是芝麻糊担子上的油灯一来一去有节奏地摇动。小巷深处响起的极富南方口音的叫卖声,随之出现一张兴奋的脸——一个小男孩舔黑芝麻糊的情景。随后,又传来男主人公浑厚的声音:"一股浓香,一缕温暖,南方黑芝麻糊!"

广告中的男主人公已经讲完了他"小时候的故事"。但是电视机前的观众或许不由得想起了自己小时候吃过的一块烤红薯、一根油条、一碗豆花……

这样的回忆和联想会使您在逛超市时,下意识地在货架上搜寻那带着"一股浓香,一缕温暖"的南方黑芝麻糊。

电视广告"南方黑芝麻糊"的制作者蔡晓明在总结该广告的成功经验时说过:"人类借助科技进步,以越来越快的步伐告别过去,远离自然。脚步急匆匆地追随现代文明,心灵又常常眷恋往日时光……本则广告便是在这种不平衡的心态中给予人们某种填补,某种满足,它刻意在美味的芝麻糊中投入了'戏剧性'和'人情味'的东西,自然而不做作,更无卖瓜之嫌……"

这个案例相当出色地运用了情感诉求的方式,取得了很好的社会效益和经济效益。它所表现的情感显得十分亲切。每当我们看到这则广告时,不仅为其中的"戏剧性"所吸引,更为其"人情味"所深深打动;不仅如闻芝麻糊的"浓香",而且因关爱所激起的"温暖"感也在心头油然而生。

态度是一个人对特定对象以一定的方式做出反应时所持有的评价性的、较为稳定的心理倾向,其特征表现为对象性、习得性、内隐性和稳定性与可变性等。情感、认知和行为倾向性是态度结构的基本成分。丹尼尔·凯茨区分了四种态度功能,即效用功能、价值表现功能、自我防御功能和知识功能。

不同理论派别对态度的形成有各自不尽相同的解释,主要有学习理论和诱因理论。态度形成的影响因素主要有需要、知识、个性、群体和文化等。

态度的改变有许多理论解释,如态度分阶段变化理论、平衡理论、认知失调理论、精细加工可能性模型(ELM)等。影响态度改变的因素主要有态度本身的特性、消费者自身的因素和广告宣传等。

情绪和情感都是人们对客观事物与其需要之间的关系产生的主观体验。情感具有两极性,可分为道德感、理智感和美感。消费者对广告的反应有认知反应和情感反应,情感反应又分为肯定和否定两类。情感性广告可以通过直接或间接的方式对说服起作用。情感诉求可以通过极有人情味的诉求方式,给商品融入生命力和情感内涵,促成受众对商品的审美观赏与接受。

关键术语

态度、态度的效用功能、价值表现功能、自我防御功能、知识功能、态度的改变、态度分阶段变化理论、平衡理论、认知失调理论、精细加工可能性模型(ELM)、情感反应模型

复习思考

1. 什么是态度?态度的组成成分和功能是什么?

2. 简介态度形成的主要理论。

3. 影响态度形成的因素主要有哪些?说明其在广告宣传中的应用。

4. 简述态度改变的主要理论。

5. 结合广告实践说明影响态度改变的因素。

6. 试述情感性广告的说服作用。

7. 介绍广告的情感反应模型。

8. 结合某个广告实例说明广告中的情感诉求。

推荐阅读

1. 赛来西·阿不都拉,季靖.广告心理学[M].杭州:浙江大学出版社,2007.

2. 李彬彬.设计心理学[M].北京:中国轻工业出版社,2001.

第十三章 广告说服与人的态度和情感

第五编
广告心理效果测定

在整个广告活动中,广告效果是最令人重视的问题。它既是广告活动的出发点,也是其落脚点。一项广告活动,制定详细的广告计划,投入大量的广告经费,耗费许多的人力物力,目的就是要有比较理想的广告效果。然而,广告效果又是一个复杂的问题。那么,广告效果具体指的是什么?广告的心理效果又是什么?它们是如何发生的?又通过什么样的方法测定检验?这就是本编所要讨论的内容。

第十四章　广告心理效果测定的理论与方法

本章将着重介绍广告心理效果测定的有关理论与方法问题。广告是否有效,必须通过对广告效果的测定才能了解到。测定可以让广告主和广告人发觉其广告构想中的问题,预测广告可能达到的效果,正确评价广告活动的结果,了解广告作品中的特别之处,发现广告作品中存在的问题,以使其更加完善。

第一节　广告心理效果测定概述

广告效果与广告心理效果的概念、广告心理效果产生的过程、特性以及广告心理效果测定的涵义等问题是本节讨论的主要内容。

一、广告心理效果的概念

(一) 什么是广告效果

广告活动过程是一个不断反馈,循环往复的动态过程。在广告活动开始之前,首先要对市场现状调查研究,然后对调查材料进行解释、分析和筛选,经过科学的判断推理,做出正确的决策,确定广告目标市场,决定广告目标,在此基础上制定全面详细的广告计划,按照计划组织实施广告。广告刊播之前,要进行调查、实验或测验,预测广告将产生的效果,修改和完善其不合理的部分;广告刊播之后,还要开展各种调查,测定广告活动效果,对广告活动做出正确评价。这些都是完整的广告活动过程中不可缺少的重要内容。

广告活动千差万别,商家所看重的广告效果也就各有不同。商家积压商品,亟须脱手时,所企求的是向消费者推销的广告效果;而一家企业的产品刚刚进入市场时,所需要的则是尽快在消费者心目中树立企业形象的广告效果;当产品销售顺畅、企业形象也不错时,商家持续的、有计划的广告宣传,可能是为了保持市场占有率和让消费者加深对厂家的了解而形成一种长期影响的效果。总之,商家所希望的"广告效果"是各不相同的。

我们这里所说的广告效果(advertising effectiveness),是指广告主把广告信息通过广告媒体传播之后所产生的各种直接或间接影响的总和。

一般而言,人们评定广告效果以广告宣传后销售情况的好坏为标准,这可以称之为广告的"销售效果"或"经济效果",即广告促进商品或劳务销售和利润增长的程度。但商品销售是整个市场营销活动综合作用的结果,广告活动只是商品市场营销组合中的一个方面,影响销售的因素除广告之外尚有许多,如竞争对手的状况、经济景气与居民购买力的升降、厂家降价、馈赠、售后服务、公关活动、品牌效应等等。如果把这些错综复杂、相互交织的因素完全排除，以为广告效果就表现在销售额上，那必然得不到正确的结论。而且，广告的效果也并非一旦发布就不变了。

由于广告发布后不一定直接促进商品销售，广告产生的销售效果也难以确切测定，所以，20世纪60年代出现的DAGMAR理论，就将广告效果与营销目标区分开来，把广告效果视为消费者对广告信息产生的认知、情感和态度等心理活动变化的过程，即广告的心理效果。也就是说，凡是消费者看到或听到了广告，就会对他产生影响和效果，不过这个效果与销售无直接的关系，它只是间接地起到促进销售的作用。消费者并非一看到广告就购买商品，而是有一个对商品的注意、接触、了解、产生兴趣、形成良好印象等一系列的心理活动过程，最后出现购买行为的。

广告宣传之后，除了产生经济效果、心理效果，还会产生一定的社会效果，即广告的传播是否对社会的文化、政治、艺术、法律、伦理道德等上层建筑和社会意识形态产生良好的推动作用。质量低劣、宣传失真、低级趣味、误导消费者的广告，不仅会把广告主、广告人自己逼入绝境，而且会降低整个社会的精神文明水准，成为一种社会公害。

广告对消费者的影响效果，一般可以分为三个方面：对企业经营的影响——广告的经济效果；对社会的影响——广告的社会效果；对消费者的影响——广告的心理效果。下面着重讲述广告的心理效果。

(二) 什么是广告的心理效果

广告的心理效果(advertising mentality effectiveness)，又称广告接触和传播效果，也有人称为广告本身效果。它是指发布的广告作品在传播过程中对接受者引发的心理效应的程度。接受者的心理反应越强烈，效果越明显。

广告心理效果是接受者在接收到广告信息之后，在接受者的知觉、注意、记忆、理解、情绪、态度、行为欲求等诸多心理要素方面产生的影响。它不是以直接的销售情况的好坏作为评判的依据，而是以"到达效果"、"知觉效果"、"记忆效果"、"态度变化效果"、"行为效果"等间接促进产品销售的心理因素作为评判的根据。

广告的作用，不是只提供资料，而是要造成说服的力量。广告可以创造消费，引导消费，也就是可以使消费者因广告而产生欲望，使欲望又能演变为有效需求，这样市场就被打开了。例如，在新的产品或劳务项目上市之初，广告可以以全新的观念诉诸消费者，采取反复诱导、多次示范等方式使他们接受新的消费观念和知识，进而唤起他们的初级需要的意念，打开新市场；在同类产品或劳务竞争激烈，但还存在潜在市场的情况下，广告则可以采用进入消费者心智的"定位"策略，重塑产品或劳务形象，刺激消费者的选择性需要，使其对已知产品形成新的需求意念，创造"名牌效应"，刺激消费者的潜在需求。

好的广告必须能满足消费者的心理需求，运用种种技术方法和手段引起接受者的注意，促进他们的记忆与联想，使其产生认知、情感和行为方面的变化，提供购买理由，诱发消费者的潜在需要和购买欲望，激发其购买动机，并使消费者感受到获得这种产品所带来的愉悦和满足。同时提高消费者对产品的知名、理解、偏好的程度，增进消费者的购买信心和信任感，并使他们形成指名购买的品牌效应。广告的心理效果，正是通过广告作品的宣传说服，影响消费者的心理活动状态，改变其心理和行为过程而表现出来的。

二、广告心理效果发生的过程及其特性

（一）广告心理效果发生的过程

广告心理效果是广告作品通过广告媒介，与受传者之间进行信息传递的过程中产生的。一般来说，人们对广告信息的心理反应活动经过以下几个阶段：

第一阶段：感觉器官感知广告信息，知晓信息的内容。这是心理反应过程的初始阶段。在这一过程中，首先是感觉，即感到信息的存在（如消费者看到、听到，或是二者兼有之）；然后是注意，对信息进行指向性的接收；最后是知觉，即了解广告信息的内容。这时，消费者的某种消费需要就可能被引起，产生购买倾向；但也可能在后面的阶段才会产生消费需求，激发消费动机。这往往由消费者当时的心理状态、需要情况、个性特点等所决定。

第二阶段：对广告信息进行思考、判别，并产生态度、情感和行为的反应。在这一过程中，思维对进入短时记忆或已进入长时记忆的广告信息进行思考、理解和评判，这一过程中信息储存时间的长短和储存量的多少、对所宣传的商品是否形成鲜明的品牌印象等较为重要；这时，给消费者提供一些知识，使其对广告所宣传的商品有所了解，就会产生兴趣，即由广告诱发的联想或好奇，由思维引起的心理反应的强化或弱化，对广告信息真伪的评价。认知评估之后，若产生对广告信息的偏好取舍，就会出现喜欢和积极的态度与情绪性反应；由于对广告信息反复接触的次数增多，亲近感和好感一般会增加，逐渐形成新的评判体系，使消费者接受广告的宣传，或改变消费者对该商品的情绪反应，形成积极的态度，进而激发购买需求和动机，并可能形成购买行为。若认知评估不满意，如广告信息的可信度低、认知不协调等，则会产生对该广告信息的弃置处理。

第三阶段：购买后的信息反馈及购买信念的形成。消费者购买广告商品后，其使用效果的体验形成反馈信息通路，返回传入认知评估系统和情感、态度系统。若使用效果不满意，或并非像广告所宣传的那样，则反馈信息最终会被抛弃；若使用效果满意，则反馈信息进入认知评估系统和情感、态度系统后，将使该信息的积极效果被进一步强化，消费者相信该广告所宣传的内容，态度趋向稳定，形成较稳固的信念和对广告内容或商品品牌的好感，并导致重复购买行为的出现，最终形成品牌效应，产生对该品牌的忠诚感。

在上述每一个心理反应环节中，都可能导致广告信息的舍弃、衰减或加强。这受许多因素的复杂影响，诸如广告作品、传播方式、媒介特点、消费者心理状况与个性特点等等。所以，广告要达到理想的效果，必须在广告的计划、设计、制作和运用等环节上充分重视每个阶段的特点，把握消费者的心理活动及其规律。广告心理效果的发生过程可见图14－1。

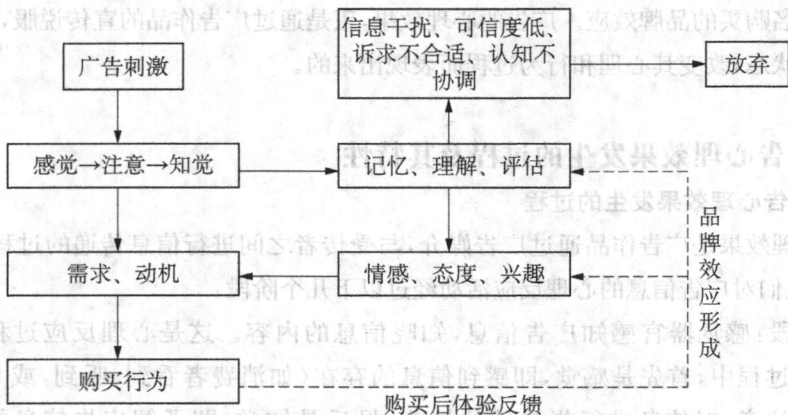

图 14-1 广告心理效果发生过程

广告心理效果产生的理论模型

1. AIDA 模型

该模型于 1898 年由美国的路易斯(Louis)提出,是广告理论中较为经典的观点。路易斯认为它既是消费者接受广告的心理过程,也是广告作品创作时应遵循的原则。AIDA 由英文 Attention(注意)、Interest(兴趣)、Desire(欲望)、Action(行为)的头一个字母组成,表示广告作用于消费者的一般心理过程为:首先引起注意,即从周围对象中指向和集中于某个特定广告,这是心理过程的起点,是一则广告成功的第一步(A);接着使消费者对引起注意的广告(商品)发生兴趣,产生肯定的情感体验(I);对商品产生兴趣以后,会感到需求,产生购买广告产品的愿望(D);最后采取行动,购买广告产品(A)。

在 AIDA 的基础上,后来有人加入了记忆(Memory)因素,变成 AIDMA,即注意——兴趣——欲望——记忆——行动,因为他们认为,由于广告与购买行为在时间上、空间上的隔离,使广告多数起着迟效性作用。如果广告内容不为消费者深刻了解,提高广告的记忆度,广告的作用就会大大减弱。广告内容的记忆,主要是通过广告的反复实施形成的。

上述理论产生于 19 世纪末"卖方中心"的市场观,它倾向于认为人是可以被操纵的、被动反应的生物。实际上,消费者对情境刺激的反应活动是主动的,也就是说,只有当他有某种需要,才可能去寻找可满足他需要的对象。如果根本没有这种需要(包括潜在的需要),广告作用的一系列过程是很难完成的。

2. DAGMAR 模型

1961 年,美国学者柯里(R. H. Colley)提出"以确立的广告目标测量广告效果"的

DAGMAR 法（即 Defining Advertising Goals for Measured Advertising Reasults）。他认为，消费者在最后确定购买行为时，一般经过五个态度变化的阶段，即：觉察（觉察广告中的商标或公司）→了解（理解该产品是什么，它可以为他们做什么）→信任（引起购买该商品的心理意向或愿望）→行动（掏钱买它）。这一模型被称为效果层次模型：

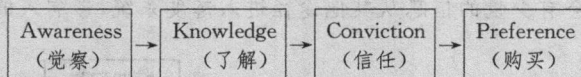

Awareness（觉察）→ Knowledge（了解）→ Conviction（信任）→ Preference（购买）

同年，勒韦兹（R. J. Lavidge）和斯坦纳（G. A. Steiner）也提出了他们关于广告心理效应产生的模型，不同之处是在"了解"和"信任"之间增加了"好感"和"偏好"（对该产品产生特殊好感）两个过程：

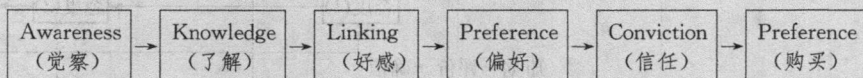

Awareness（觉察）→ Knowledge（了解）→ Linking（好感）→ Preference（偏好）→ Conviction（信任）→ Preference（购买）

罗杰（E. Rodger，1962）提出了另外一个模型：从未觉察到觉察→引起兴趣→作出评价→尝试购买→重复购买，形成对产品的忠诚。这被称为创新采用模型：

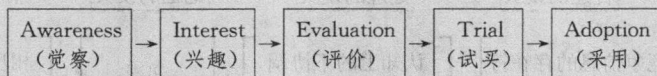

Awareness（觉察）→ Interest（兴趣）→ Evaluation（评价）→ Trial（试买）→ Adoption（采用）

3. TPSU 模型①

该理论模型如下：

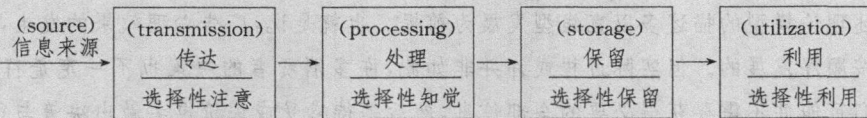

(source)信息来源→ (transmission)传达 选择性注意 → (processing)处理 选择性知觉 → (storage)保留 选择性保留 → (utilization)利用 选择性利用

这一理论认为，广告信息通过传达到达接受者感觉器官（主要是视觉及听觉），而信息被接受与否，与接受者是否注意这个信息有关，这称之为选择性注意（Selective Attention）；注意到的信息再通过知觉的处理，被承认、理解、分析或者拒绝，这称之为选择性知觉（Selective Perception），所处理的结果将形成一种态度，并关系到最终的行动，因而是广告战略的重点，即传达信息的关键在于如何把正确的信息传达给接受者；被认知的信息，极少数被立刻用来做出决定，大多数则被保存到记忆中，因而为防止被忘却，传递的信息就要易于记忆才行；保存记忆的信息，在以后的决策行动中会被再次提取运用。

如此，经过传达（Transmission）、处理（Processing）、保存（Storage）、利用（Utilization）四个过程，广告信息则被接受者所选择、接受。故传递信息者必须考虑如何发挥最佳的传播效

---

① 杨朝阳. 广告战略[M]. 台湾朝阳堂文化事业股份有限公司出版，1995 年 9 月，76—79。

第十四章 广告心理效果测定的理论与方法

果,使接受者经由选择后而去接收所传达的信息。

4. 知觉修正模型①

这一理论模型侧重于知觉的作用。进入知觉的广告信息,经过认识、感情和评价,产生共感或确信,进而形成态度,最后导致行动。在此过程中,也会有一些信息在传达或记忆的过程中丢失,同时也会有少量的信息从其他途径进入态度系统,影响人的行为(图14-2)。

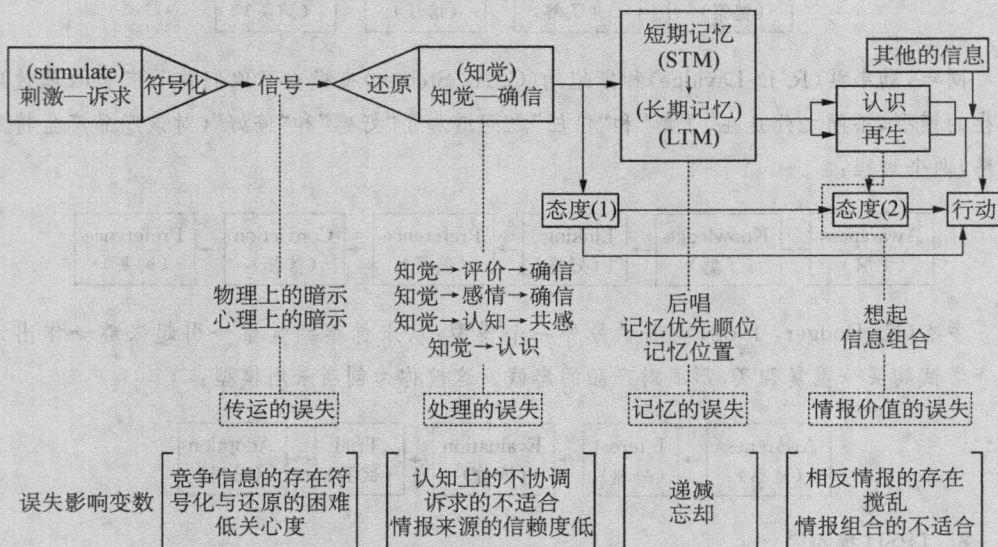

图 14-2 知觉修正模型

上述理论模型的描述多以直线型发展为前提。也就是说,广告心理效果的发生,是一步一步地按顺序发展的。但实际过程或许并非如此,许多消费者的决策也不一定是符合逻辑的。他们可能并不需要获得必要的全部信息,然后等待感受或评价再去做出决策与行动,甚至一些人也无须由广告来刺激,仅感觉该产品新潮就足够激发购买欲了。因此,上述模型对广告信息影响消费者心理过程的描述尚不够完善。

(二) 广告心理效果的特性

广告心理效果的形成是十分复杂的,其内部结构受许多因素的影响,因而在测定过程中要特别注意广告心理效果的以下特性:

1. 迟效性

所谓迟效性,是指消费者在接受广告影响时,由于时间、地点、经济条件等因素的限制,从接受广告——产生需求——实施购买行为的过程来看,不会都是即效性的,可能具有一定的滞后性,从而出现广告生效时间的推移。也就是说,虽然很多人看广告,但是马上购买广告商

---

① 杨朝阳. 广告战略[M]. 台湾朝阳堂文化事业股份有限公司出版,1995 年 9 月,76—79。

品的人并不多。时间上的迟效性使得广告效果不易马上看出来。所以，不能仅从短期内的销售效果上去判断广告效果。例如，一个人看到了某品牌牙膏的广告，但他要在旧牙膏用完之后才会买新的；而在他购买新牙膏时，可能记得，也可能早已将那个品牌的牙膏广告忘掉了。这种时间维度上的特性是测定广告效果时最大的困难。

2. 累积性

所谓累积性，是指广告的反复出现，每次都在加深消费者对广告产品或劳务的印象。因此，广告效果是多种媒介反复进行广告宣传的综合效果，很难测定单一的某一次广告的效果。例如，某广告连续登载五次，前四次消费者都未采取购买行动，到第五次广告时，产生了反应。这种反应不仅是第五次广告之功，也包括了最先四次广告所累积的结果。未发生购买行动之前，是广告效果的累积时期，应进行连续多次冲击，强化广告影响，才能使量的积累转化为质的飞跃。

3. 间接性

所谓间接性，是指有的消费者直接受广告宣传的影响产生了购买行为，而另一些消费者则是受广告直接影响的人的极力推荐导致了购买行为。这种效果就是间接产生的。譬如有三位关系密切的消费者，其中一位被连续播出的电冰箱广告打动并购买了该产品，使用一段时间后，便向两位朋友大力宣传其质量如何好，激起了二位友人的购买欲。这是一种连锁反应，即以原来的广告激发行动为因，产生了连续购买的效果。第一位消费者受广告影响而购买的广告效果容易测定，可是广告间接效果的测定却较难。

4. 复合性

广告是一种多元化的信息传播活动，它可以通过多种媒体组合来传播，同时又受到企业整体营销活动的影响，如公共关系、减价优惠、随货附赠、售后服务等的影响，因而广告效果呈现复合性。这就要从总体上掌握广告活动因素的规律，客观测定、评价广告心理的实际效果。

三、广告心理效果的测定

测定(measurement)就是根据一定的法则用数字对事物加以确定。美国心理学家桑代克(E. L. Thorndike)几十年前曾说过，"凡客观存在的事物都有其数量"，"凡有数量的东西都可以被测量"。广告心理效果虽然难见其形，似乎不可捉摸，但它是客观存在的，因而也是可以测量评定的。

（一）广告心理效果测定的概念

广告效果测定(Measurement of Advertising Effectiveness)，就是对广告目标经过广告活动之后所实现的程度的测量和评估。其目的在于测定广告作品及其运作方式和途径是否有效，以便增进广告效果，避免广告宣传的失败。广告效果测定包括广告经济效果的测定、广告社会效果的测定和广告心理效果的测定。广告经济效果的测定主要是通过对广告费与收益或广告费与销售量的对比分析来达到的。广告社会效果的测定主要通过对广告刺激社会需求引起的生产量、消费量、销售量的增加，由此发生的生产费用与商品价格的变动及其对社会意识形态、文化、艺术等方面的影响的调查分析来达到的。本书主要着重于对广告心理效果测定的讨论。

广告心理效果测定（Measurement of Advertising Mentality Effectiveness）是运用科学的方法和技术，分析、研究和评价广告对消费者心理与行为所产生的影响程度，尤其是广告信息的有效性和消费者的接受程度。诸如广告信息能否被正确接受、理解，能否起到激发情感、树立信念或改变态度、促进行为的作用等等。

辩证唯物主义认为，心理是脑的机能，是客观现实的反映；心理既是主观的，又是客观的。其客观性不仅表现在心理的产生具有客观的物质基础，还表现在心理要通过各种活动和行为表现出来。心理的客观性、存在性决定了心理的可知性和可测性。

广告心理效果的测量变量，可以是广告整体，也可以是广告的各个元素，诸如尺寸、色彩、插图、标题等。而作为因变量的心理反应指标，大体可分成两大类：客观的评价指标和主观的评价指标。通过这些指标，可以测定广告被认知和记忆的程度以及消费者对广告的看法和意见。测定的先决条件是选择典型的、有代表性的对象，这样，无论采取什么方法，都能准确地加以测定。测定对象的范围不可太大或太小，太大则测定费用太高，太小则缺乏代表性，使测定结果失去准确性和普遍意义。

广告心理效果的测定方法，除了少量的对生理指标的直接测量外，如运用皮电仪了解消费者对广告内容的情绪心理反应；运用眼动仪了解消费者观看广告时的眼动轨迹、视向集中程度等，大量运用的还有间接的测定方法，即通过对广告受众的调查分析、测量统计等来完成。例如：在感知程度方面，用注意度、阅读率、视听率等来衡量广告是否引起消费者的注意，即调查有多少消费者接触到了这则广告。如果说这些指标生动地反映了感知程度中"感"的方面，广告播出后，企业或产品知名度的变化则具体地体现出"知"的方面。知名度是指在消费者中有多少人知道企业的情况或产品的品牌和品质。一般来说，理想的广告以其生动的形式及表现手法在刹那间抓住潜在消费者的视、听觉，引起注意，传递给消费者清晰的内容，企业或产品的知名度就能提高。

人们对关心或好奇的事物才会产生兴趣，有兴趣又会反过来促使他们更关心该事物，在兴趣的基础上才可能有欲求。所以，对情感激发程度的测定也是广告心理效果测定的重要内容。请消费者回答两则或多则同一内容的广告中，哪一则最能启发他们对美好事物的联想和追求，打动他们的情感？是否相信广告中的产品能满足他们对美好事物的向往和渴望？哪一则是缺乏启发力，平淡枯燥的广告？通过这种调查，就能测出广告诉求的重点，在广告宣传中做到有的放矢。

广告效果的迟效性要求对记忆效率有所测定。一些广告没有立竿见影的效果，却能产生潜移默化的积累性影响。当然，这依赖于消费者对广告的记忆度和理解度。记忆度是指消费者对广告信息保持和回忆的能力和水平，可在广告播出一段时间后请消费者指认商品、回答厂名或叙述广告的最明显风格、产品的最突出特点等；理解度反映消费者在感知的基础上对广告主题、广告观念的本质的掌握。了解理解度，可以通过询问消费者广告的意思是什么、宣传了什么观念、结果是什么等问题。一般而言，富有特色和乐趣、中心明确、内容严谨统一的广告便于记忆和理解。在记忆和理解的基础上，消费者展开思维活动，确立信念，推动购买行动的实现。

一般情况下，消费者在态度转变或购买倾向产生后，才有可能实现购买行动。广告对购买动机的影响的测定也十分重要。摸透了消费者采取购买行动的主导动机，并把它反映在广告信息中，便可以"投其所好"而颇具影响力。购买动机的调查主要是了解消费者购买商品是随意购买还是受广告刺激才购买，即消费者对广告刺激的见解和倾向如何，以此来测定广告对消费者态度转变的促进作用。购买动机的测定可以通过观察购买者的行为，询问他们对产品的态度和信任度以及购买目的。动机潜藏于消费者的思维中，而且往往不是唯一的，有些消费者又不愿吐露，所以，购买动机的测定相对来说困难些。

（二）广告心理效果测定的内容

广告心理效果测定的内容，一般包括四个方面，即广告作品测定、广告媒体测定、广告目标效果测定、广告影响力测定。

1. 广告作品测定

广告作品评价，主要是在广告作品正式发布之前，对构成广告作品的各要素进行检验与测定，解决广告定位是否准确、广告主题是否恰当，广告创意是否引人入胜、广告作品是否具有感染力和震撼力、广告文稿能否满足广告对象的需要，激发其应有的心理变化、引导其购买行为等问题。广告作品测定一般包括：

（1）广告主题评价。广告主题评价是广告心理效果测定的第一环节，也是最重要的一个环节。它直接关系到是否把广告主想要传播的信息告知了消费者，是发挥广告功效的基础，是真正满足消费者需要、引起消费者注意和兴趣的前提。因此，广告主题必须鲜明、突出。主题的选择可以根据产品本身的特点，也可以针对竞争对手的缺点。广告主题是否恰当，可通过对目标消费者或专家的调查测定，了解他们对广告主题的看法，对广告传达的产品特性的兴趣；看看广告是否有充足的论据来凸显主题，有没有充分的感情来渲染主题等。

（2）广告文稿评价。广告主题确定后，创作人员要进行广告创意，选取最佳的广告表现内容。广告文稿评价就要测定广告主题的创意是否集中、鲜明、新颖，是否准确地反映了主题的精神。广告创意评价可以准确地了解消费者对不同广告创意的反应，了解广告创意使消费者产生美好的联想。此外，广告的标题、图片、文稿内容、版面安排、印制技术等有时也要用较大精力来测试，以了解广告文稿的可看率、记忆度、影响力等，使广告作品更加完美。

2. 广告媒体测定

广告活动中的大部分费用是用来购买媒体，因此媒体的选择十分重要，若选择不当或组合不当，都会造成广告费用的极大浪费，并使广告活动达不到预期效果。广告媒体的选择和运用方式，应与不同的广告作品、不同销售产品的性质和特点以及不同的广告策略、要求等相适应。通过测定广告媒体是否符合消费者的需要，是否为消费者接触最多等，可以较为准确地掌握广告活动中媒体的最佳选择及组合。广告媒体选择及组合评价主要包括：

（1）广告媒体选择是否正确；

（2）重点媒体与辅助媒体的选择是否合适；

（3）媒体组合搭配是否恰当；

（4）媒体对视听率、阅读率的影响如何等等。

3. 广告目标效果测定

广告目标效果是指广告目标的实现程度。广告目标不外两方面：一是提高商品的销售额，增加利润，使企业获得经济效益；二是在消费者心目中树立商品或企业的良好形象，为企业的长远发展奠定良好基础。对广告目标效果的测定，可分为以下几个方面：

（1）广告到达率。也称广告覆盖面，即广告通过媒体到达消费者的范围。

（2）广告视听率。即收看、收听广告的消费者人数多少。但这要进行相对的统计，因为有媒体到达率很高，但接收率不高，而有些媒体到达率不高，而接收率却很高。

（3）广告注意率。指广告发布后引起的消费者关注程度。广告收视率与注意率成正比。

（4）广告记忆率。指在消费者中能记住广告内容的人数多少。

（5）消费者印象。即广告对消费者的心理、态度的影响，产品和企业在消费者的心目中形成的印象。

（6）销售目标情况。即广告发布后，销售额在一定时期内的增长率。

4. 广告影响力测定

这是在广告活动全部结束后对广告活动传播效果的总体评价，以了解消费者与市场通过广告活动之后，对企业或商品认知、理解、态度等的变化，以及销售量和市场占有率的增长等。但要注意广告效果迟滞性的影响，把握好测试时机。广告影响力的测定包括以下几个方面：

（1）知名度。通过广告活动后品牌名称传播的程度，即有多少消费者对产品品牌了解、偏好和需要。

（2）理解度。即个人对产品特性的认识程度。

（3）偏好度。即通过广告，消费者对该产品的态度是否比对其他同类产品更佳。这是消费者购买产品的主要因素之一。

（4）欲望度。即消费者看了广告之后对该商品所产生的购买欲望的程度及其变化程度。

（三）广告心理效果测定的维度

广告信息作用于消费者而引起的一系列心理效应，主要表现在对广告内容的感知、记忆、思维、情感体验、态度倾向与行为之中。所以，对广告心理的测定就可以直接在上述心理过程中进行。

1. 感知维度

感知维度的测定就是对广告内容感知程度的测定。它一般在广告推出的同时或广告推出后不久进行，以求得测定的准确性，不受遗忘的干扰。测定广告感知程度的主要方式是阅读率和视听率。阅读率主要针对报纸杂志上的广告，而视听率主要针对电视、广播的广告。阅读率、视听率的高低与广告产品的知名度有着密切的关系，通过广告宣传，消费者对商品、商标、企业等的认识程度越高，产品的知名度就越大。

2. 记忆维度

记忆维度的测定，是指对广告重点诉求的内容保持或回忆的水平。消费者对广告宣传的商品的信息,会储存在记忆里,等下一次购买时提取出来使用。广告宣传的累积刺激,会加强消费者的记忆,对潜在的消费者起重要影响,当他们产生需求时,往往会不自觉地回忆起他们记住或有好感的商品,由此而影响其购买决策。广告效果的迟滞性也表现在这里。

广告媒介、广告内容、广告技巧、广告时间安排、消费者的年龄、个性等,都会对记忆效率发生影响作用。因此应当抓住记忆的特点制作广告。比如广告要反复做,因为记忆要靠重复;广告言辞要简明扼要,以减少记忆的数量来增加记忆效率,使消费者看一眼广告就留下印象等等。

3. 思维维度

对消费者思维状态的测定,能更好地了解消费者对广告内容的理解状况。消费者对广告内容的思考,主要表现为对广告观念的理解程度。任何广告都能给消费者提供一种观念,但消费者对广告观念的理解程度有差异。清楚明了、有感染力的广告内容能被多数消费者所接受;若广告内容庞杂、分散,没有明确的中心主题,即使运用了很好的技术手段,也难以引起消费者足够的共鸣。加深消费者对广告观念的理解度和信任度,才能推动产品的销售。

4. 情感维度

广告诉求力,也就是广告说服力,是要使消费者产生相应的认识或采取购买行动。在这一过程中,能够激发消费者积极情感的广告信息,才能引起消费者的兴趣,使其产生对商品的好感,强化购买的欲望。消费者对商品的好感是购买行为的先导。因此,在广告创作中,充分引导消费者去体验美好的事物,产生各种有益的情感,才能取得良好的情感心理效应,达到既定的心理目标。对情感维度的测定,是判断广告效果的重要依据。

5. 态度维度

广告的功效,关键在于影响消费者对商品、品牌、企业的态度。对态度维度的测定既可了解消费者原有的态度,也可了解消费者态度的改变。在广告心理效果的发展过程中,"态度变化"是"认识"和"行动"之间的中间环节。态度变化的结果,将直接左右着行为的变化。所以,在广告心理效果的测定维度中,"态度"的变化原因和方向,一直是人们十分关心的。

态度的改变可通过对消费者购买行为的调查而得到,比如,了解消费者购买商品是随意的还是受广告影响的,以及广告引起的购买行为是即时性的还是迟效性的等等,从而掌握消费者接触广告前后的心理变化过程。

6. 行为维度

消费者购买商品,或者响应广告的诉求所采取的有关行为,是一种外在的、可以把握的实际效果,即行为维度的表现。行为维度也包括对"购买唤起效果",即动机效果的测量。购买行为的发生与广告效果的关系,有的场合是直接的,有时是间接的。例如对某一商品,消费者虽然接触到有关广告,但是并没有购买的欲望。而当他发现友人或亲属拥有这种商品时,才唤起购买的欲望。对广告影响行为的效果测定,也可以从多个方面进行。

总之,由于消费者具有不同的动机、性格、观念,加上各种客观因素的影响,使得广告心理效果的反映呈现出错综复杂性,广告心理效果的测定也比较困难。但我们还是可能通过各种方法,尽可能科学地测定广告的心理效果,从而创造出更好的广告作品,获得更理想的广告效果。

四、广告心理效果测定的意义与原则

(一) 广告心理效果测定的意义

1. 检验广告决策与效果

通过对广告效果的测定与评价，可以使营销主管或高层领导，检查广告活动决策方面的问题，如广告目标与企业目标、市场目标、营销目标是否吻合，广告媒体运用是否恰当，广告发布时间与频率是否适宜，广告费用投入是否合理等，总结成败与得失，提高广告策划水平。同时，可以了解广告的有效性和被接受程度，以增进广告效果。

2. 改进设计与制作

通过广告效果的测定和对消费者接受广告作品程度的了解，可以使广告创作人员了解广告主题是否突出，广告诉求是否符合消费者的心理需求，广告创意是否感人等等，从而改进广告设计，创作出更好的广告作品，使广告传播内容与艺术表现形式的结合日臻完美，广告诉求更加有力。

3. 帮助企业调整生产机制和经营策略

由于广告效果测定能够较客观地肯定广告所取得的效益，并找出哪些广告之外的因素影响了企业产品的销售，如产品设计问题、质量、价格问题等，从而可以帮助企业有效调整生产机制和经营策略，提高广告主的信心；同时也为广告经营部门争取更多的客户。

(二) 广告心理效果测定的原则

为确保测定结果的准确、恰当和全面，在进行广告心理效果测定时，应坚持下述原则：

1. 相关性原则

这是指测定的内容必须与所追求的目标相关，不应做空泛或无关的测定工作。例如，广告目的在于推出一项新产品或是改进的产品，测定内容就应着重于消费者对品牌的印象；如果广告的目的是在已有市场上增加销售，则应主要测定广告是否促进了消费者的购买行为；如果广告目的是为了与同类产品竞争，扩大市场份额，则广告测定的内容应重点放在消费者对产品的信任感方面。也就是说，广告测定的内容及指标设计都应以解决问题为目标。

2. 有效性原则

即广告效果的测定，要以详实的数据、准确的结果而非空泛的评语来证明广告的有效性。这就要求在测定时必须选取真正有效的、有代表性的测量样本和测量指标，运用科学的测量方法，并且要多方面综合考察，广泛收集意见，以得出客观的结论。

3. 可靠性原则

这是指前后的测定工作要有连续性，采用的测定指标、方法以及被测试对象等都要相对稳定。

第二节　广告心理效果测定的程序与类型

本节要讨论两个主要问题：怎样了解和熟悉广告心理效果测定的程序；如何认识和判别广告心理效果测定的类型。

一、广告心理效果测定的程序

(一) 明确测定目的

每一广告活动和广告作品的目的不同,广告心理效果测定的目的、内容、方法等也应随之不同。只有明确了测定目的,确定了要研究的问题,才能制定合适的广告心理效果测定的实施计划和方案。

(二) 制定测定计划和方案

为了保证广告心理效果的测定有序、系统、全面、正常地进行,应预先制定详细的测定计划和方案,主要包括:测定的目标和要求;测定内容;测定的步骤、程序和方法;测定工具(如问卷等)的准备;测定的时间和地点;测定的范围、对象及抽样方法;主测人员的安排;测定费用预算等。

(三) 实施测定方案

根据测定目的和预定的计划方案,安排测定人员严格、认真、细致地进行实地(或实验室)测定,具体实施并完成各项预定的测定内容。

(四) 整理分析和解释搜集到的资料

测定活动完成之后,要将获得的资料加以整理、分析,剔除虚假和不适用的部分,运用各种统计方法和手段,找出资料之间的内在联系,得出具有规律性的、有价值的结论。若实际结果与研究假设之间有差距,就要分析产生差距的原因何在,寻找问题的真正根源。

(五) 撰写测定报告

广告心理效果的测定报告是对测定过程的书面总结。其基本内容包括:研究的问题及其范围;研究问题运用的方法,问题发生的时间、地点及导致的结果;各种指标的数量关系,计划与实际的比较;经验总结与问题的分析,解决问题的措施、建议及展望等。

研究报告的撰写要做到书写工整,文字简洁流畅,逻辑关系严密,层次清楚,结构紧凑,数字真实可靠,说明问题实事求是,对于问题的分析深入浅出,有论点、有论据、有分析、有说服力。

(六) 考核测定报告的结论与效果

测定报告提交之后,还应注意观察和研究其使用情况与效果如何。要收集各种反映,找出测定报告中的不足之处,以使以后的广告心理效果测定工作做得更好。

二、广告心理效果测定的类型

(一) 按测定的媒体划分

1. 平面广告测定

主要指对报纸、杂志、传单、海报、广告牌、招贴画等由印刷品制成的广告的测定。其特点是传播速度较慢,传播范围受一定限制,但作用时间长,消费者可以反复多次甚至是主动地去接触它。

2. 电子广告测定

也称立体广告,主要指对广播、电视等电子媒介为载体的广告的测定。其特点是传播速度快,覆盖面广,但作用时间短,稍纵即逝,消费者往往被动地接受。

这两类广告由于具有多方面不同的特点,因而在测定时所使用的方法、技术手段、测定的内容和重点等许多方面都会有所不同。

(二) 按测定的时间划分

1. 广告前测

广告心理效果的事前测定(pre-test)是在广告作品正式传播之前的测定,也称"广告创作与表现效果的测定"。主要是对印刷广告中的文案,广播、电视广告中的脚本以及其他广告形式的信息内容可能产生的心理效果的检验及预测。通过收集消费者对广告作品的反应,及时发现和纠正广告策划、广告作品和传播战略中的不当之处,对广告作品可能获得的成效进行评价,或从多个广告作品中选择较好的样本等,以发挥最大的广告效果,提高广告策划的成功率。

2. 广告中测

中期测定(midst-test),即广告活动进行期间,为探测广告传播的成效所进行的效果测试。由此可根据已收到的效果和预期的目标,调整以后的广告策略、方法或进度。可视广告活动周期的长短,决定中期测定的时间和次数。

3. 广告后测

事后测定(post-test)是在广告作品正式传播之后对其效果的评定,也是对整个广告活动是否达到预定计划与目标的测定。它可以总结经验和教训,也可作为下次广告活动设定广告目标的基准。

4. 追踪测定

广告活动过后,其产品在市场上的销售情况或其品牌在消费者心目中的效果如何,可进行持续的追踪测定(tracking-test),以研究其变化情况。这种方法多用于对品牌的追踪研究。

(三) 按心理效果产生的过程划分

1. 到达率测定

到达率测定(reach-test),指报纸、电视等广告媒介与消费者接触的程度。消费者有没有订阅登载广告的报纸、能否收看带有广告的电视节目。这是广告心理效果发生的前提,但它只是表明消费者日常接触广告媒介的表层样态,还要通过对视听率、理解度的测定作进一步的了解。

2. 记忆率测定

消费者在接触广告媒介的基础上,对广告内容是否关心,能否记忆若干广告内容,印象深浅程度如何,就要靠对广告记忆效果的测定和分析来了解。记忆率测定(memory-test)也是衡量广告心理效果的一种尺度。

3. 态度测定

通过广告的接触和认知,对商品是否产生了好感或购买的欲望,这是消费者采取实际购买行动的预备阶段。这个阶段被称为"态度变化阶段",这种变化是一种内心的变化,一般是难以直接观察到的。态度测定(attitude-test)就要通过调查或实验方法间接地了解,以掌握消费者的心理变化状况。这也是衡量广告心理效果的一种尺度。

4. 动机与行为测定

消费者是否产生了购买商品的意愿或动机,是否响应广告的诉求采取了购买行为,是广告效果最直接、最重要的体现。对这方面的测定,称为动机与行为测定(motivation-action test)。

此外,如果按广告心理效果测定的内容划分,可以分为广告作品测定、广告媒体测定、广告目标效果测定、广告影响力测定;如果按测定的维度划分,可以分为感知维度、记忆维度、思维维度、情感维度、态度维度和行为维度的测定。有关内容可详见本章第一节。

第三节　广告创作与表现效果的测定

广告创作与表现效果的测定,也就是对广告作品心理效果的事前测定。即对刚刚制作完成,尚未正式播出的广告作品进行测定。

在广告刊播之前,广告创作人员由于兴趣爱好、欣赏水平、创作手法的不同,对同一种商品,可以制作多幅广告文稿。这些广告文稿,在标题、插图、人物照片或布局等方面都会有所不同。专业人员对这些作品往往褒贬不一、各执己见,其中也难免夹杂私心成见。到底哪一文稿更好,不易做出正确判断。一般情况下,其决定权是广告公司的高级管理人员或广告主。

然而,广告作品虽是由广告专业人员创作的,但广告诉求的对象却是消费者而非广告人员。广告主或广告人认为好的作品,消费者未必也说好。"当局者迷,旁观者清"。广告既以特定的消费者为诉求对象,并非供广告专业人员自我欣赏,那么,邀请预定的诉求对象或有经验的专家鉴定广告脚本就是十分必要的。根据测定发现的问题,可以及时调整已确定的广告策略,改进广告制作,提高广告作品的成功率。

对于广告创作与表现效果的测定,本节主要介绍调查测定法和实验室测定法两大类技术。

一、调查测定法

调查测定法(investigation method)是指根据一定的研究目的和任务,运用多种科学的手段和方法获取有关资料,从而测定广告心理效果的方法。

(一) 印象测验

印象(impression)是人对某一客观事物的概念、感觉、知识、态度、评价的总称。广告作品必须制作得非常吸引人,符合观众的心理,控制人们的情绪,把商品广告与艺术形式有机地结合起来,才能使受众(消费者)在获得艺术和精神享受的同时,了解广告商品的特征,对其产生良好的印象,由深刻记忆转化为购买行为。印象测验,就是对广告作品在消费者心目中留下的形象的测试。主要是围绕广告作品主题是否突出,标题是否醒目、令人过目不忘,色彩是否相宜,声音、画面、音乐配合是否协调,消费者喜欢或厌恶该作品的哪些内容、哪些部分等问题进行调查研究，以便加以改进。具体方法有：

1. 要点采分法

要点采分法（rating factors）是由广告诉求的目标消费者或广告专家填写已拟好的评价性问卷。有时只要求他们回答一个单独的问题，如："您认为这些广告作品中，哪一则最能促使您购买该产品？"但通常是要求他们回答下表那样的多个问题，即对被评价的广告在吸引力、可读性、认知力、亲和力和行为力等方面评分。

表14-1　广告作品评价表

评价项目	评 价 标 准	得分
吸引力	该广告吸引注意力的程度如何？（主要考虑视觉及听觉形象） 该广告对潜在购买者的吸引力如何？	15分 5分
可读性	能否使人很快了解广告的全部内容？ 能否使人愿意进一步详细阅读？	10分 10分
认知力	该广告的诉求重点突出吗？	20分
亲和力	该广告引起的兴趣如何？ 该广告引起的对所宣传商品的好感程度如何？	10分 10分
行为力	该广告激起购买欲的作用有多大？ 该广告激起购买行为的作用有多大？	10分 10分
广告得分 广告等级	0—20 极差	20—40 下等	40—60 中等	60—80 上等	80—100 极优

这种方法的理论假设是，如果一则广告能够有效激发消费者的购买行为，那么它在上表中的几方面的特性上的评价都应该得高分。所得分数越高，说明广告作品越有效。该评价表在实际运用中，可根据广告目标和要求的不同而对所评价的特性进行调整。

这种方法易于施行，但准确性较差。该方法可能更适合于滤掉不良广告，而不适合于筛选优秀广告。

2. 等级评定法

等级评定法（rating scale）是请被试对所测试的广告作品，按照某种标准进行评价，然后由高到低排列出它们的等级顺序。测试时，可向被试提出如下问题：

请根据你的看法，对下面的问题进行回答并评定其分数，评分的依据是："最好"——5分；"较好"——4分；"一般"——3分；"较差"——2分；"最差"——1分。

（1）在这些广告中，哪个最吸引你？为什么？

（2）哪个标题口号会使你再看下去？

（3）哪个广告使你产生了购买欲望？最有说服力？

（4）哪个广告最使你相信其产品的品质？

也可利用下面的表格，列出若干要点，请被试逐一比较评分。然后询问他们选择某个广告或认为某广告比其他广告好的原因是什么。

请比较下列广告稿中的各项要点并评分					
	标题	广告语	图案	色彩	创意
A 稿					
B 稿					
C 稿					
D 稿					

被试应从该广告商品的诉求对象中选出。例如,测试化妆品的广告,应以女性为对象;测试老年人用品的广告,应以老年人为对象。

这一方法也有简单易行的优点,可以了解不同广告或同一广告的不同要素在人们心理上引起的反应,有助于广告工作者更好地了解如何设计与制作广告。

其统计结果的整理方法如下:

(1) 列出该广告作品被评定的每一等级上的人数,例如:

类别等级　　1　　2　　3　　4　　5

人　　数　　4　　28　　38　　22　　8

(2) 计算这幅广告画在消费者心目中的印象:

① 计算加权平均数,公式为:

$$M_W = \frac{W_1 X_1 + W_2 X_2 + \cdots + W_n X_n}{W_1 + W_2 + \cdots + W_n} = \frac{\sum\limits_{i=1}^{n} W_1 X_1}{\sum\limits_{i=1}^{n} W_1}$$

其中:W(称作权数)表示评定为某等级的人数(频数);X 为类别等级;n 为等级数,i 为第某类等级。此例中 $M_W = 3.02$。

② 计算中数,公式为:

$$M_{中数} = L + \frac{[(1/2)N - F]i}{f} \left[M_{中数} = L + \frac{\left(\frac{1}{2}N - F\right)i}{f} \right]$$

其中:L 为含有中数的那一组数的下限;N 为总次数;F 为低于含有中数那一组的累加次数;i 为组距;f 为含有中数那一组的次数,此例中的 $M_{中数} = 2.97$。

最后比较各幅广告作品的得分,即可排出其等级顺序,找到最佳作品。

(二) 冲击法

冲击法(impact method)主要用于广告刊播前对广告文稿的注意效果和记忆效果的测定。阅读率测定得到的往往只是人们对广告的一般印象,而每一广告给读者或观众留下印象的深浅程度却不能得知。冲击法就是为了在众多广告作品中找出冲击力最大的作品,以选择其作为刊播作品。

使用这种方法测试时,先把需要测试的广告混入一些不作测试的广告中(或制作成杂志、编排在报纸中),然后发给消费者随意去看,时间不作规定。当消费者看完后,与其面谈有关广告测试的问题,请消费者回忆所看的广告,越详细越好。例如:您看过的是一些什么广告? 广告里有哪些内容? 每个广告有何特点? 广告的意图是否表达清楚,是否正确? 您最喜欢哪一幅广告? 您认为这项广告的寓意是什么? 哪一幅广告设计最富于趣味性? 哪一幅插图最令人喜爱等等。

冲击法测试一般要用完整的广告稿。若是不完整的广告文案,则其他用于搭配的材料就必须减至与受测广告一样的程度,以保证测试的公平性。应用这种测试方法一次评估 5—10 张广告文稿为宜。

(三) 投射法

投射法是给被试一些意义不确定的模糊刺激,引出被试的反应,借以考察其内心世界的潜意识。在广告作品的测定中,让被试把自己置身于某一环境中,以自己的感觉和经验自由发表意见,并回答调查者提出的有关产品、品牌等方面的问题,他们往往会吐露出自己的真实看法及内心的感觉、思想和欲望。

1. 文字联想法

文字联想法(word association test)由研究者先说出某个常用字眼或商品名称,然后让被试说出由此字词会联想到什么词,以此来了解消费者对商品的潜在需求和购买动机。这种方法可以不限制消费者,让其自由联想;也可给出一定的范围,如限定在商品范围之内进行联想。

对被试的联想结果进行统计分析,就可得到他们对某些商品的认识或动机状况。

2. 语句完成法

语句完成法(sentence completion test)由研究者依据调查主题设计一段未完成的文章,或提出一些未完成的句子,要求被试填上一些字词,将其完成。例如,_____牌电视机最受欢迎;_____牌西服最潇洒;假如买空调,应当选择_____牌;口渴时最想喝的饮料是_____等等。研究者通过被试填写的内容,可推知其爱好、愿望、要求和态度,从而了解到消费者对某种商品的评价和看法。在这种操作中,应尽量避免使用第一人称和第二人称,以免被试担忧和产生自我防卫。

3. 空缺完成法

空缺完成法(opening test)是给被试一个不完整的广告文案。例如,广告文案除主题或插图外,其余都已完整,然后交给被试一些广告主题语或插图,请他们用这些东西去完成这一广告文案。被试这时会选择他们认为最适当的主题或插图拼进去,广告制作者可把选中次数最多的主题或插图视为最有效或最受消费者欢迎的。

4. 主题推断测验

主题推断测验(thematic apperception test)即向被试展示数幅消费者进行某种消费活动的图画,要求其填写画中人物的对话,或据此画编一则故事,以此推知其动机。

(四) 分刊测定法

分刊测定(split-run test)是为了检验不同广告作品的影响效果,或广告作品中某一因素对广告效果的影响。

方法之一是：对某种商品制作两种不同的广告文案，为判断哪种效果更好，可以在同一日期同一媒体的同一版位，登载篇幅相同的这两种广告作品。暗地里将它们分别编为 1 号、2 号，然后使用分刊印刷的方法，在半数刊物上刊登编号为 1 号的广告作品，在另一半刊物上刊登编号为 2 号的广告作品。分送用户时，分刊印刷可以平均分配，避免疏密不均的现象。登载的广告作品中均写有"持本广告咨询，奉送精美礼品"的字样；若要求消费者回函咨询，则两者可仅在回复地址或收信人等细节上稍有差别，以作标记。最后根据收到的反馈信息，通过评估广告要素、销售效果等区分出哪一种广告作品的效果更好，从而在正式刊播时采用。

另一种方法是：在条件相同的两个地区，用同样媒体发布不同的广告，然后测定广告的销售效果。

这种方法的优点是检验对象比较明确，检测条件比较一致，回复率较高，因而检测结果准确率也较高。其缺点是局限性较大，只能用于印刷广告，并且限于那些有分刊能力的刊物；此外，赠品的吸引力会混杂到广告作品的效果中去，若不加以区分，可能干扰测量的准确性。

此法也可用于对广告作品行为效果的测定。

二、实验室测定法

实验室测定是在严格控制外界条件的情况下，用心理学仪器在实验室中测定广告作品对消费者产生影响的某些客观指标。这种方法科学性强，较为严谨，但时间长、成本高，难以避免一定的人为性。目前常用的方法有以下五种：

（一）速示器测定

速示器（tachistoscope）是一种能够在极短的时间内以不同速度（从 1/100 秒至数秒间）向被试呈现刺激的装置。它主要用于测查广告各要素引起消费者注意与记忆的程度，即被试在瞬间获得的广告印象。

速示器测量时，先在极短的时间内呈现广告刺激物，然后再逐渐延长呈现时间，让被试把所看到的东西画在纸上。开始时，被试可能什么都看不出来。随着呈现时间的延长，广告内容就逐渐被看出和记住。根据被试对刺激内容的注意程度及其短时记忆量与刺激呈现时间的关系，就可以计算出广告或广告要素对消费者的影响效力。一般而言，首先引起消费者注意，或是达到某一注意程度的呈现时间越短的广告或广告要素，其影响效力越大。

所以，速示器测定尤其适用于广告文稿正式发布前的效果评价。其用途和特点归纳如下：

（1）测定平面广告中各要素，如标题、图案、字句、商标、品名、照片、公司名称等的显眼度（salient）、易认度（readability）。若被试觉察和看清刺激所需要的时间越短，则该广告的显眼度越高；一瞬间觉察到的刺激的数量或某些刺激在限定时间内被觉察的次数越多，说明它们越容易被注意、被认出来。

（2）测定各种构图的"位置效应"（attention values of various positions），以确定大标题、图案、公司名称等的适当位置。

（3）测定各种商标、标签、标志设计的易认度，以便设计其最佳结构，使消费者能在匆匆一瞥之中完全认出来。

（4）测定广告文案的易读、易认度。

（5）比较两种以上内容相近、目的相同的平面广告作品的显眼度、记忆程度和位置效应。

（6）利用照片、图案的模拟，研究户外广告，如霓虹灯塔、墙壁广告、铁路线广告等的用色、构图。

（7）测定商品包装设计的显眼度、易读度。

例如，针对一份广告文案的大标题，设计者基于艺术的考虑对其字体、颜色、位置的选择做了最美的安排。但是，广告大标题的首要功能应是"抢眼"优于"悦目"，当"抢眼"与"悦目"不可兼得的时候，艺术效果便应该对广告效果让步。因此，就可利用速示器，对各种大标题设计的"显眼度"进行测量，以定取舍。

（二）眼动仪测定

眼动仪（eye camera）测定也称视向心理测验。眼动仪是一种记录眼球活动的装置。当从侧面向被试的瞳孔投射光束时，其反射光随眼球的转动而转动，将这种转动的过程通过仪器记录下来，就能描述出眼球运动的轨迹及其停顿的时间和位置。人眼经常注视的部位往往表明了该部位的重要性。

人们观看图形时，总会先被其中某一部分所吸引，然后才逐渐将视线移向其余部分。所以，在广告设计中，应该把所要宣传产品的重点，安置在视向最先集中的地方，以达到给消费者明晰印象的目的。人的瞳孔还会在受到不同刺激时发生变化，注视有趣的东西时瞳孔会不由自主地扩大，因而可以据此判断人们对不同广告的兴趣，增加消费者对广告内容的兴趣和记忆程度，这是广告获取成功的关键所在。

由于眼动仪可以记录读者观看广告文稿各部分的时间长短和顺序，就可以由此推断广告的布局、插图及文稿的合理性。眼动仪测定的作用在于：

第一，测定一定时间内消费者视线停留在广告上的部位及时间，从而了解其对整个画面的观看顺序如何，是否有看不见的地方，是否符合设计者的预想。

第二，测定广告文稿及广告各要素吸引人的程度；了解消费者的兴趣点的所在，不同消费者的不同的兴趣表现等。

例如，将若干幅宣传某产品的广告设计草图放在一起让消费者观看，通过眼动轨迹的记录，可以选出最受欢迎的一幅。

（三）皮电仪测定

皮电仪（galvanic skin response）测定简称 G. S. R，是一种可以测量和记录被试在接受广告刺激时的皮肤电阻变化的装置。其原理是，人随着情感的起伏变化，会出现心跳、汗液等的变化，从而使皮肤导电性能改变。这些生理变化经过记录和整理，便成为观察心理反应的重要指标和依据。测谎器的原理也与此类似。在广告心理效果测定时，被试在观看广告画面的过程中，由画面引起的情绪卷入、激动或紧张，都会导致汗量增加而使皮肤电阻下降，从而发现被试内心情感受到广告冲击的地方；再进一步分析被试内心所受到的冲击是积极的还是消极的，原因何在等，这样就可找出最好的广告节目的方案。

（四）双眼竞争测定

双眼竞争（eyes competition）是指在观察同时出现的两个刺激时，利用双眼对刺激的争夺来确定哪个刺激占主导地位。它的实测过程是：将 A、B 两个广告文案同时呈现在被试面前，并给他一个手握计数器，要求他在不自觉地看到某个特定广告文案时（如 A 文案），就按一下计数器。这样，就可知道在规定的时间内，每幅广告被看到的次数，以及每幅广告被看到的时间，从而判定其效果的优劣。被看到次数多、时间长的文案即可判断为效果较好的广告文案。

（五）记忆量测定

记忆量（memory）测验在广告研究中通常用于研究一定阅读时间内，被试对广告内容的记忆量。

测验时，将一个广告设计图或文案显示在电脑屏幕上，通过定时装置，控制文字或图片显露的时间，即控制被试阅读广告文案内容的时间。当被试看完全部或部分材料后，主试可以使用回想法或再认法（recognition method），测验被试的记忆，从而估计出产品名称、企业名称、文案设计中的主要内容的易记程度如何、哪些东西易于记忆等。

总之，在广告作品的制作阶段，一般应进行三方面的测定研究：

第一是广告效用的测定。广告商品的特征有哪些，如何做到与众不同，与同类竞争商品相比较，该商品能带给消费者的更有效的用途与特征是什么，这些往往成为广告作品制作阶段的中心课题。

在具体制作广告商品的文案时，应以上述调查中的商品测试、消费者购买动机和意见等结果作为依据进行修改；也可根据广告商品目标对象的意见对该商品的使用效果进行预测。

第二是表现主题的测定。要检测广告文案的表现主题是否能引起消费者兴趣，是否能赢得消费者的关注，以及是否与商品和商品效用相适应等。这不仅有利于评估和选择广告文案，而且对于发掘新的表现主题也很有帮助。

第三是广告文案的测定。当广告文案接近完成时，通过各种测定，选择最优的方案。

第四节　广告传播效果测定

广告在传播过程中的心理效果的测定，主要表现为对知觉、注意、记忆、态度、行为等效果的测定。在不同维度的测定中，其具体方法又有很大的不同。本节将介绍对各个心理维度测定时常用的一些具体方法。

一、知觉与注意效果的测定

知觉和注意（perception and attention）是人们接触和理解广告所传达的信息，产生心理效果的首要环节，其测定方法主要有：

（一）到达率测定

到达率（reach）测定，又称为"覆盖率"（coverage）测定，是指接触报纸、电视等媒体的广告一次以上的人数比例。也就是说，假定广告诉求对象总数为两千万人，其中有一千万人至少接触该广告一次，那该节目到达率为 50％，这是一个广度指标。

此外，还可采用平均接触次数和总视听率这两个指标。

平均接触次数(mean frequency)是计算广告诉求对象不同接触次数的总体平均数,即接触广告的总次数除以接触的总人数。

总视听率(gross rating point)是到达率与平均接触次数之积。三者的关系是:总视听率(GRP)＝到达率(R)×平均接触次数(F)。

(二) 注目率测定

广告注目率(noted)的测定,是测定广告被看、被听、被阅读的程度。注目率测定,一般采用回忆法、电话调查、面谈访问等方法。回忆法可以查明消费者能够回忆起多少广告信息,查明消费者对商品、商标、创意等内容的理解力与联想力。在调查过程中,不出示广告实物,不加任何提示的方法叫再现法;调查时,出示广告实物或给予提示,称为再认法。个别面谈测试适用于小规模的调查,较大规模的调查可用电话或问卷进行。

广告注目率的计算公式:

$$注目率 = \frac{看过"A广告"(①＋②)的人数}{看过登载"A广告"媒体的总人数} \times 100\%$$

① 好像看过 A 广告　② 确实看过 A 广告

一般情况下,广告播出次数的多少、篇幅的大小、播出时间的长短等,与注目率的高低成正比。广告内容的不同,也会引起注目率的不同。

另外,在注目率调查中,调查员也可以将广告的图片、说明文、标题、公司名称及商品名号等一部分一部分地询问被试,如:"最早注意的是哪部分?""这个部分看到过吗?""对于这部分感觉如何?"等等。

(三) 阅读率调查

阅读率调查(readership survey)通常是作为评价印刷广告效果的后测方法。它的基本假设是:一则广告对读者的吸引力越大,其推销力也越大。阅读率测验是由著名广告学家斯塔齐(D. Starch)最先提出并加以运用的。

阅读率调查的具体方法是:

(1) 调查员在读者面前打开某日的报纸,指给读者上面刊登的某则广告并询问:请问您看过这一天的报纸吗? 读过这则广告吗? 读者的回答可分为①没看过;②好像看过;③确实看过三种情形。这时若整理得到的结果,就可计算出该广告的"注目率"(用上例注目率计算公式)。

(2) 整理"确实看过"这一答案的人数占全部调查对象的百分比,就可得到读者率。

(3) 在回答"确实看过"的读者当中,可能又存在着 A. 看过广告的图案与标题;B. 看过广告的部分内容;C. 看过广告的全部内容这样三种可能。这时可计算出广告的精读率(read most),即阅读过一则广告一半以上内容的读者的比率,其公式为:

$$广告精读率 = \frac{看过"A广告"(B＋C)的人数}{看过登载"A广告"媒体的总人数} \times 100\%$$

B. 看过广告的部分内容;C. 看过广告的全部内容

由此方法,可以搜集同样面积、形式、版位的套红和黑白报纸广告的阅读率资料,比较其每种阅读率的平均值,就可获知套红与黑白报纸阅读率的差别。

若把套红和黑白每一种广告所花的广告费,用其阅读率的平均值除之,即可了解套红和黑白广告哪一种更经济。

依此方法,按广告面积大小、版位、长度、插图种类、诉求形式等,可以计算比较出不同的阅读率差别。

调查时应注意,若只问"你看过这个广告吗?",没看过的人可能碍于情面,敷衍回答"看过"。为了避免这种情况发生,可剪下要测试的广告,将其混于其他一些报纸广告中,询问被试:"在这些广告中,今天刊登在《××日报》上的是哪一幅?"

（四）视听率调查

视听率(audience rating)是广告节目视听户数占某地区拥有电视机(收录机)总户数的比率。调查视听率,一般是在所调查地区抽取若干样本家庭,提供电视广告的录像带或广播广告的录音带,询问样本家庭是否看过或听过某广告节目,统计后得出调查地区的视听率。其计算公式为:

$$视听率 = \frac{广告节目视听户数}{某地区拥有电视机(收录机)总户数} \times 100\%$$

视听率调查需要建立一个相对稳定的观众调查网(国外称之为观众小组),然后让这些固定的调查户每天都对他们的电视观看行为做记录。记录的方法一般有两种,一种是做日记;另一种是在电视机上安装一个叫做视听记录仪的仪器,让它自动记录样本家庭每天的电视观看情况,并自动将是否在看电视、选择了哪个频道、在看什么节目等资料迅速传递到调查公司的电脑记录设备,经处理后就可得知某一地区电视台某频道或某广告的视听率。

视听率调查的优点是它能提供广告主最感兴趣的资料,这些资料不仅可以用来评价广告视听的效果,还可以为广告活动计划提供依据。该方法的缺点是费用昂贵,日记法的被调查者在做记录时容易高报自己的媒体接触情况。此外,用对电视节目的视听率来判断广告的视听率不够准确。

此外,对广告知觉与注意效果的调查,还可以从以下几方面进行,其统计计算方法与上面相类似:

知名率调查:即知道某品牌的人的比率。例如,询问"说起啤酒,你能想起的品牌是什么?",以此了解品牌为人所知、所记忆的情况。

理解率调查:通过询问"你认为质量最好的啤酒品牌是什么?",了解对商品内容的理解度。

信任率调查:信任率是人们对商品抱有好感或信任的程度。例如提问:"下次想购买的啤酒的品牌是什么?"

二、记忆效果测定

记忆(memory)效果测定可以检查广告发布(呈现)后,受众记住了多少广告信息,记忆的深刻程度如何。测定时,可以根据测定的目的和要求,向被试提供一些问题作为回忆线索(再认法),也可以不给任何暗示(再现法)。

（一）再认法

再认法（recognition method）也称辅助回忆法，指给被试提供某种线索以帮助其回忆所接触过的广告及其内容。测试时可以通过询问，探索消费者对接触过的广告是否留下了印象，能回忆起多少广告信息。在提出问题时，可以全面地问，如："您记得最近看过或听过某则广告吗？还记得哪些内容？"也可以具体地问："某则广告的主题或口号是什么？"或提供某种线索，如提示被试该广告中的商标或商品名称、厂商名称后，询问广告的其他内容，如广告语、画面等。询问的项目越具体，反馈的信息越多，越能够查明消费者对广告商品或创意等内容的理解与联想能力，乃至于对广告的确信程度。根据消费者的反应，可以探测广告被消费者记忆和理解的程度。

询问时还可以用其他线索提示，帮助被试尽量回想广告中产品的内容。但应当注意的是，不能给被试太多的帮助，否则，他可能凭借猜想回答，而非回忆。

（二）再现法

再现法（recall method）也称无辅助回忆法，指在不提供任何有关信息和线索的前提下，被试独立回忆所接触过的广告的内容。例如："您能想起最近一周内有何品牌的化妆品广告吗？"如此询问，则被试必须回忆他最近所见到的所有广告信息，并把这些信息与问题相关联。

再认法和再现法都可以用来测定广告的回忆效果，但一般认为，由再现法测出的记忆效果更具效力。这是因为，在再现法的测定中，被试受到询问时是在未加提示、自然而然的情况下回忆起某广告的，这说明被试已经形成了对该广告较长时间的记忆表象。这比他在得到一些提示后才能回忆的效果要更加确切些。

（三）隔日回忆法

隔日回忆法（the day after recall）是在广告播出后的第二天，通过电话或登门访问，调查消费者对广告内容的记忆程度。这种方法对电视广告记忆效果的测量尤其适合，也适用于杂志广告记忆效果的测定。

具体方法是：在广告播出 24 小时之后，要求被调查者回答一系列问题，以此来确定他们记住了什么广告，记住了广告的哪些内容。被试的回答越多，说明他们从广告中获得的信息越多，广告的记忆效果也越佳。

广告的记忆效果实际上是知觉、记忆和理解的综合体。通过记忆测验，可以得到广告中的哪些方面做得好，哪些方面做得不够的信息（根据记忆的保持量和保持时间等推知）。但是，记忆测定也存在许多问题，诸如：

（1）被试的记忆水平与最终的购买行为并不直接相关。一个人记住了某则广告，但在他做购买决策时，可能并不发生作用。而且，由于许多广告极为相似，消费者回想起的广告信息，可能并不是要调查的那次广告的内容。这就给调查者对它们的区分增加了困难。如一些情感诉求的广告回忆测验所得的分数偏低，而它们可能是很有效的。

（2）回忆测验对具有简单观念或具体事实的广告有利，对具有复杂观念的广告则不利。而那些技术含量高的产品，其广告内容可能避免不了要传递复杂的信息内容。

（3）在某些记忆测定中，消费者可能只接触一次广告，因而回忆率偏低；而在实际生活中，广告是被多次重复接触的。

广告记忆效果的测定，最好每三个月或半年有计划地进行一次。这样，广告及其所介绍的产品以及该产品对消费者的影响、渗透及变化过程，就能一目了然。

三、态度的测定

消费者的态度对其购买行为具有至关重要的作用。但态度又很难直接观察，只能通过间接的方法，推测消费者对广告及其内容的兴趣、欲求或对不同广告主题的接受程度、对品牌的认知与态度变化，了解消费者之间对广告信息的态度差异。态度测定（attitude test）的具体方法有以下几种：

（一）询问法

询问法（inquiry test）就是以广告中的内容直接询问消费者，请他们对产品加以描述，以此来测定消费者对产品是何种态度。例如："你喜欢某品牌牙膏吗？"这样不仅了解消费者对产品的反应，也间接地测定了广告对消费者产生的影响。其他的提问方式如：

你喜欢这则广告吗？　①喜欢　②不喜欢　③无所谓

你对这则广告感兴趣　①同意　②不同意　③拿不准

你对 A 品牌　①很喜欢　②喜欢　③一般　④不喜欢　⑤很不喜欢

经过对结果的整理和统计分析，就可以得到所需的消费者对广告、产品或服务的态度分数及态度状况。

（二）语义分析法

语义分析法也称 SD 法（semantic differential method），由美国学者奥斯古德（C. E. Osgood）提出（详见本书第一章第四节）。奥斯古德认为，在外界刺激与心理反应之间存在着一个联想传递过程，语义分析法就是测定这个过程的方法。它也可用来测定对企业的印象。

用 20 个以上成对的意义相反的形容词组成描述广告的问卷，将这些形容词按 5—7 级记分，由被试按照自己对广告内容的印象在每对形容词上打分。最后统计分析，就可得到消费者对该广告的态度分数，并画出其态度平均分数的剖面图，以此来确定消费者的态度。

（三）偏爱转换测验

偏爱转换测验（preference change test）由于其测量地点一般是在影院，因而也称影院测验。这是一种综合性的评价方法，可测量消费者对广告的情绪、认知、态度和意向反应，主要用于电视广告效果的测定。

偏爱转换测验的过程大致如下：

（1）邀请有一定代表性的消费者到影院，记录下他们的人口统计特征等基本资料后，对他们进行一项商品或品牌的选择测验，让他们在所提供的商品中选择自己喜爱的商品或品牌，并对其进行态度评价。这些商品中既有广告片将要宣传的，也有其他的。

（2）让被试观看电视节目及广告片，同时利用仪器记录他们的情绪、脑电等生理反应。

（3）看完广告片后，测量被试对广告信息的记忆，要求他们追述广告商品名称、商标名称等。

（4）作品诊断：了解被试对广告片传达的基本内容的理解及对广告作品的反映。让他们指出作品"好的地方"与"问题之处"，以了解广告作品究竟对何种受众产生影响，用哪些表现要素和表现手法来展现广告内容更为恰当。

（5）效果评定：运用 SD 法，了解被试对广告片的一般印象及综合评价。

（6）被试继续观看与测验无关的电视节目。

（7）让被试再次进行商品或品牌的选择和态度测定，并把各人选择的商品赠送给他。确定被试的态度有无转变及转变方向如何。如果这时被试对广告片所宣传的商品或品牌的选择度比测定之前高，即产生了偏爱转换，说明该广告片对消费者态度转变的效果明显。

通过对上述各个步骤所获得的资料进行统计分析，就可以得出关于广告的各种评价结果。

偏爱转换测验还有其他的测验方式，如在商店门口拦住一些消费者，给他们一张优惠卡作为合作的奖励。将其中一半的人作为实验组，先带去看测验广告，然后选购物品；另一半人作为控制组，不看广告直接进入商店选购。当所有的消费者在激光扫描器上结账时，仪器能够根据优惠卡的标志分别记录实验组和控制组购买的商品。研究者将两组之间的商品购买加以比较，就能了解到广告的作用如何。

偏爱转换测验也存在着一些明显的问题：

（1）测验费用很高，而且消费者往往集中在某一地区，所以抽样误差较大。

（2）测验情境不是自然状态，因而消费者的反应可能受到某些人为的干扰。

（3）实验中广告只接触一次，而正常情况下，广告是多次接触的。

（4）喜欢不一定意味着必将购买，它仅表明存在肯定的感觉或印象；一位消费者可能喜欢许多商品而只买其中的一种或几种。

四、行为效果测定

行为（action）效果是指消费者购买广告商品，或者响应广告诉求所采取的有关行为的总和。在行为阶段上影响消费者购买商品的因素很多，也很复杂，所以测定较为困难。主要方法有：

（一）市场试验法

市场试验法（marketing research），是找出两个在人口、收入、销售类型等方面近似的细分市场，将广告在其中一个市场播放作为测试区，在另一地区不播放，作为比较区。在预定试验期内，测试其销售量的变化，计算其购买率，通过对两区的比较，得出该广告唤起购买行为的效果。

在这种测试中，试验区的选择至关重要，它直接关系到测试结果的准确与否。原则上，作为测验和比较区的两个区域，在人口、地区大小、地理位置、社会经济发展水平，以及销售渠道和传播媒介的作用等各方面都应趋于一致。

由于市场环境复杂，加之众多不可控因素的影响，如消费者的偏好、销售反应难以在短期内显现等，都可能影响市场试验法的效果。所以，运用市场试验法时，一定要充分考虑其局限性，以保证试验的准确性。

(二) 征询测量法

征询测量（inquiry test）主要用于广告发布后的效果测定，但也可以用于广告文案正式发布前的事前测定。征询测量一般是在广告中向消费者提供"有赠品"、"可以电话（或通信）询索优惠券"等消息。如果消费者参与这种活动，就说明他们接触过广告，受了广告的影响。测量的指标是消费者对该广告做出反应的数量。消费者的回复率越大，说明广告的效力越大，反之则广告的效力小。

印刷广告、广播及电视广告的行为效果测定都可运用这一方法。此外，这种方法也可用于比较登载该广告的不同媒体对消费者的行为唤起效果如何。

征询测量法的优点是消费者易于理解、费用较低、测量广告对购买行为唤起的效果比较直接，即做出回复的消费者有较大可能购买广告产品。不足之处是，该方法将消费者的回复率作为销售效果的指标，其有效性还缺乏可靠的证据。

另外，赠送物品引来的反应者，不一定就是该商品的适宜消费者，因而容易夸大该广告的行为效果。所以，把"赠送"的表达在广告中醒目处理与低调处理，消费者反应的数量自然不同。只求反应数多的意义并不大，应当找出真正有购买此商品的欲望的消费者。

(三) 消费者日记法

消费者日记法（consumer diaries）是指在广告活动进行中，其目标市场的消费者自我记录自己购买、消费行为的方法。消费者要记入日记的内容有：所买商品的种类、品牌、品牌使用的转换、媒介使用习惯、对广告信息的接触和了解、使用优惠券及其他的类似活动等等。研究者检查这些日记，就可以了解广告信息在目标市场的传播和暴露情况，以及它获得了什么效果。消费者如果接收到了广告信息但在态度和行为上没有任何改变，即可确定该广告信息没有产生效果。当然，从消费者日记所获得的信息有明显的局限性，但该方式能在广告活动中作为早期预警系统，发现广告传播中的潜在问题及优势所在，从而使广告策划者在尚不太迟的情况下，调整策略，减少不应有的损失。

(四) 食品柜核查法

食品柜核查法（pantry checks）是调查人员亲自到目标市场人士家中，询问消费者最近买了或用了什么品牌的商品，在某些情况下，还可以实际计点其家中的商品或品牌并记录。这种方法可以在广告活动期间进行几次，并注意其购买习惯的变化情况。

由食品柜核查法延伸出的另一种类似方法称为"垃圾箱法"（dust bin approach）。这种方法是要求消费者保留他们使用过的产品的空包装，然后由调查者收集，通过点数和评估，以此判定广告对消费者行为有无直接的影响。

五、网络广告心理效果测定

自从 1994 年 10 月美国 Hotwired 站点卖出全球第一个网幅广告之后，这种颜色鲜艳、带有动感的广告迅速在全世界流行开来，广告收入也从 1995 年的 3100 万美元猛增到现在的几十亿美元,可谓风靡全球。随着因特网的迅速发展和普及,网上调查和网络广告测定也就迅速发展起来。网上调查和测定具有速度快、费用较低、覆盖面广、样本抽取较为精确等优点。网上调查测定一般有以下方法:

(一) E-mail 问卷

各种不同形式的问卷用 E-mail 邮件发送,即成为 E-mail 问卷。研究者按照已知的 E-mail 地址发出,被调查者回答完毕将问卷回复给研究机构。E-mail 问卷有专门的编制和收集地址、数据的程序,因而制作方便、分发迅速。但图形的传播与问卷文本是分开的。

(二) 交互式 CATI 系统

交互式 CATI 系统可以用来设计问卷并进行传输,能进行良好的抽样和管理,并支持程序问卷的再使用。其缺点是不具备图片显示等功能。

(三) CGI 程序

CGI 程序是专门为网络调研设计的问卷链接及传输软件。问卷由简易的可视问卷编辑器产生,自动传送到因特网服务器上,通过网站可以随时在屏幕上对回复的数据进行统计整理。

例如,假如使用分刊方法,在网上对广告文案进行事前测定,即将两个略有不同的广告分别显示给其中一半的观众,可以这样进行:让电子邮件广告服务器在一半的邮件中插入某个版本的广告,在另一半的电子邮件中插入第二个版本的广告,发送两个广告的 E-mail 地址是不同的。这样,根据被调查者的回复,就可以很容易地确定每个版本的广告点击率了。另外,当 E-mail 地址包含每个读者的特征资料代码时,每一次记载的点击都可以确切认明哪个读者对广告做出了反应。这就能使点击按照人口统计数据列表,比如:

	广告 1	广告 2
男性	4.2%	7.4%
女性	9.7%	5.2%
整体	8.3%	5.9%

此外,还可以把广告多次插入,追踪研究不同时间的回复率的波动情况;或研究一个文本广告的最佳长度。另外,对每种人口统计学的特征追踪点击率,可以得到不同的市场区域对被测试的广告的各种反应信息。

案例分析

"××"牌化妆品广告创意测试方案

一、测试目的

从三个广告创意中选出最佳的一个。

二、测试内容

"××"化妆品广告的三个创意作品,其中:

创意一：时间15秒，共7个画面，由美容专家介绍"××"化妆品的护肤功能。

创意二：时间30秒，共16个画面，用卡通人物介绍"××"化妆品的护肤功能。

创意三：时间15秒，共9个画面，通过画片情节表现"××"化妆品的护肤功能。

三、测试方法

1. 抽样与分组。根据不同年龄、文化程度、收入水平和职业等身份特征的比例，配额抽选90位18—55岁女性被试，并平均地划分为3个实验组，每组30人。

2. 按照广告创意一、创意二、创意三的顺序，进行实验设计，排出各实验组的播放顺序，在规定的时间内同步播放幻灯片和录音，重复三遍。

3. 请参试人员就所看的三个广告创意在以下方面进行评价：

① 新颖、独特程度；

② 画面美观程度；

③ 产品、企业、商标的表现程度；

④ 产品特点表现程度；

⑤ 可信程度；

⑥ 吸引人购买程度；

⑦ 节奏合适程度；

⑧ 色调好看程度；

⑨ 情节设计；

⑩ 广告词；

⑪ 人物、动画形象。

4. 请参试人员就三个广告创意进行总体评价。

5. 小组讨论。组织被试在测试后就三个创意进行开放式讨论，并记录、整理她们的意见。

四、统计分析

根据被试的年龄、文化程度、收入水平和职业等变量，分别对其回答进行统计分析，以发现被试变量间的差异，并找出最受欢迎的创意作品及其受欢迎的原因。

本章提要

广告效果是指广告主把广告信息通过广告媒体传播之后所产生的各种直接或间接影响的总和。广告产生的影响效果，一般可以分为三种：对企业经营的影响——广告的经济效果；对社会的影响——广告的社会效果；对消费者的影响——广告的心理效果。

广告的心理效果是指发布的广告作品在传播过程中对接受者产生的心理效应的程度。广告心理效果的产生一般经过三个阶段：①感觉器官感知广告信息，知晓信息的内容。②对广告信息进行思考、判别，并产生态度和情感反应。③对广告信息多次接触而形成指导人们行为的固定观念。

广告心理效果具有迟效性、累积性、间接性、复合性等特性。广告心理效果的测定,就是运用科学的方法和技术,分析、研究和评价广告对消费者心理与行为所产生的影响程度。

广告心理效果测定的内容,主要有广告作品测定、广告媒体测定、广告目标效果测定、广告影响力测定。广告心理效果测定的维度,主要是对广告内容的感知、记忆、思维、情感体验、态度倾向与行为等六个方面。

广告心理效果测定的意义在于可以检验广告决策与效果,改进设计与制作,帮助企业调整生产机制和经营策略。广告心理效果测定时,应坚持相关性原则、有效性原则和可靠性原则。

广告心理效果测定的程序是:明确测定目的;制定测定计划和方案;实施测定方案;整理、分析和解释搜集到的资料;撰写测定报告;考核测定报告的结论与效果。

广告心理效果的测定,按测定的媒体划分可分为平面广告测定、电子广告测定;按测定的时间可分为事前测定、期中测定、事后测定、追踪测定;按心理效果产生的过程可分为到达率测定、记忆率测定、态度测定、动机与行为测定。

广告创作与表现效果的测定,也就是对广告作品心理效果的事前测定。主要方法有调查测定法和实验室测定法两大类。

调查测定法包括印象测验、冲击法、投射法、分刊测定法;实验室测定法有速示器测定、眼动仪测定、皮电仪测定、双眼竞争测定、记忆量测定等方法。

广告在传播过程中的心理效果测定,主要有对知觉、注意、记忆、态度、行为等效果的测定。对知觉和注意效果的测定方法有:到达率测定、注目率测定、阅读率调查、视听率调查。对记忆效果的测定有再认法、再现法、隔日回忆法。对态度的测定有询问法、语义分析法、偏爱转换测验。对行为效果的测定方法有市场试验法、征询测量法、消费者日记法、食品柜核查法。

对网络广告心理效果测定的方法有 E-mail 问卷法、交互式 CATI 系统、CGI 程序。

关键术语

广告效果、广告心理效果、广告心理效果测定、平面广告测定、电子广告测定、事前测定、事后测定、追踪测定、到达率测定、记忆率测定、态度测定、动机测定、行为测定、印象测验、混合测试、投射法、分刊测定、速示器、眼动仪、皮电仪、记忆鼓、到达率、注目率、阅读率、视听率、再认法、再现法、隔日回忆法、态度测定法、语义差别法、偏爱转换测验、行为效果测定、征询测量法、消费者日记法、食品柜核查法、E-mail 问卷、交互式 CATI 系统、CGI 程序。

复习思考

1. 什么是广告效果? 什么是广告心理效果?
2. 广告心理效果是怎样产生的? 其基本特性有哪些?
3. 广告心理效果测定的主要内容和维度是哪些?

4. 广告心理效果的测定有哪些程序？可分为哪些类型？

5. 对广告心理效果的调查法测定和实验法测定有哪些不同？

6. 知觉与注意效果的测定有哪些方法？

7. 记忆效果的测定的目的是什么？方法有哪些？

8. 请设计一个测定消费者对于广告的态度变化的研究方案。

9. 怎样测定广告对消费者的购买行为的唤起效果？

10. 网络广告的心理效果测定方法有哪些？

推荐阅读

1. 樊志育.广告效果测定技术[M].上海：上海人民出版社，2000.

2. 刘友林.广告效果测评[M].北京：中国广播电视出版社，2002.

参 考 文 献

[1] 德尔·Ⅰ·霍金斯、罗格·J·贝斯特、肯尼思·A·科尼著,符国群等译. 消费者行为学（原书第7版）[M]. 北京：机械工业出版社,2000.

[2] 樊文娟. 消费心理学新编[M]. 南昌：江西高校出版社,2009.

[3] 樊志育. 广告效果测定技术[M]. 上海：上海人民出版社,2000.

[4] 冯丽云、孟繁荣. 营销心理学[M]. 北京：经济管理出版社,2001年.

[5] 冯丽云、孟繁荣、姬秀菊. 消费者行为学[M]. 北京：经济管理出版社,2004.

[6] 弗罗姆、吴光远译. 有爱才有幸福[M]. 北京：新世界出版社,2006.

[7] 高丽华等. 广告策划[M]. 北京：机械工业出版社,2009.

[8] 黄合水. 广告心理学[M]. 厦门：厦门大学出版社,2003.

[9] 黄合水. 广告心理学[M]. 上海：东方出版中心,1998.

[10] 姜智彬. 广告心理学[M]. 上海：上海人民美术出版社,2008.

[11] 姜智彬. 广告心理学[M]. 上海：上海人民美术出版社,2012.

[12] 江波. 广告心理新论[M]. 广州：暨南大学出版社,2002.

[13] 江波. 广告心理学[M]. 广州：暨南大学出版社,2010.

[14] [美]乔纳森·布朗著,陈浩莺译. 自我[M]. 北京：人民邮电出版社,2004.

[15] 居阅时、瞿明安. 中国象征文化[M]. 上海：上海人民出版社,2011.

[16] 凌文辁、王雁飞. 广告心理[M]. 北京：机械工业出版社,2000.

[17] 刘志明、倪宁. 广告传播学[M]. 北京：中国人民大学出版社,1991.

[18] 刘友林. 广告效果测评[M]. 北京：中国广播电视出版社,2002.

[19] 李晴. 消费者行为学[M]. 重庆：重庆大学出版社,2003.

[20] 李彬彬. 设计心理学[M]. 北京：中国轻工业出版社,2001.

[21] 马继兴. 广告心理学[M]. 北京：清华大学出版社,2011.

[22] 马谋超. 广告心理学基础[M]. 北京：北京师范大学出版社,1992.

[23] 马谋超. 广告心理[M]. 北京：中国物价出版社,1997.

[24] 马谋超等. 有关广告与消费心理的理论模型与实证研究[J]. 广告研究（理论版）,2006(04):09—27.

[25] 马谋超. 广告心理——广告人对消费行为的心理把握[M]. 北京：中国物价出版社,2001.

[26] 马谋超、陆跃祥. 广告与消费心理学[M]. 北京：人民教育出版社,2006.

[27] 欧阳康. 广告与推销心理[M]. 北京：中国社会出版社,2000.

[28] 青沙. 追踪神的足迹[M]. 呼和浩特：内蒙古大学出版社，2004.

[29]（日）仁科贞文著，李兆田、任艺译. 广告心理[M]. 北京：中国友谊出版公司，1991.

[30] 任心铭. 拿破仑·希尔成功学全书[M]. 北京：北京工业大学出版社，2011.

[31] 荣晓华. 消费者行为学（第二版）[M]. 大连：东北财经大学出版社，2006.

[32] 舒咏华、张丽娟. 浅谈广告心理定位[J]. 公关世界，2004(02)：48—49.

[33] 石义彬、冉华. 再论大众传媒时代的传媒消费取向[J]. 武汉大学学报（哲学社会科学版），2005(1).

[34] 赛来西·阿不都拉、季靖. 广告心理学[M]. 杭州：浙江大学出版社，2007.

[35] 田野. 成功学全书[M]. 北京：经济日报出版社，1997 年版.

[36] 薛振田. 广告心理学：原理与方略[M]. 北京：化学工业出版社，2012.

[37] 许燕. 实用心理学[M]. 北京：中国广播电视大学出版社，2008.

[38] 夏若生. 图解希腊神话[M]. 北京：中国法制出版社，2011.

[39] 吴柏林. 广告心理学[M]. 北京：清华大学出版社，2011.

[40] 吴垠. 中国消费者广告认知的研究[J]. 现代营销，2005(5).

[41] 魏超等. 网络广告[M]. 河北：河北人民出版社，2000.

[42] 王春媚、万亦农、张雷. 东西方文化的差异与广告理解[J]. 商业经济，2006(2)：119—121.

[43] 王长征. 消费者行为学[M]. 武汉：武汉大学出版社，2003.

[44] 相喜伟、苏国伟. 论马斯洛动机理论在广告中的应用[J]. 现代视听，2009(10)：47—49.

[45] 余小梅. 广告心理导论[M]. 北京：北京广播学院出版社，1997.

[46] 余小梅. 广告心理学[M]. 北京：中国传媒大学出版社，2003.

[47] 余小梅. 广告心理学[M]. 杭州：浙江大学出版社，2008.

[48] 余艳波等. 广告策划[M]. 武昌：武汉大学出版社，2009.

[49] 尤建新等. 广告心理学[M]. 北京：中国建筑工业出版社，1997.

[50] 邹红梅. 回眸一笑百媚生广告引人注意的方法解析[J]. 大家，2010(3)：41—42.

[51] 张立. 无意注意规律在户外广告设计中的应用[J]. 湖北经济学院学报（人文社会科学版）. 2008(11)128—129.

[52] 张翔、张哲等. 广告策划[M]. 北京：高等教育出版社，2010 年 8 月第 1 版.

[53] 张昭阳. 平面广告设计的心理定位[J]. 美术大观，2007(10)：150—151.

[54] 张小东. 广告策划中的心理策略[J]. 企业改革与管理，2010(67)：67—68.

[55] 张理. 广告心理学[M]. 北京：清华大学出版社有限公司，2011.

[56] 周游. 潜意识在广告中的运用研究[J]. 现代商贸工业，2010(24)：162—163.

[57] Chase, W. G. & Ericsson K. A., (1981). Skilled memory. In Anderson, J R, ed. *Cognitive Skills and Their Acquisition*. Hillsdale, N J: Erlbaum.

[58] Craik, F. I. M. & Watkins, M. J., (1973). The role rehearsal in short-term memory. *Journal of Verbal Learning and Verbal Behavior*, 12:599-607.

[59] Darvin, C. J., Turvey, M. T., & Crowder, R. G., (1972). The auditory analogue of

the sperling partial report procedure: Evidence for brief auditory stage. *Cognitive Psychology*, 3:255 – 267.

[60] Lewis, H. G., & Neison, C., (1999). *Advertising Age Handbook of Advertising*, NTC/Contemporary Publishing Group.

[61] O'Guinn, T. C., (2000). *Advertising*, South-West.

[62] Raymond, A., et al, (1968). *Advertising in America: The Consumer View*. Cambridge, Mass, Harvard University Press, 173 – 176.

[63] Rice, M. D. & Zaiming, Lu, , (1988). A content Analysis of China Magazine Advertisements, *Journal of Advertising*, Vol. 17, No4.

[64] Robert, E. B., (1976). A Motivational Model of Information Processing Intensity, *Journal of Consumer Research*, 3, June 21 – 30.

[65] Scott, W. D., (1932). *The Psychology of Advertising*. Thoemmes Press, Kyokuto Shoten Ltd.

[66] Sperling, G., (1960). The information available in brief visual presentations. *Psychological Monographs*, 74:1 – 29.

[67] Sternberg, R. J., (1969). Memory-scanning: Mental processes revealed by reaction time experiments. *American Scientist*, 57:421 – 457.

[68] Sutherland, M., & Sylvester, A. K., (2000). *Advertising and the Mind of the Consumer*. Second edition. Kogan Page Limited.

广告心理学（第二版）